Statistics 21世纪统计学系列教材

Statistical Analysis of Macroeconomy

宏观经济统计分析

（第二版）

赵彦云　主编

中国人民大学出版社
· 北京 ·

前　言

“宏观经济统计分析”课程，自1989年开始在中国人民大学讲授。1992年，《宏观经济统计分析》一书由中国统计出版社出版，1999年，该书被认定为普通高等教育“九五”国家教委重点教材，由中国人民大学出版社出版，为推动全国经济统计学科建设与发展发挥了重要作用。宏观经济统计分析追求以统计学思维、统计学思想、统计调查、统计数据、统计方法等统计学知识为核心，解决我国国民经济运行与经济发展中的问题，为有关部门提供统计科学思想和手段，提高我国在经济领域的科学测度、科学分析、科学规划与科学决策的能力，为我国的现代化建设做出统计学的应有贡献。

本书是针对本科高年级学生和研究生编写的。在学生学习完经济学、统计学和管理学等有关课程后，培养其联系中国实际，综合所学知识，科学运用大量统计数据分析研究实际问题的能力。这门课程对于学生综合素质的提高特别重要，不同于计量经济学，它在综合运用大量数据分析研究的过程中，强调统计测度思想与方法、统计描述的客观体系与经济学理论相结合，统计归纳分析的系统比较与动态内生发展及外部影响相结合，在科学运用现代统计模型方法基础上，追求宏观经济统计分析的完善体系、覆盖研究中国主要经济问题和体现案例教学特点的三位一体的统一，因此，编写出好的教材会大大降低教学难度。

宏观经济统计分析的教学目的和要求：

(1) 运用宏观经济理论和统计思想、统计分析逻辑，构建宏观经济问题的实证统计分析框架体系。

(2) 以国民经济核算体系为基础，掌握系统和综合分析的统计方法，以及指标选择和资料加工、整理和估算等技术，包括根据经济理论和分析目的构建新的经济分析指标的方法。

(3) 培养学生灵活运用现代统计方法分析实证经济问题的能力。

(4) 掌握我国宏观经济的现实问题及其历史形成过程、主要制约条件和影响因素的实证统计分析内容。

(5) 掌握有关景气分析和主要政策与调控的系统统计分析方法在宏观经济管理中的应用。

(6) 培养学生分析研究实际问题的能力，主要是善于捕捉经济问题，能够归纳主要理论观点，确立分析研究的价值取向，系统掌握统计分析方法，运用实际统计资料对国民经济现实问题进行分析及对策研究的综合能力。

宏观经济统计分析在人才培养教学体系中，不是一门基础课，而是一门应用性和实践性非常强的课程，对于调动学生课堂参与的积极性，鼓励学生动手分析并交流讨论，从而增强课堂教学效果非常重要。以本教材讲授章节为背景，在一些经济问题测度的统计变量或统计指标与经济学理论关系并深刻体现统计学思想发展方面，应该成为学生课堂提问与师生交流的要点，从关键指标、经济学内涵与统计口径范围及统计学思想体现，到多个指标系统测度与经济学理论结合的客观属性上，都要求学生温习经济学知识和统计学知识，以及探索解决实际问题上的提问重点。在课程学习中，根据教材有关章节讲授内容，要求学生根据所学知识或感兴趣的我国宏观经济运行与经济发展的重要问题，系统收集整理文献和统计数据，运用适合的统计方法分析研究实际经济问题，完成实证的统计分析报告，在课堂上演讲交流，也是深化和巩固宏观经济统计分析教学内容的重要方式。

应当指出，面对当今迅速发展的网络与信息时代，统计思维、统计归纳、统计监测、统计分析等应成为经济社会运转监测与管理的重要工具，从个体到总体，从小系统到大系统，从数据到文本量化，从行为测度到心理计量等，从大量行政记录可以跟踪政府各种管理活动，越来越多的人类活动互联网络信息化、定量化，网上数据流可以在大数据思想下科学处理和分析，过程监测、分析、措施优化等越来越依靠统计，因此，统计是涉及现实中从个人生活到国家管理方方面面的科学知识，最具现实应用的广泛基础性。现代经济社会，信息技术设施和统计科学工具构成最重要的国家发展的基础设施，因此，统计将打破传统方式，在实际应用中发挥更重要的作用。作为应用统计中的一员，宏观经济统计分析顺应时代要求，将进一步科学发展，因为我国政府宏观经济管理科学化需要它发挥更大的作用。

在中国人民大学25年的宏观经济统计分析教学实践中，一批批优秀毕业生在课程作业中贡献了他们的分析研究，本人对此表示由衷的感谢。本书的编写研究工作，首先由本人总结教学经验，形成新的编写大纲，包括各章节目录，然后开展编写分析研究工作，具体参加初稿编写的有：赵彦云、甄峰、吴翌琳、王红云、冯瑞玲、扈瑞鹏、朱建宇、吕志鹏、刘明、夏晶、王杰彪、曾相崙、马玉琪、高琳琳、盖亚男、王雪妮、舒焕、秦旭、王雪琪、李泽昱，最后由本人修改定稿。出版之际，本人也向曾支持和帮助过我的同事、朋友和学生，以及出版社的编辑一并表示衷心的感谢。欢迎同行、专家、学者批评指正。

赵彦云

2014年2月17日

于中国人民大学明德楼

目　录

第 1 章 Chapter 1 宏观经济统计分析基本问题

第 1 节 宏观经济统计分析的产生

一、宏观经济统计分析的学科根基

宏观经济统计分析是产生于中国的术语名称和知识体系。① 在宏观经济统计分析内容发展的过程中，统计学与经济学两个知识体系的交融与推动发展实际存在着两个不同的推动根基，即以统计学知识体系为核心的发展和以经济学知识体系为核心的发展。尽管两个根基发展下的宏观经济统计分析内容包含着统计学和经济学两门学科的作用，但是，核心知识体系的出发点不同，所展示的学科在社会上的地位也是不同的。市场经济国家在宏观经济统计分析内容发展上主要是以经济学为核心知识体系，具体表现为计量经济学学科的存在和作用。计量经济学创始人弗里希（R. Frisch）为计量经济学下了一个定义："经验表明，统计学、经济理论和数学这三者对于真正了解现代经济生活的数量关系来说，都是必要的，但本身并非是充分条件。三者结合起来就是力量，这种结合便构成了计量经济学。"② 但是，当今的计量经济学，从经济理论、数理经济学（数学运用）、模型估计与检验，完全是按照经济学知识体系推动

① "宏观经济统计分析"课程由赵彦云教授于 1991 年创建。1989 年他按照宏观经济问题讲授一些宏观经济专题的统计分析，1991 年形成了比较成熟的"宏观经济统计分析"课程内容体系，即按照宏观经济学关于总量与结构的分析研究体系，分别开展收集统计数据和实际的统计分析研究，目标是培养学生的综合分析研究能力，提高解决实际问题的综合统计素质。赵彦云教授的《宏观经济统计分析》一书于 1992 年由中国统计出版社出版，出版后很快便被全国主要财经院校采用，也被研究者分析研究实际经济问题时所参考，成为原国家计委全国处长培训的指定内容。

② Ragnar Frisch, "Editor's Note," in *Econometrics*, 1993 (1): 1-4.

的，统计学在模型参数估计与检验方法中发挥了一定的作用，但是名不正，因为计量经济学的独立方法论已经基本吃掉了统计学的地位。

历史发展过程表明，宏观经济统计分析并不等同于计量经济学。因为前者的产生和发展是与社会主义国家的国民经济计划管理实践紧密联系在一起的。在计划经济时期，统计成为计划管理的直接工具，国民经济运行系统的平衡与优化，完全建立在一个科学的宏观经济统计体系设计之上，根据强大的政府统计系统，可以定期收集国民经济运行的全部系统数据，据此可以对国民经济计划工作进行监督和系统检查，分析计划执行情况，研究存在的问题，并为改进下一个时期的计划内容提供科学依据。这样一个科学的思想，在原来的计划经济时期发挥了重要的作用，宏观经济统计分析由此而存在并不断发展。尽管全世界都在改革完全单一的计划经济管理方式方法，以我国为例，建立了中国特色社会主义市场经济的改革发展目标，但是，统筹兼顾、量力而行、优化管理等计划经济管理的科学思想不仅没有取消，而且正在成为我们以市场经济为原则的宏观经济管理的特色。因此，宏观经济统计分析在中国特色社会主义市场经济发展中，更具适应的科学发展空间，广义上可以覆盖计量经济学内容，但并不仅仅包括计量经济学内容，它在以统计学为核心知识体系的发展中，更加有效地推动了统计数据、统计归纳、统计探索、数据挖掘等统计学思想、理论方法和模型的应用，不仅推动实证经济学的发展，而且直接推动国民经济管理过程的科学化，推动信息社会下的统计学科的发展。

二、宏观经济统计分析的发展阶段

统计学发展史表明，以统计学为核心知识体系的宏观经济统计分析内容，也有清晰的发展脉络。概括地讲，宏观经济统计分析经历了三个比较大的发展阶段，最初阶段主要体现围绕国民经济重要统计指标的发现和创造，以及对国家经济实力的发展与比较分析，经济统计学家做出了重要的贡献。第二阶段是国民经济核算体系（SNA）的发展，包括国民经济账户、投入产出法、资金流量表、国际收支平衡表等的诞生与应用。在统计科学设计思想实践方面，包括核心指标、指标体系和国民经济行业分类、国民机构部门分类，形成了宏观经济统计分析的科学统计体系，对推动经济学运用于国家、产业和微观的科学管理做出了非常大的贡献，统计的科学运用大大提高了资源配置效率，减少了经济危机的产生与影响。① 第三阶段，经济统计进入微观统计与宏观统计一体化的发展阶段，其内容包括空间、时间、系统指标和系统分类的大量微观数据。如果考虑在采集数据上连接各种活动信息，那么经济统计数据也进入一个前所未有的大系统和大数据时代，计算机数据库的生产方式和数据处理与数据分析，将使当代的统计更加光彩夺目。尽管西方没有出现“宏观经济统计分析”这一术语，

① 美国一大批著名经济学家和政府统计专家认为GDP及国民经济核算体系是20世纪最伟大的发明之一。参见赵彦云：《GDP：20世纪最伟大的发明之一》，载《统计研究》，2001（8）。

但是，从英国经济学家和统计学家威廉·配第（W. Petty）于 1672 年创建国民收入总量统计和分析开始，随后发展的需求与价格间函数关系的量化研究，使得统计与分析密切互动发展。20 世纪 30 年代凯恩斯创立宏观经济学，并指导斯通（R. Stone）等研究创立国民经济核算体系，大大地推进了宏观经济统计分析的形成和发展。里昂惕夫（W. Leontief）开创的投入产出分析方法，以及资金流量表和国际收支平衡表方法，都以宏观经济统计系统结构科学地支持了宏观经济统计分析的有利应用和发展，以及经济增长与经济周期分析和计量经济模型发展，更加有力地推动了宏观经济统计数据运用于各种经济政策与宏观经济调控，宏观经济统计分析为人类社会发展进步的资源的有效利用做出了重要的贡献。

三、中国宏观经济统计分析的发展

中国宏观经济统计分析经历了三个基本的发展阶段。新中国成立以后，中央人民政府和以中国人民大学为代表的院校全面引进前苏联的政府统计模式和统计学专业教学体系①，统计直接为国民经济计划的制定和检查服务，在企业、部门和国家各个层面发挥了重要作用。宏观经济统计分析实际成为了检查、总结和分析国民经济发展的重要工具。这可以称为第一阶段。改革开放之后，厦门大学钱伯海教授 1982 年出版的《国民经济综合平衡统计学》②，以马克思社会再生产理论和我国计划经济理论为指导，联系国民经济物质平衡表（MPS）统计理论方法，借鉴国民经济核算体系理论思想，建立了国民经济综合平衡统计学，并开展对国民经济运行过程中的财政、信贷、外汇与物资的平衡分析，即以“四大平衡”为核心的宏观经济分析，这可以称为宏观经济统计分析第二阶段。中国人民大学一直重视学生综合分析能力的培养，因此，一直开设一门关于如何让学生综合运用统计知识和统计数据来分析和研究我国实际经济问题或社会发展问题的课程。20 世纪 80 年代末期，从原来的没有主题的综合统计分析，开始引进美国商务部经济分析局的“经济循环指标”的经济监测综合指数方法，并探讨对我国经济运行的监测体系和综合方法。随后，按照宏观经济问题逐步扩展一些宏观经济专题的统计分析，1991 年形成了比较成熟的“宏观经济统计分析”课程内容体系，即按照宏观经济学的关于总量与结构的分析研究体系，收集统计数据，开展实际的统计分析研究，培养学生的综合分析研究能力和解决实际问题的综合统计素质。1992 年《宏观经济统计分析》一书的出版，很快推动了全国主要财经院校教学与研究的发展。实际问题、统计数据、统计方法三位一体的综合分析方法得到进一步的深入发展，其中实际问题（即定位统计分析研究的方向和思路）主要是经济

① 中国人民大学于 1950 年 9 月招收第一批统计学专业本科生，当时，教学计划、培养方案及师资培训都是在前苏联专家的帮助下制定的，很快培养出新中国统计部门的首批干部。1952 年 6 月 23 日中国人民大学与中央人民政府政务院财经委员会合作成立统计学系，培养了一大批优秀人才，为我国政府统计体系建设发展和财经院校统计学学科建设发展做出了重要贡献。

② 钱伯海：《国民经济综合平衡统计学》，北京，中国财经出版社，1982。

学知识和现实问题脉络的实证内容；统计数据要求从我国实际出发，大量收集统计数据，在数据可比性和使用前的处理方面作出努力；统计分析方法追求解决实际问题和实际部门应用的效果，提倡综合各种方法进行深入的分析研究。

宏观经济统计分析的确立与发展，本质上是要发展以统计为核心和轴心的宏观经济实证分析研究方向和知识体系。从中国的实际发展学科体系和现实条件看，宏观经济统计分析的独立发展，对于提高统计学科地位和深入运用统计数据与分析模型方法具有非常重要的意义，本章下面的研究将进一步深入阐述这个问题的科学依据。

第 2 节　宏观经济统计与宏观经济统计分析

一、宏观经济统计及发展

宏观经济统计的概念，我们习惯于从国民经济统计①理解，研究对象可以推论为宏观经济运行过程及其结果的统计测度理论和方法。国民经济核算体系是国民经济统计的核心部分，除此之外国民经济统计还包括部门经济统计如金融财政统计等。国民经济核算体系直接从宏观统计出发设计经济统计体系内容，包括依据经济循环理论的宏观经济统计指标体系的设计和相对应各种统计分类及标准的设计，具有非常明确的宏观经济统计特征。但是，长期以来，国民经济核算体系以价值量综合统计为体系，以劳动力实物量综合统计关联内容，在统计数据上明显过分依赖宏观经济学理论方法，这制约了宏观经济统计的独立性发展，导致在宏观经济统计分析上（从统计数据描述分析和统计探索性分析上），不能形成于推动经济学发展的有生力量，不利于提高我国统计学科地位和独立发展。此外，从联合国 SNA 的修改和发展来看，没有突出统计数据来源和收集方法的技术与知识体系，空白了数据质量对统计分析科学性和准确性影响的研究。因此，理解宏观经济统计概念需要理解两个同样重要的对象，一个是宏观经济统计测度体系设计的研究对象，一个是宏观经济统计数据的研究对象。因此，宏观经济统计，从统计范围上，可以定义为在经济活动基础上的所有统计，包括经济活动现有统计信息和数据的收集整理，也包括为经济发展分析目的而专门设计的各种实际统计调查。从统计学一般理论上看，如果是统计报告统计体系，它可以定义为汇总样本的统计数据的经济统计内容；如果是抽样调查，它可以定义为样本总体统计数据和推断总体的统计数据的经济统计内容。从宏观经济研究对象上看，上面两种获得数据的方式，都具体表现为一定经济活动系统上的总量统计、关联统计、分类统计、结构统计、变化率统计的统计指标数据。

随着信息网络技术和企业信息化、政府信息化，以及电子商务、网络购物等的发展，宏观经济统计的独立性地位和作用越来越重要，我们应该不断从最新的社会存在

① 钱伯海教授 1991 年组织出版《国民经济统计学》和《企业经济统计学》，力图发展宏观与微观统计的教学体系。

方式中深化对经济统计的理解，这是做好统计分析的基础。例如，经济统计有直接测度经济活动结果和客观存在系统关系数量特征的统计内容，也有测度个人经济行为认知或心理特征的统计内容，还有从个人主观角度对经济活动内在的、外在的以及发展走势判断的问卷调查统计内容。我们需要强调经济统计的科学性，概括地讲，经济统计是指利用统计思想、统计方式方法来实现对经济活动深刻认识、有效控制、积极提升能动效果等目的，从复杂经济活动系统中提炼和设计定量指标，完成其调查和整理统计数据，形成刻画或发现经济活动变化规律的科学知识内容。从统计数据的测度方式与收集方法来看，传统的经济统计主要是事后调查统计，包括普查、统计报表、抽样调查等。现代经济统计在传统统计基础上，增加了软统计内容，主要是抽样问卷调查、心理量表的抽样问卷调查、统计调查和统计数据，在遥感地理信息系统上的空间化也是现代经济统计的发展内容。未来经济统计是在前两者基础上，增加文本挖掘基础上新型的系统统计数据，利用信息网络技术和经济社会发展信息化，统计信息搜集整理的生产方式正在发生根本性的变化，基于信息化条件的信息采集、加工整理等大数据标准规范和统计生产方式和统计方法正在快速变革发展之中。

二、国民经济核算的重要性

从大学教学课程来看，一般把介绍国民经济核算和经济统计分析内容的课程称为经济统计内容。多数人认为国民经济核算是反映宏观经济统计数据的，其实这种理解是不全面的，这种表面而不够深刻的理解，大大限制了国民经济核算体系分析作用的发挥。国民经济核算的统计数据是从基层单位和机构单位起点建立的统计测度方式和方法，因此，它完全包含了微观单位的经济活动数据，并在微观单位数据基础上，按照统计分类标准逐级汇总，得到国民经济行业数据、机构部门数据和宏观经济总量数据，非常科学地实现了微观经济与宏观经济测度的内在统一。因此，近 30 多年非常有效地推动了基于微观数据对国民经济重要发展问题的计量经济分析。

国民经济核算体系是经济统计系统设计的经典，突出表现在基于宏观经济活动、中观经济活动和微观经济活动整体的一些科学处理，例如建立标准规范的基层单位和机构单位，以及国民经济行业部门分类和国民经济机构部门分类标准，在统计指标内涵、范围和体系上，超越所有经济学派和分支，建立了科学一致可比的统计标准。国民经济核算统计数据，相对于一个国家或区域的整体系统管理来说，发挥了按照市场对称信息推动竞争与结盟发展的积极作用，企业个体、行业协会、宏观经济政策都在利用国民经济核算统计数据之中受益。但是，国民经济核算统计是集中货币单位计算基础上的统计，集中系统整体的统计反映，而对于一些例如环境保护与生态经济、交通运输及其物流、旅游业、政府财政收支及收入分配调节、货币金融体系、科技创新、文化产业等相对强势目标的统计需求是不能有效满足的，然而，市场经济内在联系的整体性又是首要的，因此，经济社会发展相对强势目标的统计，按照卫星账户设计发展，在保证核心经济指标与国民经济核算一致的基础上，强化自身相对独立强势目标的统计反映数据的收集和整理，包括价值量指标、实物量指标和派生指标等。从当今的实际发展看，产业活动的内容在国民经济核算体系中反映得明显相对不足。满足产业发展的统计要求，应该需要加强各个产业活动实物量统计，包括行政记录和业务统计，以及专门设计的测度产业活动的实物量统计内容。如果考虑我国统计体制的影响，针对产业活动统计内容，应该在国家统计局的综合统计与产业活动主管部门的产业统计上做好分工协作的一体化的统计制度设计和统计数据生产过程的科学管理，尤其是我国第三产业统计的发展需要这种科学模式的建设和推广实施。

三、宏观经济统计分析概念

宏观经济统计分析是在宏观经济统计基础上，运用统计理论方法完成实证经济分析任务。广义的宏观经济统计分析可以涵盖宏观经济统计内容，因为宏观经济活动中一些重要指标的科学统计结果本身就可以达到宏观经济学和国民经济管理对统计分析的要求。宏观经济统计分析对宏观经济统计的发展具有重要的推动作用，因为许多新的宏观经济问题的统计分析研究不仅需要统计模型方法的支持，也需要统计变量（指标）和统计数据的有力支持，宏观经济统计核心指标体系的变迁应该是宏观经济统计分析内容要求的推动。宏观经济统计的独立发展也积极推动宏观经济统计分析的发展，因为微观经济统计数据的发展受到企业信息化和电子商务等的影响，统计数据和统计信息的测度与多指标组合测度功能在强化，因此，微观基础上逐级汇总的统计数据在数据挖掘等统计方法支持下会快速有效发展，从而推动宏观经济统计分析的发展。

宏观经济统计分析可以有广义概念和狭义概念之分。广义概念包括所有宏观经济实证分析内容，体现从宏观经济学出发的运用统计数据和统计分析方法的所有宏观经济统计分析。从这一点上，许多人把宏观经济统计分析等价为计量经济学，这是一种误解，当然也说明宏观经济统计分析的独立发展作用还比较弱。宏观经济统计分析涵盖计量经济学，还有更加广泛的分析内容，特别是针对管理过程和为管理服务的统计分析内容。狭义的宏观经济统计分析概念，主要指从国家、地区及省、市、县等各级政府统计最后阶段的宏观经济统计分析，包括总量、结构、效率、效益、增长、发展等方面的统计分析，表现为大量系统运用统计数据的综合分析研究，为宏观经济学发展和国民经济管理服务，包括为宏观经济运行的监测与判断的分析，以及为宏观经济政策研究提供科学依据。

第 3 节 宏观经济统计分析体系

一、宏观经济统计分析体系发展的三个目标

宏观经济统计分析体系的内容可以分别建立在三个目标上，即宏观经济学目

标、宏观经济管理目标、宏观经济统计目标。所谓按照宏观经济学目标建立的宏观经济统计分析体系，主要是依据宏观经济分析对象的理论体系划分的分析内容，它与宏观经济学的内容体系是相通的，主要包括社会总供给和总需求的均衡统计分析、国民收入分配统计分析、消费和投资需求统计分析、产业结构变动统计分析、通货膨胀统计分析、经济周期统计分析、景气统计分析、经济增长统计分析、知识经济发展与创新能力统计分析、国际经济统计分析与国际竞争力分析、宏观经济空间统计分析、宏观经济形势与政策统计分析。上述内容实际上是在我们多年研究上不断发展的体系。但是，我们还可以进一步发展宏观经济管理目标和宏观经济统计目标上的宏观经济统计分析体系，按照宏观经济管理目标建立的宏观经济统计分析体系，应该从宏观经济运行体制和组织结构出发，按照国家经济社会发展重大战略，开展宏观经济统计分析体系内容研究，例如国家科教兴国和建设创新型国家的战略，建立以创新能力建设和国家创新体系为目标的宏观经济创新经济统计分析。此外，还有以国家货币政策、财政政策、收入分配政策、城镇化区域发展政策、节能减排与可持续发展政策等为目标的统计分析研究。按照宏观经济统计目标建立的宏观经济统计分析体系，应该从国家综合统计、部门和行业统计、区域统计的分层次的系统统计基础设施和统计信息开发使用出发，开发更多为政府管理、社会使用、科学研究服务的宏观经济统计分析的体系内容，吸收大数据发展下的统计方法创新，推动全社会大量科学使用统计数据和信息的新发展。

二、制度化宏观经济统计分析工作

宏观经济统计分析是政府统计工作的重要组成部分，按内容可以分成两大类，即制度化的统计分析工作和专题或问题的统计分析工作。宏观经济制度化的统计分析工作是国民经济统计信息系统的反馈，表现在政府统计调查指标体系和在统计数据资料基础上所进行的全面系统分析，包括宏观经济运行过程和结果的数量特征、数量关系和深层次的评价，或者说包括宏观经济情况的综合系统说明、经济关系的分析、主要成功方面和主要问题的剖析、规划执行和宏观经济调控政策措施的检查和效果分析，提出宏观经济管理的对策建议。国家统计局和各地区统计局每年初对前一年度做出的第一号统计分析报告或经济分析白皮书就属于制度化的统计分析工作。宏观经济制度化的统计分析工作在实践中表现为许多方面的系统综合，如生产、收入分配、市场供求、投融资和金融市场、国际收支等方面，也包括短期、中长期以及静态和动态的宏观经济统计分析内容。制度化的宏观经济统计分析工作应坚持三点发展与完善的原则：(1) 系统运用宏观经济统计数据，反映和分析宏观经济运行过程整体及各方面的数量特征。(2) 为国民经济管理决策提供系统、客观、科学的依据。(3) 同时要着眼于提供宏观经济分析的系统分析数据，为理论工作者和科研人员的进一步深入分析研究服务。

三、专题性宏观经济统计分析工作

宏观经济专题或问题的统计分析工作是灵活和不断变化的，它既要围绕各时期的中心工作，又要善于捕捉经济问题。它的特点是：(1) 对研究和分析的专题或问题的理论或定性认识有比较深入的研究和认识。(2) 多种调查方法结合运用。一般的制度化统计资料往往在专题问题的研究与分析支持上是不够的，因而要采用补充调查，如增加抽样调查；同时还要特别注意发展趋向和软实力的调查，因而典型调查、问卷调查等也常配合运用。(3) 利用现代统计分析方法。因为运用现代统计分析方法一方面可以对问题深入分析有重要的作用；另一方面可以利用方法弥补数据不足或数据质量问题等缺陷。

四、宏观经济统计分析工作的发展

作为发展中国家后来者追上，是由社会主义和谐发展的价值体系等决定的，中国政府在现阶段相对发达国家将有更加积极的作用。因此，做好政府统计体系基础上的制度化统计分析，就显得特别基础和关键。特别是在当今信息网络快速发展并成为社会沟通理解重要工具的时代，政府的制度化统计分析，包括具有科学框架、有效的指标、及时的数据、连续性分析，以及满足社会各界通过网络社会化有效利用的显示方式上，都显得特别重要。定网、定期、定时，并以图文并茂、简单深刻、精彩的方式向社会公布，赢得社会的监督和理解配合，保障经济资源和生产要素合理流动与最优配置，实现政策调控的积极有效，都是衡量政府制度化统计分析发展的基本原则。宏观经济专题或问题的统计分析工作，应该与政府制度化统计分析工作有机联系，成为改革与发展的先行者，成熟之后再逐步转化为制度化统计分析的内容。依据时间因素所划分的政府统计分析内容，如月度分析、季度分析、年度分析、中长期分析，因时间因素长短不同，分析的目的性和重点也有所不同。月度分析、季度分析的目的主要是短期的景气分析，统计数据的时效性要求和敏感性要求是比较高的。年度分析、中长期分析的目的主要是发展主题下的系统分析。

第 4 节　宏观经济统计分析方法

一、宏观经济统计分析方法的发展

宏观经济统计分析是在统计学与经济学密切互动关系基础上不断创新发展的，因此，它的方法论涵盖内容广泛，有统计数据收集整理方面的方法，有针对经济问题研究的经济学分析研究方法，还有统计描述和探索性数据分析方法、统计模型和统计推断估计检验等方法。从方法论提升宏观经济统计分析研究的科学性，应该是其发展的重要方式。因此，我们要善于在所有宏观经济统计分析研究的实际例证基础上，总结分析和挖掘科学运用各种方法的经验和知识，从而推动宏观经济统计分析的发展。

宏观经济统计分析方法是宏观经济统计分析发展的基础和重要手段。由于该领域涉及统计学与经济学、管理学、社会学等学科的交叉，因此，在研究中需要从各个学科汲取方法精华。尽管宏观经济统计分析要发挥定量研究的优势，但是，实际分析研究中因为密切关系经济学理论的科学运用，因此宏观经济分析中的静态经济分析、比较静态经济分析、动态经济分析、比较动态经济分析方法因为反映了经济学的系统分析的基本思想方法，对于宏观经济统计分析具有指导作用。管理学中的运筹和最优化，以及系统工程、全面质量管理方法等，也可以按照分析研究的目标、过程、因素、绩效的方位，与经济学理论和统计描述与分析方法有机结合，发展成更为有效的分析理论和方法。

宏观经济统计分析方法中统计方法仍然是主角，包括统计指数分析、因素分析、时间序列分析、弹性分析、统计描述分析、应用回归和多元统计分析方法等。如何运用科学的变量体系描述分析一个经济运行整体的数量特征，需要指标体系的选定方法，也需要对所选定的变量进行准确的估计，包括核算、推算和估算，还需要变量数据的可比性处理方法。这些方法需要经验，也需要理论，还需要统计技术或技巧。描述统计方法对于统计分析应用是一个非常重要的基础，探索性统计分析有助于我们构建系统分析的基本逻辑框架，从而根据客观存在与相互关系构建描述经济系统运行的统计指标体系。应用回归和多元统计分析方法是在应用中运用比较广泛的分析方法。许多经济活动中的经济关系、结构关系、动态关系，以及经济分析中的聚类、因子分析等等都需要统计分析方法的支持。分层回归、分位回归、PANEL DATA分析、协整分析等方法的发展，对于深入经济因素之间的系统决定关系的统计分析，都具有重要的推动作用。此外，利用现代统计思想开发的专门使用的综合分析指标体系或综合评价指标的方法，也是统计分析方法的重要内容。

如前面所讨论的，随着当今发展的信息网络技术的深入应用，统计数据资源越来越丰富，大量的数据（或称之为海量数据）为我们创造了从微观到宏观的一体化分析发展空间，这是宏观经济统计分析方法上正在经历的一个重要的发展阶段。其中，非常重要的发展是基于大量微观数据，我们可以发挥运用统计变量测度系统活动及过程数量特征的科学一致的方法优势，即采用统计系统描述，科学运用系统分类和归纳比较识别内生演化与外在影响的发展过程及其因素，在分层、分位、立体、动态的复杂系统中，追求探索系统关系和因素空间作用位置及效果，全面解释系统功能，发展完全依据大数据、复杂系统、统计归纳、性质分类、功能边界等一整套统计描述探索分析理论和方法，为社会经济发展做出新的更大的贡献。从数理统计方法论，我们一直运用的是从样本推断总体，有人形象比喻为“从小到大”① 的统计思想，实现“从大

① 2012年10月27日第四届中国统计论坛年会美国佛罗里达州立大学吴尚武教授学术报告《如何做大统计?》。

到小”的统计方法的变化，因为我们可以基于大系统的总体全部样本信息如人口普查、经济普查，利用各种系统模拟方法，实现因素过程的顺序识别，即以追求组内方差缩小、组间方差扩大的逻辑，实现动态过程模型的小样本、个体行为的科学推断。我们要从以核心为主的分析，在逐步提高核心主体统计分析精度的基础上，逐步扩展到对尾部小样本群的推断分析，因为小样本群代表着新生发展的未来，这将为社会发展做出统计的更大贡献。

二、宏观经济分析方法

分析方法对于宏观经济统计分析的发展是重要的。它需要根据分析的对象和要达到的分析目的，科学地选择各种分析方法组合使用，以追求深刻认识客观规律及其数量特征。虽然宏观经济统计分析并不以探索新方法为己任，但是，也不排除发展之中对分析方法的推动作用，因为组合各种方法相互配合综合利用，可以很好地对各种方法的优势进行综合开发，也就是对其不足进行相互补充。任何只看重自己的方法，排斥用其他方法的做法，都不能很好地分析现实问题。针对应用目的而言，并不是复杂难懂的方法最优，应用的有效性才是选择的标准。从这种意义上说，在分析中千万不可忽视宏观经济分析方法的科学运用，包括经济变量的经济学含义、分析理论假说或分析框架的假定，以及经济分析的展开层次和逻辑，它们对分析的科学性把握是非常重要的。从宏观经济统计分析的专题性研究或中长期问题的研究中，检验经济学说或创立统计分析的假说也是我们探索的重要方式之一，这要求必须与宏观经济分析方法做好衔接。随着统计学科的发展，学生对于统计方法掌握的越来越多，而且数理深度不断增强，这对于宏观经济统计分析是非常有利的，但是，相对而言，也会使学生忽视宏观经济概念和理论的学习，如果宏观经济理论知识薄弱，那么做好宏观经济统计分析也不是一件容易的事情。

宏观经济分析方法在进行描述性宏观经济统计分析中使用比较突出，非常实际和重要的是针对分析目的对于宏观经济分析层次的把握，从而能够科学地选择分析变量，建立分析模型，顺序展开分析。从统计分析的技巧来说，宏观经济统计分析必须注意与宏观经济分析的起点和内容要点及其基本逻辑的联结，这可以保证统计分析结果尽快地为经济学界所接受，在理论界和实际管理部门产生更好的效果，以此进一步推动宏观经济统计分析的发展。宏观经济分析中的几个基本概念反映了其方法的思想，对于宏观经济统计分析具有指导作用。

（1）静态经济分析。它的方法特点是：1）假定宏观经济活动整体是一个均衡的问题，市场机制自发调节均衡的实现。2）假定基本经济条件稳定不变，即人口数量、资本存量、技术知识水平、消费者偏好均保持不变。3）经济实证分析的重点是经济活动状态特征和规律性分析，短期资料和横截面角度的分析是常用的。4）具体分析从整体出发，由基本因素开始，逐步扩展，增加因素，展开分析的层次。

（2）比较静态经济分析。静态经济分析不能分析增长的经济特征，因为它把要素和技术视为稳定不变的。比较静态经济分析方法的逻辑前提是，它将增长经济视为一系列均衡状态的总和，各个均衡状态之间的区别在于基本条件的基本数据发生了变化，而不是在于某一均衡状态是由另一均衡状态衍生出来的。因此，比较静态经济分析方法是将构成增长经济的各个孤立的均衡状态加以比较，而不涉及从一种均衡状态发展到另一种均衡状态的调节过程和转化过程。也就是说，比较静态经济分析方法不考虑由经济制度中所固有的内生因素所决定的经济过程的发展。

（3）动态经济分析。它的方法及特点是：1）从生产要素和技术知识的增长变化出发。2）把经济活动看做一个连续的发展过程，经济分析的角度不是时点上的状态，而是过程上的特征和规律性。3）不是把经济分析的变量看做不断重复的变动，而是基于经济变量的时序关系展开分析，即随时间变化的经济过程，以及经济发展由内生因素决定的过程。动态经济分析十分重视时间因素，重视过程分析。

（4）比较动态经济分析。它是在动态经济分析基础上做出的。如果说动态经济分析是就一个经济过程所进行的分析，那么比较动态经济分析就是对两个经济过程的比较分析，比较差异集中在两个方面，一个是变量之间的时滞关系；另一个是变量之间的依存关系，即参数变动。

三、经济统计分析方法

经济统计分析方法是指统计分析方法运用于经济分析的总称，因而它包括广泛的内容。然而，依据其在分析中使用目的的不同，经济统计分析方法可以划分为以下几类。

（1）描述性分析方法。如何运用科学的变量体系描述分析一个经济运行整体的数量特征，需要指标体系的选定方法，也需要对所选定的变量进行准确的估计，包括核算、推算和估算，还需要变量数据的可比性处理方法。这些方法需要经验，也需要理论，还需要统计技术或技巧。描述统计方法对于统计分析应用是一个非常重要的基础，探索性统计分析有助于我们构建系统分析的基本逻辑框架，从而根据客观存在与相互关系构建描述经济系统运行的统计指标体系。

（2）应用回归和多元统计分析方法。这是在应用中运用比较广泛的分析方法。许多经济活动中的经济关系、结构关系、动态关系，以及经济分析中的聚类、因子分析等等都需要统计分析方法的支持。分层回归、分位回归、PANEL DATA 分析、协整分析等方法的发展，对于深入经济因素之间的系统决定关系的统计分析，都具有重要的推动作用。

（3）常用经济统计分析方法。包括指数分析、因素分析、时间序列分析、弹性分析方法等。常用方法在经济分析中的组合运用是比较有效的。此外，利用现代统计思想开发的专门使用的综合分析指标体系或综合评价指标的方法，也是经济统计分析方法的重要内容。

四、数量经济分析方法

数量经济分析方法在宏观经济统计分析中发挥着重要的作用，主要有以下几方面。

（1）计量经济模型。它是融经济理论、数学和统计学于一体的专门分析技术，可以用来描述宏观经济主要变量的基本特征和数量关系，进行预测、模拟和规划等方面的分析。一个国家或地区的经济整体，应该建立一个宏观计量经济模型作为提高宏观经济科学决策的常用手段。

（2）投入产出分析。它是关于国民经济部门间技术经济联系分析的一种技术方法。我国已定期编制投入产出表，投入产出分析在我国宏观经济统计分析中发挥着重要的作用。

（3）经济周期分析方法。它是一种动态数量分析的系统方法，即在统计系统描述基础上，分析经济周期波动的因素、机制和控制过程。现代时间序列分析方法在经济周期分析方法发展中占据重要地位。此外，还有系统动力学、金融数学等方法。

五、宏观经济统计分析的工作方法

宏观经济统计分析的工作方法是实际分析应用过程一般工作方法的归纳。主要步骤如下。

（1）确定分析对象和主要目的。实际上这是分析的选题阶段。对于制度化的统计分析，主要是明确从事的统计领域和统计分析研究的主要任务。对于专题性的统计分析，则是选好题目，明确主要问题。

（2）初步调研。这是开始宏观经济统计分析工作的准备阶段。主要是做好 3 方面的准备工作：1）整理文献，即收集整理有关分析选题方面的经济理论和实证分析的文献，也就是做好定性分析的准备。2）对所分析对象的现状做初步调查和整理，主要是增强分析者对现实的整体认识，深入了解有关活动情况。3）研究分析的统计反映体系，包括统计指标体系和有关统计资料，这些都是直接为下一步分析体系的设计服务的。

（3）分析体系的设计。通过初步调研的准备，对分析对象的定性认识和统计反映的现实整体有了充分的掌握，然后，以此为基础研究统计分析方法和数量分析方法的运用问题，其目的就是选定为分析所用的科学方法，据此来设计分析体系，包括分析的框架和分析因素及因素之间的有机联系，并设计有关分析指标。

（4）分析所用统计资料的收集、整理和计算。即以分析体系的设计为依据，进行统计资料的收集、整理和计算。

（5）研究分析报告。一般包括以下几部分：1）分析的背景和主要目的。2）主要问题及影响。3）问题形成的原因。4）对策研究。5）附录：所运用分析方法的介绍。

第5节 宏观经济统计分析的自主发展

一、宏观经济统计分析自主发展的着力点

计量经济学的发展地位极大地影响了宏观经济统计分析的自主发展。信息网络技术和社会信息化的快速发展，为统计学的主导作用和宏观经济统计分析的独立性发展创造了重要的机遇，由此可以更加充分地发挥统计的作用，为人类社会进步发展做出更大的贡献。宏观经济统计分析独立发展，并不是排斥计量经济学，主要是为了通过统计思想和统计方法更好地利用大量数据，也就是以统计理论方法为核心并积极交融有关学科的统计分析研究。从历史发展过程中，我们看到统计学应用于经济学研究的重要作用和大量交叉融合的知识内容，特别是专门化的统计思想和分析方法，形成了经济统计和经济统计分析，从而大大提高了统计方法应用于经济分析研究的效率。尽管经济统计与经济学存在着很大的交集域，但是，基于统计学分析研究经济问题，与基于经济学运用统计方法分析经济问题是极其不同的，前者我们不拘泥于经济理论，尽管要保持未来与经济学界交流的一致和可比性，在统计测度和调查设计中，积极吸收一些经济学的基本元素概念来简化统计变量或指标概念，但是，在不受经济学的任何约束的条件下，统计完全可以从实际出发开展统计调查和数据收集整理，以及统计分布和基本关系研究，这种完全基于客观存在的统计调查与数据分析，可以原汁原味地反映经济关系和经济问题的实质，从而可以改变经济学理论学说的假设条件而做出全新的发现。因此，完全基于统计学的研究可以探索新的发现。而基于经济学运用统计方法分析经济问题是极其不同的，一般来说，是从经济学找到理论，进一步基于数学方程推演出数理经济学模型，然后建立数学模型，收集数据并采用统计推断方法做出参数估计与假设检验，也就是经济学、数学、统计学三位一体的经济分析，即计量经济学的内容。这种基于经济学的统计学方法运用主要是为了验证经济学的理论假说以及实际存在的具体数量关系。

二、发展统计思想和统计方法在解决复杂问题上的重要作用

统计学从一般方法论看，可以分为描述统计学和推断统计学，前者主要是基于客观存在和社会活动的数量特征，以科学地建立统计变量或统计指标为目标收集数据的统计调查方法和数据整理与描述统计分析方法，通过这种方式方法可以达到科学认识和解释客观存在与发展过程及其关系的目的，为经济学等相关学科的科学研究提供科学论据和客观存在的证明，为管理学提供直接的管理工具。特别是目前与计算机处理大量或海量数据结合的描述统计分析，已经大大增强了对客观存在和现实发展变化的探索性分析，为人类社会的发展提供更多和更科学的内容，从而推动经济学的新发展

与新变革。推断统计学基于样本推断总体的特征参数，对科学深刻地认识经济与社会的各种关系和发展规律发挥重要的作用。在当今极其复杂的经济发展关系和问题面前，追求大量数据和统计发现的研究体现统计学科发展的重大价值，因此，如何科学运用统计思想和统计方法就显得非常重要。统计学思想，非常重要的是归纳，即根据对客观现实各种现象的数量特征观察，形成概念和数量标准的统计指标或变量，实施统计调查，收集整理数据，按照统计分布和主要统计参数做出统计的归纳，解释发展水平、基本类型和主要因素的影响关系，形成一个比较系统的认识。将这一统计学过程运用于经济问题时，可以很好地说明经济活动的存在及其规律性，为经济学的演绎假设和假说提供直接的科学依据。如果统计学在设计经济统计指标和优化统计调查过程中，科学地运用经济学研究提出来的概念和理论，那么，经济统计和分析将会更好更快地发展，统计数据的使用效率和科学价值将大大提升。

三、建设以统计学知识为核心的宏观经济统计分析自主发展模式

宏观经济统计分析也必须以经济学为基础。国民经济核算体系是经济统计的主体，它对国民经济运行过程的数量特征进行科学的描述，但是，它的科学体系除了统计的计量要求和逻辑体系要求以外，各个科学概念都是在经济学各种流派所创造的经济概念中优选出来的，因为在统计中使用的经济学概念必须可计量且可用于经济过程描述体系中的每一个相关的结构量点之中，而不产生任何概念上计量的相互矛盾。国民经济核算体系也科学地运用了宏观经济学的理论框架即国民经济循环理论作为描述体系设计的科学依据。此外，宏观经济统计分析的选题和分析理论也是直接参考宏观经济学的理论而开展其具体研究的。面对复杂系统的宏观经济问题，基于微观数据的宏观经济统计分析，是一个正在发展的新领域。国民经济核算体系如果从微观数据到宏观总量数据形成一个完整的数据库的话，那么，宏观经济统计分析将率先解决宏观经济学与微观经济学之间相互脱节的矛盾，从而建立微观与宏观一体化的经济理论学说和实证分析研究框架，这对于经济统计的发展将产生巨大的推动，对经济学的发展也会产生革命性的影响。

图 1—1 给出了基于经济学和基于统计学的宏观经济统计分析过程的比较。事实上，如果具有大量的微观数据，那么就可以充分发挥统计归纳比较分析的优势，探索发现客观存在的经济关系，突破一些经济学的理论束缚，发现新的理论。当然在这个基于统计学的宏观经济统计分析过程中，我们必须将经济学的规范概念与统计变量相结合，并且结合运用统计思想、统计测度方法、统计变量内涵可分类等科学思维，进一步创新发展经济学概念下变量与统计指标的科学设计，这是做好统计归纳比较和统计分析的基石。与此同时，统计描述与统计探索性分析，以及统计建模中尽可能运用更多的统计数据和统计方法，对于统计分析的发现也是重要的科学基础。在统计模型分析结论上，我们还要重新联系经济学理论和学说，细心比较统计分析发现的内在逻辑、主次关系，以及发展过程的阶段质变特性等，应该做到比基于经济学更细致、更

系统、更大范围地考察其中的因素影响关系和决定关系。也应该看到，宏观经济统计分析一个非常重要的基础还是基于经济学的宏观经济统计分析，因为，通过这种分析学习和研究，可以使我们更加深入地理解经济学的现实核心内容和简化经济问题的做法，从而为完全从统计数据出发，包括经过时间、空间、变化性质的三位一体分类基础上的各个变量的统计分布和彼此间基本关系的统计探索性分析，以及统计模型变量和方法的选取，奠定坚固的经济学基础，保证对现实经济问题的深刻理解。当然，在今天信息技术和计算机大量数据处理与计算分析支持下，在数据库大量生产统计数据的统计资源条件下，积极探索基于统计学的宏观经济统计分析，对于科学发现现实经济变化的新关系、新机制、新规律，能够发挥统计学的重大作用，做出统计学的重大贡献。

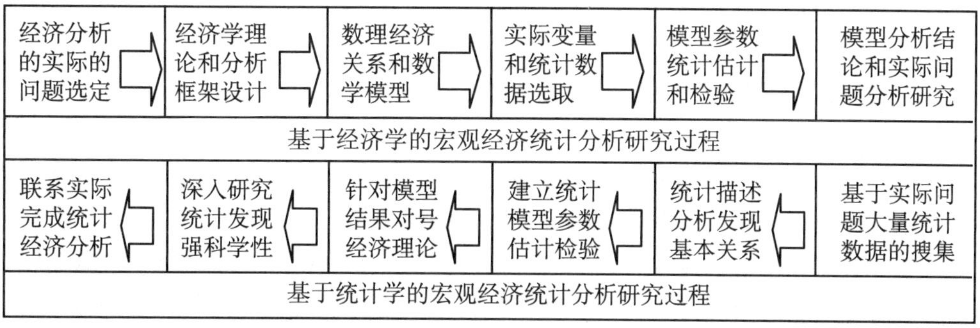

图 1—1　基于经济学和基于统计学的宏观经济统计分析过程的比较

第 6 节　宏观经济统计分析的重点研究方向

如果以统计学为核心知识体系的宏观经济统计分析能够得到很好的应用发展，则可以大大提高统计学科的社会贡献度和社会影响力。其实，这绝不是凭空想出来的，有两个条件非常重要。一个是我们国家的发展需要统计分析的基础，一个是信息社会强化定量的广泛深入运用。因此，从国内外条件看，目前应该是我国宏观经济统计分析发展的一个良好机遇，下面我们针对机遇背景和重点研究方向做一些讨论。

一、宏观经济统计分析的重大机遇背景

宏观经济统计分析是实践性非常强的统计应用分支，对国家经济发展与科学管理具有非常重要的作用。在当今信息技术网络发展的社会背景下，谁能够建立科学的信息数据收集整理基础体系，谁能科学运用海量信息数据于认识发展过程及规律与科学决策和管理之中，谁就拥有市场竞争、产业竞争、区域竞争和国际竞争的创新驱动的

发展优势，从而赢得加速的发展、超越的发展。大数据时代已经成为发展的焦点①，哈佛大学社会科学数量研究所所长加里·金（Gary King）表示，“这是一场革命，我们才刚刚开始投入其中，但是这支由大量全新数据资源所造就的量化大军势必席卷学术界、商业界和政界，没有一个领域将不被触及。”麻省理工学院斯隆（Sloan）管理学院的经济学家埃里克·布林约尔松（Erik Brynjolfsson）认为，大数据的潜力可以和 400 年前发明的使得人们能够史无前例地看到并测量物体的细胞的显微镜相提并论，可以讲，它在测量界是一场革命。大数据测量是现代版的显微镜，诸如 Google 搜索、Facebook 的帖子、微博的信息等都使得精细地测量行为和情绪成为可能，大数据可以在商业、经济和其他领域中应用，使决策越来越多地基于数据分析而不是经验或直觉，人类社会发展由此可以变得更加科学。因此，统计学如何在大数据时代发挥重要作用，成为未来统计学应用研究的一个焦点。

二、顺应大数据时代发展机遇的统计分析

显然，大数据时代下中国的各种情况和发展与美国有很大的不同。中国特色的社会主义市场经济正处于转型发展过程中，如何超越自己，跨越历史发展阶段，发挥政府组织作用，中国拥有改革开放 30 多年来的成功经验。毫无疑问，大数据时代对于中国追赶和超越发展是一个非常好的机遇，其中从政府各部门的信息数据做起，发展政府公共数据共享平台，支持政府经济社会发展过程的科学管理、中长期发展政策分析研究与科学规划和实施是一个有待发展的重要方面。应该看到，我国政府电子政务和信息化投入很大，信息网络、硬件设施和软件设施等都创造了很好的大数据发展条件，但是，在各部门信息数据共享平台上，行政记录、业务统计、活动统计、财务信息等都没有完成可以适应大数据分析需要的科学的统计数据转化，指标不一致、指标口径不一致、时间不一致、空间不一致、指标体系不一致、分类不一致、编码不一致，等等。如此杂乱的数据库，基本上连常规的统计整理、统计描述和分析都无法做到。事实上，这种现象是社会缺乏统计素质的集中表现，也是政府领导缺乏对统计作用科学认识的结果，如此状况，不可能会出现有条不紊的科学管理，决策科学化也是没有客观依据和科学基础的。中国要实现做大做强，成为具有国际竞争力的伟大国家，这一课必须补上，这一基础也必须夯实。作为宏观经济统计分析的发展，具有前瞻性的研究适应大数据时代的潮流，利用信息网络的海量数据，加强有关从微观到宏观的经济社会发展过程数据的收集整理和分析方法研究，追求一个全新的宏观经济统计分析系统思想的创新模式，为国家宏观经济发展过程监测和中长期发展的科学分析与政策制定提供科学服务。

从大数据时代的信息网络技术实际出发，我们可以基于服务业各个部门管理的行政记录、业务统计、监管信息，以及经济活动的实物量统计，结合财务等价值量统

① The Age of Big Data, *The New York Times*, February 11, 2012.

计，建设科学的服务业统计推算与核算的科学统计方法体系。我们可以在公路、铁路、航空、海运、河运、管道运输等信息化、物感网、地理信息系统和所有关联的统计数据基础上，发展适应大数据发展的平台，全面建设适应我国交通运输体系和物流网络体系的服务业统计，为国家交通运输业和物流业发展建设直接服务。我们要在电网供求信息数据、能源生产企业、资源环境等数据基础上，建设我国能源发展建设大数据平台，支持国家能源发展管理、规划，以及节能减排与可持续发展的管理需要。

三、以创新型国家为目标的统计分析

2006年1月我国提出创新型国家建设目标，创新能力的分析成为宏观经济统计分析的重要内容之一。我们需要在产业创新能力分析、区域创新能力分析、国家创新能力分析，以及国家创新体系发展分析研究等方面做出科学的研究，为国家科技政策的制定与效果评估提供服务。研发（Research & Development，R&D）统计、技术交易统计、企业创新调查、知识生产函数的统计模型分析、创新指数及其应用，以及创新对就业的影响、创新对税收的影响、创新对产业国际竞争力的影响等，已经成为经济统计研究的重要内容。实际上，科技统计如何融入经济统计并使创新能力分析建立在扎实的经济系统中成为核心与驱动要素，在经济统计和分析研究发展上也是一个大的发展方向。

四、产业结构高端化的统计分析

结构调整是推动我国经济社会发展全面转型的重要核心内容，从发展的角度看就是产业结构高端化，这也是我国宏观经济统计分析的重要内容之一。我们基于大量国内外数据分析，特别是对发达国家和转型国家的30年产业结构演化变迁做出了统计分析，研究了各要素之间的相互发展推动作用，从生产效率、劳动报酬、资本回报、能源消耗等角度全面论述产业结构高端化的统计系统特征，提出“三高一低”产业结构高端化统计规律：生产效率高指创新能力与创新驱动效果高，劳动报酬高指聚集高端人才要素及组合的整体劳动要素水平高，资本回报高指金融创新、资本运作和经营管理效率高，能源消耗低指节能减排、低碳经济发展。对产业结构高端化“三高一低”特征的总结和基于发达国家投入产出表时间序列数据等的深入分析，发现了产业结构高端化的实现路径离不开创新、信息化、金融支撑，通过延长产业价值链，提升产品附加值，增强产业间辐射带动作用，达到整体产业结构向高端化发展的目的。这些方面集中体现我国现阶段经济发展转型要全面依靠创新驱动，不仅技术创新，还要在管理、组织、市场营销和吸纳信息化及商业模式等方面推动创新，同时要聚集优质的劳动要素，深刻体现以人为本基础上兼顾劳动成本比较低的优势，坚持绿色创新、发展新能源、推动绿色就业发展的整体时代发展概念内涵。

五、金融统计分析

金融体系和效率在一国经济社会发展中非常重要。我国改革开放和经济社会发展过程中，金融改革与创新的发展已经发挥了重要的作用，包括抵御了 1998 年的亚洲金融危机、2008 年世界金融危机。但是，面临全球化影响和世界金融体系的变革，金融体系的改革与创新发展更具有挑战性。因此，我们要做好金融统计分析，包括为货币政策服务的货币供求的统计分析和货币政策效应的统计分析，人民币汇率国际竞争力统计分析研究，资本市场、证券市场统计分析，金融数据挖掘等内容，以及对金融体系和效率、风险的监测和统计分析，发挥现代统计作用，保障我国经济社会的可持续健康发展。

六、宏观经济空间统计分析

我国人口普查和经济普查已经引入地理信息系统的空间变量，这使得未来宏观经济统计分析中增加了宏观经济空间统计分析研究内容。微观数据空间化，包括企业数据、人口及人力资本数据、能源数据和节能减排数据等空间化，将为宏观经济统计分析发展创造积极的条件，统计分析更加科学、精准、有效，经济社会组织更加有序，政府管理在运行过程管理和发展要素及政策推动与引领上更加科学。

宏观经济统计分析的研究内容很多，上述只是从笔者研究的一些重要方面做一些思路的探索。我国在改革开放 30 多年后的今天，非常需要建设强大的数据信息基础，各种科学可行的大数据平台体系需要统计专家学者与计算机网络技术和数据库系统等领域密切合作，发展现代统计事业，造福人类社会。其中，宏观经济领域的统计发展应该先行。

□ 复习思考题

1. 阐述宏观经济统计与宏观经济统计分析的关系。
2. 阐述宏观经济学与宏观经济统计分析的关系。
3. 联系实际，阐述宏观经济统计分析体系及其发展。
4. 阐述宏观经济统计分析方法及其发展。
5. 阐述宏观经济统计分析的自主发展。
6. 阐述宏观经济统计分析与微观数据的关系。
7. 阐述宏观经济统计分析与大数据的关系。

第 2 章 Chapter 2 总供给与总需求的统计分析

第 1 节　总供给与总需求的统计概念与作用

国民经济活动从总体上体现为实物运动和价值运动过程的统一，表现在市场上就是总供给和总需求对立与统一的运动过程。社会总供给和总需求是宏观经济学中的两个重要概念，我们在分析宏观经济运行中的均衡问题时必须借助于这一对概念，并分别对它们进行统计指标的量化。

社会总供给与总需求是反映国民经济供应与需求的总量概念。社会总供给是指在可使用的资源与技术已知的情况下，一个国家或地区在一定时期内（通常为一年）社会经济可能生产的产出量；社会总需求是指一个国家或地区在一定时期内（通常为一年）由社会可用于投资和消费的支出实际形成的对产品和服务的购买力总量。社会总供给是由生产过程决定的，社会总需求是由分配过程决定的。市场经济中的商品产量及其价格由总供给与总需求决定，并由此实现总供给与总需求的均衡。社会总供给与总需求的统计，其实就是分别对社会总供给与总需求的构成要素进行统计，并对社会总供给与社会总需求的总量特征及其平衡情况进行分析。因此要对社会总供给与总需求进行尽量准确的统计首先必须准确知道社会总供给与总需求的要素构成。古典学派、供给学派、凯恩斯等在不同的假定下借助总供给曲线与总需求曲线对总供给和总需求的均衡进行了深入研究，而他们所研究的每条总供给和总需求曲线都反映着一种总价格水平（认为是消费价格指数或 GDP 平减指数）和产出 GDP 即国内生产总值之间的关系。因此，根据西方经济学对总供给与总需求的研究可知，国内生产总值是社会总供给或总需求总量统计的一个重要度量指标。所谓国内生产总值，是对一年度或季度国内生产的商品和服务总量的增加值衡量指标。但是应该看到，在开放的经济状态下，各国之间相互进行着经济贸易往来，一国生产的产品和服务可以出口到国外市场进行交易，构成国外需求，同样，一国也会进口国外的商品到本国市场形成本国的需求。所以在开放经济状态下对社会总供给与总需求进行测算，本质上是从供给角度和需求角度对国内生产总值以及进口、出口总量等主要构成要素进行测算和分析。

分别对社会总供给与总需求进行统计，探测社会总供给与总需求均衡问题的主要作用是为政府部门进行宏观调控决策服务。通过对社会总供给与总需求的统计分析可以从总体上了解国民经济的规模和主要关系，掌握社会总供给和总需求的总量平衡和结构平衡状况并分析引起总供给和总需求变化的原因，从而有助于进行宏观管理和控制，促进生产要素的合理配置和经济结构的优化。简单地说，当总供给大于总需求时，由于商品、服务供给过多，社会有效需求不足，于是商品、服务价格下跌，失业增长。这种情况下，在依靠市场经济自行调节的同时，政府部门亦会采取适度宽松的货币政策即通过降低利率增加货币供应量，增加总需求，从而抑制价格水平的持续下跌。同时，政府部门会实行适度宽松的财政政策即通过增加政府支出、降低投资减免税等措施来增加消费需求和投资需求，从而使总供给与总需求向均衡状态靠近。当总供给小于总需求时，商品、服务供给偏少，社会有效供给不足，于是商品、服务价格上涨，此时失业率虽会降低，却极易引发通货膨胀。针对这种情况，政府部门通常会采用相对紧缩的货币政策即通过提高利率减少货币供应量，降低总需求，阻止通货膨胀的持续恶化。同时，政府部门会采取降低公司所得税、改变投资减免税等财政政策分别从短期、长期考虑增加社会总供给，进而使总供给与总需求实现均衡。因此，社会总供给与总需求的统计平衡状况是政府部门制定恰当货币政策和财政政策的主要依据，当然，现实中针对社会总供给与总需求失衡状态的调节政策的制定措施要复杂得多。

第 2 节　社会总供给与总需求的统计测算方法

一、直接法测算的总供给与总需求

社会总供给和总需求的直接测算方法从流量和存量两个方面统计社会总供给和总需求，反映社会总供给和总需求运行过程的数量特征。它不仅包括实际发生的供给总量和需求总量的统计，而且包括未实现平衡的供给和需求总量的统计。因此，直接测算法下总供给和总需求可以不相等，经常存在供求缺口，这一缺口绝对量和相对量的大小，正是宏观经济运行过程均衡与否的判断依据。所以，这种方法可以直接用来分析社会总供求的均衡与失衡，故而称为“直接法”。本书从流量和存量角度提出直接测算社会总供给和总需求的一组统计指标和概念，它们是期初结余总供给、本期实现总供给、期末结余总供给、流量总供给、存量总供给；期初结余总需求、本期实现总需求、期末结余总需求、流量总需求、存量总需求。

流量总供给是指一定时期（如一年）一个国家（或地区）新增加的供给总量，它包括来自本国生产及进口的商品和服务总量，即流量总供给等于国内生产总值与进口商品和服务之和。结余总供给指某一时点上，一国全部库存和储备结余的供给总量和人工培育资源增长量，如我国林业产值中的林木生长部分，牧业产值中总牲畜繁殖、增重部分。结余总供给一般与流量总供给的统计时期相对应，分为期初和期末统计。期初结余总供给与流量总供给之和就是存量总供给，存量总供给减去期末结余总供给就是本期实现总供给，本期实现总供给与流量总供给之间的差别就是期末、期初结余总供给之差。

流量总需求是指一个国家（或地区）一定时期（如一年）形成的购买商品和服务的货币支出水平，包括实现的需求总量，也包括未实现的即准备购买的需求总量。流量总需求来源于国内和国外两个方面，国内流量总需求是生产收入分配后形成的购买或准备购买的支付额总量；国外流量总需求是出口的商品和服务表现的国外购买量。结余总需求就是未实现的总需求部分，如同结余总供给概念，它连接了不同时期的流量总需求，揭示总需求的动态特征。期末结余总需求加流量总需求等于期末存量总需求。期末存量总需求减去期末结余总需求等于本期实现总需求。本期实现的总需求与本期实现的总供给相均衡。

总供求概念体系的计算和平衡关系可用下面几个式子表示：

期初结余总供给（需求）＋本期流量总供给（需求）
＝本期实现总供给（需求）＋期末结余总供给（需求）

期末存量总供给（需求）＝期初结余总供给（需求）＋本期流量总供给（需求）

本期实现总供给＝本期实现总需求

期初、期末结余总供给（需求）差额＝本期流量总供给（需求）、本期实现总供给（需求）差额

本期期初结余总供给（需求）＝上期期末结余总供给（需求）

总供给与总需求统计测算指标之间的关系如图 2—1 所示。

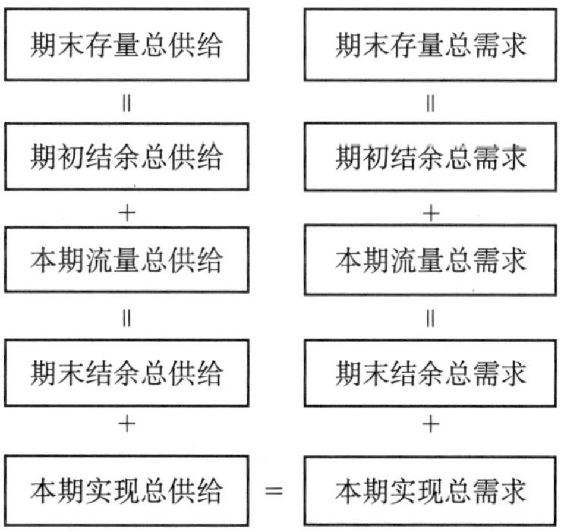

图 2—1　总供给与总需求统计测算指标之间的关系图

1. 总供给的测算

根据上述的基本思路，总供给的统计测算主要是计算流量总供给和期初、期末结余总供给，其他指标可以在此基础上派生计算。

（1）流量总供给一般简称社会总供给或总供给，是在生产法国内生产总值的基础上计算的。我国统计年鉴每年都公布国内生产总值的统计数据。因此，就一定时期（通常是年度）而言，流量总供给等于国内生产总值与进口商品和服务之和减去损失，即

流量总供给＝国内生产总值＋商品、服务进口－损失

（2）结余总供给主要是批发和零售贸易业库存、工业企业销售库存和人工培育资源产值。结余总供给可以按期初资料计算，也可按期末资料计算，因为下年期初就是本年期末，而上年期末就是本年期初。我国结余总供给的统计计算公式为：

$$\begin{matrix}\text{期初（期末）}\\\text{结余总供给}\end{matrix}=\begin{matrix}\text{期初（期末）批发和}\\\text{零售贸易业库存}\end{matrix}+\begin{matrix}\text{期初（期末）工业}\\\text{企业销售库存}\end{matrix}+\begin{matrix}\text{国家储备}\\\text{库存}\end{matrix}+\begin{matrix}\text{期初（期末）}\\\text{人工培育资源产值}\end{matrix}$$

式中，人工培育资源产值是指林业产值中的林木生长部分，牧业产值中的牲畜繁殖、增长、增重部分等。由于这一项在我国没有现成的统计数据可用，只能根据林业、牧业等部门总产值的一定比例进行推算。

2. 总需求的测算

同总供给一样，总需求的统计测算也只需计算流量总需求和期初、期末结余总需求即可，其他指标派生计算。

流量总需求包括投资需求、国内消费需求、国外消费需求。

（1）投资需求。流量投资需求包括已实现的全社会固定资产投资和库存增加投资，按照其资金来源可以分为四个部分，即

投资需求＝国家预算内资金拨款＋国内贷款投资＋利用外资＋自筹和其他投资

（2）国内消费需求。流量消费需求即国民经济核算中的最终消费，包括居民消费和政府消费需求。国内消费需求的计算公式为：

国内消费需求＝居民消费需求＋政府消费需求

（3）国外消费需求。国外消费需求以实际发生的购买额计算，包括商品和劳务输出。

结余总需求包括结余投资需求和结余消费需求。

（1）结余投资需求。如果假定每年投资的流动资金在当年全部实现，自筹投资也是当年全部实现，那么结余投资需求的变动主要受两方面的影响，即当年未实现的（或结余的）国家预算内固定资产投资拨款和当年未实现的国内固定资金投资贷款。

$$\begin{matrix}\text{当年未实现的（或结余的）}\\\text{国家财政固定资产}\\\text{投资拨款}\end{matrix}=\begin{matrix}\text{国家财政支出中的基本建设}\\\text{支出和更新改造支出两项之和}\end{matrix}-\begin{matrix}\text{已实现的固定资产投资额}\\\text{中来自财政拨款部分}\end{matrix}$$

期末结余国家财政固定资产投资拨款＝期初结余国家财政固定资产投资拨款＋当年未实现（或结余的）国家财政固定资产投资拨款

当年未实现的（或结余的）国内固定资产投资贷款＝国家银行信贷资金平衡表中固定资产贷款年末余额－当年已实现的固定资产投资中来源于国内贷款部分

期末结余国内固定资产投资贷款＝期初结余国内固定资产投资贷款＋当年未实现（或结余的）国内固定资产投资贷款

（2）结余消费需求。结余消费需求主要由居民储蓄、手持现金和机关团体存款构成。这里的机关团体存款作为社会消费结余对待。因此，

结余消费需求＝居民储蓄＋手持现金＋机关团体存款

需要说明的是，这里将储蓄全部看做结余的消费在我国出现需求不足的情况下是有问题的。但是居民储蓄中究竟有多少是结余的消费，有多少是资源的储蓄，这是一个理论和实践上都比较难以回答的问题。目前条件下比较理想的解决方案也只能是采用问卷调查和统计推断的方法来取一个比例数。所以，我们提出的结余消费额测算方法是一种近似的算法。

3. 测算结果

根据上述具体的测算方法，我们采用《中国统计年鉴》等有关统计资料正式发布的数据，计算了 2008—2012 年的社会总供给和总需求，主要年份数据列入表 2—1中。理论上讲，同一年份上的本期实现总供给与本期实现总需求是相等的，但是实际上它们之间存在差异，它们之间的差就是来自各种渠道统计数据不一致的统计误差。从方法上看，主要统计误差来自期初、期末结余统计的估算或推算。如果这种统计误差较大，那么在实际分析上的结论，还需要其他资料补充分析论证的支持。

二、间接法测算的总供给与总需求

社会总供给与总需求的间接测算法以西方经济学中“总供给＝总需求”的理论模型为框架，运用国民经济核算资料，并作为国民经济核算的重要组成部分，就一定时期内实际发生的即已经实现的供给总量和需求总量进行统计。由于间接测算方法是对最终产品从两种不同角度进行反映，因此实现的总供给与总需求必然是相等的。与直接算法比较，采用这种方法的缺点是得到的计算结果不能直接用于判断社会总供求的均衡与失衡。如果要分析社会总供求是否均衡，必须借助于其他指标来进行间接分析，如通过就业率或失业率、物价指数以及汇率的波动等来观察。所以，这种不能直接反映社会总供求均衡与失衡的测算方法称为“间接法”。

表 2—1　　2008—2012 年中国社会总供给与总需求测算表　　单位：亿元

年份	社会总供给				
	期初结余总供给 (1)	流量总供给 (2)	存量总供给 (3)	期末结余总供给 (4)	本期实现总供给 (5)
2008	9 347.6	393 571.9	400 566.5	13 003.8	390 325.6
2009	13 003.8	409 521.2	419 762.1	10 715.6	411 978.7
2010	10 715.6	496 212.1	503 995.5	13 464.2	494 006.8
2011	13 464.2	586 265.4	596 254.1	16 192.2	584 290.6
2012	16 192.2	633 845.3	645 808.8	14 819.5	635 436.4
年份	社会总需求				
	期初结余总需求 (1)	流量总需求 (2)	存量总需求 (3)	期末结余总需求 (4)	本期实现总需求 (5)
2008	82 621.8	391 066.8	473 688.7	99 715.4	373 973.3
2009	99 715.4	413 313.0	513 028.4	117 468.9	395 559.5
2010	117 468.9	487 532.1	605 001.0	178 714.4	426 286.6
2011	178 714.4	572 988.1	751 702.4	249 253.4	502 449.01
2012	249 253.4	642 206.5	891 459.9	293 379.7	598 080.26

注：表中有关指标之间具有如下的计算关系：(3) ＝ (1) ＋ (2)，(5) ＝ (3) － (4)。本期实现总供给与本期实现总需求理论上应该相等，但表中不等的差额是统计误差，说明来自不同途径的统计数据可能存在口径范围差异，或者有些供给项目统计不全。

资料来源：中国经济社会发展统计数据库，国泰安数据库，中国人民银行调查统计司，《中国统计年鉴》，《中国农村统计年鉴》。

间接法测算社会总供给与总需求是从市场交换的销售方和购买方分别统计的，尽管统计的方面不同，但它们都是来自同一实物流量，所以总供给与总需求的统计测算结果是相等的。社会总供给和总需求的统计测算包括一定时期国民经济生产最终成果的全部，也包括对外经济贸易活动中发生的进出口以及服务输入和输出形式的供给和需求。表 2—2 是中国 2012 年社会总供给和总需求总量与结构的实际测算结果。

表 2—2　　中国社会总供给和总需求的统计测算（2012）

	绝对数（亿元）	比重（%）
社会总供给		
1. 国内生产总值	519 322.0	81.93
(1) 第一产业	52 377.0	10.08
(2) 第二产业	235 318.6	45.31

续前表

	绝对数（亿元）	比重（%）
其中：工业	199 859.6	84.93
建筑业	35 459.0	15.06
（3）第三产业	231 626.5	44.60
2. 商品及劳务的进口总额	114 523.3	18.06
合计	633 845.3	100.00
社会总需求		
1. 最终消费	259 599.6	40.42
（1）居民消费	188 370.1	72.56
（2）政府消费	71 229.6	27.43
2. 资本形成总额	253 524.3	39.47
（1）固定资本形成总额	243 151.9	95.90
（2）存货增加	10 372.4	4.091
3. 货物和服务出口	129 082.6	20.09
合计	642 206.5	100.00
计算误差	8 361.2	

资料来源：国家统计数据库和国泰安数据库。

从理论上讲，采用国民经济核算体系资料所计算的社会总供给与社会总需求应该完全相等。但是，在实际计算中，由于社会总供给的测算以生产法计算的国内生产总值为基础，而社会总需求则以支出法国内生产总值为基础，生产法 GDP 与支出法 GDP 本身就存在计算误差，所以两者的计算结果是不相等的。表 2—2 中所列的我国 2012 年的社会总供给与社会总需求之间的计算误差为 8 361.2 亿元，约占社会总供给的 1.32%。

三、关于总供需测算问题的小结

对于社会总供给与总需求的直接测算是我国统计学界的一项创新，西方国家对于总供需平衡的分析都是通过失业率、价格指数、景气指数、利率等宏观经济指标来间接反映和判断的。① 我们认为，通过对总供需的直接测算，可以直接了解总供需形成的规模，把握总供需之间的数量缺口，明确各种经济因素对总供需的影响程度，从而

① 从国民经济运行分析正常与否目标看，还可以考虑库存占 GDP 比重的变动，可以根据该指标的时间序列数据，开展其他各种变化趋势的关系分析。

为科学地进行宏观经济调控与决策提供依据。所以总供求的直接测算是有重要意义的。但是，关于社会总供需的直接测算方法至今还不成熟。我们在本书中提出的计算社会总供给和总需求的方法也只是一种探索，旨在提供科学探索的一种方法和计算上的一种思路。

第3节　社会总供给与总需求均衡状态的统计描述

社会总需求与总供给失衡是引起国民经济各方面比例失调的根源，实现社会总需求与总供给的基本平衡，是做好国民经济综合平衡的总枢纽，是搞好宏观经济管理与调控的核心。

一、社会总供给和总需求均衡与失衡的概念

社会总供给与社会总需求的均衡有总量均衡和结构均衡两层含义。总量均衡是指社会总供给总量等于社会总需求总量，结构均衡是指社会生产过程中各层次产业或行业中的供给和需求均衡。对于严格意义上的社会总供给和总需求的均衡与失衡的概念，必须从流量社会总供给和总需求、存量总供给和总需求以及结余总供给和总需求去全面认识。仅有流量社会总供给和总需求均衡，还不能肯定地说社会总供给和总需求平衡了，而必须作存量上的考察。有时虽然本期社会总供给和总需求平衡了，但由于前期的不平衡，因此从整体上看还是不平衡。还可能出现相反的情况，即本期社会总供给与总需求失衡，但从整体上考察，社会总供给和社会总需求却是均衡的，主要原因是本期的失衡与前期的失衡反向行事。

总供给与总需求的平衡有两种不同的规模，一种是充分就业条件下的总供给与总需求平衡。在这种条件下，社会资源得以充分利用，没有潜在供给，总供给达到最大化，资源没有限制、浪费现象，总供给与总需求的平衡处于最佳状态。这时如果再增加需求，则会造成通货膨胀缺口，引起通货膨胀。另一种是不充分就业条件下的总供给与总需求平衡，在这种情况下，社会资源没有得到充分利用，还有增加供给的潜力，总需求和总供给的平衡没有处于最佳状态。这时如果继续增加需求，则不会造成过度需求引起通货膨胀。

由于国民经济活动的复杂性，实现社会总供给与总需求的绝对均衡是不可能的，因此，现实中社会总供给和总需求均衡要求社会总供给和总需求在一定程度上统计不相等。社会总供给大于或小于总需求的情况之所以还能够被认为是均衡状态，主要是因为这种总供求不相等并不影响国民经济的正常运行。从国民经济总体均衡的内涵来看，它具体表现在以下几个方面：(1) 社会生产良性循环，生产结构协调；(2) 生产能力正常发挥，技术进步，资源充分利用；(3) 总需求依社会经济能力和社会发展而正常增长，结构逐步演进，与产业结构的演进相协调；(4) 财政、信贷、国际收支基

本平衡。从统计来说，社会总供给和总需求的均衡与失衡应有其具体的数量界限。也就是说，社会总供给大于或小于总需求多少，可以认为社会总供求处于均衡状态。当然，超过这个界限社会总供求就失衡了。这个问题在下面关于社会总供求状态判断的统计方法中将专门讨论。

二、社会总供给和总需求状态的类型

社会总供给和总需求的均衡与失衡是其状态的两种类型。前面我们对均衡的状态特征作了讨论。但是，在现实经济中，大多情况是失衡的状态，因而更具有现实意义的是对社会总供给和总需求失衡状态类型的划分。

社会总供给和总需求的失衡，首先可划分为总量失衡和结构失衡。总量失衡又依社会总供给和总需求缺口的性质分为经济停滞和通货膨胀两种类型。经济停滞是指社会总供给过剩和总需求不足的失衡状态。通货膨胀是指社会总供给不足和社会总需求过大的失衡状态。结构失衡也可分为基础结构失衡和非基础结构失衡两种类型状态。所谓基础结构①失衡，是指国民经济基础部门，如农业、能源、原材料等部门供求在国民经济结构中的失衡。所谓非基础结构失衡，是指在基础部门供求基本平衡的条件下，其他部门的结构失衡。实际中，最常见的是上述各种类型的混合，如经济停滞和通货膨胀同时出现的失衡状态，即社会总供给过剩和社会总需求过大的失衡状态，还有总量和结构同时出现失衡状态的混合类型。

对社会总供给和总需求状态类型的划分还有一种思路，那就是从商品和服务市场与货币市场均衡与否的状态出发，因为国民经济运行过程可看做这两大市场的均衡过程，其中任何一个市场失衡都将影响另一个市场的供求关系，因此，只有两个市场同时均衡，整个国民经济运行的供求关系才协调统一，社会总供给和总需求才真正均衡。对于失衡状态，依据两个市场的状态可划分为四个类型：（1）商品、服务需求小于供给，货币需求小于供给；（2）商品、服务需求小于供给，货币需求大于供给；（3）商品、服务需求大于供给，货币需求大于供给；（4）商品、服务需求大于供给，货币需求小于供给。按照商品、服务市场和货币市场状态划分的社会总供给和总需求均衡与否的特征方法，在西方宏观经济理论中广泛使用，也就是 IS-LM 均衡的相图分析方法。这一分析的理论模式具有很好的整体性，就统计分析的系统与整体特征而言，还是可接受的模式。但是，从我国的实际情况来说，由于市场条件较差、市场发育不够成熟，因此仅仅几个宏观变量的市场均衡与否的状态特征难以说明我们的社会总供求状态，其中有些变量一时难以做出比较准确的统计测定，如货币需求总量。但是，这种分析模式在指导我们进行统计分析的逻辑构思及其发展方向上还是具有重要意义的。

① 从国际竞争力理论方法分析研究看，一国或地区的重要基础是基础设施，具体包括基本基础设施即水、路、能源等设施；信息技术基础设施即计算机、互联网、云计算、大数据设施；商务基础设施即物流系统及服务系统设施；环境可持续发展基础设施；社会保障、健康卫生疾控基础设施等。这些基础设施建设与发展的结构协调是很重要的。

划分社会总供给和总需求状态的类型，主要是为其统计分析判断服务的。但是，无论在西方还是我国，社会总供给和总需求的状态特征都是混合类型的。也就是说，存在着停滞的一面，也存在着膨胀的一面，还有结构失衡的问题。因此，对于社会总供求失衡判断的统计研究，需要结合具体国家、具体时期的具体情况进行具体分析。

三、失业、通货膨胀与社会总供需平衡关系分析

失业和通货膨胀是影响社会总供给和总需求失衡的两大主要社会问题。失业或通货膨胀的持续存在可能会导致总供需的严重失衡，因此它们也是政府部门采用宏观调控措施调节总供需失衡时所要解决的主要问题。

1. 失业与社会总供需的平衡分析

我们知道社会总供给与社会总需求的失衡是其常态，当社会总供给与社会总需求严重失衡时，如社会总供给大于总需求，产量增多，产品价格降低，利润减少，厂商会通过解雇工人的方式维持其收益。这样在带来社会总供给下降的同时，造成失业率上升，引发严重的社会问题。失业对社会总供给的影响主要是使社会总供给减少，大大低于充分就业时的潜在总供给水平。根据奥肯定律，失业率每超过自然失业率1%，GDP就会减少2%。高失业率丧失产出的代价非常高，一次经济衰退很容易丧失GDP的3%～5%，这种损失要用数亿元进行计量。而失业对社会总需求的影响主要体现在社会分配方面，也就是说，由经济衰退造成的失业损失主要由那些失去工作的人不合比例地过分承担，失业对穷人的打击要比对富人大得多，严重影响了相对贫穷的人的消费需求。另外，失业使得政府征收的个人所得税减少，进而会影响到政府的消费支出。由于人们挣工资要缴纳个人所得税，政府一般是从在职者那里得到税收，当工人失去工作时，社会在很大程度上与工人分担了丧失产出的损失，社会损失了税收，工人损失了工作，而政府对失业工人的救济同样也使得政府支出比例减少，降低了社会总需求。综上可知，失业同时降低了社会总供给和总需求，对社会总供给与总需求都有负面影响，但对社会总供给的影响大于对总需求的影响，造成供给与需求的不平衡。

2. 通货膨胀对社会总供给和总需求的平衡影响

与失业所产生的后果不同，通货膨胀的存在不会有直接的产量损失，因而不会导致社会总供给减少。在分析通货膨胀对社会总供需的影响时，首先必须区分完全预期到的通货膨胀与不完全预期到的或未预期到的通货膨胀的区别。完全预期到的通货膨胀是指每个人都准确预期到了未来的通货膨胀率（例如为5%），这样，所有的借贷协议或劳动合同都在5%的预期通货膨胀率的基础上签订，名义利率和工资都会提高5%来弥补通货膨胀带来的损失。因此，在完全预期到的通货膨胀的情况下，通货膨胀成本较小，不会给总供需平衡带来太大的影响。当然，这种情况在现实中极少出现。而在不完全预期到的通货膨胀情况下，通货膨胀对社会总需求的影响大于总供给。通货膨胀的一个重要影响就是可以改变以名义价值规定的资产的实际价值，假设

物价水平提高 2 倍，则以货币价格规定的所有债权或资产的购买力削减到了其原始价值的1/3，这样以购买力来衡量的总需求也会变为原来的 1/3，社会总需求大大缩水。而在未预期到的通货膨胀情况下，由于价格上升，厂商为追求经济利益会扩大生产，从而增加社会总供给。这样总供给增加，总需求却大为降低，供需不平衡由此发生。

综上可知，失业的最大代价是产出的损失，即失业带来社会总供给的减少。通货膨胀使货币贬值，从而减少社会总需求。而当社会总供给与总需求处于不平衡状态时，又会进一步影响失业率和通货膨胀率。因此，失业、通货膨胀既是总供给与总需求失衡的原因，又是其失衡的表现。

四、关于总供需平衡问题的小结

通过以上分析可以看出，总供需失衡带来的两大主要问题是失业和通货膨胀。在通货膨胀情况下，厂商为追求利润扩大生产，降低了失业率；而在失业率较高的情况下，经济基本处于衰退阶段，通货膨胀不大可能发生。因此，通货膨胀与失业之间存在替代效应，即高的通货膨胀率意味着低失业率；相反，高失业率则表明低通货膨胀率。所以政府部门在采用财政政策、货币政策进行宏观调控影响总供需平衡时，究竟是以通货膨胀保就业，还是牺牲就业来降低通货膨胀，是一个两难的问题。现实中失业和通货膨胀都应当被尽可能多地加以避免，因此，政府部门如何选择损失最低的失业与通货膨胀组合值得探讨。

第 4 节　社会总供给与总需求的影响因素与状态判断

一、社会总供给的影响因素分析

分析社会总供给的影响因素是通过分析潜在社会总供给的影响因素进行的。所谓潜在社会总供给，是指在客观条件下可能实现的最大的社会供给总量。影响潜在总供给水平的因素有三个：劳动就业率、资本存量、技术进步水平。当三个因素都被充分利用时所形成的社会总供给即为潜在社会总供给。因此，分析实际社会供给总量要从分析上述影响潜在社会总供给的三个因素入手。统计上的分析方法主要有如下三种：

1. *单要素分析法*

对于潜在社会总供给的分析可以从劳动要素或资金要素进行。从劳动要素分析潜在社会总供给，是仅仅把劳动力要素和劳动生产率看成决定社会总供给的因素，其他因素如资金、管理、技术等体现在正常劳动生产率水平的内涵中。其公式为：

潜在社会总供给＝正常劳动力数量×正常劳动生产率

式中，正常劳动力数量以实际社会劳动者人数代表；正常劳动生产率是以平均每个社会劳动生产者生产的国民生产总值计算的。

从资金要素分析潜在社会总供给，得到与劳动要素分析类似的公式：

潜在社会总供给＝正常资金数量×正常资金利用效果

式中，正常资金数量体现为资金存量的概念，包括固定资金和流动资金平均占用量；正常资金利用效果是指在资金存量基础上计算的单位资金产生的国内生产总值。

2. 综合要素分析法

综合要素分析法是通过资金和劳动要素投入与综合的总投入要素生产率（即单位总投入生产的国民生产总值）来分析潜在社会总供给的方法。其公式为：

潜在社会总供给＝(资金投入×资金边际产出弹性系数＋劳动投入×劳动边际产出弹性系数）×正常综合要素生产率

在我国的情况下，资金投入和劳动投入的实际水平与正常水平是接近的，因而可用前者代替。资金产出弹性系数、劳动产出弹性系数、综合要素生产率的正常水平与实际水平差距较大，并且实际水平波动很大，缺乏稳定性。因此，运用回归技术和计量模型难以得到关于“正常水平”的令人满意的估计结果。针对这种情况，较为有效的方法是通过实证分析和逻辑推理直接推断它们的正常水平。其中也可运用国际比较的分析方法。例如，在要素情况、国情以及经济条件基本相同的国家，我们可以以人均国民生产总值作为比较的关联指标。直接使用同类国家的综合要素生产率和劳动、资金产出弹性系数数据评价我国潜在社会总供给，进而与实际的总供给水平进行比较分析。

3. 系统评价方法

所谓系统评价方法，就是对决定社会总供给的所有因素作系统的一致估算。一些学者认为，影响我国生产能力发挥的主要方面是瓶颈产业制约、规模经济、设备利用率、劳动者积极性、管理因素，等等。对于潜在社会总供给的分析是在实际总供给的基础上，测算瓶颈产业的短线制约、不规模经济、设备利用不充分、劳动者积极性受抑制以及管理不科学等方面影响总供给形成的水平，把它与实际社会总供给相加就是潜在社会总供给。

二、社会总需求影响因素分析

在我国目前的情况下，我们难以实证分析宏观经济运行中决定社会总需求变化的依存系数和经济参数，而只能就决定社会总需求变化的重要方面作直接的分析和在粗略的因素之间作相互作用分析。

1. 固定资产投资

由于体制因素，我国经济中利率机制作用不明显，投资主体预算软约束，长期以来存在严重的“投资饥渴症”，所以在经济运行中，生成的投资膨胀决定着社会总需求的变化。虽然货币供给大于需求是投资膨胀转化成总需求膨胀的必要条件，但是，由于体制因素，投资膨胀也可作用于货币供给的扩大，从而形成总需求迅速增长的恶性循环。对于投资膨胀因素的控制，难以通过经济运行本身解决，由于利率失灵，紧缩货币供给也不能完全奏效，只能通过直接的行政手段压缩予以解决。因此，总需求下降往往与固定资产投资的直接压缩联系在一起。从这种意义上说，投资规模的下降决定着总需求的下降。

2. 最终消费

最终消费是对社会总需求状况的直接反映。近几年我国居民最终消费持续走低，10 年来我国居民最终消费率平均不足 60%，比世界平均消费率低近 20 个百分点。就目前的消费情况来看，我国国内消费需求平均增速 8.6%。从绝对值来看，消费需求的增长还是可以的，比过去有很大的改观，但是与 26%的投资增长率相比，消费需求相对投资需求滞后，投资在拉动经济增长中的比例在上升，消费在下降，从这个意义上来讲，最终消费在飞速发展的经济中的拉动力仍然不足。

3. 货币供给

货币供给均衡与否对经济的协调发展至关重要。但是，即使在市场条件充分、经济运行较为稳定的情况下，对于反映经济活动需要的货币需求和货币供给之间的数量关系也是难以准确把握的，主要是因为货币供给与需求的均衡缺乏制约的机制。因此，货币供求变化的无规则性对总需求变化影响较大，主要表现在货币供给的快速增长直接以贷款或以间接的派生存款支持投资和消费加速增长。当然，在货币供给快速增长的过程中，也有投资膨胀和消费膨胀的加速作用。对于货币供给增长的遏制主要是行政的紧缩，当紧缩时，总需求因货币供给的减少而下降。

三、判断社会总供给和总需求状态的统计方法

1. 物价指数方法

在西方国家，对总供给和总需求状态的判断，主要采用失业率、生产能力利用率、消费价格指数等指标间接进行。虽然有许多学者认为西方的方法在我国不适用，但是，仍有许多学者运用消费价格指数来说明我国的社会总供求状况。一般来说，当消费价格指数同比增长大于 3%时，我们称有通货膨胀发生，有效供给不足；而当其大于 5%时，我们称有严重的通货膨胀发生，出现严重供给短缺。2011 年我国居民消费价格指数持续高位运行，全年达到 5.5%，2012 年全年达到 4.6%，这说明依据消费者价格指数判断，我国有效社会总供给小于有效社会总需求，供求矛盾突出。

2. 监测指标方法

我国学者于 20 世纪 80 年代末期提出了宏观经济动态监测指标体系。这个指标体系的特点是：围绕着国民经济运动中总供给和总需求的平衡关系，设计和计算若干个综合动态指数。为了鲜明地反映经济平衡发展的不同趋势，把综合动态指标分为稳定、较快、过快、较慢、下降五种类型（有些地方还分别以不同颜色的灯号报警）来进行判断和分析。后面有关章节会专门讨论这种分析方法，这里就不展开讨论了。

3. 统计测定的判断方法

这种方法建立在对社会总供求的系统地统计测算基础上，不仅指出失衡的数量特征，而且指出失衡状态下的类型特征。关于我国社会总供给和总需求的判断，首先在总供给和总需求的统计测算基础上，计算各种供求差率，主要有两种：

$$流量总供求差率=（流量总需求/流量总供给）\times 100\%-1$$

$$存量总供求差率=（存量总需求/存量总供给）\times 100\%-1$$

将流量、存量供求差率与 0 进行比较：若大于 0，则表明总需求大于总供给；若小于 0，则表明总需求小于总供给。

在此基础上，根据上述各种判断社会总供给与总需求状态的方法，可对我国社会总供给和总需求的失衡状态作进一步说明：

一是在总需求大于总供给的状态下，判断有无经济停滞。这主要是对总供给方面做出质的判别。理论和经验都表明，即使总供给小于总需求，也不能说明总供给都是有效的或正常的，例如，库存过大并且积压，大量出口掩盖国内生产的停滞，设备利用率下降，工厂开工不足。从我国的国情来看，在总需求膨胀的情况下，也存在着不同程度的经济停滞。关于这点的统计判断不仅要给出有无经济停滞的结论，而且要进一步运用统计手段对程度做出判断。

二是在总供给大于总需求的状态下，进一步分析有效需求不足的原因，以及是否存在供给与需求的结构性矛盾。在西方发达国家的经济发展历史中，需求小于供给或者有效需求不足造成经济发展速度放慢的局面，一般都出现在人均 GDP 水平达到 3 000美元时。目前，我国的人均 GDP 基本达到该水平，因此，必须更加重视有效需求与总供给的结构匹配问题，从而解决供给与需求的结构性矛盾。

三是进一步计算和分析消费需求和投资需求与供给的差率。总供需的失衡无非表现在消费和投资两个方面。但是，消费和投资对总供需失衡的作用却不尽一致，因而表现出不同的特点。在统计判断上，我们的任务是指出总需求大于总供给中各自的作用程度，以此来说明失衡的性质。在统计方法上，可计算两个判断指标：

$$消费需求差率=\frac{结余消费需求-结余消费供给（扣除积压部分）}{结余消费需求}$$

$$投资需求差率=\frac{结余投资需求-结余投资供给（扣除积压部分）}{结余投资需求}$$

在这两个差率的基础上，我们可以对总供需失衡的性质作进一步的说明。如果联系历史情况进行比较，其结论就会更清晰和富有价值。

四是结构失衡的判断与分析。总量失衡中部分体现为结构失衡的作用，我国的情况正是如此。因此，统计判断也应对结构失衡的状态给予说明。从发展中国家的结构失衡看，一般表现在两个特征上：一是基础产业瓶颈，二是工业高速增长。匈牙利经济学家科尔奈称其为突进式增长。当然，这两个方面也紧密联系，互相作用。因此我们可以从其中一个方面，即基础产业瓶颈来说明结构失衡状态。基础产业与非基础产业的划分是相对的，随着时间的推移而变化。目前，可把农业、能源工业、原材料业、交通运输邮电部门作为基础产业，从统计上，也就是通过基础产业供给不足影响国民经济总供给的程度来说明结构失衡状态。这可通过两个指标进行，一是由于基础产品不足使国民经济生产能力未发挥的百分比；二是满足国民经济各部门的需要，基础产品供需矛盾形成的供需缺口比率。

四、关于总供需影响因素与状态判定的小结

上述对总供给与总需求的影响因素分析及其状态的判断方法只是理论上的，实践中从统计上分析总供需的影响因素并对其均衡状态进行准确判断要困难得多。对社会总供给来说，在出现总供给生产能力发挥不足，又出现经济过热和经济衰退交替出现的复杂情况下，如何从理论和实践上确定潜在的内容是个难题。就总需求而言，由于无法测算实际货币需求总量，因此货币供给极易与需求脱节。而关于社会总供需平衡状态的判断，统计判定方法必须与物价指数法、监测指标法相结合，只有三种方法交互验证才能对社会供求状态作出更加准确的判断。

□ 复习思考题

1. 总需求、总供给的统计概念。
2. 运用实际统计数据直接测算我国总需求和总供给，并做出统计分析。
3. 运用国民经济核算及相关实际统计数据对我国总供求做出统计分析。
4. 运用实际统计数据说明总供求失衡与平衡过程。
5. 运用实际统计数据对失业和通货膨胀与总供求平衡做出统计分析。
6. 运用实际统计数据对我国潜在社会总供给做出统计分析。
7. 讨论判断社会总供求状态和动态分析的统计方法。

第3章 Chapter 3 国民收入分配统计分析

国民收入分配统计在国民经济核算统计体系中占有重要地位，科学地理解国民收入分配过程对于全面深刻理解国民经济核算体系事半功倍。本章第1节从国民收入统计基本理论出发，详细阐述国民收入涉及的各项概念，包括初次分配、再分配、国民总收入、国民可支配总收入等。第2节从国民总收入的起点出发，全面系统地阐述国民收入初次分配和再分配的流程。第3节由全局到局部，重点分析个人收入分配的理论、特点和发展，包括贫困状况分析、收入分配不公平等社会现状。第4节阐述收入分配和经济效率的关系，介绍当前主流的相关经济学理论和研究现状，帮助读者深入理解国民收入分配的地位和作用。第5节探究收入分配的国际比较问题，介绍国际比较时的变量选择、口径、汇率等基本问题并结合实际数据进行分析。

第1节 国民收入统计基本理论

一、国民收入统计指标

国民收入统计在国民经济核算统计体系中是一个重要的方面。国民收入与国内生产总值一样，是反映国民经济活动的重要概念。生产、收入分配、消费、投资、金融、对外经济是国民经济活动的基本过程特征概念，在统计上非常重视。现代的描述统计讲究系统性，特点是统计内容与前后的一致联系。国民收入统计包括前项与生产总量GDP的联系、本身的收入分配过程、与后项消费与积累使用的连接。GDP是生产过程的结果，也是国民收入的起点。国民收入过程包括收入初次分配、再分配，具体统计指标是国民总收入、经常转移总收入净额、国民可支配总收入。

1. 国民总收入

$$\text{国民总收入}=\text{国内生产总值}+\text{国内财产收入净额}+\text{来自国外财产收入净额}+\text{来自国外劳动要素报酬净额}$$

上述计算公式反映了国民收入初次分配过程的特征变量。国民收入初次分配从国内生产总值开始，第一阶是国民收入形成，它主要是国内生产总值内部结构的变化，国内生产总值总量没有变化。国民收入形成的内容反映在国内生产总值内部结构上是从生产单位创造的增加值转变为生产要素获得的要素报酬，即各机构部门包括非金融企业、金融机构、政府、住户部门所创造的增加值，按照生产过程中使用的劳动要素、企业资本、社会资本形成要素报酬。住户获得劳动报酬总额，政府以生产税净额获得社会资本报酬，企业包括非金融企业和金融机构获得企业资本报酬。在实际统计中，非金融企业和金融机构创造增加值容易理解，政府创造增加值是指政府事业单位和行政单位作为第三产业部门创造的增加值，住户创造增加值是指个体户和农村家庭的生产性活动获得的生产成果。第二阶是财产收入在机构部门之间的分配，这种分配是财产在机构部门之间转让使用权引起的分配关系，如居民储蓄、国库券、股票、企业债券、银行债券等所产生的利息收入、股票分红等。国内财产收入净额是指机构部门之间获得的财产收入减去财产收入性支出后的净额。国内财产收入净额在各个机构部门之间是存在的，但是在国内汇总的总量上等于零，因为在国内总量上财产收入总额与财产收入性支出是相等的。来自国外财产收入净额是指来自国外财产收入减去来自国外财产收入性支出后的净额。来自国外劳动要素报酬净额是指来自国外劳动要素报酬减去支付国外劳动要素报酬后的净额。国民总收入也称国民原始总收入，所谓原始总收入，是指生产要素报酬的收入是原始性的。在市场经济过程中，国民总收入是生产要素市场交换与报酬实现的过程。在过去较长时间内，国民总收入称为国民生产总值（GNP），虽然现在还广泛应用，但是联合国 1993 年国民经济核算体系强调国民总收入是收入指标，而不是生产指标，因此，建议不要使用国民生产总值用语，以避免误解这个指标的收入性质。

对于国民总收入的统计，财产收入是最为重要的内容。与一般经济概念或经济学常识相比，财产收入在理论和统计实物上都是比较复杂的。财产收入是资产所有者向另一机构单位提供资产归其使用而得到的收入，是因资产使用权在一定时间内出让而产生的由使用者支付给所有者的资本要素报酬。并非所有资产都能为其所有者带来财产收入，这里所指资产包括：(1) 因资金借贷而形成的金融资产；(2) 土地、地下资产等非生产有形资产；(3) 无形资产，即所有者从事某些具体活动或生产某些具体货物与服务的权利，如版权、专利权、地下资产开采权等。生产性有形资产，如建筑物、机器设备等的使用权转让而产生的租借费用，不能作为财产收入，而应视同提供服务和购买服务，计为提供者的租借服务产出和使用者的生产投入的中间消耗。

财产收入具有以下类别：(1) 地租。它产生于土地使用权的暂时转让。(2) 无形资产使用费。它是无形资产所有者允许另一机构单位利用自己拥有的权利而向对方索取的报酬。(3) 利息。它是由资金借贷（包括贷款、票据、债券）而产生的财产收入。

(4) 红利。它是产生于股票这种金融资产的财产收入。(5) 准法人企业收入的提款。它是准法人企业业主自企业收益中提取作为业主投资报酬的收入，可理解为准红利。(6) 直接投资企业的留存盈余。它是针对外国投资者直接投资企业的财产收入虚拟流量，未形成当期外商实际财产收入，但视为已分配给外国投资者，又由外商再投资到企业中。

2. 经常转移总收入净额

经常转移总收入净额＝经常转移总收入－经常转移总收入性支出

转移收入和转移支出在经济活动和社会生活中是非常重要的，因为从理论上它反映收入再分配的方方面面。在国民经济核算中，转移收入或支出是交易的一种形式，是指一个机构单位向另一个机构单位提供货物、服务或资产等各种资源，而不从后者那里收取任何上述资源作为对等物回报的行为，因此，它是“单方面”的交易，而不是市场交换。依照转移的目的和性质，转移有经常转移和资本转移之分。资本转移是以资产所有权被转让造成交易方资产量增减为前提的转移活动，比如，一方转出的资源是其原有资产的组成部分，一方接受转移是出于投资以增加资产的目的。这种转移通常数额较大，不经常发生也无规律，一般不会直接影响接受者和出让者的当期消费水平。经常转移，又称现期转移，它是与资本转移相对应的，一般数额较小，大都是经常且有规律地发生，并会影响交易双方的当期收入水平和消费水平，但不会使交易者的资产量发生变化。无论是经常转移还是资本转移，都有现金转移和实物转移两种形式。前一种是货币或其他金融资产的转移；后一种是货物、服务及非金融资产的转移。国民经济核算中，现金转移和实物转移都用货币单位计量反映。

收入再分配内容是指经常转移收支。经常转移内容种类众多，一般归纳为收入税、社会保障与社会福利、其他经常转移三大类。

(1) 收入税。收入税主要是现期所得税、财产税等，它是住户部门和企业、金融机构、行政事业单位等法人单位针对当期所得应支付的所得税、利润税、资本收益税和定期支付的财产税以及其他经常收入税，如人头税、彩票赌博税、自行车牌照税等(一次性的资本税、资本转移税以及各种生产税不包括在内)。它形成政府财政部门的主要转移收入，是其他部门的转移支出。

(2) 社会保障与社会福利。它是旨在维持居民当前和未来的福利而在机构单位之间做出的经常转移。社会保障是住户部门为保证在未来某个时期能获取社会福利金，而对政府组织的社会保险计划或各单位建立的基金所缴纳的款项，如对失业保险、退休保险、医疗卫生保险计划的缴纳。缴款有以下形式：1) 雇员及其他居民个人直接对社会保险计划缴款；2) 各单位代其雇员对社会保险计划缴款，一般将其视为单位以报酬形式支付给雇员，然后由雇员支付给社会保险计划。这样，整个社会缴款表现为住户部门的转移性支出，政府部门和其他部门的转移性收入。

社会福利是居民从政府及其他部门收到的经常转移，形成住户部门的转移性收入，政府和其他部门的转移性支出。具体包括社会保险福利和社会救济福利两部分。社会保险福利是政府通过社会保险基金向居民提供的福利，它以居民在此以前支付社会缴款为前提，如领取的失业金、退休金、养恤金、抚恤金、免费或报销享受的医疗卫生保健等；社会救济福利则是在社会保险计划之外对居民提供的福利，不受以前支付缴款的条件限制，如居民从政府及各单位领取的各种困难补助、救济金、助学金以及免费享用的货物与服务等。

（3）其他经常转移。它指除上述转移之外的各种经常性转移，它们发生于各机构部门及国外之间和机构部门内部，具体包括政府内不同部门或不同单位间的经常转移，本国政府与国外政府及国际组织间的经常转移，如援助、捐赠、会费缴纳或定期付款，对非营利机构的经常转移，如会费、捐赠、赞助及其他形式的缴款，国际间的私人转移，以及以罚款、博彩等形式引起的各种现期转移。在我国，财政经常性拨款理应属于此类转移，具体有行政管理费、国防和武装警察部队经费、科教文卫事业经费、社会福利事业费、城市维护和环境保护费等财政拨款项目，但应从中扣除用于固定资产投资的支出。这些拨款可能发生在财政与行政事业单位之间，那就是政府部门的内部流量；也可能是拨付给为居民服务的非营利机构或国外，形成政府与其他部门之间的经常转移流量。

3. 国民可支配总收入

国民可支配总收入是一个非常重要的经济总量指标。从形成过程看，可支配收入是各部门原始收入加减该部门应收和应付转移收支后的余额，反映各部门参与收入初次分配和再分配的最终结果。从去向上看，可支配收入是实现消费的前提，扣除消费之余就是储蓄，因此它又可定义为各部门当期获得的可用于消费和储蓄的收入，这一关系在下一节有关收入使用核算中会清楚体现。

国民可支配总收入核算公式为：

国民可支配总收入＝国民总收入＋经常转移总收入净额

国民可支配收入可按总额和净额计算，差别仍在于固定资本消耗。国民可支配总收入是按总额计算的，它包括固定资本消耗。按净额计算的国民可支配收入等于国民可支配总收入减去固定资本消耗，一般称为国民可支配收入，或称国民可支配净收入。国内各机构部门可支配收入之和为国民可支配总收入。由于它包含了本国常住单位与其他国家之间发生的经常转移，因此国民可支配总收入在数额上不同于前述国民总收入。

例如，某国国民总收入为 4 747 亿美元，来自国外的经常转移收入为 86 亿美元，支付给国外的经常转移为 85 亿美元，国民可支配总收入为：

国民可支配总收入＝国民总收入＋来自国外的转移收入－对国外的转移支出
＝4 747＋86－85
＝4 748（亿美元）

二、资金流量表

资金流量表是国民经济统计分析运用的主要数据，中国统计年鉴目前公布了我国资金流量表数据，表 3—1、表 3—2 分别是 2009 年和 2010 年中国资金流量表。我们可以运用这些数据进行一些经济分析。

表 3—1 **2009 年中国**

机构部门	非金融企业部门		金融机构部门		政府部门	
交易项目	运 用	来 源	运 用	来 源	运 用	来 源
1. 净出口						
2. 增加值		197 392.61		17 767.53		33 231.27
3. 劳动者报酬	73 831.89		4 951.39		27 499.13	
(1) 工资及工资性收入						
(2) 单位社会保险付款						
4. 生产税净额	38 824.29		2 325.58		210.17	41 962.76
(1) 生产税						
(2) 生产补贴						
5. 财产收入	26 284.14	14 822.89	22 646.06	23 049.90	4 131.27	6 252.87
(1) 利息	13 714.66	8 001.57	20 424.33	22 645.27	3 813.80	1 706.65
(2) 红利	10 114.72	6 765.52	984.76	404.63		2 064.86
(3) 地租	1 707.21					1 733.81
(4) 其他	747.55	55.80	1 236.96		317.47	747.55
6. 初次分配总收入		73 275.18		10 894.40		49 606.34
7. 经常转移	10 073.52	969.42	4 758.73	2 270.03	20 524.08	33 521.07
(1) 收入税	8 353.89		3 182.95			15 486.18
(2) 社会保险缴款					1 694.70	16 115.60
(3) 社会保险福利					12 302.60	
(4) 社会补助	109.42				6 136.62	
(5) 其他经常转移	1 610.21	969.42	1 575.79	2 270.03	390.16	1 919.29
8. 可支配总收入		64 171.08		8 405.70		62 603.34
9. 最终消费					45 690.20	
(1) 居民消费						
(2) 政府消费					45 690.20	
10. 总储蓄		64 171.08		8 405.70		16 913.14
11. 资本转移	719.56	3 817.29			3 830.95	1 006.46
(1) 投资性补助		3 817.29			3 817.29	
(2) 其他	719.56				13.66	1 006.46
12. 资本形成总额	110 710.30		228.31		19 574.25	
(1) 固定资本形成总额	105 104.65		228.31			
(2) 存货增加	5 605.61				267.26	
13. 其他非金融资产	14 101.08				−7 530.60	
获得减处置						
14. 净金融投资	−57 542.53		8 177.39		2 044.99	

资金流量表

单位：亿元

住户部门		国内合计		国外部门		合计	
运 用	来 源	运 用	来 源	运 用	来 源	运 用	来 源
					−15 037.11		−15 037.11
	92 511.40						340 902.81
60 186.58	166 957.90	166 469.00	166 957.94	629.10	140.15	167 098.10	167 098.10
602.72		41 962.76	41 962.76			41 962.76	4 1962.76
3 495.07	11 359.06	56 556.53	55 484.72	6 765.52	7 837.33	63 322.05	63 322.05
3 468.47	9 067.75	41 421.26	41 421.26			41 421.26	41 421.26
	792.67	11 099.49	10 027.68	6 765.52	7 837.33	17 865.00	17 865.00
26.60		1 733.81	1 733.81			1 733.81	1 733.81
	1 498.63	2 301.98	2 301.98			2 301.98	2 301.98
	206 544.03		340 319.95				340 319.95
21 456.14	22 214.48	56 812.47	58 975.01	2 913.08	750.54	59 725.54	59 725.54
3 949.34		15 486.18	15 486.18			15 486.18	15 486.18
14 420.90		16 115.60	16 115.60			16 115.60	16 115.60
	12 302.60	12 302.60	12 302.60			12 302.60	12 302.60
	6 246.03	6 246.03	6 246.03			6 246.03	6 246.03
3 085.90	3 665.85	6 662.05	8 824.59	2 913.08	750.54	9 575.13	9 575.13
	207 302.37		342 482.49				342 482.49
123 584.60		169 274.80				169 274.80	
123 584.60		123 584.60				123 584.60	
		45 690.20				45 690.20	
	83 717.77		173 207.69		−16 616.78		156 590.90
		4 550.51	4 823.75	1 006.46	733.22	5 556.98	5 556.98
		3 817.29	3 817.29			3 817.29	3 817.29
		733.22	1 006.46	1 006.46	733.22	1 739.68	1 739.68
33 950.37		164 463.20				164 463.20	
32 039.85		156 679.80				156 679.80	
1 910.53		7 783.40				7 783.40	
−6 570.48							
56 337.88		9 017.73		−16 890.02		−7 872.30	

表 3—2 2010 年中国

机构部门	非金融企业部门		金融机构部门		政府部门	
交易项目	运 用	来 源	运 用	来 源	运 用	来 源
净金融投资	—15 122.55		—2 438.55		5 619.04	
资金运用合计	102 863.45		225 547.18		19 539.34	
资金来源合计		117 986.01		227 985.72		
通货	585.67		—40.27	6 507.44	130.15	
存款	62 584.23		3 461.70	130 662.16	19 487.33	
贷款		64 263.68	97 226.58	251.00		
证券	168.89	18 532.88	32 340.49	11 278.69	195.01	
证券投资基金份额	—562.85		—256.45	—1 566.30	—271.37	
证券公司客户保证金	—1 398.34		—207.42	—2 372.87	—11.28	
未贴现的银行承兑汇票	23 346.00	23 346.00	23 346.00	23 346.00		
保险准备金	666.75			2 469.78		
金融机构往来			2 323.54	3 542.75		
准备金			33 260.80	33 260.80		
库存现金			714.00	714.00		
中央银行贷款			469.06	469.06		
其他（净）	9 227.11		2 771.00	19 395.05	9.50	
直接投资	4 071.90	12 529.04				
其他对外债权债务	4 174.10	3 354.42	—1 796.23	28.19		
国际储备资产			31 934.37			
国际收支错误与遗漏		—4 040.02				

资金流量表

单位：亿元

住户部门		国内合计		国外部门		合计	
运 用	来 源	运 用	来 源	运 用	来 源	运 用	来 源
37 715.06		25 772.93		−25 773.12		0.50	
68 262.82		416 212.72		14 202.75		430 416.47	
	30 547.76		390 439.80		39 976.86		430 415.66
5 441.45		6 116.99	6 507.44	390.45		6 507.44	6 507.44
44 491.54		130 024.73	130 662.16	637.43		130 662.16	130 662.16
	30 547.76	97 226.58	95 412.51		1 814.20	97 226.58	97 226.71
6 498.48		39 202.87	39 546.70	344.79		39 547.67	39 548.00
−456.53		−1 547.19	−1 566.30	−19.11		−1 566.30	−1 566.30
−737.24		−2 354.27	−2 372.87	−18.59		−2 372.87	−2 372.87
		46 692.00	46 692.00			46 692.00	46 692.00
5 638.12		6 304.87	6 304.87			6 304.87	6 304.87
		2 323.54	3 542.75	998.14	−221.48	3 321.68	3 322.00
		33 260.80	33 260.80			33 260.80	33 260.80
		713.99	713.99			713.99	713.99
		469.06	469.06			469.06	469.06
7 387.00		19 394.60	19 395.05	0.26		19 394.86	19 395.05
		4 071.90	12 529.04	12 529.04	4 071.90	16 600.94	16 600.94
		2 377.87	3 382.62	3 382.62	2 377.87	5 760.49	5 760.49
		31 934.37			31 934.37	31 934.37	31 934.37
			−4 040.02	−4 040.02		−4 040.02	−4 040.02

对于资金流量表中数据的读解也是需要掌握的。资金流量表主栏是经济指标，主要描述收入分配过程的数量特征。其中指标的顺序是按照收入分配过程设计的。增加值反映收入分配的起点。劳动者报酬、生产税净额、财产收入反映收入初次分配。收入初次分配主要是在国民经济机构部门之间的分配，因此，收入分配主体是各个机构部门。在资金流量表的宾栏依次列入国民经济5个机构部门，应该说这是比较综合的国民经济机构部门。每个机构部门分别设置“运用”和“来源”两个项目，其中“运用”表示机构部门的支出或资金的流出，“来源”表示机构部门的收入或资金的流入。在中国的资金流量表中，“初次分配总收入”就是一般使用的国民总收入。

第2节 国民收入分配基本关系分析

一、国民收入起点

国民收入是国民收入分配统计分析的对象，对国民收入概念的明确定义，是国民收入分配统计分析的起点。SNA核算体系中的国民收入包括不同口径下的多种概念。具体来讲，国民收入是由下列五个指标所组成的一个指标体系：（1）国民总收入（GNI）是一个国家或地区在一定时期内按市场价格计算的全部生产要素收入的总和，即过去常用的国民生产总值；（2）国民净收入（NNI）是按市场价格计算的全部生产要素净收入的总和，即国民收入；（3）按照要素成本价格计算的国民净收入（NNI at FC）；（4）个人收入（PI）；（5）个人可支配收入（DPI）。从宏观经济分析来讲，国民收入（NI）仅指按市场价格国民总收入和国民净收入。国民总收入和国民净收入与国内生产总值和国内生产净值保持着从生产到收入分配的内在联系。二者的关系是：国民总（净）收入＝国内生产总（净）值＋来自国外要素的收入净额。在封闭的经济假设下，国民总（净）收入与国内生产总（净）值相等。因此，往往把国内生产总值作为国民收入的来源，也作为国民收入分配的起点。生产过程的结束与收入分配的开始，正是这两个总量指标之间实现转换的一致点。

二、收入初次分配统计分析

1. 收入初次分配流程

从收入分配的角度看，国内生产总值的价值构成包括四项内容：劳动报酬、营业盈余、固定资本消耗和生产税净额。其中固定资本消耗作为固定资本形成总额的抵消数，从各产业部门包括政府公共服务部门等生产部门直接转入住户、企业、政府、金融、国外等机构部门。生产税则从各产业部门转入政府，成为政府收入的一部分。与生产税密切相关并且流动方向相反的是政府对产业部门的补贴。政府补贴作为生产税的一个负项进行处理，其间的关系为：生产税－补贴＝生产税净额。劳动报酬和营业盈余这两项严格意义上的要素收入分别流入住户和企业部门。

国民收入初次分配的流程可用图 3—1 简明形象地表示。

国民收入初次分配从国内生产总值开始，经过两个层次。第一层次是生产经营成果的直接分配，政府主要得到生产税净额（生产税减生产补贴），住户主要得到劳动报酬，企业主要得到固定资产折旧和营业盈余。第二层次是财产收入的分配，主要是财产的利息收入和红利。经过初次分配，政府、企业和住户分别得到各自的原始收入。

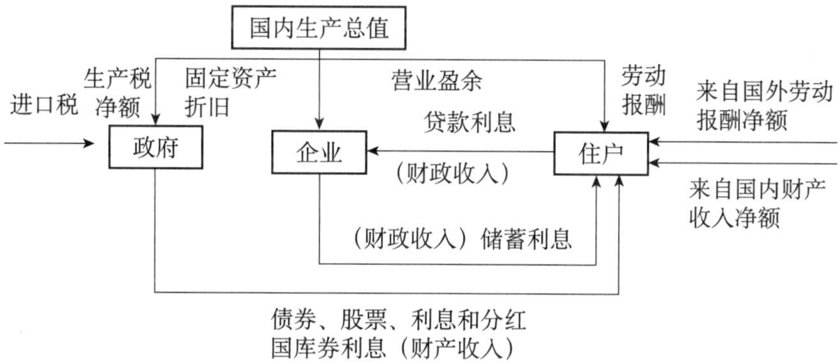

图 3—1　国民收入初次分配流程图

2. 增加值分析

从表 3—1 中可以得到，2009 年我国各个机构部门创造增加值的情况为：非金融企业部门 197 392.61 亿元，金融机构部门 17 767.53 亿元，政府部门 33 231.27 亿元，住户部门 92 511.40 亿元，全国合计 340 902.80 亿元。

2009 年我国国民经济各个机构部门年末从业人数分别为：非金融企业部门59 145 万人，金融机构部门 449 万人，政府部门 4 077.6 万人，住户部门 12 156.4 万人，全国合计 75 828 万人。

具体推算方法为（推算数据来自《中国统计年鉴（2010）》）：

金融机构部门 449.0 万人 ＝ 金融业人数 449.0 万人

政府部门 4 077.6 万人 ＝科学研究、技术服务和地质勘探业 272.6 万人
＋教育业1 550.4万人
＋卫生、社会保障和社会福利业 595.8 万人
＋水利、环境和公共设施管理业 205.7 万人
＋居民服务和其他服务业 58.8 万人
＋公共管理和社会组织 1 394.3 万人

住户部门 12 156.4 万人＝农、林、牧、渔业 373.7 万人
－国有单位农、林、牧、渔业 356.1 万人
＋私有企业和个体人数 12 138.8 万人

非金融企业部门 59 145 万人＝全国从业合计 75 828 万人
－其他各个机构部门人数(449.0＋4 077.6＋12 156.4)

以平均每位劳动者创造增加值计算的各个机构部门的生产率分别是：

非金融企业部门＝197 392.61/59 145＝33 374（元/人）

金融机构部门＝17 767.53/449.0＝395 713（元/人）

政府部门＝33 231.27/4 077.6＝81 497（元/人）

住户部门＝92 511.40/12 156.4＝76 101（元/人）

全国平均＝340 902.80/75 828＝44 957（元/人）

从上述数据结果可以做一些分析。生产率越高说明生产效率越高。以增加值作为衡量生产成果的价值指标，能够比较好地反映各个机构部门从事经济活动的效率。但是，联系现实也并不完全如此。比如说金融机构部门的生产率 395 713 元/人，是住户部门生产率 76 101 元/人的 5 倍多，是非金融企业部门生产率 33 374 元/人的 11 倍多。这种情况在国民经济比例关系上可能存在着较大的问题，资源过度地倾向金融机构配置是不可能长期维持的。从国民经济关系看，各个机构部门的生产率应该有一个基本的比例范围，否则国民经济难以长期良性循环。各个机构部门的国民经济比例关系表现在许多方面，但从劳动者人均增加值看，主要是行业价格的市场不匹配、行业职工报酬不匹配导致人力资源和资本非竞争性配置和高级人才过度集中。上述分析可以认为是关于增加值在国民机构部门之间的分配关系分析，这方面的实证研究需要广泛开展。

3. 要素收入分析

要素收入分析主要是指收入形成在劳动者报酬、生产税净额、营业盈余上的分配。其分配过程是按照提供生产要素的机构部门，由生产单位分别支付的结果。住户部门以劳动者的身份向生产单位提供劳动要素，因此，各个生产单位以各个生产的整体分别向机构部门提供劳动者报酬。在资金流量表中各个机构部门表现为双重身份，一个是生产单位的整体，另一个表现为所有者的整体。例如，非金融企业部门作为生产单位是除金融企业外所有企业的整体，而作为所有者，它是所有企业法人的整体；金融机构部门作为生产单位是金融机构包括中央银行的整体，而作为所有者，它是所有金融机构法人的整体；政府部门作为生产单位是政府所有行政单位和事业单位的整体，而作为所有者，它是所有政府机构和社会事业单位法人的整体；住户部门作为生产单位是所有个体经营者和农村家庭的整体，而作为所有者，它是所有个体经营者和农村家庭的整体。从生产单位角度看的机构部门主要基于生产活动，从所有者角度看的机构部门主要基于收入和支出行为。在这里，我们之所以详细论述这些是因为对资金流量表中的指标、数据的理解有上述两个统计角度和统计范围。在增加值分析中，使用的主要是生产角度理解的各个机构部门。而在对于劳动者报酬、生产税净额、营业盈余的要素收入分析则是基于所有者的角度，也就是收入形成的分配。

(1) 劳动者报酬分析。由表 3—1 得到，2009 年我国非金融企业部门从增加值中支出劳动者报酬 73 831.89 亿元，这些劳动者报酬由住户部门获得。金融机构部门从增加值中支出劳动者报酬 4 951.39 亿元，这些劳动者报酬由住户部门获得。政府部门从增加值中支出劳动者报酬 27 499.13 亿元，这些劳动者报酬由住户部门获得。住户部门从增加值中支出劳动者报酬 60 186.58 亿元（个体经营者和农村家庭生产所得，假设先由生产单位支出，而后由住户部门获得），这些劳动者报酬由住户部门获得。住户部门共得到劳动者报酬166 469亿元。如果再考虑与国际往来的劳动要素，即国内生产单位支付国外劳动报酬 140.15 亿元，国内从国外得到国外劳动报酬收入 629.10 亿元。国内最后达到劳动者报酬的净额为 166 957.90 亿元。

如果结合前面的各个机构部门年末劳动者人数，我们可以计算各个机构部门的劳动报酬年平均支付水平。

非金融企业部门 =73 831.89/59 145= 12 483（元/人）

金融机构部门=4 951.39/449.0=110 276（元/人）

政府部门=27 499.13/4 077.6=67 439（元/人）

住户部门=60 186.58/12 156.4=49 510（元/人）

全国平均=166 469/75 828=21 954（元/人）

上述结果表明，各个机构部门的劳动者报酬水平有比较大的差距，需要我们进一步收集数据开展更深入和更有针对性的专门问题分析。

（2）生产税净额。生产税净额是政府与其他机构部门关系的体现。由表 3—1 得到，2009 年我国非金融企业部门从增加值中支出生产税净额 38 824.29 亿元，该生产税净额由政府部门获得。金融机构部门从增加值中支出生产税净额 2 325.58 亿元，该生产税净额由政府部门获得。政府部门从增加值中支出生产税净额 210.17 亿元，该生产税净额由政府部门获得。住户部门从增加值中支出生产税净额 602.72 亿元（个体经营者和农村家庭向政府部门上缴的生产税），该生产税净额由政府部门获得。政府部门共得到生产税净额 41 962.76 亿元，具体计算为：

生产税净额 41 962.76=38 824.29+2 325.58+210.17+602.72

我们可以计算分析各个机构部门的平均生产税税负水平，政府部门除外，因为政府部门中的营利性生产活动是其中很小的部分，大部分是非营利性生产活动。

非金融企业部门平均生产税税负=38 824.29/197 392.61（增加值）

= 19.7%

金融机构部门平均生产税税负=2 325.58/17 767.53（增加值）

= 13.1%

住户部门平均生产税税负=602.72/92 511.40（增加值）

= 0.7%

相比之下，我国非金融企业部门的平均生产税税负较高。

（3）营业盈余。我国资金流量表（见表 3—1）中没有列出机构部门的营业盈余。我们可以根据国民经济核算中的平衡关系推算。基本公式是：

某机构部门的营业盈余总额＝增加值－劳动者报酬－生产税净额

根据表 3—1 中的实际数据，具体计算如下：

非金融企业部门 ＝197 392.61－73 831.89－38 824.29＝84 736.43（亿元）

金融机构部门 ＝ 17 767.53－4 951.39－2 325.58＝10 490.56（亿元）

政府部门 ＝33 231.27－27 499.13－210.17＝5 521.97（亿元）

住户部门 ＝ 92 511.40－60 186.58－602.72＝31 722.10（亿元）

国民经济总体＝84 736.42＋10 490.55＋5 522.00＋31 722.08＝132 471.05（亿元）

4. 财产收入分析

财产收入在收入初次分配中占有重要的地位。在市场经济过程中，财产收入的分配具有要素的性质，因为它是市场交换的结果，同时也是资本市场和金融活动的结果，在生产活动中发挥着重要作用。相对于计划经济理论，在国民经济核算中财产收入作为收入初次分配的处理是市场经济理论的应用。

能够读懂表 3—1 中有关财产收入与支出的数据是分析的基础。例如，表 3—1 中非金融企业部门的财产收入表现为利息收入 8 001.57 亿元，红利收入 6 765.52 亿元，其他财产收入 55.80 亿元，2009 年非金融企业部门的财产收入总额是 14 822.89亿元。2009 年非金融企业部门的财产收入性支出分别是利息支出 13 714.66亿元，红利支出 10 114.72 亿元，地租支出 1 707.21 亿元，其他财产支出 747.55 亿元，财产收入性支出总额 26 284.14 亿元。其他机构部门都可以按照这种方式进行财产收入与支出的数据读解。系统理解统计数据本身就是一种描述性分析。上述非金融企业部门的财产收入与支出的所有数据就是关于 2009 年我国非金融企业部门的财产收入与支出的系统情况。另外，我们可以将所有机构部门的某一个指标联合起来进行描述性分析。例如财产收入在红利方面的整体情况，从表 3—1 中的具体数据所做分析如下：

非金融企业部门 2009 年财产收入中的红利收入 6 765.52 亿元，红利支出 10 114.72亿元。

金融机构部门 2009 年财产收入中的红利收入 404.63 亿元，红利支出 984.76 亿元。

政府部门 2009 年财产收入中的红利收入 2 064.86 亿元，红利支出 0.00 亿元。

住户部门 2009 年财产收入中的红利收入 792.67 亿元，红利支出 0.00 亿元。

国外部门 2009 年财产收入中的红利收入 7 837.33 亿元（从中国获得），红利支出 6 765.52 亿元。

上述机构部门构成一个完整的经济系统，彼此之间的红利收入与红利支出形成平衡关系，例如国外部门是指中国以外的各个国家和地区的所有部门。2009 年国外部门，也就是指中国以外的各个国家和地区的所有部门从中国一共获得财产收入中的红利收入是 7 837.33 亿元，这主要是中国利用外资引起的向国外支出的投资收益。从数据看，国内合计 2009 年财产收入中的红利支出为 11 099.49 亿元，其中国内的非金融企业部门获得红利收入 6 765.52 亿元，金融机构部门获得红利收入 404.63 亿元，政府部门获得红利收入 2 064.86 亿元，住户部门获得红利收入 792.67 亿元，剩余部分全部支付给国外部门，即 7 837.33 亿元。而我国 2009 年从国外获得的红利收入（对国外投资收益）是 6 765.52 亿元，由非金融企业部门得到。这些数据和关系表明，我国非金融企业部门的盈利与利润分红的能力太弱，其中除了对国外支付 7 837.33 亿元之外，金融机构部门仅从非金融企业部门获得红利收入 404.63 亿元，住户部门仅从非金融企业部门获得红利收入 792.67 亿元。这种分配关系显然是不正常的，而且非金融企业部门红利分配的 77.5%（=7 837.33/10 114.72）让国外拿走，不过与之前相比，总体上此比例有了一定程度的降低。

三、收入再分配统计分析

1. 再分配流程

在收入初次分配的基础上，各个原始收入的获得者或者按照分配制度的规定，或者按照自身的意愿，无偿转让其原始收入的一部分，同时也从其他收入主体那里获得一部分转移性收入，从而完成国民收入的再分配流程。

国民收入再分配收支流量种类繁多，设计范围广泛，主要包括三大类经常性转移收支。

（1）现期所得税、财产税等税收收支。这是得到初次分配收入的住户、企业、金融机构、行政单位等各个承受机构部门，根据当期原始收入应支付的所得税、利润税、资本收益税和定期支付的财产税以及其他经常收入税。这种收支流量形成政府财政部门的转移性收入，其他部门的转移性支出。

（2）社会缴款和社会福利。这是一种旨在维持居民当前和未来福利而在机构部门之间进行的经常性转移收支。其中社会缴款是居民部门为保证在未来各个时期能够获得社会福利金而对政府组织的社会保险计划或各个单位建立的基金所缴纳的款项，如对失业保险、退休保险、医疗保险计划的缴款。整个社会缴款形成居民部门的转移性支出，政府部门和其他部门的转移性收入。

社会福利是居民从政府及其他部门得到的经常性转移收入，包括两部分：一是以失业金、退休金、抚恤金、医疗保险金等形式出现的社会保险福利；二是以生活困难补助、救济金、助学金等形式出现的社会救济金。社会福利形成住户部门的转移性收入，是政府和其他部门的转移性支出。

（3）其他经常转移收支。其他经常转移收支包括政府内部经常转移收支，本国政府与外国政府、国际组织之间发生的援助、捐赠、会费缴纳等经常转移收支，对私人非营利机构的捐赠、赞助等经常转移收支，以及国际间私人转移，等等。

国民收入再分配流程可以通过图 3—2 简明形象地表示。

初次分配和再分配的最终结果，形成各个机构部门的可支配收入：

可支配收入=初次分配收入+再分配收入−再分配支出

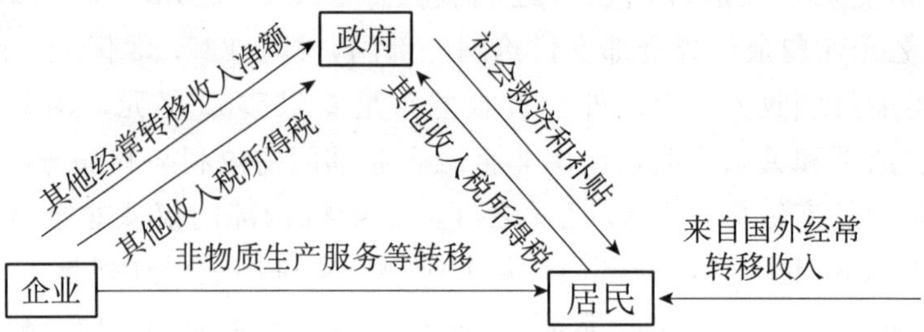

图 3—2 国民收入再分配流程图

可支配收入是国民收入分配的终点，此后进入国民经济使用阶段。

2. 再分配收入统计指标

再分配收入统计分析主要是对于经常转移收入与支出的分析。在我国公布的统计数据中，经常转移收入与支出仅有 4 项指标。

（1）收入税。主要包括所得税、资本经常税、经常税杂项。所得税包括个人或住户所得税、公司所得税、资本收益税、博彩收入税。资本经常税包括土地和房屋经常税、资产净值经常税、其他经常所得税。经常税杂项主要有人头税、支出税、住户获得某些执照的支付、国际交易税等。

（2）社会保险付款。目前我国实际统计中，社会保险付款主要发生在政府部门和住户部门之间，也就是政府部门的社会保险付款支出是住户部门的社会保险付款收入，而住户部门的社会保险付款支出又是政府部门的社会保险付款收入。统计内容，也随着我国社会保障制度的完善而逐步得到充实。

（3）社会补助。具体统计包括：1）政府劳动部门、民政保险机构部门支付给离退休人员、待业人员、失去劳动能力者、伤残军人、已故军人家属的助学金、生活困难补助、抚恤金等等；2）企业、行政和事业单位支付给本单位原有职工的退休金以及原有和现有职工的家庭困难补助等等。

（4）其他经常转移。主要包括非人寿保险费净额、非人寿保险索赔、一般政府间的经常转移、国际间经常合作的经常转移、其他经常转移。

3. 再分配收入统计分析

表 3—1 中的经常转移收入与支出有 5 项指标，从中可以看出各个指标数据的平衡关系。收入税包括各种所得税，基本上是政府获得收入税，其他各个机构部门向政府支出各种所得税等收入税。表 3—1 中的数据表明，2009 年非金融企业部门上缴政府收入税8 353.89亿元，金融机构部门上缴政府收入税3 182.95亿元，住户部门上缴政府收入税3 949.34亿元，政府部门获得收入税 15 486.18 亿元，即 15 486.18＝8 353.89＋3 182.95＋3 949.34。

社会保险缴款主要发生在政府部门和住户部门。2009 年住户部门支付 14 420.90 亿元社会保险费（这些社会保险费多数是企业或行政事业单位代劳动者个人缴纳的），政府部门支付 1 694.70 亿元社会保险费。

社会保险福利发生在政府部门和住户部门间。2009 年政府部门向住户部门支出社会保险福利 12 302.60 亿元。

社会补助，2009 年住户部门获得社会补助 6 246.03 亿元，政府部门向住户部门支付社会补助 6 136.61 亿元，非金融企业部门向住户部门支付社会补助 109.42 亿元。

其他经常转移在各个机构部门均有发生，从 2009 年我国统计结果看，住户部门的支出和收入是最大的，分别为 3 085.90 亿元和 3 665.85 亿元。

第 3 节 个人收入分配

一、基尼系数

个人收入分配关系分析是国民收入分配研究的一个重要方面。对个人收入分配关系的分析，一个最主要的问题就是测度收入分配的分布状况，即用定量的方法来测度个人之间或居民之间、家庭之间收入分配的差距。而收入分配的差距和收入分配的集中度又是一个问题的两个方面。收入分配的集中度大，则个人之间收入分配的差距就大；反之，收入分配的集中度小，则个人之间收入分配的差距就小。因此，测度收入分配集中度的统计方法就成了国民收入分配统计分析的一项重要内容。

从统计学的角度来看，度量收入分配的差距或集中程度，可以采用衡量变量离散程度的统计指标，比如全距、平均差、标准差、方差等等。但是，根据进行国民收入分配统计分析时我们所能够掌握的统计数据的实际状况，这些方法往往无法应用，而经常采用的是基尼系数法。

1. 基尼系数的定义

基尼系数（Gini coefficient）是国际上最常用的分析国民收入规模分配格局的方法，特别用来分析居民户之间收入分配的均衡性或差异性程度。

基尼系数是根据洛伦兹曲线（Lorenz curve）来定义的。洛伦兹曲线如图 3—3 所示。图中横坐标表示按收入从低到高排列的累计家庭户数百分比，全部为 100%；纵坐标表示对应的累计收入百分比，全部为 100%。这样在正方形 $OICP$ 中，45°线 OC 是当参与分配的每一个家庭的收入完全相等时才会出现的一条直线，所以称它为绝对平均线。现实中的收入分配总有差异，一定数量的低收入家庭或人口总是比同样数量高收入家庭或人口占有的国民收入少。所以，实际的收入分配曲线总是在 45°线 OC 以下出现，这条实际的收入分配曲线 L 就是洛伦兹曲线。洛伦兹曲线 L 与绝对平均线 OC 的距离越近，说明居民收入分配越平均；反之，洛伦兹曲线 L 与绝对平均线 OC 的距离越远，说明居民收入分配越不平均。

根据洛伦兹曲线的经济含义，定义曲线 L 与 45°线 OC 之间所夹的面积 S_A 占三角形 OPC 的面积 S_{A+B} 的比重为基尼系数：

$$G=\frac{S_A}{S_{A+B}} \qquad (3—1)$$

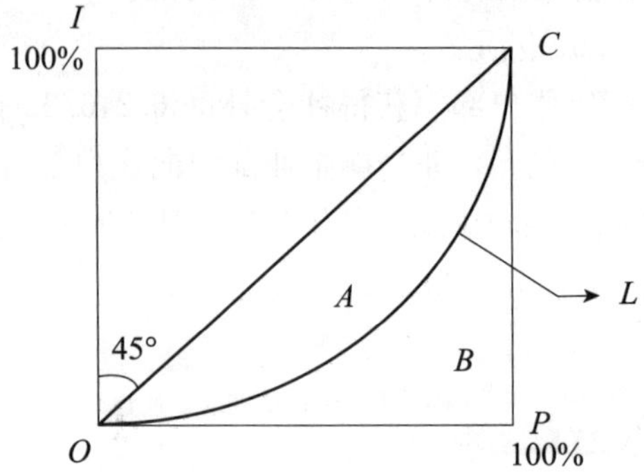

图 3—3 洛伦兹曲线示意图

由于图 3—3 中的 $OICP$ 是一个单位正方形，三角形 OPC 的面积 S_{A+B} 恒等于1/2，故

$$G = 2S_A = 1 - 2S_B \tag{3—2}$$

世界各国对基尼系数的测算表明，大多数国家的基尼系数都在 0.2～0.6 之间。经济学家根据经验和分析对基尼系数的区间范围作了如下判断：基尼系数低于 0.2，表明收入分配高度平均；在 0.2～0.3 之间，为相对平均；在 0.3～0.4 之间，大致合理；在 0.4～0.6 之间，显示收入分配差距过大；在 0.6 以上，则表明收入分配严重向一部分人倾斜。

2. 基尼系数的计算

（1）回归曲线求积分法。

先确定图 3—3 中洛伦兹曲线的函数关系式，然后运用实际统计数据，借助回归方法估计模型参数。在确定洛伦兹曲线的具体形式后，便可以采用积分方法求出曲线 L 下与横轴所夹的面积 S_B，从而得到基尼系数的具体值。

例如，设洛伦兹曲线为一条指数曲线，即

$$I = \alpha P^{\beta} \tag{3—3}$$

利用回归方法得到 $\alpha = a$，$\beta = b$，则回归曲线的具体形式为：

$$I = aP^{b} \tag{3—4}$$

从而有

$$S_B = \int_0^1 aP^b \mathrm{d}P = \frac{a}{b+1} \tag{3—5}$$

采用回归曲线求积分法求基尼系数，要求用于求解回归系数 α,β 所依据的统计资料样本数足够多，这样才能保证回归曲线对实际洛伦兹曲线的代表性。

（2）等分法。

将住户部门按照收入单调非递减顺序排列，并等分为 n 组。设：

1）第 i 组的收入额为 Y_i，则第 i 组的收入额占全部收入分配额的比重为：

$$y_i=\frac{Y_i}{\sum_{i=1}^{n}Y_i},\qquad i=1,2,\cdots,n \tag{3—6}$$

式中，$y_1 \leqslant y_2 \leqslant \cdots \leqslant y_n$；$y_1+y_2+\cdots+y_n=1$。

2) λ_i 为各组的收入等级，按收入由低到高的顺序，$\lambda_1=1$，$\lambda_2=2$，…，$\lambda_n=n$，

$$\alpha=\frac{2}{n},\beta=\frac{n+1}{n},U=\lambda_1 y_1+\lambda_2 y_2+\cdots+\lambda_n y_n$$

则基尼系数的计算公式为：

$$G=\alpha U-\beta \tag{3—7}$$

二、我国基尼系数与个人收入分配关系的演化

改革开放以来我国经济增长与个人收入分配格局演变的过程，大体经历了四个阶段：

(1) 1978—1984 年的“既增长又平等”阶段。在这一时期，由于农村改革的成功，农民收入大幅度提高，整个居民收入增长率年均在 10%以上，而基尼系数只是略有增加。按照世界银行的测算，从 1981 年到 1984 年，我国居民总体的基尼系数从 0.288 上升到 0.297。按照国家统计局的测算，从 1978 年到 1984 年，城镇居民的基尼系数一直保持在 0.16 左右。两种基尼系数的演变幅度出现如此大的差异，如果忽略误差因素的影响，只能说明这一时期我国农村居民收入分配差距扩大的程度比城市居民大。

(2) 1985—1989 年的“既不平等又不增长”阶段。按照世界银行的测算，这一时期居民收入的年平均增长不到 1%，而基尼系数则从 1984 年的 0.297 增长到 1989 年的 0.349。按照国家统计局的测算，这一时期，我国城镇居民的基尼系数从 1984 年的 0.16 增长到 1989 的 0.23。更为严重的是，这一时期收入分配格局的变化朝着更有利于城镇居民的方向演变，城乡差距进一步扩大。

(3) 1989—1995 年的“增长但收入不均等”阶段。这一时期个人收入重新开始增长，年均达到 7%以上。根据世界银行的测算，1995 年我国居民总体的基尼系数达到 0.388，而据中国人民大学社会学系测算，1994 年我国城镇居民的基尼系数已达到 0.434，居民总体的基尼系数已达到 0.445。

(4) 1995 年以后的“不均等持续加剧”阶段。根据国家统计局公布的数据，2008 年我国居民总体的基尼系数达到最高值 0.491，其后的 2009—2012 年逐步回落至 0.474。这说明 2008 年我国的居民收入分配达到极不平衡的状态，按照城镇工资统计，高收入行业和低收入行业大概有 4 倍左右的差距。这种现象引起党和国家的高度重视，“三农”政策、城镇居民最低收入保障、调高个税起征点等政策相继实行，初步缓解了居民收入不均的现象，但与均衡状态仍有很大差距。

我国个人收入分配差距的扩大，主要表现在城乡差距的扩大、地区差距的扩大和

行业差距的扩大。收入差距扩大的原因则主要解释为就业结构、受教育水平差异、拥有土地的差异和性别差异等因素上。

经过近两年的准备，统计局对原有城乡分开的住户调查制度进行了重大改革，自2012年12月1日起，全国40万户居民已按统一的城乡可比统计标准、指标体系记账。根据新口径对过去分城乡老口径的住户基础资料特别是收入资料进行整理计算，然后得出2003—2012年全国居民基尼系数，表3—3给出的就是来自国家统计局的近10年全国基尼系数的权威数据。

表3—3　中国2003—2012年居民基尼系数表

年份	基尼系数	年份	基尼系数
2003	0.479	2008	0.491
2004	0.473	2009	0.490
2005	0.485	2010	0.481
2006	0.487	2011	0.477
2007	0.484	2012	0.474

资料来源：国家统计局。

三、贫困分析

1. 贫困的衡量标准

世界各国在衡量贫困程度的过程中，比较通行的做法是通过人为地确定贫困线来划分贫困人口。贫困线是用特定的福利指标划定的表明贫困标准的指标，也就是描述一定时间、空间和社会发展阶段下用价值量表示的人们维持最基本生存需要所必须消费的物品和服务的费用。按照人们通常的说法就是最低生活保障标准。大多数国家将处于贫困线以下的人口归为绝对贫困人口。在贫困线的确定方面，总的来说国际上有两种不同的做法，即直接法和收入法。直接法是直接测算个人或家庭维持最基本的生活所必需的货物和服务消费，包括一定时期内消费的食物、衣着、住房等物品和享受的服务。当然，这其中最主要的还是营养标准。收入法则是从收入的角度出发，首先确定必需品的数量，然后根据这些必需品的市场价格计算一个人或家庭维持最基本生活所需的预算开支或收入。凡是收入低于这一基本预算开支或收入的人口就被确定为贫困人口。在运用直接法或收入法确定贫困线的过程中，具体又有四种比较有代表性的方法：生活必需品法、营养构成法、马丁法和恩格尔系数法。

（1）生活必需品法。此方法是通过详细的调查资料，确定在一定社会中维持基本生活所必需的生活消费品和劳务的品种、数量和价格，测算出基本生活费用。生活必需品法的主要缺点在于生活必需品的衡量标准以及最低消费数量难以把握，从而衡量的准确性不足。

（2）营养构成法。此方法以人体维持基本生存所必需的营养量为依据，将仅能维持最低营养需要量的收入作为贫困线的标准。营养构成法的主要缺点在于不同国家、不同民族、不同地区对于最低营养需求量的判断标准也存在着较大的差异。

(3) 马丁法。此方法被认为是适用于测定发展中国家贫困标准的一种有效方法。马丁法是由世界银行的贫困问题专家、美国经济学家马丁·雷布林提出的。马丁·雷布林认为贫困线由食物贫困线和非食物贫困线两部分构成，其测算原理是首先根据人体基本的营养需要和价格信息计算出食品贫困线，然后利用回归模型计算出那些收入或消费支出刚好等于食物贫困线的农户的非食品支出（包括衣着、住房、医疗等），并确立为非食物贫困线。马丁法的主要优势在于运用数学模型模拟居民消费变化规律，避免了贫困线测算的随意性，同时解决了非食物消费的标准问题。但马丁法最大的不足在于需要大量的数据进行运算，操作起来比较复杂。

(4) 恩格尔系数法。恩格尔系数是指食品支出占家庭或个人总支出的百分比。恩格尔系数法首先以人体为满足生活需求所必须摄取的最低营养标准为基础确定食品消费的种类和数量，并估算出最基本的食物支出，然后除以最低收入水平的恩格尔系数，以得到最低贫困标准。

需要指出的是，从长期来看，对于贫困线的划分并不是固定不变的。从世界各国的反贫困经验来看，社会经济的发展和人民生活水平的提高将导致贫困衡量标准向更高的层次发展。因此，贫困线随着社会经济发展以及人们生活水平的提高而逐渐提高将成为必然的趋势。

2. 我国的贫困现状分析

从20世纪80年代初期开始，中国政府接受由国家统计局设定的农村贫困线，并把它作为识别农村贫困人口规模和农村贫困发生率的标准。该贫困线设定的方法是符合国际规范的。首先，确定一种营养标准，国家统计局将营养标准确定为每人每天2 100大卡。然后，根据20%的最低收入人群的消费结构来测定出满足这一营养标准所需要的各种食物量，再按照食物的价格计算出相应的货币价值。这一货币价值成为“食物贫困线”。最后，确定“非食物贫困线”，简单的方法是确定食物贫困线在整体贫困线中的比例，既可以主观确定，也可以参照整个社会的恩格尔系数或低收入人群的恩格尔系数来确定。

1986年国家统计局作了一项关于中国农村贫困标准的研究，确定农村人口最低生活标准是年人均200元。到1995年，把通货膨胀、物价上涨因素考虑在内，这个标准被调整为530元。这就是当时确定没有解决温饱问题人口的标准，也可以称为中国目前的绝对贫困标准。2000年，贫困标准上调为625元。2009年，根据新的扶贫标准，已将贫困线上调至1 196元。

自1998年，中国社会科学院社会政策研究中心对上海、天津、武汉、兰州和重庆等5个城市2 500户贫困家庭进行了问卷调查，调查结果从收入、食品、衣着、医疗、教育、社交几大方面披露了他们目前的生活状况。从调查的结果看，目前中国的贫困家庭在得到政府的救助及其他社会支持以后，倒不至于食不果腹、衣不蔽体、无家可归，但也仅仅能够满足最最起码的生存条件而活下去。在健康、教育和社交方面，他们许多最起码的需求还是很难得到满足。

将收入分配的基尼系数和贫困现状结合起来分析可以发现，虽然我国目前的收入差距得到一定程度的控制，但仍然高于0.4的警戒线，同时贫困人口基数也很大，绝对贫困线与国际贫困线仍有一定差距，接下来还需要在政策、体制、标准、执行等各个方面进行调整和扶持。

四、个人收入分配中的不公平问题

居民收入分配的不公平是现实经济生活中受到广泛关注的社会热点问题。特别是近年来我国经济处于转轨时期，收入分配制度的变化导致分配格局急剧变化，人们对社会收入分配不公平问题的反映比较强烈。

1. 如何理解和分析收入分配的公平与不公平

严格来讲，个人收入分配的公平与不公平并不是一个统计学问题。统计方法本身只能测度和反映居民内部收入分配的差异程度，用于进行进一步的比较和分析。收入分配的公平与不公平在经济学中主要根据收入分配对经济发展的激励理论来进行判断，在社会学中则主要考虑社会道德价值判断标准。一定数值的收入分配差异程度指标所反映的收入分配状况，对于不同社会制度、不同经济发展阶段、不同社会价值观念来说，可能是公平的，也可能是不公平的，或者说它所意味的收入分配公平与不公平程度是不同的。因此，统计方法的测度只是研究问题的一种技术手段，收入分配的公平与不公平问题需要结合经济学、社会学理论以及经济、社会发展的实际来进行分析。

收入分配的不公平与统计测度值之间的关系有两种极端的情况是我们可以给出明确结论的，并且可作为分析通常情况的参照。一是收入分配过于平均，比如基尼系数趋近于零，从而使不同数量和质量的生产要素投入得到相近的收入回报。这种情况的出现会影响社会和经济的运行效率。二是收入分配悬殊，比如基尼系数超过0.6，向1逼近，从而使社会成员之间的收入分配差距超过了社会所能承受的范围。因为这种情况的出现一般都是由于一部分高收入者的收入来自不正常渠道，所以会影响社会稳定。

2. 我国收入分配不公平的主要表现

改革开放之初，我国的个人收入分配处于平均主义、大锅饭式的分配格局，严重影响了社会经济发展。分配体制改革是我国20年来经济快速发展的动力之一，平均主义的分配模式被逐渐打破，居民之间的收入分配差距越来越大。转轨时期经济社会发展中产生的一些新问题与传统分配体制所累积的一些旧问题，使我国社会收入分配不公现象依然存在。

第一，收入分配过于平均的不公平现象。这种情况主要存在于依靠国家财政拨款运行的行政事业单位中，主要表现有：(1) 工资的平均分配化。我国行政事业单位现行工资级差过小，工资只反映职务、职称差异，而与实际工作绩效和贡献无关。(2) 福利分配平均化。据统计，我国职工取得的各种福利收入，平均已达到工资收入的

36%以上。效益好的单位，工资外福利性收入，可以达到工资收入的一倍甚至几倍。诸如副食补贴、公费医疗、午餐补助以及由企事业单位自行创收所形成的各种形式的所谓福利待遇，一般都是按人头平均分配。

第二，收入与社会贡献倒挂的不公平现象。(1) 脑力劳动与体力劳动收入倒挂，复杂劳动与简单劳动收入倒挂。这是在改革之初出现的一种不公平现象，主要表现为知识分子收入过低或收入增长比体力劳动者慢。(2) 专职与兼职收入倒挂。由于生产要素市场不健全，一些掌握短缺资源、信息或知识的人，其花费较少精力的兼职收入往往比其专职收入多许多，这是一种不正常的分配现象。

第三，收入分配差距过于悬殊。收入分配差距的形成有相当部分的原因是收入分配均衡机制不健全，因此其中包括许多收入分配不公平问题。(1) 行业垄断和缺乏竞争机制带来的收入差距。邮电、银行、保险、电力、烟草等行业垄断性地占有国家和社会的生产资源，使其职工收入长期处于高水平，而煤炭、森工、纺织等行业由于市场形势不好，全行业亏损，出现大面积工资拖欠现象，职工基本生活难以保障。行业间职工年均收入差别超过万元的情况已相当普遍。(2) 非法收入带来分配差距悬殊。企业改革中由于国有资产保值增值责任制度的缺位，国有资产流失严重，一些承包经营者将其中饱私囊。税收执法中的漏洞，使一些个人和企业靠偷税漏税发财。走私贩私，一本万利，使一些铤而走险者在一段时间暴富。另外，权钱交易、索贿受贿、以权谋私、贪污盗窃、制假贩假等各种违法行为，也往往使一些人迅速致富。所有这些非法收入都与合法经营、诚实劳动者的收入水平形成很大差距。(3) 地区间的收入差距悬殊。地区间的收入分配差距主要是由于地区经济发展水平的差距造成的，但对居民个人来讲，其中仍存在一些不公平的因素。

第4节 收入分配差距与经济效率关系分析

一、收入分配与增长的经济学理论

有关发展和收入分配之间关系的理论分析范围很广，从泛泛地讨论到建立数学模型，从描绘发展与分配之间的关系到检验二者之间的联系，应有尽有。刘易斯和库兹涅茨的经典著作集中探讨了发展对分配的影响，将分配的变迁视为发展过程中不可或缺的一部分。

1. 刘易斯的剩余劳动力模型

在刘易斯模型中有两个部门，即资本家雇佣劳动力的现代（或城市、工业）部门和传统（或农村、农业）部门。现代部门的工资既定，生产利润用于再投资，从而对劳动力产生了更大的需求，这种需求可以通过传统部门来满足。在这一模型中，假设劳动力可以以某一固定的工资无限地供给。当这些假设成立时，投资会带来经济增长，资本家的利润会增加，而工人的工资则保持不变，不平等状况趋于恶化。如果继续假设在现代部门有一个固定的工资溢价，挣工资的人之间也会出现不平等，因为某些工人将会获取比其他工人更高的工资待遇。这种差距维持不了多久，因为这些国家的劳动力将会迅速地流向富裕地区，而资本的流向则正好相反。刘易斯的这一思想表明，传统部门的过剩劳动力资源最终趋于枯竭，其工资水平将会增加。刘易斯模型中，只要传统部门存在剩余劳动力，不平等状况便会随着人均收入的增加而恶化。一旦剩余劳动力转移完毕，人均收入还会继续增加，但与此前不同，经济体的不平等状况将会得到改善。

2. 库兹涅茨“倒 U”假说

关于经济增长与收入分配的关系，库兹涅茨提出了所谓的“倒 U”假说。他首次论述了如下一种观点：随着经济发展而来的“创造”与“破坏”改变着社会经济结构，并影响着收入分配。库兹涅茨利用各国的资料进行比较研究，得出结论：在经济未充分发展的阶段，收入分配将随着经济发展而趋于不平等；随后，经历收入分配暂时无大变化的时期；到达经济充分发展的阶段，收入分配将趋于平等。库兹涅茨重点讨论了人口的部门间转移问题，认为人口转移最终会减轻不平等程度。其实，刘易斯的剩余劳动力模型只不过是库兹涅茨“倒 U”假说的另一种表达。

二、对收入分配的变动对增长的影响的进一步探究

1. 收入分配对经济增长的影响机制

进一步分析收入分配对经济增长的影响机制，可以从收入分配的政治经济效应、资本市场效应以及社会冲突效应三个方面进行。这些分析分别由亚力西那（Alesina）和罗迪克（Rodik）、贝尔托拉（Bertola）、佩尔森（Persson）和塔贝里尼（Tabellini）完成，我们在此引用其主要分析理论：

（1）收入分配的政治经济效应。任何政府有关收入分配的决策一般都是在选举过程中由各种政策变量如税收等进行政治交易的结果。从有关的研究文献来看，一个非常重要的理论成果就是“中间投票人定理”。可以理解为：如果（A）假定一些特定政策变量的优先权比如税率大小在某些特定的人口中间的分配发生随意变动；（B）假定每个人有一张选票，那么这个处在收入分配中间位置的选举人的优先权就会决定选举的最后结果。这时，如果假定该政府的税收和支出是属于再分配性质的，那么作为选民的政策优先权重要工具——税率评价，就会对收入分配发生影响。例如，如果认为不平等是中等收入选民和低收入选民之间的差距的话，那么在给定的一个低收入条件下，这种低收入者会面临由于更多的不平等而导致较高的税率选择，这样就会产生一种税收的扭曲效应，如影响人们的积极性和工作的努力程度，这可以从下面的模型中看出：“高度的不平等——更穷的选民——更高的税率——税收的扭曲——较低的经济增长”。

需要指出的是，人们探讨不平等和经济增长之间的关系，实际上一开始就是从分析不平等的政治经济意义开始的，而且是作为研究收入分配对经济增长的影响作用的

核心和重点展开的。因为在一个民主体制下，不平等和选民以及政府的税收政策之间必然有着内在的联系和关系，以上经济学家的有关理论分析无疑就是这种现实情况的反映和要求。另外，收入分配不仅通过税收政策对经济增长产生影响和作用，也会对政治不稳定和整体投资行为产生影响。所以 1996 年亚力西那和佩罗拉（Perottio）的研究标志着人们对收入分配增长效应的作用机制这一问题的研究重点和核心已经开始从上述讨论的税收选择转向对不平等的政治不稳定性以及对整体投资行为的影响的研究。

（2）收入分配的资本市场效应。收入分配对经济增长的影响效应还会通过资本市场的不完善而产生。这方面的分析分别由盖勒（Galor）和阿吉翁（Aghion）、博尔顿（Bolton）、盖勒和贝姆（Zeim）、班纳西（Banexiee）、纽曼（Newman）和皮克瑞（Pikery）等通过各种模型和工具进行。他们分别从不完善的信用市场和保险市场以及对产出和增长具有积极影响作用的政府再分配政策、选举体制等角度来系统地分析和解释财富或资产不平等对经济增长产生的不利影响。他们指出，收入分配影响经济增长的另一个经济机制就是不平等和经济机会之间有内在关系，从而影响经济增长。一个基本的途径是，生产机会随着财富分配而发生变化。穷人和富人一般不会有同样的机会，因此穷人从来都没有完全意识到自己的全部生产潜力。这可能是因为他们没有获得和富人一样多的高质量的教育，也可能是因为政府不能提供他们所需要的社会保险和保障。在这种情况下，许多穷人的收入分配或者不平等的分配机会都有可能导致他们的生产潜力不能充分发挥，从静态意义上来说，这会产生低效率以及更低的生产可能性目标；而从动态意义上来看，这可能会使增长率进一步下降。

盖勒和阿吉翁、博尔顿等人的论文分析中指出，任何生产只需存在一个进入初始生产活动的较小固定成本的投资。这就意味着他们仅仅需要最少的初始投资资本。但是对穷人来说可能需要负债，而在资本市场尤其是信用市场欠缺或者不完善的情况下，穷人偿还债务的代价就会很高，经常伴随其他的间接要求或额外的负担。在这种情况下，穷人虽然具有一定的劳动技能，但却无法选择从事最具生产率的经济活动，因为不完善的信息和不完善的契约导致信用市场失效，缺乏一个高效的贷款者的同时，借款者却被迫处在更加贫困的境地。

费雷拉（Ferreira）也通过建立模型来分析论证资本市场不完善的存在以及极度的不平等会导致经济增长的低效率。他认为，政府在过去只是通过将公共资本引进私人生产中，结果导致经济低效和各种扭曲，其实政府应当注意发挥它的公共开支的积极作用。根据该理论模型，因为富人能够用私人选择代替公共资本，而穷人则更倾向于依靠政府的各种服务产品的公共开支，如健康、教育、公共交通以及基础设施等，因此公共开支能够发挥促进公平并且提升效率的积极作用。伯拉布（Benabou）也认为政府干预有可能会产生一定的收益而不只是扭曲经济增长。他结合资本市场失效以及政治经济背景，指出政治体制会形成多种多样的均衡力量。如果税收和支出对经济效率有积极影响，那么会存在这样两种情况：一是高度不平等、低水平再分配能力、低效率均衡；二是低度不平等、高度再分配能力、高效率均衡。

同时，一些学者则从“努力生产的道德风险”角度出发，认为由于信用市场是不完善的，贷款一方的“努力程度”不能完全被观察到，而且“努力程度”还要依赖于企业家一方项目收益增加的多少，因此借款一方初始收入越低，贷款方提供贷款的努力程度有可能越少，这会导致借款人员形成他的最小贷款规模，但是往往那些低于最小贷款规模的穷人就无法获得贷款从而不能从事有潜在利润的经济活动。

由此可见，研究收入分配与经济增长的关系实际上已经演进到金融与证券市场领域，资本市场本身的完善程度在很大程度上影响着收入分配对经济增长的作用以及作用的性质。

（3）收入分配的社会冲突效应。

分析收入分配的经济增长效应的第三条思路就是从不平等和社会冲突与经济增长效率之间的关系进行分析。最近大量的研究文献进一步强调不平等和社会冲突与经济增长效率之间的关系，这一点现在来看越来越重要。亚力西那和佩罗托提出，不平等会导致政治和社会不稳定，从而导致最佳投资水平下降。罗迪克提出了一个非常明确的观点，他认为较大程度的不平等会增加社会政治体制的压力并降低政治体制对外部冲突的有效反应能力，同时也会导致各种各样的社会暴力。法兹玻（Fajnzylber）等人分析认为，有足够的材料可以证明许多国家的收入不平等往往和社会暴力程度之间有着极为显著的内在联系。布吉尼翁（Bourguignon）和其他研究人员进一步研究认为，急剧上升的社会暴力进一步增加了社会经济和发展的负担；这些暴力中的绝大多数是因为生活费用、医疗条件无法得到基本满足而引发的社会冲突和犯罪。因此社会暴力和犯罪都与收入分配不平等有着密切的关系。

2. 收入分配对经济增长的实际影响探究

收入不平等与经济增长的关系一向是国内外学者研究的兴趣点，经济学家始终坚持以收入分配与经济增长的双向互动关系为分析思路，但由于采用的研究方法不同，学者之间的分歧很大，至今还没有得出权威一致的结论。

其中比较有影响的是亚力西那和罗迪克（1994），塔贝里尼和佩尔森（1994），克拉克（Clarke，1995），以及戴宁格尔、斯夸尔（Deininger & Squire，1998）所做的这方面的研究。他们的研究大都用了跨国数据，得出的结论都表明收入不平等与经济增长之间呈现负相关关系。然而随着学者更容易获得许多国家在很长时间里大量的收入分配数据，数据的可获得性使得研究者可以利用更加复杂的经济计量技巧对这一论题进行探索，利用跨国数据验证收入不平等与经济增长之间关系的方法受到了挑战。利、佐乌（Li & Zou，1998），福布斯（Fobes，2000），以及卡斯泰洛（Castello，2004）利用固定效应模型或动态广义矩估计（GMM）方法，发现不平等对经济增长的影响反而是正面的。巴罗（Barro，2000）的研究发现，收入分配不平等对经济增长并没有什么显著的影响。

收入分配不平等对经济增长的影响究竟是正面的还是负面的，由于所使用的经济计量方法、所收集到的数据类型不同而有不同的结论。到目前为止，我们可以给出的结论为：经济增长一定会影响收入分配，可能引起收入分配的不平等和贫困化加剧，但也有可能减小不平等和贫困化，这要受到具体条件和因素的影响；反过来，收入分配也一定会影响经济增长，特别是消费、投资等因素，甚至不平等和贫困化会直接损害社会环境从而影响经济增长的外部条件，收入分配一般会通过社会政治经济决策途径、社会政治稳定途径以及资本市场途径影响经济增长。所以，包括对上述基本要点在内的收入分配与经济增长相互影响、相互作用的关系的分析和研究构成了现代意义上的收入分配—经济增长的基本框架。

第 5 节 收入分配的国际比较

一、收入分配国际比较实现

不同国家之间收入分配实现的比较涉及意识形态约束、政府发展战略情况、计划与市场手段运用模式等多种因素，如何对其进行科学的定量比较，需要考虑统计数据选择、口径、汇率等方面的基本问题。

国民收入分配的起点是 GNI（Gross National Income），进行国际比较时通常利用的是 SNA 核算体系中的国民收入概念。而从 GNI 进行初次分配和再分配的过程中涉及的收入变量，在不同的国家之间统计口径则不尽相同。考虑到初次分配的对象不外乎政府、企业和住户三个方面，利用国民收入在三个方面分配的百分比作为比较对象，这样既能反映国民收入分配的去向，又能有效地消除量纲的影响。

绝对值的比较涉及汇率问题时，比较常见的做法是将相关国家的金额数据全部转换为美元计量。事实上，由于不同国家之间的政策不同、发展阶段不同，绝对值之间的直接比较往往不够直观，所以进行收入分配国际比较时通常会选用一些相对指标，例如不同分配对象所占的百分比、基尼系数、居民消费率、政府消费率、资本形成率等。

二、收入分配国际格局比较

基尼系数是国际上最常用的分析国民收入规模分配格局的方法。为探寻收入分配在全球各个国家的情况，下面选取基尼系数为代表指标，利用世界银行 WDI 数据库数据，对收入分配国际格局进行比较研究（见表 3—4）。

表 3—4 居民收入分配国际格局

国家或地区	年份	基尼系数	各组占全部收入或消费的比重（%）				
			最低的 20%	第二个 20%	第三个 20%	第四个 20%	最高的 20%
中国	2005	0.42	4.99	9.85	14.99	22.24	47.93
中国香港	1996	0.43	5.26	9.39	13.85	20.75	50.75
孟加拉国	2010	0.32	8.88	12.37	16.07	21.27	41.41

续前表

国家或地区	年份	基尼系数	各组占全部收入或消费的比重（%）				
			最低的20%	第二个20%	第三个20%	第四个20%	最高的20%
柬埔寨	2008	0.38	7.54	11.00	14.90	20.64	45.92
印度	2005	0.33	8.64	12.22	15.81	20.97	42.36
印度尼西亚	2009	0.37	7.65	11.26	15.09	21.07	44.93
伊朗	2005	0.38	6.43	10.91	15.54	21.96	45.16
以色列	2001	0.39	5.71	10.46	15.86	23.04	44.93
日本	1993	0.25	10.58	14.21	17.58	21.98	35.65
哈萨克斯坦	2009	0.29	9.12	13.15	17.07	22.25	38.41
韩国	1998	0.32	7.91	13.56	17.95	23.13	37.45
老挝	2008	0.37	7.64	11.33	15.29	20.90	44.84
马来西亚	2009	0.46	4.54	8.65	13.72	21.64	51.45
蒙古	2008	0.37	7.10	11.15	15.62	22.09	44.04
巴基斯坦	2008	0.30	9.60	12.94	16.36	21.12	39.98
菲律宾	2009	0.43	5.98	9.42	13.87	21.04	49.69
新加坡	1998	0.42	5.04	9.42	14.55	22.02	48.97
斯里兰卡	2007	0.40	6.94	10.35	14.40	20.52	47.79
泰国	2009	0.40	6.67	10.28	14.49	21.35	47.21
越南	2008	0.36	7.42	11.52	15.81	21.84	43.41
埃及	2008	0.31	9.24	13.02	16.37	21.03	40.34
尼日利亚	2010	0.49	4.41	8.27	12.98	20.33	54.01
南非	2009	0.63	2.70	4.63	8.16	16.30	68.21
加拿大	2000	0.33	7.20	12.73	17.18	22.95	39.94
墨西哥	2008	0.48	4.73	8.65	13.08	19.87	53.67
美国	2000	0.41	5.44	10.68	15.66	22.40	45.82
阿根廷	2010	0.44	4.38	9.31	14.78	22.17	49.36
巴西	2009	0.55	2.85	7.13	12.41	19.04	58.57
委内瑞拉	2006	0.45	4.28	9.52	14.60	22.18	49.42
捷克	1996	0.26	10.22	14.33	17.53	21.68	36.24
法国	1995	0.33	7.18	12.62	17.19	22.80	40.21
德国	2000	0.28	8.52	13.72	17.79	23.09	36.88
意大利	2000	0.36	6.50	11.98	16.75	22.75	42.02
荷兰	1999	0.31	7.60	13.22	17.24	23.26	38.68
波兰	2009	0.34	7.68	11.95	16.23	22.03	42.11
俄罗斯联邦	2009	0.40	6.46	10.35	14.77	21.29	47.13
西班牙	2000	0.35	6.97	12.09	16.43	22.51	42.00
土耳其	2008	0.39	5.70	10.93	15.89	22.42	45.06
乌克兰	2009	0.26	9.67	13.95	17.69	22.37	36.32
英国	1999	0.36	6.14	11.41	15.96	22.47	44.02
澳大利亚	1994	0.35	5.90	12.01	17.20	23.57	41.32
新西兰	1997	0.36	6.45	11.37	15.81	22.61	43.76

资料来源：世界银行 WDI 数据库。

从上述国家基尼系数来看，南非最高，达到 0.63（2009 年），巴西 0.55（2009 年），尼日利亚 0.49（2010 年），说明这些国家的收入分配出现了严重不均衡，贫富差距大的现象。上述国家中基尼系数最低的为日本，仅为 0.25（1993 年），乌克兰 0.26（2009 年），捷克 0.26（1996 年），说明这些国家的居民收入分配较为均衡。但需要注意的是，上表提供的数据年份并不统一，日本的数据来自 1993 年，已经较为久远，我们从日本总务省统计局网站找到了新版数据：截至 2009 年，日本基尼系数为 0.283，仍处于一个较低的水平。

表 3—4 反映出欧洲国家整体基尼系数均较低，意大利、英国均为 0.36，法国 0.33，德国 0.28，可以看出，多数欧洲福利国家的居民收入分配比较均衡。相比之下，中国的基尼系数 2005 年达到 0.42，2012 年达到 0.474。基尼系数超过 0.4，说明居民收入分配差距过大，财富过于集中。

□ 复习思考题

1. 国民收入分配统计是一个客观系统的描述，经济学中的国民经济收入分配问题主要是针对政府所为进行的研究，请解释你理解的两项内容的关系。

2. 国民经济核算中的国民收入分配核算能够满足收入分配问题的研究需要吗？为什么？

3. 收入形成核算说明什么？

4. 收入初次分配核算说明什么？

5. 可支配收入分配核算说明什么？

6. 人均国内生产总值说明什么？

7. 联系实际，分析研究我国基尼系数与个人收入分配的关系。

8. 联系实际，说明如何做好收入分配差距与经济效率关系的分析。

9. 说明如何进行收入分配国际比较分析研究。

第 4 章 Chapter 4 消费需求统计分析

第 1 节 消费需求统计

一、消费需求的一般问题

1. 消费需求统计与国民可支配收入

消费需求统计是继收入分配核算之后反映国民可支配收入使用的重要方面。国民可支配收入的使用是最终消费和储蓄。其中，最终消费包括居民最终消费和政府最终消费。居民最终消费有时也称个人最终消费；政府最终消费是指政府为社会提供公共产品和服务的消费，因此也称公共服务最终消费。储蓄不完全是居民的储蓄概念。事实上，储蓄在这里是宏观经济分析中的重要概念，它分别从价值和实物两个方面说明未来积累的资金供给和产品供给。国民可支配收入的使用是收入分配之后的重要阶段。最终消费满足人的再生产过程，是社会生产成果一方面的重要使用。储蓄满足扩大再生产积累，它是社会生产成果的另一方面重要使用的开始。经济活动的最终目的是为居民个人和社会公众提供各种最终消费的货物和服务，消费需求统计就是要从量上反映一个时期的最终消费状况。

2. 最终消费的概念

最终消费是指当期居民消费和公共消费中所使用的货物和服务，它和非金融投资都属于最终产品使用。最终消费包括居民消费和公共消费。由于考察标准不同，最终消费有两种统计概念：一是以货物和服务的最终购销行为发生为标准定义最终消费支出，是指由购买者向出售者购买货物和服务所支付的价值。二是以消费对象的实际获得为标准，定义为实际最终消费，是指消费者实际获取的货物与服务的消费价值。这两种定义紧密相关但并不等同，因为尽管大多数情况下货物与服务的购买者也即获得消费者，但在一些情况下，承担支出者不一定就是货物与服务的获得消费者，如政府对灾民发放的救济物资，支出者是政府，获得消费者却是居民。

3. 消费需求统计

消费需求包括公共消费需求和居民消费需求。现实生活中，公共消费需求更多的是体现政府的职能。当然，政府职能是以满足人民生活的需要为基础的，同时也受政府财力的约束。居民消费需求一般是指居民的消费购买力。国民经济核算中的最终消费统计常常以核算最终消费支出为基础，这基本上是世界各国和地区普遍使用的主要统计口径。消费需求统计也以最终消费支出为口径范围。实际统计中，最终消费支出大多体现为居民直接消费的货币支出，例如购买消费品或服务，但是也包括居民家庭自产自用的产品和住房服务。消费需求统计以最终消费支出为基础，实际是一种实现的消费需求统计，因此本章的消费需求统计一般不指购买力基础上可支付能力的消费需求概念。

二、居民最终消费支出统计

1. 居民消费支出的统计方法

我国实际统计包括：(1) 购买居民消费品的居民消费支出。这方面的统计数据可以从社会商品零售统计资料中对居民消费品零售部分得到。(2) 居民生活服务的支出。这方面的统计数据可以从居民生活服务部门的营业收入及费用资料中得到。(3) 居民家庭自产自用的消费支出估计。这方面统计数据可以从农村收益分配调查统计资料、城乡住户调查资料等中得到，主要包括农民自产自用的农副产品、对居民自有住房价值虚拟房租的估算。居民消费支出统计也可以利用分配核算资料依据收支平衡关系来推算居民消费支出。从居民部门的可支配收入中扣除相当于储蓄的非金融投资和金融净投资，其结果即为居民消费支出。城市居民家庭抽样调查和农村居民家庭抽样调查是对于我国居民消费支出一般水平的重要统计数据，同时我们也可以运用统计推断方法，根据抽样样本数据推断全国居民消费支出的数据。

2. 居民消费支出分类

居民消费支出的全称是居民最终消费支出，是指统计期内由居民个人直接购买消费性货物和服务的花费。具体统计时，一般按照居民消费支出的类别进行。从消费对象的性质看，居民消费支出统计包括下述内容：(1) 耐用消费品支出。这些耐用消费品可在生活过程中长期存在反复使用，如家用电器、汽车等。(2) 非耐用消费品支出。非耐用消费品是指那些一次性或短期用于消费的物品，如食品、服装、药品、室内装饰用品等。(3) 各种文化生活服务费用支出，如交通邮电服务费、学杂费、诊疗保健费、文娱费、修理费等。居民购买住房或建房用材料所做支出不应计入消费，计入消费的只是代表住房服务的房租支出，包括实际住房房租支出和自有住房的虚拟房租支出。各种贵重物品如首饰等的购买支出不应计入消费，因为这种购买的主要目的并非消费而是保值，它是一种投资行为。

依照消费目的，居民消费支出可分为以下八类：（1）食品、饮料、烟草类。（2）服装和鞋类。（3）租金总额、燃料、动力。（4）家具、陈设品、家庭设备和管理。（5）医疗和保健费用。（6）运输和通信。（7）娱乐、教育和文化服务。（8）杂项用品和服务。

居民消费支出分类是我们研究居民消费结构的统计基础。

三、政府最终消费支出统计

1. 政府最终消费支出统计

从消费提供方式或来源看，公共消费支出有两种情况：一种是由政府等部门从市场上购买产品，然后免费提供给特定居民；另一种是政府等部门作为非市场生产者，将自己的服务产出免费或以无市场意义的价格提供给居民和公众。对前一种情况，可以按照实际购买价来计算政府最终消费支出。对后一种情况，应以政府等部门非市场性总产出价值为基础，减去这些部门以成本价格或无市场意义的价格出售其产出而获取的“销售收入”，结果即为政府等部门免费向公众提供的公共服务，也就是这些部门自己承担的消费支出。政府最终消费支出可以在财政支出基础上建立统计。政府的行政事业费支出是主体部分。但是，现实中存在政府公共消费支出与居民消费支出共同发生在一个部门的现象。例如教育部门，财政教育经费拨款属于政府公共消费支出，而个人交纳的学杂费则属于居民消费支出，二者不得重复计算。目前，我国为居民服务的非营利机构最终消费支出包含在政府最终消费支出统计之中。

2. 政府公共消费支出分类

公共消费由政府最终消费支出和为居民服务的非营利机构最终消费支出构成，是指由政府和为居民服务的非营利机构承担费用，对社会公众提供的消费性货物与服务的价值，其中政府最终消费支出是主要部分。

按照职能划分，公共消费支出包括教育、卫生保健、社会保险和福利、体育和娱乐、文化等方面。按支出功能分类，根据政府管理和部门预算的要求，统一按支出功能设置类、款、项三级科目，由大到小、由粗到细分层次设置。其中：类级科目反映政府主要职能，包括一般公共服务、国防、教育、公共安全等；款级科目反映政府履行某项职能所要从事的主要活动，如教育类下的普通教育、特殊教育等；项级科目反映某活动下的具体事项，如普通教育下的小学教育、初中教育等。从受益对象考虑，公共消费支出要区分为用于居民的和用于公共服务的两部分。用于居民的货物与服务消费支出是指政府及为居民服务的非营利机构为向居民家庭和个人提供货物和服务而承担的支出，其受益者是确定的居民部门的某个人或某类人，如接受政府救济的受灾居民、接受免费教育的受教育者，其内容可涉及货物和各种服务。用于公共服务的消费支出是指政府等部门为向整个社会提供公共服务而承担的支出，这些服务主要涉及安全和防务、法律和秩序的维护、立法和规章条例的执行、公共卫生的维护、环境保护、研发等，社会所有成员都会从这类服务中受益。

四、消费率、储蓄率的分析

1. 消费率和储蓄率

对于国民可支配总收入，最终消费剩余形成总储蓄，所以国民可支配总收入的使用是总消费和总储蓄。为反映国民可支配总收入使用的总体结构，揭示国民经济的消费水平和储蓄水平，可依据国民可支配总收入计算消费率和储蓄率，计算公式为：

消费率 ＝ 最终消费支出额÷国民可支配总收入

储蓄率 ＝ 储蓄总额÷国民可支配总收入

式中，国民可支配总收入是指国民可支配收入总额，但也可以用国民可支配收入净额替代，但应注意储蓄总额改成储蓄净额以与之相匹配，其计算的储蓄率也应明确是净储蓄率。为了保持一个整体的概念，依据国民可支配收入净额计算的消费率也称为净消费率。

净储蓄率 ＝（储蓄总额－固定资产折旧）÷国民可支配总收入净额

消费率是宏观经济分析中的一个重要变量，它反映国民的一般消费水平或一般消费需求水平。同样，储蓄率也是宏观经济分析中的一个重要变量，它反映国民收入的一般积累水平。从国民可支配总收入的最终使用来看，储蓄率＝1－消费率，因此二者是此消彼长的关系。对于一个经济封闭的国家或地区，如果消费率高，那么储蓄率就低；反过来，如果储蓄率高，那么消费率就低。经济学家经常使用的是以国内生产总值（或国民总收入）为分母简便计算的消费率和储蓄率，严格来讲，这是一种近似方法，如果来自国外的净要素收入和净经常转移收入数额较大，那么这种近似计算会产生比较大的误差。

2. 消费率和储蓄率的分析

我们整理得到的我国 2009 年实际统计数据及其计算结果，如表 4—1 所示。

表 4—1　　2009 年我国的消费率和储蓄率　　单位：亿元

	非金融企业部门	金融机构部门	政府部门	住户部门	国民经济总体
国内生产总值	197 392.61	17 767.53	33 231.27	92 511.40	340 902.81
国民总收入	73 275.18	10 894.40	49 606.34	206 544.03	34 0319.95
国民可支配总收入	64 171.08	8 405.70	62 603.34	207 302.37	342 482.49
最终消费支出	—	—	45 690.20	123 584.60	169 274.80
总储蓄	64 171.08	8 405.70	16 913.14	83 717.77	173 207.69
消费率（%）	—	—	72.98	59.62	49.43
按 GDP 计算	—	—	137.49	133.59	49.65
按国民总收入计算	—	—	92.11	59.83	49.74
储蓄率（%）	100	100	27.02	40.38	50.57

续前表

	非金融企业部门	金融机构部门	政府部门	住户部门	国民经济总体
按 GDP 计算	32.51	47.31	50.90	90.49	50.81
按国民总收入计算	87.58	77.16	34.09	40.53	50.90

资料来源：中华人民共和国国家统计局：《中国统计年鉴（2012）》，北京，中国统计出版社，2012。

表 4—1 中的一些计算在实际分析中是可以相互替代使用的，这里计算主要是为了比较。在经济学家的研究中，经常把国内生产总值、国民总收入、国民可支配总收入三个总量指标等同使用，也就是国民收入的一般概念。如果是封闭经济体系，也就是说这个国家与其他国家没有任何经济往来，例如没有进出口、没有利用外资等等，那么国内生产总值、国民总收入、国民可支配总收入三个总量指标的确是完全相等的。但在实际生活中，这种情况并不存在。[①] 但是有些情况接近这种情况，那么三个总量指标之间的差别不太大。因此，计算消费率和储蓄率时，严格的计算是以国民可支配总收入为基础，而以国内生产总值、国民总收入为基础只是近似计算。例如我国在分别以国内生产总值、国民总收入、国民可支配总收入三个总量指标计算的消费率和储蓄率上，差别并不大，可能不影响宏观经济分析的效果。在机构部门层次上计算的消费率和储蓄率，经济含义比较复杂，其使用要结合其他变量分析进行，独立意义下一般不使用。2009 年我国的消费率和储蓄率分别是 49.43%和 50.57%，属于高储蓄国家。一般储蓄率在 25%以上的，就称为高储蓄国家。高储蓄国家意味着投资需求可能较大。

第 2 节　消费需求结构统计分析

一、消费结构变动规律

消费结构的变动主要受经济发展水平、产业结构和产品结构、居民收入水平、价格水平、人口的总量、年龄结构、民族结构以及人的消费观念、消费心理、消费习惯等因素的影响。随着经济的发展、收入水平的提高和社会的进步，消费结构呈现出如下变动规律：

（1）从生存型消费、享受型消费和发展型消费的分类来看，生存型消费所占比重会出现下降趋势，而享受型和发展型消费所占比重会呈现上升趋势。

享受型消费是比生存型消费高的一个层次，而发展型消费则是比享受型消费更高的层次。之所以出现这样的变化规律，是因为人们的消费需求在客观上是有层次的，

① 目前全球化下开放经济是必然的，国际贸易、国际投资、国际金融、政府与民间经济往来不断扩大，必将发生国家之间的要素收入、财产收入、经常转移收入的往来，它们将直接影响国内生产总值、国民总收入和国民可支配总收入，三个总量指标之间是不可能相等的，因此各个指标之间的近似替代是有条件的。

人们要生存、享受，还要发展自己。随着社会经济的发展，生存型消费、享受型消费和发展型消费都会增大自己的范围，其消费的绝对量都会增大。但是人们对于生存型消费、享受型消费和发展型消费的要求限度是有区别的。一般来讲，生存型消费主要是满足人们对生存和健康的需要，它要受到人的生理因素的限制，所以人对生存资料的需求是有限度的。而享受型消费能使人们的生活更美好，发展型消费能使人们更为全面地发展，使人们的素质全面提高，所以它们的潜在需求都是无限的。因此，随着经济的发展和人们生活水平的提高，人们在满足生存型消费需求之后，就会逐渐向享受型消费和发展型消费方向发展，从而使消费结构中生存型消费所占比重出现下降趋势，而享受型和发展型消费所占比重呈现上升趋势。

(2) 从物质消费和服务消费的分类来看，物质消费所占的比重趋于下降，而服务消费所占的比重趋于上升。

随着社会科技进步，物质产品上的生产率会不断提高，物质产品极大丰富，而且产品价格还会下降，所以物质产品消费的比重将会随之不断下降，而服务消费将随之上升。从服务消费内部结构来看，人们的消费具有如下的优先顺序：先满足生存需要方面的服务消费，再满足享受和发展需要方面的服务消费；先满足物质生活需要方面的服务消费，再满足文化生活需要方面的服务消费；先满足实物型、人力型需要方面的服务消费，再满足智力型需要方面的服务消费，等等。

(3) 从吃、穿、住、用、行的分类来看，吃在消费结构中所占的比重会逐步下降，而穿、用、住、行的消费所占的比重会逐步上升。

大量实证统计分析已经充分说明了这个变化趋势。其中，通过对恩格尔系数的分析也说明了这个变化规律。在经济分析中经常使用恩格尔系数来描述居民消费结构的水平。具体计算一般用食品消费支出占居民最终消费支出的比重，它就是国际上通常使用的恩格尔系数，其计算公式为：

恩格尔系数＝食品消费支出÷居民最终消费支出

一般来讲，食品消费是人类生活最基础的需首先满足的消费内容，它对于收入和消费总量的变动呈现出明显的刚性，其变动速度总是慢于收入和消费总量的变动速度。经验表明，随着居民收入水平和消费水平的提高，恩格尔系数会呈现下降的趋势。这一规律的存在，使恩格尔系数的作用已不仅限于单纯反映消费的内部结构，而是常用于衡量居民生活的富裕程度。联合国曾提出恩格尔系数的数量界限，认为该系数在60%以上为生活绝对贫困，在50%～60%之间为勉强度日，在40%～50%之间为小康水平，在20%～40%之间为富裕，在20%以下为最富裕。在实际应用时，需结合具体情况做具体分析，包括计算各国的消费习惯、消费价格结构、公共消费状况等。简单地套用上述数量界限来说明一国居民生活水平，或者简单地据此进行国际间、地区间和国家（或地区）不同时期间的比较，都会影响分析的质量和结论的准确性。

二、消费需求结构变动的统计分析

1. 消费需求主体结构

消费需求主体结构是指从国内生产总值的最终使用角度出发来反映居民消费与社会公共消费在最终消费总额中的比例关系。

表 4—2 反映了我国 1978—2011 年国内生产总值中最终消费的主体结构变化过程。我国国内生产总值的最终消费额从 1978 年的 2 239.1 亿元增长到 2011 年的 228 561.3亿元，其占国内生产总值的比率（消费率）由 1978 年的 62.1%变化到 2011 年的 49.1%，其间最高的是 1981 年，达到 67.1%，最低的是 2010 年，只有 48.2%。消费率的这种变化与国民经济的周期波动、通货膨胀等宏观经济现象有着密切的联系。

以最终消费支出总额为 100，则我国的居民消费和公共消费所占的比重在 1978—2011 年呈现居民消费支出所占比例稳步下降，公共消费支出所占比例稳步上升的趋势。以居民消费支出为 100，则我国城镇居民和农村居民在其中所占的比重在 1978—2011 年发生了很大的变化，农村居民从 1978 年占有居民消费总额 62.1%下降到 2011 年的 22.7%，城镇居民则在同期从 37.9%上升到 77.3%。城乡居民的消费主体结构发生这样的变化，是由于我国 30 多年来经济改革与发展过程中的城镇化发展较快造成的，城乡差距不断扩大。

表 4—2 **中国最终消费主体结构**（1978—2011）

年份	最终消费（亿元）	消费率（%）	最终消费支出＝100		居民消费支出＝100	
			居民消费支出	公共消费支出	农村居民	城镇居民
1978	2 239.1	62.1	78.6	21.4	62.1	37.9
1979	2 633.7	64.4	76.4	23.6	62.3	37.7
1980	3 007.9	65.5	77.5	22.5	60.5	39.5
1981	3 361.5	67.1	78.2	21.8	61.0	39.0
1982	3 714.8	66.5	78.1	21.9	61.6	38.4
1983	4 126.4	66.4	78.3	21.7	62.2	37.8
1984	4 846.3	65.8	77.2	22.8	61.8	38.2
1985	5 986.3	66.0	78.3	21.7	59.9	40.1
1986	6 821.8	64.9	77.7	22.3	57.7	42.3
1987	7 804.6	63.6	78.5	21.5	56.0	44.0
1988	9 839.5	63.9	80.0	20.0	53.0	47.0
1989	11 164.2	64.5	78.9	21.1	51.6	48.4
1990	12 090.5	62.5	78.2	21.8	49.6	50.4

续前表

年份	最终消费（亿元）	消费率（%）	最终消费支出＝100		居民消费支出＝100	
			居民消费支出	公共消费支出	农村居民	城镇居民
1991	14 091.9	62.4	76.1	23.9	47.4	52.6
1992	17 203.3	62.4	75.6	24.4	44.9	55.1
1993	21 899.9	59.3	74.9	25.1	41.8	58.2
1994	29 242.2	58.2	74.7	25.3	40.6	59.4
1995	36 748.2	58.1	77.2	22.8	39.7	60.3
1996	43 919.5	59.2	77.3	22.7	41.0	59.0
1997	48 140.6	59.0	76.7	23.3	39.5	60.5
1998	51 588.2	59.6	76.0	24.0	36.9	63.1
1999	55 636.9	61.1	75.3	24.7	34.8	65.2
2000	61 516.0	62.3	74.5	25.5	33.0	67.0
2001	66 933.9	61.4	73.9	26.1	31.9	68.1
2002	71 816.5	59.6	73.9	26.1	30.7	69.3
2003	77 685.5	56.9	74.2	25.8	28.3	71.7
2004	87 552.6	54.4	74.5	25.5	27.1	72.9
2005	99 357.5	53.0	73.4	26.6	27.4	72.6
2006	113 103.9	50.8	73.0	27.0	26.4	73.6
2007	132 232.9	49.6	72.9	27.1	25.1	74.9
2008	153 422.5	48.6	72.8	27.2	24.8	75.2
2009	169 274.8	48.5	73.0	27.0	23.5	76.5
2010	194 115.0	48.2	72.5	27.5	22.7	77.3
2011	228 561.3	49.1	72.2	27.8	22.7	77.3

资料来源：中华人民共和国国家统计局：《中国统计年鉴（2012）》。

2. 居民消费需求结构

居民消费需求结构是指居民消费支出在吃、穿、用、住、行等消费目的方面的结构，反映居民消费的目的结构。其中最主要的是对恩格尔系数的计算和分析。在表4—3和表4—4中分别对我国城镇居民和农村居民消费支出的结构进行了计算。

表 4—3　城镇居民消费支出结构（%）

	2008 年	2009 年	2010 年	2011 年
食品类支出	31.20	30.05	29.04	29.37
衣着类支出	8.54	8.62	8.73	8.93
居住类支出	16.89	16.80	17.62	16.93
家庭设备、用品及服务类支出	5.07	5.28	5.63	5.59

续前表

	2008 年	2009 年	2010 年	2011 年
医疗保健类支出	8.83	9.28	9.24	9.87
交通和通信类支出	10.38	11.29	11.99	11.47
文教娱乐用品及服务类支出	9.95	9.88	9.84	9.88
银行中介服务消费支出	2.54	2.11	2.92	2.89
保险服务消费支出	1.83	1.68	1.99	1.97
其他支出	4.78	5.02	3.02	3.10
合计	100	100	100	100

资料来源：中华人民共和国国家统计局：《中国统计年鉴（2012）》。

我国城镇居民消费结构方面，恩格尔系数呈现不断下降的趋势，而非食品消费呈现不断上升的趋势，按照联合国粮农组织划分贫困和富裕的标准划分，2008 年城镇居民已进入生活富裕阶段。从各类消费所占比重的变化来看，衣着、设备用品及服务、医疗保健、交通和通信所占的比重呈上升趋势；食品、文教娱乐用品及服务所占的比重呈下降趋势。从消费比重居前五位的项目来看，从 2008 年到 2011 年都是食品类、居住类、医疗保健类、交通和通信类、文教娱乐用品及服务类，这表明城镇居民在生存型消费得到满足后，更加重视享受型和发展型消费。

表 4—4　　农村居民家庭平均每人消费支出构成（%）

	1990 年	1995 年	2000 年	2005 年	2010 年	2011 年
食品	58.80	58.62	49.13	45.48	41.09	40.40
衣着	7.77	6.85	5.75	5.81	6.03	6.50
居住	17.34	13.91	15.47	14.49	19.06	18.40
家庭设备及用品	5.29	5.23	4.52	4.36	5.34	5.90
交通通信	1.44	2.58	5.58	9.59	10.52	10.50
文教娱乐	5.37	7.81	11.18	11.56	8.37	7.60
医疗保健	3.25	3.24	5.24	6.58	7.44	8.40
其他	0.74	1.76	3.14	2.13	2.15	2.30
合计	100	100	100	100	100	100

资料来源：中华人民共和国国家统计局：《中国统计年鉴（2012）》。

我国农村居民消费结构方面，恩格尔系数从 1990 年的 58.80%下降到 2011 年的 40.40%，农民生活已达到小康水平，相对于 1990 年，农村居民消费格局也发生了较大改变。在人均消费总支出结构中，交通通信、文教娱乐、医疗保健所占比重呈上升趋势，食品所占比重呈明显下降趋势。

从总体上看，我国城乡居民的消费需求结构目前已达到小康水平，但由于地区间发展的不平衡，还未全面达到小康水平。

三、消费线性支出系统

线性支出系统[①]是进行消费结构分析和预测的一种经济计量学方法。它不仅考虑了消费总支出和价格因素对居民消费结构的影响，而且把居民的各项消费支出看做相互联系、相互制约的行为；同时，它将人们对各种商品（服务）的需求分作基本需求和超出基本需求之外的需求两部分。其中，基本需求与总支出水平无关。居民在基本消费需求首先得到满足之后，才按照某种边际预算倾向安排各种非基本需求支出。该方法可以用来进行居民的基本需求分析、边际预算倾向分析和需求支出弹性分析等。

线性支出系统的数学模型为：

$$V_i = P_iX_i + b_i(V - \sum_{k=1}^{n} P_kX_k), \quad i = 1,2,\cdots,n \tag{4—1}$$

式中，P_i 表示第 i 种商品的价格；V_i 是对第 i 种商品的消费支出；V 是总消费支出；X_i 是对第 i 种商品的基本需求量；P_iX_i 是对第 i 种商品的基本需求支出；b_i 表示超过基本需求的支出用于购买第 i 种商品的比重，称为边际预算份额，它应满足$0<b_i<1$，且 $\sum_{i=1}^{n} b_i = 1$ 。

估计具体做法如下：

（1）令 $a_i = P_iX_i - b_i\sum_{k=1}^{n} P_kX_k$ ，可将模型（4—1）转换为：

$$V_i = a_i + b_iV \tag{4—2}$$

式（4—2）是一个简单回归模型，可以估计出 a_i 和 b_i。

（2）利用额外信息估计某一项基本需求支出。设估计了第 j 项的基本需求支出为 P_jX_j。

（3）由 $a_i = P_iX_i - b_i\sum_{k=1}^{n} P_kX_k$ 可得 $\sum_{k=1}^{n} P_kX_k = (P_jX_j - a_j)/b$ ，并得出，$P_iX_i = a_i + b_i(P_jX_j - a_j)/b_j (i \neq j)$ ，据此可以估计出各项的基本需求支出。

利用线性支出系统分析消费需求的生活消费总支出的弹性，是指当价格不变时，生活消费总支出变动将引起某项需求的变动量。第 i 项需求的生活消费总支出弹性的计算公式为：

$$y_i = b_i \frac{V}{V_i} \tag{4—3}$$

式中，V 是各年份总支出的平均值；V_i 是各个年份第 i 类消费需求的平均值。通过计算出的各项生活消费总支出弹性可以分析每项消费支出的发展变化趋势。

下面看一个例子，用 2004—2011 年各类消费的数据进行消费线性支出系统分析。具体数据如表 4—5 所示。

---

① Stone R，*Econometric Methods*，3rd，New York，McGraw-Hill Book Company，1984.

表 4—5　　2004—2011 年各类消费支出情况

消费类别＼年份	2004	2005	2006	2007	2008	2009	2010	2011
食品类支出	15 265.8	16 615.9	18 277.2	21 287.1	26 205.4	28 419.4	31 588.6	37 458.5
衣着类支出	3 741.9	4 400.4	5 092.9	5 962.8	7 172.4	8 149.2	9 495.8	11 392.7
居住类支出	6 749.4	7 765.3	9 101.3	10 432.8	14 187.0	15 888.6	19 168.1	21 596.2
家庭设备、用品及服务类支出	2 247.9	2 471.4	2 834.9	3 453.2	4 255.8	4 993.5	6 119.7	7 135.0
医疗保健类支出	4 139.9	4 788.2	5 300.7	6 172.1	7 418.4	8 773.8	10 049.5	12 590.7
交通和通信类支出	4 586.0	5 456.1	6 470.4	7 754.4	8 717.7	10 677.4	13 041.8	14 624.1
文教娱乐用品及服务类支出	5 650.4	6 058.4	6 850.9	7 674.8	8 356.0	9 346.0	10 700.9	12 596.8
银行中介服务消费支出	1 530.7	1 744.1	2 016.3	2 563.8	2 132.9	1 995.8	3 172.4	3 686.1
保险服务消费支出	1 041.1	1 214.7	1 493.5	1 921.9	1 536.2	1 589.8	2 165.4	2 516.0
其他支出	1 329.8	1 474.8	1 932.1	2 180.6	4 011.3	4 745.9	3 281.7	3 954.5
城镇居民总支出	46 282.9	51 989.3	59 370.2	69 403.5	83 993.1	94 579.3	108 784.0	127 550.6

资料来源：中华人民共和国国家统计局：《中国统计年鉴（2012）》。

根据式（4—2），将城镇居民各类消费支出分别作为因变量，城镇居民消费总支出作为自变量，采用最小二乘回归估计的线性支出系统为：

食品类：$V_{食品}=2\ 457+0.273\ 3V$，$R^2=0.997\ 2$，$E=0.90$。

衣着类：$V_{衣着}=-454.1+0.092\ 2V$，$R^2=0.998\ 9$，$E=1.07$。

居住类：$V_{居住}=-2\ 140+0.190\ 1V$，$R^2=0.994\ 4$，$E=1.16$。

家庭设备、用品及服务类：$V_{家庭设备、用品及服务类}=-769.2+0.061\ 8V$，$R^2=0.994\ 9$，$E=1.18$。

医疗保健类：$V_{医疗保健类}=-688.1+0.100\ 8V$，$R^2=0.990\ 8$，$E=1.09$。

交通和通信类：$V_{交通通信类}=-109.5+0.124\ 8V$，$R^2=0.988\ 7$，$E=1.12$。

文教娱乐用品及服务类：$V_{文教娱乐用品及服务类}=177.4+0.082\ 6V$，$R^2=0.990\ 3$，$E=0.79$。

银行中介服务：$V_{银行中介服务}=5\ 443+0.022\ 6V$，$R^2=0.729\ 8$，$E=0.77$。

保险服务：$V_{保险服务}=466.8+0.015\ 2V$，$R^2=0.757$，$E=0.72$。

其他支出：$V_{其他支出}=-94.87+0.036\ 9V$，$R^2=0.607\ 2$，$E=1.03$。

上述回归方程的统计检验均显著，符合要求。其中边际预算份额 b_i 排前四位的是食品类 0.273 3，居住类 0.190 1，交通和通信类 0.124 8，医疗保健类 0.100 8，这说明这几类消费在满足基本消费需求之后所占的预算份额较大。从各类消费的平均弹性（E）来分析，银行中介服务、保险服务以及食品类的平均弹性较小，低于 1，这说明生活消费总支出变动引起这几类消费变动的量较小；医疗保健类、衣着类、其他支出的平均弹性居中，这说明生活消费总支出变动引起这几类消费变动的量适中；家庭设备、用品及服务类，居住类，交通和通信类的平均弹性较大，位居前三位，这说明生活消费总支出变动引起这几类消费变动的量较大。

第 3 节　消费函数与消费函数模型

一、消费函数基本理论

影响消费的因素有很多，包括收入水平、利率高低、消费习惯等，消费函数则是研究消费与收入之间的函数关系。消费函数既可以以个人消费与个人可支配收入之间的某种量上的比例关系为研究对象，又可以以社会总消费与社会总收入为研究对象。消费函数的实质是根据消费者行为的不同来确定消费函数，以便能够从数量上反映消费与收入的关系，因此对消费者行为的研究就构成了消费函数研究的微观基础。建立消费函数，定量分析消费者行为，进而从制度上去解释该行为，预测消费者行为的宏观后果，可以为以后的政策制定提供定量的依据。

消费函数最先由凯恩斯提出，随后许多经济学家也纷纷提出了自己的不同主张。主要有凯恩斯的绝对收入假说、杜森贝里的相对收入假说、弗里德曼的持久收入假说、莫迪利亚尼的生命周期假说等。

二、消费函数理论模型

1. 绝对收入假说

这种假说最初是由凯恩斯提出的，他认为实际消费支出是同期实际收入的稳定函数。即

$$C = C_0 + C_1 Y$$

式中，C 表示消费；Y 表示收入；C_0 表示基本生活支出；C_1 表示边际消费倾向。

实际上，凯恩斯分析的是短期的消费与收入的关系。

2. 相对收入假说

这种假说是杜森贝里提出的，其含义是消费的变动不依赖于消费者的绝对收入水平，而依赖于其相对收入水平，即消费者本人相对于周围人的收入水平，以及消费者本期相对于过去特别是过去顶峰时期的收入水平。该理论假说突出了消费者行为的两个重要特征：攀附行为和后顾行为。

3. 持久收入假说

持久收入和暂时收入是弗里德曼在持久收入假定的消费函数中提出的一对概念。20 世纪 50 年代后期弗氏把收入划分为持久收入和暂时收入两个部分，这为更深入地分析消费与收入之间的关系提供了一个新的研究视角。他的理论要点可以概括为：（1）永久性消费是永久性收入的一个比率，总收入由永久性收入和暂时性收入组成；（2）暂时性收入与暂时性消费、永久性收入之间，以及暂时性消费与永久性消费之间不相关；（3）现期消费主要不是与现期收入有关，而是与永久性收入有关，暂时性收入将主要用于储蓄。

$$C_t = C_t^p + C_t^t$$

$$Y_t = Y_t^p + Y_t^t$$

$$C_t = \alpha_0 + \alpha_1 Y_t^p + \alpha_2 Y_t^t + \varepsilon_t, \quad t = 1,2,\cdots,T$$

其中，消费 C_t 可分为两部分：经常必须保持的消费，称为持久消费 C_t^p；非经常的额外消费，称为瞬时消费 C_t^t。消费者的收入 Y_t 也可以分为两部分：可以预料的带有常规性的持久收入 Y_t^p；非连续的带有偶然性的瞬时收入 Y_t^t。

4. 生命周期假说

生命周期假说是莫迪利亚尼提出来的。其理论要点可以表述为：消费者的现期消费或储蓄不仅取决于现期收入，而且取决于前期收入（资产）和未来收入（预期收入）。消费者总是想用其一生的总资源来安排其一生的消费计划，以期获得最大的效应或满足。

$$C_t = \alpha_0 Y_t + \alpha_1 A_t + \varepsilon_t, \quad t = 1,2,\cdots,T$$

式中，C_t 是 t 时刻的消费；Y_t 是 t 时刻的收入；A_t 是 t 时刻的资产存量。

5. 现代消费函数理论

生命周期假说把消费者一生的收入作为决定消费的重要因素之一，这种收入是对未来收入的预期，这一假说实际上也包括了收入预期问题，而持久收入假说对收入预期问题作了较为具体的解释，因而可将这两种假说结合起来。现代消费函数正是把持久收入假说所强调的预期收入的形成与生命周期假说所强调的财产收入与可支配收入相结合得出的消费函数，即

$$C_t = \alpha WR_t + \beta_1 YD_t + \beta_2 YD_{t-1}$$

式中，WR 为财产收入；YD 为可支配收入。此消费函数只考虑了现期的财产收入、现期和上期的可支配收入，是一个短期的消费函数。若考虑现期和现期以前更多年份的财产收入和可支配收入来估计消费函数，则有下列长期现代消费函数：

$$C_t = \alpha_1 WR_t + \alpha_2 WR_{t-1} + \cdots + \alpha_{m+1} WR_{t-m} + \beta_1 YD_t + \cdots + \beta_{m+1} YD_{t-m}$$

这是一个多元的收入滞后分布长期消费函数，实际应用中，此式也可增加常数项。而现期消费究竟与现期和过去哪几期的可支配收入和财产收入有关，可以利用逐步回归求得最优模型确定。

三、消费函数模型应用研究[①]

1. 宏观经济分析的消费函数

经济学家提出过许多消费函数。莫迪利亚尼在1954年提出在资产收益率（利率）和人口年龄结构不变等辅助假设下，生命周期假说的宏观消费函数是

$$C_t = \alpha A_t + \beta Y_t + \gamma Y_t^e \tag{4—4}$$

式中，C_t 表示 t 期消费；A_t 表示 t 期资产；Y_t 表示 t 期收入；Y_t^e表示 t 期现值的预期收入。

1963年安道和莫迪利亚尼用 Y_t 代替 Y_t^e，消费函数成为：

$$C_t = aA_t + bY_t \tag{4—5}$$

由于上面两个消费函数中都涉及资产，实际的统计数据很难获得。1978年戴维森等人引入关系式

$$A_t - A_{t-1} = Y_{t-1} - C_{t-1} \tag{4—6}$$

由式（4—5）得到

$$C_t - C_{t-1} = aA_t + bY_t - (aA_{t-1} + bY_{t-1})$$

$$C_t - C_{t-1} = (aA_t - aA_{t-1}) + (bY_t - bY_{t-1})$$

代入式（4—6）整理得

$$\Delta C_t = a(Y_{t-1} - C_{t-1}) + b\Delta Y_t \tag{4—7}$$

或

$$C_t = (1-a)C_{t-1} + bY_t + (a-b)Y_{t-1} \tag{4—8}$$

将式（4—7）和式（4—8）变换为储蓄函数 s_t

$$s_t = 1 - C_t/Y_t$$

定义经济增长率 $G_t=$ （Y_t/Y_{t-1}）-1 ，则储蓄函数为：

$$s_t = \frac{(1-a)s_{t-1}}{(1+G_t)} + \frac{(1-b)G_t}{(1+G_t)} \tag{4—9}$$

2. 美国1959—1992年的居民消费函数的估计

根据美国1959—1992年按不变价格计算的国民可支配收入和居民个人消费支出数据，得到如下居民消费函数的估计结果：

$$\Delta C_t = 0.073\,1(Y_{t-1} - C_{t-1}) + 0.705\,2\Delta Y_t \tag{4—10}$$

$$(2.44) \qquad\qquad (8.15)$$

$R^2=0.657$，D. W. $=1.87$

将以上估计的参数结果代入式（4—8），消费函数估计结果是

$$C_t=0.926\,9C_{t-1}+0.705\,2Y_t-0.632\,1Y_{t-1} \tag{4—11}$$

用式（4—11）拟合的消费值与实际值十分接近，拟合优度达到0.999。

① 参见贺菊煌：《消费函数研究》，载《数量经济技术经济研究》，1998（12）。

3. 中国居民消费函数的估计

(1) 根据中国1981—1994年居民可支配收入和居民消费支出数据，得到居民消费函数的估计结果如下：

$$\Delta C_t = 0.0506(Y_{t-1} - C_{t-1}) + 0.5666\Delta Y_t \qquad (4—12)$$

(1.51)　　　　(5.20)

$R^2=0.6715$

$$s_t = \frac{0.9494s_{t-1}}{(1+G_t)} + \frac{0.4334G_t}{(1+G_t)} \qquad (4—13)$$

(22.6)　　　　(4.79)

$R^2=0.7837$

式（4—12）中的t值没有通过检验，我们使用式（4—13）的估计结果，将其参数转换为消费函数中的参数，结果为：

$$C_t = 0.9494C_{t-1} + 0.5666Y_t - 0.516Y_{t-1} \qquad (4—14)$$

式中，$1-a=0.9494$；$1-b=0.4334$。

(2) 中国2000—2009年居民消费函数采用回归方法估计如下：

$$\Delta C_1 = 0.03199(Y_{t-1} - C_{t-1}) + 0.18262\Delta Y_t \qquad (4—15)$$

(2.837)　　　　(3.298)

$R^2=0.9592$

$$s_t = \frac{0.96801s_{t-1}}{(1+G_t)} + \frac{0.81738G_t}{(1+G_t)} \qquad (4—16)$$

(44.795)　　　　(9.988)

$R^2=0.7837$

式（4—15）中的t值在显著性水平0.01下没有通过检验，我们使用式（4—16）的估计结果将其参数转换为消费函数中的参数，结果为：

$$C_t = 0.96801C_{t-1} + 0.18262Y_t - 0.15063Y_{t-1} \qquad (4—17)$$

式中，$1-a=0.96801$；$1-b=0.81738$。

4. 中国与美国消费函数估计结果的比较

中美两国居民的本期消费函数都与上期消费的惯性影响密切相关，若以上期消费为1个单位，美国居民本期消费为0.9269，中国居民本期消费根据2000—2009年统计数据估计的结果为0.968，根据1981—1994年统计数据估计的结果为0.9494，由此可见，中国短期消费的刚性效应在提升，与美国比较其差异在增大。两国居民的本期收入与消费的关系则有较大的差异，若以本期收入为1，则美国居民的消费为0.7052，中国居民的消费根据2000—2009年数据估计的结果只有0.18262，而根据1981—1994年的统计数据估计结果为0.5666，居民消费倾向在下降。如果用1981—1994年统计数据估计值与美国1959—1992年的情况进行比较，则中国居民的消费倾向比美国居民低0.1386（0.7052−0.5666）。如果用2000—2009年统计数据估计值做比较，中国目前的居民消费倾向比美国1959—1992年期间的居民消费倾向低0.5226。

第 4 节　消费需求与经济增长关系的统计分析

一、消费需求与经济增长

消费需求与经济增长的关系可以从两个方面来分析。

一是作为消费需求增长的原因，分析经济增长对消费需求的影响作用。经济增长通过社会消费品购买力的增长和消费倾向的变化两个中介因素对消费需求产生影响。一方面，经济增长在既定的收入分配政策下会通过增加或减少社会消费品购买力，在消费倾向不变的情况下产生消费需求增减变化的效应。另一方面，经济增长在其他条件不变的情况下，通过改变生产结构、产品结构，提高供给能力，增加适销对路产品或增加人们新的消费欲望，从而改变人们的消费倾向，起到增加市场消费需求的作用。

二是作为经济增长的制约因素，分析消费需求增长对经济增长的拉动作用。具体来说，消费需求对经济增长的制约作用，可以从两个方面来分析：(1) 消费需求弹性分析。从增长速度来看，消费增长对经济增长的弹性作用有多大？有何变化规律？也就是要分析市场消费需求弹性系数，即市场消费需求增长一个百分点时，经济增长多少个百分点。(2) 消费需求贡献分析。从市场消费需求增长变化对拉动经济增长的实际效果来分析，消费需求在多大程度上推动了经济增长，而又在多大程度上导致了价格水平上涨。

二、经济增长对消费需求的影响作用

根据消费需求决定理论，我们可以将每年消费需求增长量分成两部分：一部分是由于收入增长而增加的市场消费需求；另一部分是由于消费倾向变化而增加的市场消费需求。分析国民经济及其增长如何对消费需求增长产生影响以及影响的程度，就是要根据下面的关系式对消费需求增长量进行深入的因素分析：

消费需求＝可支配收入×消费倾向

从这一分析模型可知，当消费倾向保持不变时，可支配收入增加，消费需求也会增加；而当可支配收入保持不变时，消费倾向发生增减变化，消费需求也会发生同方向的增减变化。消费倾向增加时，消费需求在可支配收入不变的条件下也会增加；反之，消费需求就会减少。

运用统计学中的指数体系分析方法，可以对上述模型所体现的经济关系进行分析。

表 4—6 是对我国 2006—2009 年消费需求增长因素分析的结果。

表 4—6 中国消费需求增长因素分析（2006—2009）

年份	可支配收入（亿元）	消费需求（亿元）	消费倾向	消费需求增长量（亿元）	可支配收入影响（亿元）	消费倾向变动影响（亿元）
2006	218 141.8	113 103.9	0.518 5	—	—	—
2007	269 243.2	132 232.9	0.491 1	19 129.0	26 495.5	−7 366.5
2008	319 027.5	153 422.5	0.480 9	21 189.6	24 450.5	−3 260.9
2009	340 320.0	169 274.8	0.497 4	15 852.3	10 239.7	5 612.6

资料来源：中华人民共和国国家统计局：《中国统计年鉴（2012）》。

2007 年我国消费需求比 2006 年增长 19 129.0 亿元，其中由于可支配收入上升造成的消费需求变动为＋26 495.5 亿元，由于消费倾向变动造成的影响是－7 366.5。2008 年的消费需求比上年增长 21 189.6 亿元，其中由于可支配收入上升造成的消费需求变动为＋24 450.5 亿元，而由于消费倾向变动造成的影响是－3 260.9。2009 年的消费需求比上年增长 15 852.3 亿元，其中由于可支配收入上升造成的消费需求变动为＋10 239.7 亿元，而由于消费倾向变动造成的影响是＋5 612.6 亿元。

三、消费需求对经济增长的影响分析

1. 消费需求弹性分析

消费需求弹性系数是一个较为具体地反映消费需求对经济增长的影响作用或制约性的分析指标。它是经济增长率与消费需求增长率之比，说明消费需求每增长 1 个百分点能带动经济增长的比例关系。消费需求弹性系数有名义弹性系数与实际弹性系数之分。名义消费需求弹性系数是 GDP 名义增长率与消费需求名义增长率之比。实际消费需求弹性系数是 GDP 实际增长率与消费需求实际增长率之比。实际弹性系数消除了消费价格指数与 GDP 平减指数之间差异的影响，从而反映消费需求增长与经济增长的实际比率关系。

表 4—7 是根据我国实际统计数据计算的 1979—2010 年的消费弹性系数。从中可以看出，我国的名义消费需求弹性系数在 0.67～1.58 之间波动，大部分在 1 附近，实际消费弹性系数在 0.37～1.46 之间波动，实际消费弹性系数的变化幅度大于名义消费弹性系数。从中我们还可以看出，我国消费需求弹性的变化与宏观经济的景气周期有着密切的关系，在宏观经济的扩张期，消费弹性都比较大，说明消费在其中发挥了重要的拉动作用；而在宏观经济的收缩期，消费弹性系数都比较小，说明这时的经济增长放慢与消费需求不足密切相关，即与消费需求对经济增长的带动作用不够有着重要的关系。

表 4—7 中国消费需求弹性系数（1979—2010）

年份	GDP 增长率（%）		消费需求增长率（%）		消费需求弹性系数	
	名义增长率	实际增长率	名义增长率	实际增长率	名义弹性系数	实际弹性系数
1979	11.45	7.57	16.98	11.48	0.67	0.66
1980	11.89	7.84	13.62	10.57	0.87	0.74
1981	7.61	5.24	11.19	10.85	0.68	0.48
1982	8.83	9.06	9.94	10.78	0.89	0.84
1983	12.01	10.85	10.52	10.84	1.14	1.00
1984	20.89	15.18	16.76	11.37	1.25	1.33
1985	25.08	13.47	22.97	11.43	1.09	1.18
1986	13.97	8.85	13.32	10.68	1.05	0.83
1987	17.36	11.58	13.90	10.72	1.25	1.08
1988	24.75	11.28	25.62	10.69	0.97	1.06
1989	12.96	4.06	12.78	9.45	1.01	0.43
1990	9.86	3.84	7.66	10.30	1.29	0.37
1991	16.68	9.18	15.67	11.31	1.06	0.81
1992	23.61	14.24	21.35	11.59	1.11	1.23
1993	31.24	13.96	26.52	11.13	1.18	1.25
1994	36.41	13.08	34.85	10.93	1.04	1.20
1995	26.13	10.92	26.87	10.80	0.97	1.01
1996	17.08	10.01	18.85	11.02	0.91	0.91
1997	10.95	9.30	9.09	10.64	1.21	0.87
1998	6.87	7.83	7.16	8.02	0.96	0.98
1999	6.25	7.62	7.85	9.40	0.80	0.81
2000	10.64	8.43	10.57	10.11	1.01	0.83
2001	10.52	8.30	8.81	8.06	1.19	1.03
2002	9.74	9.08	7.29	8.16	1.33	1.11
2003	12.87	10.03	8.17	6.89	1.58	1.46
2004	17.71	10.09	12.70	8.47	1.39	1.19
2005	15.67	11.31	13.48	11.48	1.16	0.99
2006	16.97	12.68	13.84	12.14	1.23	1.04
2007	22.88	14.16	16.91	11.56	1.35	1.23
2008	18.15	9.63	16.02	9.57	1.13	1.01
2009	8.55	9.21	10.33	11.12	0.83	0.83
2010	17.78	10.45	14.67	11.02	1.21	0.95

资料来源：中华人民共和国国家统计局：《中国统计年鉴（2012）》。

2. 消费需求拉动及其影响分析

消费实际增长带动的经济名义增长可分成两块：一块是 GDP 的实际增长，一块是 GDP 的价格上升。我们可通过计算消费拉动系数来做进一步的分析。

所谓消费拉动系数，是指一定时期消费需求增量占当期国内生产总值增量的比重，反映经济增长中消费需求增长所起的拉动作用程度。通过消费拉动系数，我们可以计算经济的名义增长率和实际增长率中各有多少个百分点是由消费需求增加而带动的，再通过对这两种增长率的比较，便可以得到消费需求增长对经济的实际影响和对物价的推动影响程度。我们通过计算消费需求正向影响度来说明市场消费需求增长的适度性。当正向影响度大于 50%时，我们可以说这种消费需求的增长基本上是适度的；否则，就是不正常的。

在消费拉动分析中所采用的几个基本的计算公式为：

$$\text{消费拉动系数}=\frac{\text{消费需求增量}}{\text{GDP 增量}}$$

$$\text{拉动名义增长}=\frac{\text{名义消费需求增量}}{\text{上年（或基年）名义 GDP}}$$

$$\text{拉动实际增长}=\frac{\text{实际消费需求增量}}{\text{上年（或基年）实际 GDP}}$$

拉动物价上升＝拉动名义增长—拉动实际增长

正向影响度＝ 拉动实际增长/拉动名义增长

利用上述分析方法，可以得出我国消费需求拉动分析结果如表 4—8 所示。在计算中，名义消费需求和名义 GDP 均指按当年价格计算的各自的数额。限于现有的统计资料条件，实际消费需求和实际 GDP 则是采用消费价格指数和 GDP 指数对它们的名义数值进行调整获得的，基准时期是 2000 年。由于消费价格指数与最终消费的口径并不完全一致，所以这种计算是存在一定的误差。

表 4—8　　中国消费需求拉动分析（2000—2011，%）

年份	消费拉动系数	拉动名义增长	拉动实际增长	拉动物价上涨	正向影响度
2000	61.64	5.93	1.04	4.89	17.53
2001	51.89	4.94	1.32	3.62	26.79
2002	45.73	4.06	0.14	3.92	3.44
2003	37.89	4.32	0.47	3.85	10.92
2004	41.02	6.17	1.77	4.41	28.61
2005	47.11	6.38	1.90	4.49	29.72
2006	43.81	6.35	1.34	5.02	21.03
2007	38.65	7.20	1.78	5.41	24.77
2008	43.93	6.75	2.04	4.71	30.20
2009	59.02	4.65	0.00	4.65	0.03

续前表

年份	消费拉动系数	拉动名义增长	拉动实际增长	拉动物价上涨	正向影响度
2010	40.98	6.19	1.66	4.53	26.84
2011	48.27	7.28	2.02	5.26	27.75

资料来源：中华人民共和国国家统计局：《中国统计年鉴（2012）》。

2000—2011 年我国的消费拉动系数在 37.89%～61.64%之间波动，具体来看，各年情况的差别比较大，除 2000 年、2001 年和 2009 年以外，其他年份的消费拉动系数都小于 50%，这说明我国消费的拉动力不强，内需不足。消费拉动对经济名义增长与实际增长的作用起伏变化也比较大，消费拉动对经济的正向影响度最高的是 2008 年，达到 30.20%，而最低的是 2009 年，为 0.03%。这几年消费对经济的正向影响度都低于 50%，即消费增长对物价上涨的拉动大于对经济实际增长的拉动。

□ 复习思考题

1. 消费需求的基本内容有哪些？
2. 对消费率和储蓄率如何进行统计分析？它们之间有什么关系？
3. 随着经济的发展、收入水平的提高和社会的进步，消费结构呈现怎样的变动规律？
4. 消费线性支出系统的理论是什么？应该如何应用？
5. 消费函数的基本理论是什么？经典的理论模型有哪些？
6. 消费需求与经济增长的关系是怎样的？
7. 消费拉动分析中所采用的几个指标和计算公式是什么？
8. 消费需求弹性分析中采用的基本指标有哪些？这些指标是如何计算的？

第5章 投资需求统计分析

Chapter 5

第1节 资本形成统计的基本理论

一、资本形成统计概念

资本形成是国民经济核算体系中的重要内容，反映经济学中的积累，包括广泛的内容和理论。在国民经济核算体系中，资本形成账户是重要的组成部分，它包括资本形成、金融交易、其他资本形成的核算。从国民经济核算理论上说，资本形成统计所反映的内容定义在资本存量的变化上，资本形成是资本的资本形成。它不仅包括生产成果如机器设备、厂房、建筑等的投资形成的资本，而且包括从自然获得的资本，如土地、矿藏等；不仅包括实物资产的资本形成，而且包括金融资产的资本形成。资本形成统计强调两个方面：其一，投资是资本形成的活动内容，投资的目的是形成资本；其二，资本表现为产权的相应增加，既是市场定价，又对未来生产经营的获利产生作用。

资本形成的主要来源为：(1) 经济交易的发生，即实物投资或金融投资活动，如购买或出售固定资产，提取或存入一笔存款等。(2) 资产的发现和毁损，如地下资产的发现，战争或自然灾害对资产的毁坏等。上述两方面都会引起国民资产数量的变化和负债、净值的相应变化。(3) 资产价格在核算期内的变动，会使原有资产产生持有资产损益，引起资产、负债及净值价值量的变化。这也是资本形成的统计内容。

概括来讲，一段时期国民经济活动中国家或地区资产负债存量由期初到期末所发生的变化就是资本形成统计的内容。

二、国民资产分类

1. 国民资产的概念

国民资产的增加就是资本形成的过程和结果。因此国民资产的范围就是资本形成的范围。在国民经济核算体系中，国民资产是以所有权作为统计原则的，即能够被统计为国民资产（或称为国民财产）的，必须具有经济价值，同时必须被社会某一机构单位或部门拥有所有权。从资产的经济价值看，国民资产对生产活动具有直接或间接的作用，也就是经济学中经常提到的，它必须具有扩大再生产的作用。

国民资产是经济资产。由各机构单位个别所有，用于获得经济利益的实体或法律契约称为经济资产。经济资产包括实物资产如机器设备、厂房、土地等，也包括金融资产如存款、债券、股票等，它们都可作为价值储存手段行使职能，所有者持有或使用它们可以获得经济利益，资产的价值即取决于所能获得的经济利益的数额。

国民资产有各种分类，它们是资本形成统计的基础。基本分类是非金融资产和金融资产。非金融资产是指非金融性的经济资产，包括各种具有实物形态的有形资产和各种不具有实物形态或依附于某种实物形态的非金融性无形资产，前者如土地、建筑物、机器设备、原材料储备，后者如各种专利权、商标权、计算机软件等。应该说，非金融资产特别是具有实物形态的有形资产是一国经济资产中的主要组成部分，它不仅在数量上占有较大份额，而且是产生金融资产的基础，在生产过程中常作为生产资料，是进行生产活动的物质条件。金融资产是指以金融债权（如通货、存款、贷款等）、货币黄金、国际货币基金组织分配的特别提款权、公司股票等形式存在的经济资产。

金融资产是由各机构单位及国家之间的各种金融交易累积形成的。一般来说，金融资产与负债具有对称性，即在同一金融项目下，一方的金融资产必然对应另一方的负债，这样从总体上看，所谓资产和负债，只是同一事物的两面。只有货币黄金和特别提款权属于例外，它们不存在对应的负债。

2. 非金融资产分类

非金融资产尤其是有形资产种类繁多，每一类都有其特定的形态和用途。按照非金融资产产生的情况，可将其归纳为生产资产和非生产资产两类。生产资产又称可再生资产，是指作为生产过程的产出而存在的资产，由各年未被消费的产出累积而成，当其消耗或毁损后，可由生产过程再次复制。非生产资产又称不可再生资产，是指通过生产过程之外的方式取得的资产，主要指各种自然资产如土地、矿藏和非人工培育的森林，也包括以专利、商誉等形式存在的无形资产。这些资产被消耗、毁损后，不能依照原产生过程重新复制。很明显，生产资产与非生产资产的区分标志不是资产的具体形态和用途，而是是否为人类劳动的直接成果以及是否可以复制。如人工培育的动植物资源是各期农业产出的累积，属生产资产，原始存在的动植物资源则是非生产资产。在一些特殊情况下，人类的生产活动以自然资产的形成和保持为对象，如土地改良，这时应将资产的改善部分视为生产资产，被改善的自然资产本身仍属于非生产资产。从一国范围内考察，除非有大的发现，非生产资产只能耗减不能再生的特点决定了它在总量上会不断减少，在资产中所占份额会逐渐下降。非金融资产的增长主要依赖于生产资产的增长，通过各种产出的资本形成来实现。

在上述分类的基础上，生产资产可进一步区分为固定资产、库存和贵重物品三类，其中固定资产和库存是生产者为生产目的持有的资产，贵重物品只是作为价值储存手段持有的货物，如贵金属、珠宝、艺术品等，统计上以前二者为主。

固定资产是指可在生产中被反复或连续使用一年以上的生产资产，具体包括：(1) 住房，包括自用的或供他人居住的以及与住房相关的构筑物如汽车库等。(2) 其他建筑物和建筑，指除住房以外的建筑物如厂房、办公楼、旅游娱乐餐饮服务建筑，以及桥梁、铁路、公路、隧道、管道、港口、机场、大坝等建筑。(3) 机器设备，包括各种生产用和运输用机器设备。(4) 培育资产，指在一年以上时间里反复或连续用于生产其他货物或劳务的牲畜和树木，包括种畜、奶牛、为剪羊毛而饲养的绵羊、役畜、果树、橡胶树、棕榈树等。(5) 无形固定资产，包括生产中使用的计算机软件、艺术品原件、矿藏勘探等。此外，与固定资产和非生产有形资产改善有关的价值也应包括在固定资产存量之中。

库存是指生产单位所持有的各种存货，具体包括：(1) 材料和供应品库存，指生产者持有并打算作为生产过程的中间投入加以转换或消耗的原材料、半加工品或制成品。(2) 在制品库存，指生产者生产但未达到交货或出售程度需进一步加工的货物。(3) 制成品库存，指生产者持有的尚未出售或用作其他用途的制成品。(4) 转卖货物库存，指商业单位持有的等待出售的商品。此外，还包括政府出于战略或政策考虑而持有的原材料或制成品库存。

3. 金融资产分类

金融资产具有多种形式，除一些特殊类别外，它们是为满足交易者的不同要求和不同金融条件而出现的，金融市场越发达，金融资产的形式就越复杂多样。国民经济核算对金融资产（及负债）做了分类归纳，分类的标准首先是资产的流动性，即资产的可流通性、可转让或转换性，其次是债权人与债务人关系的性质，在进一步细分类中还考虑了资产的期限。分类结果一般包括以下七种主要金融手段，形成有关单位的资产和负债。

(1) 货币黄金和特别提款权。货币黄金是货币当局及受其有效控制的其他部门作为金融资产和外汇储备组成部分而实际持有的黄金，特别提款权是指货币当局持有的由国际货币基金组织发行的储备资产，它们作为一国的国际货币储备，是中央银行的资产，但不表现为任何一方的负债。

(2) 货币和存款。货币区分为本币和外币，它们是持有者的资产，发行者（金融机构或国外）的负债。存款包括活期存款和定期存款，它们是存款者的资产，国内存款是金融机构的负债，在国外的存款则是国外部门的负债。

(3) 股票以外的证券。包括各种票据、债券，如公司债券、金融债券、政府债券以及一些派生性金融手段，以原始期限一年为标准可分为长期和短期两种类别。它们是证券持有者的资产，证券发行、开具部门的负债。

（4）贷款。包括各金融单位贷给企业、政府和居民的所有贷款和预付款，按照原始期限一年的标准，可分为长期贷款和短期贷款。它们是金融机构的资产，接受贷款单位的负债。

（5）股票和其他产权。包括法人企业中的股票和产权以及准法人企业业主的净产权，是股票持有者和产权所有者的资产，股票发行者的负债。

（6）保险专门准备金。包括：1）居民对人寿保险和养恤基金的净权益；2）保险费预付款、未结索赔准备金，它们是投保人和受益人的资产，是各保险企业的负债。

（7）其他应收应付款项。包括商业信用、预付款和其他各种应收应付款项，是提供信用、预付、应收一方的资产，享用信用、预收、应付一方的负债。

第 2 节　资本形成统计和投资统计

积累账户包括资本形成统计、金融交易统计和其他资本形成统计（具体为资产数量其他变化统计、资产价格变化重估价统计）。

一、资本形成统计

1. 资本形成统计主要指标

资本形成是投资之后形成机构单位资本的结果。资本形成统计，系统地讲，包括资本账户核算的全部内容。资本账户分来源方和资产方。资本账户的来源方反映为资本形成自己拥有的资金，包括总储蓄和资本转移净额。总储蓄来自国民可支配总收入减去消费总额的剩余。资本转移是其他机构单位无偿赠送的为投资目的使用的资金。资本账户的资产方主要是统计资本形成的结果，包括固定资本形成、库存变化、贵重物品净获得、土地及其他非生产资产净购买等具体项目，其中前三者综合称为资本形成总额。资本账户来源方合计体现统计本期的自由投资资金的总来源，资产方的资本形成总额和土地及其他非生产资产净购买之和反映统计本期的实物总投资所形成的全部资本，用本期来源方合计减去本期的实物总投资所形成的全部资本，所得余额可能为正也可能为负。如果为余额为正，则表明本机构的自有资金在满足本机构投资后还有剩余，这部分剩余可以投入到金融市场中去。如果为余额为负，则表明本机构的自有资金不能满足本机构投资需要，所欠部分可以到金融市场中去筹集。由此可见，资本形成统计是对实物投资过程的结果统计，它与金融市场的交易统计相联系。

2. 资本形成统计

我们利用第 3 章中的表 3—1 和表 3—1 的我国资金流量表中的数据整理出表 5—1 所示的资本形成统计。

表 5—1　　2009 年我国资本形成统计　　单位：亿元

		非金融企业部门	金融机构部门	政府部门	住户部门	国民经济总体
国民可支配总收入		64 171.08	8 405.70	62 603.34	207 302.37	342 482.49
来源方	总储蓄	64 171.08	8 405.70	16 913.14	83 717.77	173 207.69
	资本转移净额	3 097.73	0.00	−2 824.50	0.00	273.24
	合计	67 268.81	8 405.70	14 088.64	83 717.77	173 480.93
资产方	资本形成总额	110 710.26	228.31	19 574.25	33 950.37	164 463.20
	（1）固定资本	105 104.65	228.31	19 306.99	32 039.85	156 679.80
	（2）库存增加	5 605.61		267.26	1 910.52	7 783.40
	其他非金融资产获得减处置	14 101.08		−7 530.60	−6 570.48	
	净金融投资	−57 542.53	8 177.39	2 044.99	56 337.88	9 017.73

表 5—1 中可以看出，2009 年国民总储蓄为 173 207.69 亿元，各个机构部门总储蓄分别是：非金融企业部门 64 171.08 亿元，金融机构部门 8 405.70 亿元，政府部门 16 913.14 亿元，住户部门 83 717.77 亿元。我国 2009 年可作为投资使用的自有资金是 173 207.69 亿元。2009 年我国资本形成总额 164 463.20 亿元，各个机构部门资本形成总额分别是：非金融企业部门 110 710.26 亿元，金融机构部门 228.31 亿元，政府部门 19 574.25 亿元，住户部门 33 950.37 亿元。净金融投资是指本机构部门投资过程与金融市场的关系，例如 2009 年非金融企业部门净金融投资−57 542.53 亿元，是指企业投资自有资金不足，需要到金融市场去筹集的数额。2009 年住户部门净金融投资 56 337.88 亿元，是指住户自有资金在投资后有剩余需要到金融市场上去进行金融投资的数额。金融机构部门 8 177.39 亿元，是需要到金融市场上去进行金融投资的数额。政府部门 2 044.99 亿元，是需要到金融市场去投资的数额。

二、金融交易统计

1. 金融交易特点

交易是两个机构单位之间同时从事的一对组合活动。当金融交易的组合活动中涉及货币支付或金融资产的产生或消失时，该交易就是货币性交易。货币性交易包括两种情况：一是严格意义上的金融交易，即交易的两个组成部分都是金融性的，都涉及现有金融资产所有权的转移、金融资产或负债的产生和消失，例如将现有债券兑付成现金，甲方是以债券换现金，实现金融资产形式的转换，乙方是以现金换债券，是以金融资产清偿了负债。二是其他货币性交易，即交易只有一方是金融性的，另一方是非金融性的，如劳动者从企业获取货币工资，企业以存款或贷款购买资本货物等。这时，金融资产或负债的产生与消失是伴随实际资源的流动发生的。

2. 金融交易统计的原则

金融交易统计原则是为了保证统计的准确和统一，具体包括：（1）估价原则。应按资产获得或处置的价格记录，不能包括手续费、佣金及金融交易税，同时应在交易双方按同一价格登记录入。（2）记录时间原则。当对应方是非金融流量时，金融统计在记录上的时间要与非金融统计记录的该项债权变化的时间保持一致，即按非金融交易的发生时间记录。当交易只涉及严格金融交易的情况下，金融统计应在金融资产所有权转让时加以记录，并且交易双方应按同一时点记录。

金融统计的合并是指把某一组机构单位的资产交易与同一组机构单位的对应负债相抵消的过程，它可以在经济总体、机构部门和分部门层次上进行。合并对于不同类型的经济分析很有必要。例如，在国民经济层次上，金融统计的合并抵消了国内各机构部门之间的交易，所得数据集中地反映了该经济体与国外之间的金融状况。同样，机构部门层次上的合并数据有利于追踪部门之间的金融流动。金融公司层次上的合并可以提供有关金融中介的详细信息。

3. 金融交易统计

第 3 章的表 3—2 反映了我国金融交易统计的主要内容。对于每一个金融统计的指标，都需要根据国家金融统计标准制度的定义去理解。资本形成统计与金融交易统计有着密切的关系，因为有投资的资金不足或过剩，才能促进金融市场的不断发展，其中，净金融投资是连接的重要统计指标。在国民经济核算体系中，净金融投资是资本形成账户的平衡项，也是金融交易账户的平衡项。作为平衡项，净金融投资被资本形成账户的其他统计指标影响和决定，同时也被金融交易账户的其他统计指标影响和决定。

在金融交易统计中，金融投资表现为金融资产的购买，金融负债是资金的筹集，金融负债的筹集总额与金融投资总额之间的差额，就是净金融投资。从表 3—2 中的数据看，2010 年非金融企业部门筹集资金总额 117 986.00 亿元，金融投资总额 102 863.45 亿元，二者差额为“—15 122.55 亿元”。这一组统计表明 2010 年非金融企业部门实现实物投资的金融过程。进一步的情况可以从更为详细的统计数据来解释。例如，非金融企业部门筹集资金总额 117 986.00 亿元，从金融负债看，主要来自贷款 64 263.68 亿元、发行证券 18 532.88 亿元、直接吸引投资 12 529.04 亿元等。2010 年住户部门筹集资金总额 30 547.76 亿元，金融投资总额 68 262.82 亿元，二者差额为 37 715.06 亿元。这一组统计表明 2010 年住户部门实现实物投资的金融过程。进一步的情况可以从更为详细的统计数据来解释。例如，住户部门筹集资金总额 30 547.76 亿元，从金融负债看，完全来自贷款 30 547.76 亿元，住户部门金融投资包括通货 5 441.45 亿元、银行存款 44 491.54亿元、证券 6 498.48 亿元、保险准备金 5 638.12 亿元等。

三、其他资本形成统计

1. 其他资本形成统计

其他资本形成统计是指除资本形成统计和金融交易统计以外的资本形成统计内

容。具体包括：(1) 由于某些意外事件（或者说非正常事件）发生而引起的国民资产数量变化，一般称为意外资本形成统计。(2) 由于国民资产、负债的价格变化而导致其价值上的变化，这些变化必然会引起持有资产产生损益，一般称为重估价统计。

2. 意外资本形成统计

意外资本形成统计是指由于机构单位无法控制的外生因素或事件（即意外事件）发生而引起的外生变动，具体内容主要包括如下几项。

(1) 非生产资产的经济出现和消失，主要指资产在以生产过程以外的方式形成或减少的产物，它们是由社会或自然新发现的，包含可开采地下资源总量的增加或减少，一些自然资产向经济活动的转移和经济活动造成的耗减，如荒地开垦为有用地、原始森林的商业开发、无形非生产资产（如专利财产权、可转让合同）的创造或出现和各种自然资源（如土地、森林、海洋鱼类等）的耗减，即由于开采枯竭而使资产价值减少等。

(2) 非培育生物资源的自然生长或消失，是指一些自然林木、港湾鱼类不是在某种机构控制管理之下，而是完全自然增长或消失的资本形成。

(3) 生产资产的经济出现。主要指贵重物品和古迹首次被发现或承认，没有被统计在资本形成之上的内容。

(4) 意外大灾害造成的资产毁灭和损失，意外大灾害是指不可投保的各种自然大灾害（如地震、飓风、水旱灾等）以及战争、暴乱和政治事件等灾害，所造成的损失是指因异常洪水、风灾造成土地质量的恶化，因旱灾或疾病流行造成培育资产的破坏，因森林、火灾、地震等造成建筑物、设备或贵重物品的毁坏，以及因自然灾害或政治事件造成货币或无记名证券的意外破坏等。

(5) 不另分类的非金融资产的其他数量变化，主要指与固定资产消耗相关联但并未作为固定资产消耗列入资本形成统计中的一些影响固定资产价值下降的部分，如资产的意外陈旧、破碎而造成固定资产的过早报废、资产由于受意外环境影响（如酸雨对建筑物外表的侵蚀）价值降低、生产设施在完工或投入经济使用前的废弃。此外，还有库存的异常损失，即库存受火灾、虫害、偷盗等影响而形成的异常损失。与此对应，一些资产的延续时间在经济上或物质上可能比预期的要长，其延续的估算价值都应统计在这项其他资本形成之中。

(6) 不另分类的金融资产和负债的其他数量变化，如因债务人破产或其他因素不能偿还的债务、国际货币基金组织新分配或取消的特别提款权等都可以统计在该项目内。

(7) 分类或结构的变化，包括两类：一类是部门分类和结构变化，它指一机构单位从一部门重新划归到另一部门，或者是一部门内部组成结构变化导致相应资产负债发生变化。另一类是资产和负债分类的变化，指分类变化前后的价值不变，如黄金的货币化或非货币化、土地用途的变化等，即变化前后记录的是相同的价值。这类结构变化也包括在统计之中。

3. 重估价统计

重估价专门统计一定时期内资产负债完全由于价格变化（或者说货币价值的变化）而形成的持有资产（或负债）的收益或损失（损失用负值），它们与统计时期持有资产在数量或质量上的任何改变都毫无关系。重估价统计一般称为名义持有资产收益或损失。从某一核算时期看，名义持有资产收益表明整个核算期由于价格（含市场价格、市场利率、汇率）变动而引起的全部价值收益或损失，具体包括：(1) 整个核算期内都持有的资产负债收益或损失，即在期初、期末资产负债表上都统计的资产负债收益和损失。(2) 在核算期初时持有，而在期间内已处理了的资产负债收益和损失。(3) 在核算期内购入并持有到期末的资产负债的收益和损失。(4) 核算期内购入并处理了的持有资产负债收益和损失。这些收益有的已实现，如 (2)，(4)，有的尚未实现，如 (1)，(3)，不管实现与否，都应计入本期名义持有资产收益。

名义持有资产收益由于价格影响的不同，可以分解为中性持有资产收益和实际持有资产收益。中性持有资产收益是指资产价格与一般物价水平的变动幅度相同而形成的持有资产收益，它意味着资产的实际价值没有提高或降低，也就是说，资产价值能够换取的其他货物和劳务的数量不变，即实际购买力不变。这里所说的一般物价水平变动最好选用一项综合物价指数表现，它能涵盖较多货物、劳务和资产的价格变动。比较理想的是采用按最终支出法计算的国内生产总值的价格指数，但由于这种价格指数取得的周期较长，一般为一年，至少也是一季，所以通常可以选用根据月度计算的消费物价指数替代。为此，中性持有资产收益的计算公式与上述名义持有资产收益计算公式类似，只是资产的价格按综合物价指数的变动同幅度变动。

实际持有资产收益是指资产价格相对于经济体中一般物价水平的变化，或者说资产相对一般物价水平的价格变化而形成的持有资产收益，它反映了资产持有人实际购买力的变化，即资产持有人在期末可以获得（或损失）一笔额外的实际资源（货物、劳务和资产）的价值。换句话说，就是当资产相对价格有变动（上涨或下降）时，该笔资产能够换取的由综合物价指数所涵盖的货物、劳务和资产的数量，期末会比期初更多（或更少）些。

下面分析名义、中性、实际持有资产收益间的关系。资产负债重估价统计形成的名义、中性、实际持有资产收益是密切相关的，依据三者之间的关系可以明显看出：如果整个核算期综合物价水平不变或较为稳定，即不存在通货膨胀情况，则中性持有资产收益必然为零，而名义持有资产收益将与实际持有资产收益一致，二者都是由于相对价格变动引起的。例如土地这种资产，即使物价总水平不变，随着经济发展，它的价格也会趋于上升。如果整个核算期内资产相对价格不变，那么实际持有资产收益一定为零，而名义持有资产收益大小就会完全取决于中性持有资产收益，也就是取决于一般物价水平的变化，这样资产负债的实际价值并未发生变化，即某项资产期末和期初可以换取的货物、劳务和资产的数量是等同的。

对于一些以货币形式确定的资产，如现金、存款、贷款等，其价格是不变的，因而名义持有资产收益肯定为零。但是，它们的实际持有资产收益是会有变化的，其变化量与中性持有资产收益相等，但符号相反。一般，在通货膨胀情况下，为了使这些固定货币价值资产的购买力保持不变，其中性持有资产收益一定会随物价总水平的上涨而提高，呈现为正值，而实际持有资产收益则肯定会成为等量的负值。与这些固定货币价值资产相对应的以货币形式固定的负债，情况与其相同，只是符号与其相反，即名义持有资产收益为零，而在通货膨胀情况下，中性持有资产收益一定为负值，实际持有资产收益则为正值。这里应该看到，在通货膨胀情况下，债务人负债发生的实际持有资产收益，恰恰等于债权人在资产上发生的实际持有资产的损失，这中间发生了一个从债权人到债务人价值的隐性转移。为此，就会促使债权人要求得到较高的名义利息，从而导致利息率提高，以补偿债权人实际持有资产的损失。

四、固定资产投资统计

1. 我国固定资产投资统计基本内容

我国固定资产投资统计包括：新建投资、扩建投资、改建和技术改造投资、房地产开发投资、国有其他固定资产投资、城镇集体固定资产投资、农村集体固定资产投资、城镇和工矿区私人建房投资、农村个人固定资产投资。自 1997 年起，除房地产开发投资、农村集体投资、农村个人投资以及城镇和工矿区私人建房投资外，基本建设、更新改造和其他固定资产投资的统计起点由 5 万元提高到 50 万元。[①] 自 2011 年起，固定资产投资（不含农户）指城镇和农村各种登记注册类型的企业、事业、行政单位以及城镇个体户进行的计划总投资 500 万元及 500 万元以上的建设项目投资和房地产开发投资，包含原口径的城镇固定资产投资加上农村企事业组织项目投资。

2. 主要统计指标

（1）全社会固定资产投资额统计。固定资产投资额是以货币表现的建造和购置固定资产活动的工作量，它是反映固定资产投资规模、速度、比例关系和使用方向的综合性指标。全社会固定资产投资按登记注册类型可分为国有、集体、个体、联营、股份制、外商、港澳台商、其他等。

（2）固定资产投资的资金来源统计。根据固定资产投资的资金来源不同，分为国家预算内资金、国内贷款、外资、自筹资金和其他资金。

1）国家预算内资金：国家预算包括一般预算、政府性基金预算、国有资本经营预算和社保基金预算。各类预算中用于固定资产投资的资金全部作为国家预算资金填报，其中一般预算中用于固定资产投资的部分包括基建投资、车购税、灾后恢复重建基金和其他财政投资。各级政府债券也应归入国家预算资金。

2）国内贷款：指报告期固定资产项目投资单位向银行及非银行金融机构借入用于固定资产投资的各种国内借款，包括银行利用自有资金及吸收存款发放的贷款、上

① 2011 年之前我国固定资产投资统计包括基本建设投资、更新改造投资。从 1999 年起，城镇私营和个体投资纳入固定资产投资统计范围。

级主管部门拨入的国内贷款、国家专项贷款（包括煤代油贷款、劳改煤矿专项贷款等）、地方财政专项资金安排的贷款、国内储备贷款、周转贷款等。

3）外资：指报告期收到的境外（包括外国及港澳台地区）资金（包括设备、材料、技术在内），包括对外借款（外国政府贷款、国际金融组织贷款、出口信贷、外国银行商业贷款、对外发行债券和股票）、外商直接投资、外商其他投资（包括利用外商投资收益在国内进行固定资产再投资活动的资金），不包括我国自有外汇资金（国家外汇、地方外汇、留成外汇、调剂外汇和国内银行自有资金发放的外汇贷款等）。各类外资按报告期末的外汇牌价（中间价）折合成人民币计算。

4）自筹资金：指固定资产投资单位在报告期收到的由各企事业单位筹集的用于固定资产投资的资金，包括各类企事业单位的自有资金和从其他单位筹集的用于固定资产投资的资金，但不包括各类财政性资金、从各类金融机构借入资金和国外资金。

5）其他资金：指在报告期收到的除以上各种资金之外的用于固定资产投资的资金，包括社会集资、个人资金、无偿捐赠的资金及其他单位拨入的资金等。

3. 固定资产投资分类统计

（1）固定资产投资按国民经济行业分，指根据其从事的社会经济活动性质对各类单位进行的分类。应根据建设项目建成投产后的主要产品种类或主要用途及社会经济活动种类来划分，不能根据项目单位本身的行业类别来划分。如果项目投产后有几种产品，应根据主要产品来确定行业类别。一般情况下，一个建设项目只能属于一种国民经济行业。

（2）固定资产投资按建设性质分，按整个建设项目情况来确定。建设项目的性质一般分为新建、扩建、改建和技术改造、单纯建造生活设施、迁建、恢复、单纯购置。房地产开发单位、农户投资不划分建设性质。

新建指从无到有“平地起家”建设的项目。现有企业、事业、行政单位投资的项目一般不属于新建。但如果单位原有价值很小，经过建设后新增的固定资产价值超过该企业、事业、行政单位原有固定资产价值（原值）三倍以上，则也应作为新建。

扩建指在厂内或其他地点为扩大原有产品的生产能力（或效益）或增加新的产品生产能力，而增建的生产车间（或主要工程）、分厂、独立的生产线。行政、事业单位在原单位增建业务性用房（如学校增建教学用房、医院增建门诊部、病房等）也属于扩建。现有企事业单位为提高原有主要产品生产能力或增加新的产品生产能力，增建一个或几个主要生产车间（或主要工程）、分厂，同时进行一些更新改造工程，也应作为扩建。

改建和技术改造指现有企业、事业单位对原有设施进行技术改造或更新（包括相应配套的辅助性生产、生活福利设施）的建设项目。改建项目包括现有企业、事业单位为适应市场变化的需要而改变企业的主要产品种类（如军工企业转民产品等）的建设项目，原有产品生产作业线由于各工序（车间）之间能力不平衡，为填平补齐充分发挥原有生产能力而增建不增加本企业主要产品设计能力的车间的建设项目。技术改造是指企业、事业单位在现有基础上，用先进的技术代替落后的技术，用先进的工艺和装备代替落后的工艺和装备，以改变企业落后的技术经济面貌，实现以内涵为主的扩大再生产，达到提高产品质量、促进产品更新换代、节约能源、降低消耗、扩大生产规模、全面提高社会经济效益的目的。技术改造具体包括以下内容：机器设备和工具的更新改造；生产工艺改革、节约能源和原材料的改造；厂房建筑和公共设施的改造；保护环境进行的“三废”治理改造；劳动条件和生产环境的改造等。

(3) 固定资产投资按构成分。固定资产投资活动按其工作内容和实现方式分为建筑工程，安装工程，设备、工器具购置，其他费用四个部分。

建筑工程指各种房屋、建筑物的建造工程，又称建筑工作量。这部分投资额必须兴工动料，通过施工活动才能实现，是固定资产投资额的重要组成部分。

安装工程指各种设备、装置的安装工程，又称安装工作量。在安装工程中，不包括被安装设备本身的价值。

设备、工器具购置指报告期内购置或自制的，达到固定资产标准的设备、工具、器具的价值。新建单位及扩建单位的新建车间，按照设计或计划要求购置或自制的全部设备、工具、器具，不论是否达到固定资产标准均计入“设备、工器具购置”中。

其他费用指在固定资产建造和购置过程中发生的，除建筑安装工程设备、工器具购置投资完成额以外的应当分摊计入固定资产投资的费用，不指经营中财务上的其他费用。

五、全社会固定资产投资统计与固定资本形成额统计的区别①

全社会固定资产投资统计与固定资本形成额统计主要有四个方面的区别：

(1) 全社会固定资产投资包括土地购置费、旧设备购置费、旧建筑物购置费，固定资本形成总额不包括这些内容。GDP 的统计原则是生产活动成果，GDP 支出法中的固定资本形成总额是按照这个原则统计核算的，因为上述内容不是生产活动成果，不应包括在内。

(2) 全社会固定资产投资不包括城镇和农村非农户 50 万元以下项目的固定资产投资，固定资本形成总额包括这些投资内容。

(3) 全社会固定资产投资不包括矿藏勘探、计算机软件等无形生产资产方面的支出，固定资本形成总额包括这些方面的支出。

(4) 全社会固定资产投资不包括房地产开发商的房屋销售收入和房屋建筑投资成本之间的差额，固定资本形成总额包括这些投资内容。房地产开发投资统计是从开发商的角度计算固定资产投资的，固定资本形成总额是从最终用户的角度来计算的，最终用户的支出是与房地产开发商的房屋销售收入相对应的。

虽然全社会固定资产投资与固定资本形成总额之间具有较强的相关性，但是，二者的统计口径范围存在着明确的区别，利用前者代替后者，必然产生误差。

① 许宪春：《关于与 GDP 有关的若干统计问题》，载《研究参考资料》，2009 (13)。

第 3 节　投资需求结构变动分析

一、固定资产投资的行业结构

固定资产投资的行业结构是指固定资产投资在国民经济各产业部门之间的分布。经济发展先行国的投资结构变动经验和趋势表明，随着经济的发展和人均国民收入水平的提高，社会最终需求结构和中间需求结构也会发生变化，这种变化会对现行的固定资产投资结构和产业结构产生有力的影响，并最终改变固定资产投资结构。

自改革开放以来，中国经济快速发展，在 2010 年中国 GDP 超过日本，正式成为第二大经济体。在此期间，中国以生产资料生产优先增长的理论为指导，开始了中国现代固定资产投资结构的变革。表 5—2 是对中国 1990—2010 年固定资产投资行业结构演变过程的基本统计描述，由此可以总结出发展过程的几个基本特征。

表 5—2　　1990—2010 年中国固定资产投资行业结构演变（%）

	1990 年	1995 年	2000 年	2005 年	2010 年
农林牧渔业	1.5	1.0	2.7	2.6	2.9
工业	55.9	43.7	31.6	42.5	41.5
建筑和房地产业	1.5	4.5	2.6	23.3	24.3
运输邮电	12.4	21.4	27.1	10.8	10.8
批发零售和餐饮业	2.3	3.4	2.2	2.8	3.4
文教卫生科研	9.3	7.1	8.5	6.5	4.7
其他	17.1	18.9	25.3	11.5	12.4

资料来源：中华人民共和国国家统计局：《中国统计年鉴》(1990—2011)，北京，中国统计出版社。

(1) 非均衡型特征。在建国初期经济初始条件很差的情况下，为了迅速摆脱落后的困境，尽快建立现代产业结构，我国将非常有限的财力集中在一些能够武装国民经济的现代工业行业部门上，力图以这些行业部门带动其他产业的发展。从而在 1990 年，工业部门占有的固定资产投资比重高达 55.9%，其他行业部门不足一半，这使固定资产投资结构呈现以工业行业部门为主导的非均衡型特征。

(2) 产业结构日趋合理特征。我国逐渐重视三农问题，农林牧渔业所占比重呈上升趋势。工业所占比重有所降低，第三产业所占比重有所升高，产业结构日趋合理。

(3) 超前型特征。从美国、英国、法国、德国等经济发展先行国经济发展的历史经验来看，固定资产投资行业结构演变过程的一般趋势是先以农业和轻工业为依托，继而发展为农业和轻工业服务的重工业，同时发展交通运输业的渐进过程，然后，伴随着人均 GDP 水平的提高和科学技术的进步，建立并形成现代产业——重化工业和机械加工工业，再到电子、汽车、家用电器以及高新技术产业，等等。我国自 1990 年以来固定资产投资行业结构演变的过程显然具有超前特征，在国民收入水平很低的情况下实现了工业的超前发展，使得工业产出在国民经济中的份额不仅远远超出了低收入国家的水平，而且远远超出了中等收入国家的水平，超越了自身人均 GDP 水平下的应有状态。

二、固定资产投资的费用结构

固定资产投资按照其费用组成的性质，可以划分为建筑安装工程费用、设备投资费用和其他投资费用三个部分。建筑安装工程费用是固定资产投资最终能够发挥生产能力的外部基础，但它本身并不直接生产产品，也不发挥促使技术进步的作用。其他投资费用是指与建筑安装工程设备、工器具购置两项活动相联系的其他工作所必需的支出，其中包括一部分消费性支出，所以它也不是企业产品的直接生产者。直接生产产品和发挥促使科技进步作用的只有设备投资费用。因此，将建筑安装工程费用尽量保持在一个维持固定资产发挥能力或效益的最低水平上，而将大量的投资放在设备上面，就意味着整个固定资产投资将会发挥最大限度的作用。通过观察固定资产投资费用的构成变化，并与一些发达国家进行比较，就可以从侧面了解我国固定资产投资费用结构的质量和趋势，寻找提高我国固定资产投资效益的途径。

经济学家通过对世界各国固定资产投资费用结构演变的长期观察发现，随着大规模基础设施建设的完善、城市化水平的提高和科学技术的进步，固定资产投资中用于建筑安装工程的费用会呈现不断下降的趋势，而用于设备投资的费用会大幅度上升。一些比较典型的工业化国家，在经济发展的初期阶段，设备投资费用比重大都在 30% 左右；到了中期阶段，这一比重一般都上升到 40%左右；到了工业化的后期阶段，这一比重都超过了 50%，一些国家甚至高达 70%～80%。库兹涅茨指出："生产设备比重的这一上升趋势是有理由的，因为人口增长速度的减低限制住宅建设的增长。目前发达国家在其经济增长的早期阶段已广泛建成的工厂、铁路和公共事业的基本网络，加上技术的进步，使得经济的重点放在精密程度愈益增加的机械行业而非用以安置这些机械的建筑物上。"①

表 5—3 反映了我国 1990—2010 年全社会固定资产投资费用结构的变化。从中可见，我国固定资产投资费用结构的质量很低，尽管这一时期建筑安装工程费用所占的比重呈现下降的趋势，但是设备、工器具购置费用所占的比重却没有明显的上升，甚至有所下降，而其他费用所占的比重则有显著的上升。我们的结论是：我国固定资产投资费用的结构有待调整，且水平落后于西方发达国家。

① ［美］库兹涅茨：《现代经济增长》，217～223 页，北京，经济学院出版社，1989。

表 5—3　全社会固定资产投资费用结构（%）

	建筑安装工程	设备、工器具购置	其他费用
1990 年	66.6	25.8	7.6
1995 年	65.8	21.3	12.9
2000 年	62.3	22.3	15.4
2005 年	61.5	21.9	16.6
2010 年	61.6	21.4	17.0

资料来源：中华人民共和国国家统计局：《中国统计年鉴（2013）》，北京，中国统计出版社，2013。

三、固定资产投资的区域结构

固定资产投资的区域分布应该符合利益驱动原则和区位理论，既要有利于本地区的发展，又要符合全国经济发展的长远利益。因此，固定资产投资在不同区域之间完全均等地分布并不一定是经济的，实际上也不存在。但是，如果地区分布结构出现过分偏斜的情况，甚至出现违背利益驱动原则和区位理论的逆向流动，则是违反经济规律的，将造成投资结构的扭曲。我国全社会固定资产投资的地区分布如表 5—4 所示。

表 5—4　全社会固定资产投资的地区分布（%）

	东部地带	中部地带	西部地带
1995 年	63.8	20.4	15.7
2000 年	58.8	22.1	19.2
2005 年	57.2	22.5	20.3
2010 年	48.6	28.6	22.8

资料来源：中华人民共和国国家统计局：《中国统计年鉴》（1996—2011），北京，中国统计出版社。

我国建国后的区域投资结构有两次根本性的变化。在 1979 年之前，由于“三线建设”等非经济因素的影响，我国中西部地区的固定资产投资比重是比较高的。1979 年以来，我国固定资产投资明显向东部地区倾斜，东部地区的投资占比达到一半以上。而从 20 世纪 90 年代后期开始，中西部地区在全社会固定资产投资总额中占有的比重大幅提高，而东部地区从 1995 年的 63.8%下降到 2010 年的 48.6%，占比不足一半。这种局面的出现与我国西部大开发战略以及中部崛起战略的实施有关。这一结构的变化也是必然的，因为中西部地区是我国的能源原材料生产基地，21 世纪中国经济的发展必须依赖中西部地区的发展。

以上，我们举例说明了固定资产投资结构分析的三个主要方面。除此之外，对于固定资产投资结构的分析，还可以从经济类型结构、管理渠道结构、资金来源结构、项目规模结构等方面进行。

第 4 节 投资需求规模统计分析

一、投资拉动及其影响分析

投资增长带动经济的名义增长可以分成两块：一块是 GDP 的实际增长，一块是 GDP 的价格上升。为了分析投资需求对经济增长的拉动作用，我们可通过计算投资拉动系数来做定量的统计分析。所谓投资拉动系数，是指一定时期投资需求增量与当期国内生产总值增量之比，反映经济增量中投资增加所起的拉动作用程度。我国 2001—2010 年投资需求的拉动系数及其影响的计算结果如表 5—5 所示。运用投资拉动系数，我们可以计算经济的名义增长率和实际增长率中各有多少个百分点是由于投资需求增加而带动的，再通过对这两个增长率的比较便可以得到投资需求增长对经济的实际影响和对物价的推动影响程度。

表 5—5 投资需求拉动及其影响分析表（%）

年份	投资拉动系数	拉动 GDP 名义增长	拉动 GDP 实际增长	推动物价水平上升
2001	41.1	4.33	4.18	0.15
2002	58.9	5.73	5.75	−0.02
2003	77.9	10.03	9.22	0.81
2004	62.0	10.98	8.43	2.55
2005	73.0	11.44	10.96	0.48
2006	67.6	11.48	11.24	0.24
2007	55.2	12.63	11.12	1.51
2008	73.6	13.36	9.04	4.32
2009	192.8	16.48	20.29	−3.81
2010	88.3	15.70	14.57	1.13

资料来源：基础数据来自国家统计局中国统计年鉴。

表 5—5 中各个分析指标的计算公式为：

投资拉动系数＝投资需求增加量÷GDP 增加量

拉动名义增长＝名义投资需求增加量÷上年（或基年）名义 GDP

拉动实际增长＝实际投资需求增加量÷上年（或基年）实际 GDP

推动物价上升＝拉动名义增长－拉动实际增长

根据表 5—5 中的计算结果，我们可以对我国 2001—2010 年的投资规模变动及其影响得出如下分析结论：

（1）从总体上看，这一时期投资需求规模的增长是适度的，投资增长对经济实际增长的拉动作用要大于对物价上升的推动作用。

（2）投资需求的过度增长，在拉动经济实际增长的同时也带来了较高的物价上涨。2008 年投资增长 25.8%，拉动经济增长 9.04 个百分点，同时也推动物价上涨 4.32 个百分点。

（3）在投资过度膨胀和通货膨胀比较严重的情况下，采取压缩投资的相关政策及措施时，投资的下降（负增长）对物价的影响要大于对经济增长的影响。这就是说，在通货膨胀严重的情况下，根据我国的情况，压缩投资可能是治理通货膨胀较为有效的一种手段。

（4）投资需求的过低增长同样会造成对于物价的推动作用大于对经济增长的拉动作用。

二、投资弹性分析

投资弹性分析的目的是揭示投资增长对经济增长的弹性作用大小，主要通过计算投资弹性系数来进行。投资弹性系数是 GDP 增长速度与投资需求增长速度之比，即投资增长一个百分点带动经济增长的百分点数。投资弹性系数有名义投资弹性系数和实际投资弹性系数两种，实际投资弹性系数就是剔除价格变动因素以后的投资弹性系数。由于缺少适当的投资品价格指数作为调整因子来使用，我们在此仅以中国的名义投资弹性系数为例来说明投资弹性系数的分析方法及其应用。中国固定资产投资弹性系数如表 5—6 所示。

表 5—6　　中国固定资产投资弹性系数

（上年＝100，当年价格）

年份	固定资产投资增长率（%）	GDP 增长率（%）	投资弹性系数
2000	10.3	8.4	0.815 5
2001	13	8.3	0.638 5
2002	16.9	9.1	0.538 5
2003	27.7	10	0.361 0
2004	26.6	10.1	0.379 7
2005	26	11.3	0.434 6
2006	23.9	12.7	0.531 4
2007	24.8	14.2	0.572 6
2008	25.9	9.6	0.370 7
2009	30	9.2	0.306 7
2010	23.8	10.4	0.437 0
2011	23.8	9.3	0.390 8
2012	20.3	7.7	0.379 3

从表 5—6 中我们可以看出，2000—2012 年 13 年间我国投资弹性系数在缓慢下降，最大的为 2000 年，达到 0.815 5，最小的为 2009 年，只有 0.306 7。投资弹性系数较为平稳，说明近十年我国的经济增长方式较为一致，这与我国政治、经济发展平稳的大环境有密切的联系。

在第 4 章中我们曾经计算和分析了消费需求的弹性系数。投资需求弹性系数的分析方法与之基本相同，即反映投资每增长百分之一时，相应的 GDP 增长百分之几。但有一点是不同的，即消费对经济增长的作用主要表现在需求拉动作用方面，而投资对经济增长既有需求拉动作用，又有供给推动作用。投资的需求拉动作用直接表现在投资增长与经济增长的同期数值中，而投资的供给推动作用则有一定的滞后性。因为固定资产投资要形成产品生产能力需要一定的时间。假定这种时滞为一年，我们就可以计算滞后一年的投资弹性系数。通过对计算的当期投资弹性系数和滞后一期或若干期的投资弹性系数数值间的比较，我们就可以检验是投资的需求拉动作用大还是投资的供给推动作用大。

三、投资乘数分析

投资增长对经济增长的拉动作用还可用投资乘数反映。投资乘数指在一定的边际消费倾向条件下，投资的增加可导致对投资品需求的增加，从而带来收入的增长，并由此引发对消费品需求的增长，反过来又会带来收入的增长，如此连锁反应下去，会带来数倍于初始量的国民收入增量。投资乘数的计算公式如下：

$$K=\frac{\Delta Y}{\Delta I}=\frac{\Delta Y}{\Delta Y-\Delta C}=\frac{1}{1-\frac{\Delta C}{\Delta Y}} \tag{5—1}$$

式中，K 为投资乘数；ΔY 为国民收入增量；ΔI 为投资增量；$\frac{\Delta C}{\Delta Y}$为边际消费倾向。

投资乘数发挥作用是一个动态过程，学者们对其含义及使用条件做了许多研究，也发展出了许多计算方法。但从定义出发，本质上分为两种，一种直接通过国民收入增量和投资增量的比计算，另一种则通过计算边际消费倾向来推出。

1. 固定资产投资和资本形成投资乘数的计算和分析①

在实际应用中，通常使用固定资产投资计算投资乘数，即固定资产投资乘数＝ΔGDP /ΔI，其中，I 为固定资产投资。由此计算得到我国近年来固定资产投资乘数如表 5—7 所示。

可以看到，我国固定资产投资乘数逐年递减，在 2009 年甚至小于 1。国家统计局对此进行分析，认为主要存在两个原因：一是 2009 年遭受全球金融危机，我国出口大幅下滑，对经济贡献大幅下降，而政府为使经济保持稳定增长而大规模扩大了投资计划；二是由于土地以及相关资产价格快速上涨造成固定资产投资增速不合理攀升，而土地购置费不直接计入 GDP 核算，导致固定资产投资和 GDP 之间的增速差距逐渐扩大。

① “中国 2007 年投入产出表分析应用”课题组（许宪春、彭志龙、刘起运、佟仁城、张亚雄、张鹏、赵坤）：《基于 2007 年投入产出表的我国投资乘数测算和变动分析》，载《统计研究》，2011（03）。

表 5—7 近年来我国固定资产投资乘数变动

年份	GDP（亿元）	全社会固定资产投资完成额（亿元）	投资乘数
2001	109 028.0	37 213.5	2.4
2002	120 475.6	43 499.9	1.8
2003	136 634.8	55 566.6	1.3
2004	160 800.1	70 477.4	1.6
2005	187 131.2	88 773.6	1.4
2006	222 240.0	109 998.2	1.7
2007	265 833.9	137 323.9	1.6
2008	314 901.3	172 828.4	1.4
2009	345 023.6	224 598.8	0.6
平均			1.5

资料来源：中华人民共和国国家统计局：《中国统计年鉴（2010）》，北京，中国统计出版社，2010。

为此，国家统计局提出应该采用固定资本形成总额测算投资乘数。固定资本形成总额是按支出法计算的国内生产总值的组成部分，包括有形资产（如建筑工程、安装工程、设备器具购置）和无形资产（如矿藏勘探的支出、生产的计算机软件）。固定资产投资完成额原则上高于固定资本形成总额的一个主要原因是前者包括土地购置费、旧设备和旧建筑物购置费，而这些投资却不计入固定资本形成总额当中（许宪春，2009）。采用固定资本形成总额测算的投资乘数如表 5—8 所示。

表 5—8 采用固定资本形成总额测算的投资乘数变动

年份	GDP（亿元）	固定资本形成总额（亿元）	投资乘数
2001	109 028.0	37 754.5	2.6
2002	120 475.6	43 632.1	1.9
2003	136 634.8	53 490.7	1.6
2004	160 800.1	65 117.7	2.1
2005	187 131.2	74 232.9	2.9
2006	222 240.0	87 954.1	2.6
2007	265 833.9	103 948.6	2.7
2008	314 901.3	128 084.4	2.0
2009	345 023.6	156 679.8	1.1
平均			2.2

说明：2001，2002 年固定资本形成总额大于全社会固定资产投资完成额，逻辑上不成立，但国家统计局网站上公布的统计数据如此。

资料来源：中华人民共和国国家统计局：《中国统计年鉴（2010）》。

从表 5—8 可以看出，采用固定资本形成总额数据测算的投资乘数（2001—2009 年平均 2.2）大大高于固定资产投资乘数（2001—2009 年平均 1.5）。而且使用固定资本形成总额计算的投资乘数在 2001—2008 年间并没有明显的趋势性变化，这说明如果不考虑土地购置费、旧设备和旧建筑物购置费等计入投资却不计入资本形成额的支出，投资对经济的拉动作用基本是稳定的。

2009 年采用固定资本形成总额测算的投资乘数仅有 1.1，比 2001—2008 年的投资乘数有所降低，但仍然明显高于固定资产投资乘数（2009 年为 0.6）。投资乘数之所以在 2009 年有所下降，并不是因为投资对经济的拉动效率出现了变化，而是由需求结构变动造成的。在外需下降、内需不足的情况下，2009 年最终消费支出对 GDP 的贡献率为 45.4%，净出口的贡献率为－40.6%，而资本形成总额对 GDP 的贡献率为 95.2%。这与 2008 年三大需求贡献的格局有很大差别，2008 年最终消费支出对 GDP 的贡献率为 43.5%，净出口的贡献率为 9.0%，而资本形成总额对 GDP 的贡献率为 47.5%。正是由于净出口的贡献率下降，投资对经济的支撑作用得到加强，但是由于出口下滑造成 2009 年 GDP 增速下降，投资乘数减小。

2001—2009 年平均 2.2 的投资乘数说明投资对经济的拉动作用较大，是我国经济增长的核心动力所在。2009 年投资乘数下滑并不能说明投资对经济的拉动作用减小。从对经济的贡献率可以看出，恰恰是投资在经济下滑的情况下拉动了经济增长。

2. 房地产业投资乘数的计算和分析

在计算投资乘数时可以把国民经济视为一个整体进行研究，也可以分行业计算。下面以房地产业为例计算投资乘数，下文中方法借鉴了吴新文等计算黑龙江省装备制造业投资乘数的计量方法。①

从投资乘数的原始公式出发，通过对公式进行适当变形得到

$$K=\frac{\Delta Y}{\Delta I}=\frac{\Delta Y}{\Delta Z}\times\frac{\Delta Z}{\Delta I}=K_1\times K_2 \tag{5—2}$$

式中，ΔZ 表示该产业增加值水平的变化；K_1 为产业的增加值乘数，表示产业增加值增大引起国内生产总值的增加；K_2 为产业增加值变化与投资变化之比。

对于 K_1 的求解，可以借助柯布-道格拉斯生产函数来构造国内生产总值与产业增加值之间的关系。

$$Y=AZ^{\gamma} \tag{5—3}$$

对式（5—3）两边取对数易得

$$\ln Y=\ln A+\gamma\ln Z \tag{5—4}$$

根据收入弹性的概念，可得

$$\gamma=\frac{\frac{\Delta Y}{Y}}{\frac{\Delta Z}{Z}} \tag{5—5}$$

① 参见吴新文、傅文君：《基于乘数原理的黑龙江省产业投资效应分析》，载《技术经济》，2010（2）。

代入 K_1 的表达式，可得

$$K_1 = \gamma \frac{Y}{Z} \tag{5—6}$$

同理，用 I 表示产业投资，可得

$$K_2 = \alpha \frac{Z}{I} \tag{5—7}$$

$$K = K_1 \times K_2 = \gamma\alpha \frac{Y}{I} \tag{5—8}$$

代入实际数据计算，由于采用了时间序列数据，所以回归前需对其平稳性进行检验。以 γ 的计算过程为例，有以下简要计算过程。

先采用 ADF 检验对 ln$Y$ 和 ln$Z$ 进行平稳性检验，并且在不能拒绝其不平稳的原假设时对 ln$Y$ 和 ln$Z$ 的一阶差分和二阶差分进行平稳性检验，具体结果如表 5—9 所示。

表 5—9　　lnY 和 lnZ 的 ADF 检验结果

变量	统计量	1%临界值	5%临界值	10%临界值	结论
lnY	−1.919	−5.295	−4.008	−3.461	不平稳
lnZ	−1.840	−5.125	−3.933	−3.420	不平稳
DlnY	−1.929	−4.297	−3.213	−2.748	不平稳
DlnZ	−3.316	−4.297	−3.213	−2.748	平稳
DDlnY	−2.821	−4.583	−3.321	−2.801	不平稳
DDlnZ	−5.127	−4.421	−3.260	−2.771	平稳

由表 5—9 可知，ln$Y$ 和 ln$Z$ 都是非平稳序列，但由于其二阶差分均可拒绝单位根假设，故均可认为属于二阶单整序列，可以对其进行协整检验，得到结果如下。

$$u_t = \ln Y - 0.991\,288\ln Z - 3.234\,869 \tag{5—9}$$

式中 u_t 是 ln$Y$ 和 ln$Z$ 的协整方程的残差，且根据 ADF（Augmented Dickey-Fuller）检验，u_t 在 10%的显著性水平下可以拒绝不平稳的原假设，可以使用其建立误差修正模型。

最后，通过最小二乘法得到误差修正模型为：

$$\Delta\ln Y_t = 0.067 + 0.318\Delta\ln Z_t - 0.294u_{t-1} \tag{5—10}$$

$$(0.097)\qquad(0.177)$$

$$R^2 = 0.578\,232$$

式中，u_{t-1} 为误差修正项，其系数为 −0.294，符合反向修正机制，因而得到 γ 为 0.318。同理可以对 ln$Z$ 和 ln$I$ 进行 ADF 检验和协整检验，利用误差纠正模型得到 α 为 0.479。

将 γ 和 α 代入式（6—8）可以算得 K 值。虽然本文采用的是房地产开发企业本年完成投资，但考虑到房地产开发的建设周期大约是 3 年，所以以当年及以后两年的国内生产总值、房地产业增加值及投资额的算术平均值为准对投资乘数进行校正，并认为校正值更接近真实情况。结果如表 5—10 所示。

表 5—10 我国房地产业投资乘数值

年份	K1 理论值	K2 理论值	K 理论值	K1 校正值	K2 校正值	K 校正值
2000	7.606	0.399	3.031	7.456	0.347	2.589
2001	7.405	0.349	2.584	7.404	0.304	2.254
2002	7.381	0.313	2.309	7.526	0.266	2.000
2003	7.426	0.269	2.001	7.612	0.237	1.806
2004	7.747	0.233	1.802	7.622	0.219	1.673
2005	7.648	0.219	1.677	7.309	0.212	1.551
2006	7.502	0.211	1.580	7.308	0.201	1.466
2007	6.916	0.209	1.445	7.270	0.188	1.368
2008	7.541	0.186	1.405	7.480	0.165	1.238
2009	7.341	0.174	1.279	7.542	0.146	1.102
2010	7.559	0.145	1.096	—	—	—
2011	7.701	0.129	0.992	—	—	—

从表 5—10 可以看出，无论是理论值还是校正值，2000—2009 年这 10 年间的房地产投资乘数都大于 1，校正值范围在 1.1～2.6 之间，且呈逐年递减的趋势。这说明房地产投资价格猛涨导致大量资金进入房地产业，而投资高速增长的同时并没有带来其增加值相近幅度的增长，说明房地产业吸纳了过多资金其投资效率在下降。因此，从这个角度看，投资乘数的大幅下降也是可以理解的，因为通过新世纪房地产业的大量投资以及各地方政府在土地财政诱惑下的大力推动已经使房地产业的投资效率下降，对其他行业的拉动作用也逐渐减弱。这一点值得我们重视。

□ 复习思考题

1. 资本形成统计的主要内容。
2. 我国固定资产投资统计的发展变化。
3. 资本形成统计与固定资产投资统计的关系。
4. 运用实际统计数据，对我国固定资产投资行业结构的发展及影响做出统计分析。
5. 说明如何进行我国地区之间固定资产投资结构差异与区域发展关系的统计分析。
6. 运用实际统计数据，对我国投资需求的拉动作用做出统计分析。
7. 运用实际统计数据，对我国投资需求弹性做出统计分析。
8. 运用实际统计数据，对我国固定资产投资乘数做出统计分析。
9. 运用实际统计数据，对我国资本形成投资乘数做出统计分析。

第 6 章 Chapter 6 产业结构统计分析

第 1 节　产业结构概念与产业分类

一、产业结构概念

产业结构是指国民经济各部门、行业间的组成、构造及其相互间的内在联系，是经济结构中最主要的结构之一，可以从质和量两个角度对其进行理解。从质的角度来说，就是动态地揭示产业间技术经济联系与联系方式不断发展变化的趋势，揭示经济发展过程中占主导或支柱地位的产业部门不断替代的规律及其相应的“结构”效益。从量的角度来说，静态地研究分析一定时期内产业间联系与联系方式的技术经济数量比例关系，即产业间“投入”与“产出”总体结构上的数量比例关系。

产业结构是由经济结构来界定的。经济结构是国民经济活动中的各种比例关系的总称。国民经济结构变动分析主要是从宏观经济运行过程出发的结构分析，即以产业结构的发展演化为中心，分析产业结构、分配结构和最终需求结构的变动及其相互关系。

二、产业分类

对产业结构的统计分析主要通过构造产业之间比较的相对结构比重指标来进行，它的计算是以产业分类为基础的，因此，产业分类是产业结构统计的基础。

1. 两大部类分类

这种分类是经济学上比较综合的产业部门分类，其按生产活动性质把产业部门分为物质资料生产部门和非物质资料生产部门两大类。前者指从事物质资料生产并创造物质产品的部门，包括农业、工业、建筑业、运输邮电业、商业等。后者指不从事物质资料生产而只提供非物质性服务的部门，包括科学、文化、教育、卫生、金融、保险、咨询等部门。

2. 三次产业分类

这种分类是根据社会生产活动的历史发展顺序对产业结构的划分。产品直接取自自然界的部门称为第一产业，对初级产品进行再加工的部门称为第二产业，为生产和消费提供各种服务的部门称为第三产业。这种分类是世界上较为通用的产业结构基本分类。

我国的三次产业的划分为：第一产业为农业，包括种植业、林业、牧业和渔业。第二产业为工业和建筑业，其中工业包括采掘业、制造业、电力、煤气、水的生产和供应业，产业革命往往是由于制造业的革命引发的三大产业全面变革。第三产业为第一、第二产业以外的其他各业。根据我国的实际情况，第三产业可分为两大部分：一是流通部门，二是服务部门。具体可分为四个层次：第一层次为流通部门，包括交通运输、仓储及邮电通信业，批发和零售贸易，餐饮业；第二层次是为生产和生活服务的部门，包括金融、保险业，地质勘查业，水利管理业，房地产业，社会服务业，农、林、牧、渔服务业，交通运输辅助业，综合技术服务业等；第三层次是为提高科学文化水平和居民素质服务的部门，包括教育、文化艺术及广播电影电视业，卫生、体育和社会福利业，科学研究业等；第四层次是为社会公共需要服务的部门，包括国家机关、政党机关和社会团体以及军队、警察等。

3. 资源密集程度分类

这种产业分类是按照各产业所投入的占主要地位的资源的差异为标准来划分的。根据劳动力、资本和技术三种生产要素在各产业中的相对密集度，把产业划分为劳动密集型、资本密集型和技术密集型产业。

劳动密集型产业是指生产主要依靠大量使用劳动力，而对技术和设备的依赖程度低的产业。其衡量的标准是在生产成本中工资与设备折旧和研究开发支出相比所占比重较大。一般来说，目前劳动密集型产业主要指农业、林业以及纺织、服装、玩具、皮革、家具等制造业。随着技术进步和新工艺设备的应用，发达国家劳动密集型产业的技术、资本密集度也在提高，并逐步从劳动密集型产业中分化出去。例如，食品业在发达国家就被划入资本密集型产业。

资本密集型产业是指在单位产品成本中，资本成本与劳动成本相比所占比重较大、每个劳动者所占用的固定资本和流动资本金额较高的产业。当前，资本密集型产业主要指钢铁业、一般电子与通信设备制造业、运输设备制造业、石油化工、重型机械工业、电力工业等。资本密集型工业主要分布在基础工业和重加工业，一般被看做发展国民经济、实现工业化的重要基础。

技术密集型产业是指在生产过程中，对技术和智力要素的依赖大大超过对其他生产要素依赖的产业。目前技术密集型产业包括：微电子与信息产品制造业、航空航天工业、原子能工业、现代制药工业、新材料工业等。当前以微电子、信息产品制造业为代表的技术密集型产业迅猛发展，已成为带动发达国家经济增长的主导产业。因此可以说，技术密集型产业的发展水平将决定一个国家的竞争力和经济增长的前景。

4. 国际标准产业分类①

为使不同国家的统计数据具有可比性，联合国颁布了《全部经济活动的国际标准产业分类》(ISIC)。现在通行的是 2008 年颁布的《国际标准产业分类》（第四版）(ISIC Rev. 4)。这套《国际标准产业分类》分为 A-U 共 21 个部门，其中包括 99 个行业类别。我国发布的《国民经济行业分类与代码》就是参照《全部经济活动的国际标准产业分类》(ISIC) 制定的，因此产业划分与包括“经济合作与发展组织”(OECD) 在内的大多数国家基本一致。2011 年我国进行第三次修订，形成 GB/T 4754—2011《国民经济行业分类》的国家分类新标准。

分析研究产业结构变化趋势的一种做法是定义和整理一些重要产业或新兴产业的统计数据的结构特征，并以此做出专门的产业发展分析。我国从 1978 年改革开放以来，伴随产业结构不断升级换代，生产力水平迅速提高，其中现代制造业、旅游业及相关产业、文化产业及相关产业、高新技术产业、战略性新兴产业等发挥了重要的推动作用，国家统计局、一些省、直辖市、自治区分别制定了相关的产业分类统计标准，其原则上是在《国民经济行业分类》的基础上制定的，基本上保持了以产业分类 4 位码为基础的一致性。

海关商品税号标准分类是海关统计使用的国际规范标准分类，分析产业结构升级变化，需要进出口国际贸易数据，因此，在海关商品税号标准分类基础上做好与《国民经济行业分类》的对应产业分类衔接，也是宏观经济统计分析研究的一项基础性工作。

三、产业结构的主要影响因素

影响产业结构的因素主要有：需求结构，包括中间需求与最终需求的比例、社会消费水平和结构、消费和投资的比例、投资水平与结构等；资源供给结构，包括劳动力和资本的拥有状况和它们之间的相对价格、一国自然资源的禀赋状况；科学技术因素，包括科技水平和科技创新发展的能力、速度，以及创新方向等；国际经济关系，包括进出口贸易、引进外国资本及技术等因素。

第 2 节　产业结构统计

一、产业结构产出统计

产业结构产出统计是从产出角度衡量产业结构水平的重要统计，可以有两种计算

① 国家统计局网站公布了国民经济行业分类标准目录，以及实际统计工作中使用的各种产业分类标准目录。学习者可以针对国家统计局网站上公布的各种产业分类，探索其产业分类的标志和经济分析的理论依据。

方法。一是依据各个产业的总产出计算各个产业总产出占所有产业总产出合计的比重，如果某个产业的总产出占整个国民经济全部总产出合计的比重比较高，那么该产业在国民经济总体的产业结构中的地位和作用就比较大；反之，产业的地位和作用就比较小。二是依据各个产业的增加值计算各个产业增加值占所有产业增加值合计即国内生产总值的比重，如果某个产业的增加值占国内生产总值的比重比较高，那么该产业在国民经济总体的产业结构中的地位和作用就比较大；反之，产业的地位和作用就比较小。中国现价国内生产总值和三次产业增加值如表6—1所示。

表6—1　中国现价国内生产总值和三次产业增加值　单位：亿元

年份	国内生产总值	第一产业	第二产业	第三产业	人均国内生产总值
2000	99 214.6	14 944.7	45 555.9	38 714.0	7 858
2001	109 655.2	15 781.3	49 512.3	44 361.6	8 622
2002	120 332.7	16 537.0	53 896.8	49 898.9	9 398
2003	135 822.8	17 381.7	62 436.3	56 004.7	10 542
2004	159 453.6	21 412.7	73 904.3	64 561.3	12 336
2005	183 867.9	23 070.4	87 364.6	73 432.9	14 103
2006	216 314.4	24 737.0	103 162.0	82 972.0	16 084
2007	265 810.3	28 627.0	125 831.4	111 352.0	20 170
2008	314 045.4	33 702.0	149 003.4	131 340.0	23 708
2009	340 902.8	35 226.0	157 638.8	148 038.0	25 608
2010	401 512.8	40 533.6	187 383.2	173 596.0	30 015
2011	473 104.1	47 486.2	220 412.8	205 205.0	35 198
2012	519 470.1	52 373.6	235 162.0	231 934.5	38 459

资料来源：国家统计局网站，http://data.stats.gov.cn/。

我们可以根据表6—1中的数据计算三次产业的产业结构，例如2000年、2005年、2010年、2011年和2012年的产业结构计算结果如表6—2所示。

表6—2　中国GDP三次产业结构（%）

年份	第一产业	第二产业	第三产业	合计
2000	15.06	45.92	39.02	100.00
2005	12.55	47.51	39.94	100.00
2010	10.10	46.67	43.23	100.00
2011	10.04	46.59	43.37	100.00
2012	10.08	45.27	44.65	100.00

资料来源：国家统计局网站，http://data.stats.gov.cn/。

二、产业结构投入统计

从产业生产要素投入角度，可以分别依据劳动力投入和资本投入做产业结构投入统计。

劳动力投入的产业结构统计是依据各个产业的从业人数计算各个产业从业人数占所有产业从业人数合计的比重，如果某个产业的从业人数所占的比重比较高，那么该产业在国民经济总体的产业结构中的地位和作用就比较大；反之，产业的地位和作用就比较小。

资本投入的产业结构统计是依据各个产业的资本投入计算各个产业资本投入额占所有产业资本投入额合计的比重，如果某个产业的资本投入额所占比重比较高，那么该产业在国民经济总体产业结构中的地位和作用就比较大；反之，产业的地位和作用就比较小。产业资本投入额可以使用总资产额的统计口径计算，也可以使用固定资产总额或固定资产净额的统计口径计算，后者假定流动资产与固定资产保持近似不变的比例结构。中国劳动力投入三次产业结构如表 6—3 所示。

表 6—3　　中国劳动力投入三次产业结构

年份	第一产业		第二产业		第三产业	
	劳动力投入（万人）	结构（%）	劳动力投入（万人）	结构（%）	劳动力投入（万人）	结构（%）
2000	36 042.5	50.0	16 219.1	22.5	19 823.4	27.5
2005	33 441.9	44.8	17 766.0	23.8	23 439.2	31.4
2010	27 930.5	36.7	21 842.1	28.7	26 332.3	34.6
2011	26 594.0	34.8	22 544.0	29.5	27 282.0	35.7
2012	25 773.0	33.6	23 241.0	30.3	27 690.0	36.1

资料来源：国家统计局网站，http：//data. stats. gov. cn/。

三、比较生产率

产业结构的比较生产率（或称相对生产率）是把产业结构的产出统计与投入统计相结合，建立比较生产率的产业结构统计，以增加对产业结构演化规律的深入分析。具体包括比较劳动生产率和比较资本生产率，具体计算为：

$$\text{某一产业比较劳动生产率}=\frac{\text{该产业国内生产总值比重}}{\text{该产业劳动力投入比重}}$$

$$\text{某一产业比较资本生产率}=\frac{\text{该产业国内生产总值比重}}{\text{该产业资本投入比重}}$$

四、产业结构的比例相对指标

产业结构的比例相对指标是总体中不同部分数量对比的相对指标，用以分析总体范围内各个局部、各个分组之间的比例关系和协调平衡状况。

比例相对指标＝总体中某一部分数值：总体中另一部分数值

常用的比例相对指标有霍夫曼比例＝消费品工业净产值/资本品工业净产值；重工业化程度系数＝重工业部门增加值/轻工业部门增加值等。还有工业加工度＝加工工业增加值/原料工业增加值；高加工化程度系数＝加工工业增加值/基础工业增加值（基础工业主要包括冶金、电力、煤炭、基础化工、木材、铁路运输等；加工工业主要包括电子、日用金属品、食品、纺织、缝纫、皮革、造纸等）。工业加工度和重工业化程度系数这两个指标通过对第二产业内部结构的分析来反映整个产业结构水平，这两个指标都是正指标，数值越高，代表产业结构水平越高。

产业结构的比例相对指标的开发和运用，需要密切联系经济发展具体阶段产业要素关系的重要特点，我们可以在借鉴学习长期以来的分析经验基础上，探索发展更加深刻反映产业结构价值与发展特性的相对指标。

第 3 节　产业结构演化理论及统计分析应用

产业结构演化分析是对产业结构发展变化趋势的研究分析。产业结构演化有明显的阶段特征，例如发展中国家主要是工业化过程的结构演化，即从传统农业向现代工业的发展过程；发达国家则主要是向后工业化社会的结构演化，主要特点是信息产业、服务产业的迅速成长和发展。

一、配第-克拉克定理及应用

配第-克拉克定理是关于经济发展中就业人口在三次产业中分布结构变化的理论。早在 17 世纪，西方经济学家威廉·配第就已经发现，随着经济的不断发展，产业中心将逐渐由有形财物的生产转向无形的服务性生产。1691 年，威廉·配第根据当时英国的实际情况明确指出：“工业往往比农业、商业往往比工业的利润多得多。因此劳动力必然由农转工，而后再由工转商。”

英国经济学家克拉克在威廉·配第的研究成果之上，收集整理若干国家的统计资料，进行国际比较和时间序列分析，得出如下结论：“随着时间的推移和社会在经济上变得更为先进，从事农业的人数相对于从事制造业的人数趋于下降，进而从事制造业的人数相对于从事服务业的人数趋于下降。”克拉克认为，劳动力在产业之间变化移动是由经济发展中各产业间的收入出现了相对差异造成的。但他认为自己的发现只是印证了配第在 1691 年提出的观点而已，故后人把克拉克的发现称为配第-克拉克定理。

配第-克拉克定理不仅可以从对一个国家经济发展的时间序列分析中得到印证，而且可以从处于不同发展水平的不同国家在同一时点上的横截面比率中得到类似的验证。即人均国民收入水平越低的国家，农业劳动力所占份额相对越大，第二、第三产业劳动力所占份额相对越小；反之，人均国民收入越高的国家，农业劳动力在全部就业劳动力中的份额相对越小，而第二、第三产业的劳动力所占份额相对越大。

二、库兹涅茨的人均收入影响论及比较劳动生产率

库兹涅茨利用现代经济统计体系，进一步证实了配第-克拉克定理，提出产业结构的变动受人均国民收入变动影响的规律，称为库兹涅茨人均收入影响论。

库兹涅茨根据 57 个国家的统计资料，整理出 1958 年在人均国内生产总值几个不同基准点的产业结构变化趋势，具体如表 6—4 所示。1960 年 59 个国家的劳动力在三个部门所占份额如表 6—5 所示。

表 6—4　国内生产总值的横截面考察

组型	1	2	3	4	5	6	7	8
国家数	6	6	6	15	6	6	6	6
人均 GDP（美元）	51.8	82.6	138	221	360	540	864	1 382
农业（%）	53.6	44.6	37.9	32.2	22.5	17.4	11.8	9.2
工业（%）	18.5	22.4	24.6	29.4	35.2	39.5	52.9	50.2
服务业（%）	27.9	33.0	37.5	38.4	42.3	43.1	35.3	40.6

说明：选出了 57 个国家，按 1958 年的人均 GDP，从低到高分为 8 组。

资料来源：根据《21 世纪中西部工业发展战略》（魏后凯主编，郑州，河南人民出版社，2000）相关资料整理。

表 6—5　1960 年 59 个国家的劳动力在三个部门所占份额

组型	1	2	3	4	5	6	7	8
国家数	5	6	6	18	6	6	6	6
人均 GDP（美元）	72.3	107	147	218	382	588	999	1 501
农业（%）	79.7	63.9	66.2	59.6	37.8	21.8	18.9	11.6
工业（%）	9.9	15.2	16.0	20.1	30.2	40.9	47.2	48.1
服务业（%）	10.4	20.9	17.8	20.3	37.0	37.3	33.9	40.3

资料来源：根据《21 世纪中西部工业发展战略》（魏后凯主编）相关资料整理。

根据统计，库兹涅茨得出如下结论：随着时间的推移，第一产业的国民收入在整个国民收入中的比重与该产业中劳动力的相对比重一样，呈不断下降趋势；第二产业的国民收入相对比重和劳动力相对比重的基本趋势是不断上升；第三产业的劳动力相对比重几乎在所有的样本国家都呈上升趋势，但国民收入的相对比重却未必与之同

步。综合来看，国民收入的相对比重在这些样本国家大体不变或略有上升；工业在国民经济中的比重将经历一个由上升到下降的"∩"型变化。

库兹涅茨等人根据农业、工业、服务业三大产业划分，把国民收入的产业间分配和劳动力的产业间分配有机地结合起来，分析产业结构的演化规律。

$$某一产业比较劳动生产率=\frac{该产业国内生产总值比重}{该产业劳动力投入比重}$$

利用比较劳动生产率指标把投入生产要素的产业结构与生产产出的产业结构联系起来，从相对的劳动生产率差异来反映产业结构特点。库兹涅茨运用比较劳动生产率指标通过对 20 多个国家的实证分析得出结论：农业比较劳动生产率普遍低于 1，工业比较劳动生产率上升，服务业比较劳动生产率下降。

三、霍夫曼定理及应用

德国经济学家霍夫曼（W. G. Hoffmann）在 1931 年提出的霍夫曼定理，解释了一个国家或区域的工业化进程中工业结构演变的规律。通过设定霍夫曼比例或霍夫曼系数，得到的结论是：各国工业化无论开始于何时，一般具有相同的趋势，即随着一国的工业化，消费品部门与资本品部门的净产值之比逐渐趋于下降，霍夫曼比例呈现不断下降的趋势，这就是著名的霍夫曼定理。

$$霍夫曼比例(H) = 消费品工业净产值 / 资本品工业净产值$$

根据对近 20 个国家的时间序列数据的计算分析，依据霍夫曼比例的变化趋势，把工业过程分成四个阶段：第一阶段，消费品工业发展迅速，在制造业中占有统治地位；资本品工业却不发达，在制造业中所占比重较小，消费品工业净产值平均为资本品工业净产值的 5 倍。第二阶段，资本品工业发展较快，消费品工业虽也有发展，但速度减缓，而资本品工业的规模仍远不及消费品工业的规模，后者的净产值仍 2.5 倍于前者的净产值。第三阶段，消费品工业与资本品工业在规模上大致相当。第四阶段，资本品工业在制造业中的比重超过消费品工业并继续上升。整个工业化过程，就是资本品工业在制造业中所占比重不断上升的过程，其净产值将大于消费品工业。随着工业品的升级，霍夫曼比例是逐步下降的。通过收集数据计算的霍夫曼比例及其代表性国家如表 6—6 所示。

表 6—6　霍夫曼比例及代表性国家

霍夫曼比例	代表性国家
5（±1）	消费品在制造业中占统治地位，如印度、中国
2.5（±1）	资本品生产迅猛发展，但仍低于消费品生产，消费品工业趋于下降，如日本、荷兰、加拿大、澳大利亚
1（±0.5）	资本品工业继续发展，并已达到与消费品工业相平衡的状态，如美国、法国、德国
1 以下	资本品的规模大于消费品规模，还没有出现这样的国家

四、钱纳里的阶段理论与统计标准

钱纳里利用第二次世界大战后发展中国家，特别是其中的 9 个准工业化国家（或地区）1960—1980 年的历史资料，通过回归方程建立了国民总收入市场占有率模型，提出了标准产业结构。即根据人均国内生产总值，将不发达经济到成熟工业经济整个变化过程划分为三个阶段六个时期，从任何一个发展阶段向更高一个阶段的跃进都是通过产业结构转化来推动的。

初级产品生产阶段指经济发展初期对经济发展起主要作用的是制造业部门，例如食品、皮革、纺织等部门。在初级产业阶段中，又包含两个时期，即第一时期和第二时期。第一时期是不发达经济阶段。产业结构以农业为主，没有或极少有现代工业，生产力水平很低。第二时期是工业化初期阶段。产业结构由以农业为主的传统结构逐步向以现代化工业为主的工业化结构转变，工业中则以食品、烟草、采掘、建材等初级产品的生产为主。这一时期的产业主要是以劳动密集型产业为主。

工业化阶段指经济发展中期对经济发展起主要作用的是制造业部门，例如非金属矿产品、橡胶制品、木材加工、石油、化工、煤炭制品等部门。在这个阶段包括第三和第四两个时期。第三时期是工业化中期阶段。制造业内部由轻型工业的迅速增长转向重型工业的迅速增长，非农业劳动力开始占主体地位，第三产业开始迅速发展，也就是所谓的重化工业阶段。重化工业的大规模发展是支持区域经济高速增长的关键因素，这一阶段的产业大部分属于资本密集型产业。第四时期是工业化后期阶段。在第一产业、第二产业协调发展的同时，第三产业开始由平稳增长转入持续高速增长，并成为支持区域经济增长的主要力量。这一时期发展最快的领域是第三产业，特别是新兴服务业，如金融、信息、广告、公用事业、咨询服务等。

发达经济阶段指在经济发展后期起主要作用的是制造业部门，例如服装和日用品、出版印刷、粗钢、纸制品、金属制品和机械制造等部门。这一阶段包括第五和第六两个时期。第五时期是后工业化社会。制造业内部结构由以资本密集型产业为主导向以技术密集型产业为主导转换，同时生活方式现代化，高档耐用消费品被推广普及。技术密集型产业的迅速发展是这一时期的主要特征。第六时期是现代化社会。第三产业开始分化，知识密集型产业开始从服务业中分离出来，并占主导地位，人们消费的欲望呈现出多样性和多边性。钱纳里标准工业化阶段如表 6—7 所示。

表 6—7　　钱纳里标准工业化阶段

时期	人均收入变动范围（1982 年美元）	发展阶段
1	364～728	初级产品生产（食品、皮革、纺织等）
2	728～1 456	

续前表

时期	人均收入变动范围（1982 年的美元）	发展阶段
3	1 456～2 912	工业化 （非金属矿产品、橡胶制品、木材加工、石油、化工、煤炭制品等）
4	2 912～5 460	
5	5 460～8 736	发达经济 （服装和日用品、印刷出版、粗钢、纸制品、金属制品和机械制造等）
6	8 736～13 104	

第 4 节 我国产业结构的统计分析

一、从不同角度分析我国产业结构

1. 人均国民总收入

这里我们利用 1981—2011 年的汇率几何平均值 5.49 对 1978—2011 年的国民总收入进行折算，计算结果如表 6—8 所示。

表 6—8 1978—2011 年折算后的人均国民总收入

年份	人均国民总收入（人民币元）	人均国民总收入（美元）	年份	人均国民总收入（人民币元）	人均国民总收入（美元）
1978	381.23	69.39	1992	2 312.27	420.88
1979	419.25	76.31	1993	2 992.09	544.62
1980	463.25	84.32	1994	4 036.50	734.72
1981	491.95	89.55	1995	4 964.13	903.57
1982	528.48	96.19	1996	5 760.95	1 048.61
1983	584.92	106.47	1997	6 346.02	1 155.10
1984	698.64	127.17	1998	6 685.07	1 216.82
1985	860.17	156.57	1999	7 062.88	1 285.59
1986	963.11	175.31	2000	7 761.52	1 412.75
1987	1 111.64	202.34	2001	8 496.93	1 546.61
1988	1 364.96	248.45	2002	9 301.44	1 693.05
1989	1 519.77	276.63	2003	10 476.33	1 906.90
1990	1 648.45	300.05	2004	12 302.81	2 239.36
1991	1 896.64	345.23	2005	14 084.11	2 563.59

续前表

年份	人均国民总收入（人民币元）	人均国民总收入（美元）	年份	人均国民总收入（人民币元）	人均国民总收入（美元）
2006	16 468.43	2 997.58	2009	25 563.75	4.653.11
2007	20 215.88	3 679.69	2010	29 883.98	5 439.48
2008	23 857.56	4 342.55	2011	35 124.21	6 393.31

资料来源：根据国家统计局网站，http：//data. stats. gov. cn/原始数据整理而得。

对照钱纳里的阶段理论，1978—1993 年我国人均国民总收入小于 728 美元，处于第一时期，即初级产品生产初期，尚处于不发达经济阶段。1994—2000 年，我国人均国民总收入从 734.72 美元增长到 1 412.75 美元，处于第二时期，即工业化第一阶段，并即将进入经济结构全面转变的第三时期。2001—2005 年，我国人均国民总收入逐渐增长到 2 653.59 美元，处于第三时期，工业化中期阶段。事实上，在进入了 21 世纪以后，也确实是我国经济结构转型迅速、产业结构调整加快的阶段。2006—2010 年，我国人均国民总收入逐渐达到 5 439.48 美元，处于第四时期，即工业化后期阶段。2011 年，我国的人均国民总收入则为 6 393.31 美元，已经处于发达经济阶段，即第五时期的后工业化社会。由以上我国各阶段的演化不难看出，1978 年以来，我国人均国民总收入不断增长，并且增长速度不断加快，我国在各阶段的停留时间也不断减少，工业化进程不断加快。

2. 从业人员产业分布

1978—2011 年我国三大产业从业人员结构比重数据如表 6—9 所示。1978—2011 年我国三大产业劳动力结构比重变化和劳动力构成变化如图 6—1、图 6—2 所示。

表 6—9　　1978—2011 年我国三大产业从业人员结构比重（%）

年份	第一产业	第二产业	第三产业	年份	第一产业	第二产业	第三产业
1978	70.53	17.30	12.18	1990	60.10	21.40	18.50
1979	69.80	17.58	12.62	1991	59.70	21.40	18.90
1980	68.75	18.19	13.06	1992	58.50	21.70	19.80
1981	68.10	18.30	13.60	1993	56.40	22.40	21.20
1982	68.13	18.43	13.45	1994	54.30	22.70	23.00
1983	67.08	18.69	14.23	1995	52.20	23.00	24.80
1984	64.05	19.90	16.06	1996	50.50	23.50	26.00
1985	62.42	20.82	16.76	1997	49.90	23.70	26.40
1986	60.95	21.87	17.18	1998	49.80	23.50	26.70
1987	59.99	22.22	17.80	1999	50.10	23.00	26.90
1988	59.35	22.37	18.28	2000	50.00	22.50	27.50
1989	60.05	21.65	18.31	2001	50.00	22.30	27.70

续前表

年份	第一产业	第二产业	第三产业	年份	第一产业	第二产业	第三产业
2002	50.00	21.40	28.60	2007	40.80	26.80	32.40
2003	49.10	21.60	29.30	2008	39.60	27.20	33.20
2004	46.90	22.50	30.60	2009	38.10	27.80	34.10
2005	44.80	23.80	31.40	2010	36.70	28.70	34.60
2006	42.60	25.20	32.20	2011	34.80	29.50	35.70

资料来源：国家统计局网站，http：//data. stats. gov. cn/。

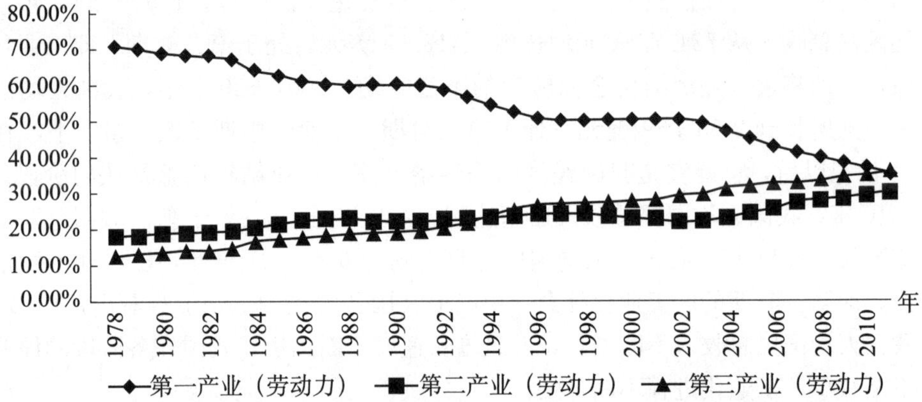

图 6—1　1978—2011 年我国三大产业劳动力结构比重变化

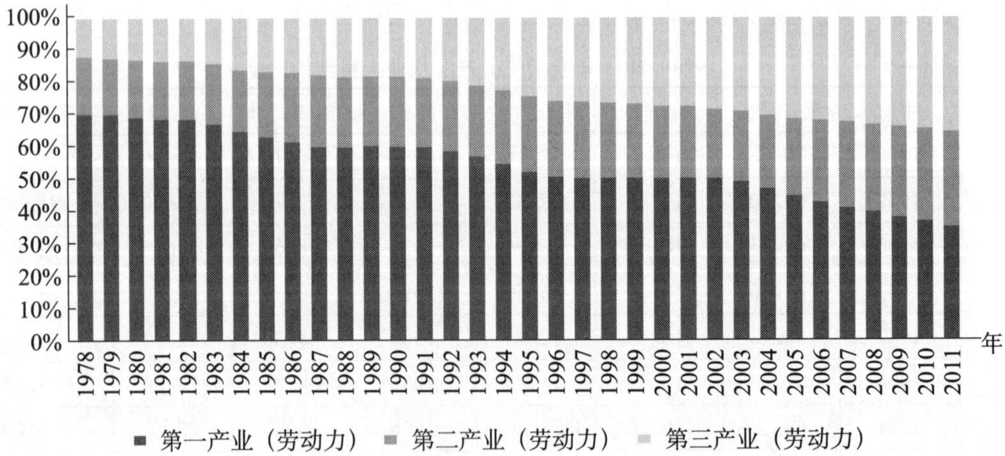

图 6—2　1978—2011 年我国三大产业劳动力构成变化

由图 6—1 可知，1978 年以来，我国第一产业劳动力所占比重总体下降，由 1978 年的 70.53%下降到 2011 年的 34.80%；第二产业和第三产业劳动力所占比重总体上升，并在 1997 年首次超过 50%；三大产业之间的差距也逐渐缩小。在 1994 年，第三产业劳动力就业比重首次超过第二产业劳动力就业比重，此后第三产业劳动力就业比重继续保持增长，第二产业劳动力就业比重在经过轻微波动后也继续增长，但第三产业就业比重仍高于第二产业，并且在 2011 年，第三产业劳动力就业比重首次超过第一产业，为 35.7%，成为就业比重最大的产业。基本趋势是随着人均收入水平的提高，劳动力同时向第二、第三产业转移。

根据库兹涅茨的人均收入影响论，1978 年我国人均国民总收入（按照 1959—2011 年汇率几何平均值进行折算）为 105.22 美元，大致处于表 6—4 和表 6—5 的第二组，对应的三大产业劳动力比重分别为 63.9%，15.2%，20.9%，而我国实际为 70.53%，17.30%，12.18%，显然在相同水平的人均国民总收入下，中国的劳动力分布呈现第一产业比重过高而第三产业过低的现象，而与 1978 年产业结构相对应的人均国民总收入应为 147 美元，说明我国相同收入下，产业结构较为滞后，相同产业结构下，收入也相对较低。而到了 2011 年，我国三大产业劳动力比重分别为 34.80%，29.50%，35.70%，这与库兹涅茨人均收入影响论表 6—5 中的第 5 组相似，但是我国的人均国民总收入却达到了 9 831.554 美元（1960 年美元），远比第 5 组对应的 382 美元多，而我国早在 1988 年的人均国民总收入就达到了 382.06 美元。至于库兹涅茨分组中（见表 6—5）的最高组——第 8 组的人均国民总收入为 1 501 美元，其对应的劳动力产业分布为 11.6%，48.1%和 40.3%，而我国到目前为止虽然人均国民总收入早已超过 1 501 美元，但是劳动力产业分布却明显呈现三大产业均衡分布的格局，也就是第一产业中的劳动力虽缓慢下降，但是并没有如库兹涅茨分组中那么明显，这一方面说明存在从业人员份额变化慢于增加值份额变化的一般规律，但是另一方面，说明了中国的特殊国情造成了不同于世界一般发展规律的特殊现象。

3. GDP 的三个产业构成

1978—2011 年我国 GDP 的三个产业构成如表 6—10 和图 6—3、图 6—4 所示。

表 6—10　　1978—2011 年我国 GDP 的三个产业构成（%）

年份	第一产业	第二产业	第三产业	年份	第一产业	第二产业	第三产业
1978	28.19	47.88	23.94	1990	27.12	41.34	31.54
1979	31.27	47.10	21.63	1991	24.53	41.79	33.69
1980	30.17	48.22	21.60	1992	21.79	43.45	34.76
1981	31.88	46.11	22.01	1993	19.71	46.57	33.72
1982	33.39	44.77	21.85	1994	19.86	46.57	33.57
1983	33.18	44.38	22.44	1995	19.96	47.18	32.86
1984	32.13	43.09	24.78	1996	19.69	47.54	32.77
1985	28.44	42.89	28.67	1997	18.29	47.54	34.17
1986	27.14	43.72	29.14	1998	17.56	46.21	36.23
1987	26.81	43.55	29.64	1999	16.47	45.76	37.77
1988	25.70	43.79	30.51	2000	15.06	45.92	39.02
1989	25.11	42.83	32.06	2001	14.39	45.15	40.46

续前表

年份	第一产业	第二产业	第三产业	年份	第一产业	第二产业	第三产业
2002	13.74	44.79	41.47	2007	10.77	47.34	41.89
2003	12.80	45.97	41.23	2008	10.73	47.45	41.82
2004	13.39	46.23	40.38	2009	10.33	46.24	43.43
2005	12.12	47.37	40.51	2010	10.10	46.67	43.24
2006	11.11	47.95	40.94	2011	10.04	46.61	43.35

资料来源：国家统计局网站，http：//data. stats. gov. cn/。

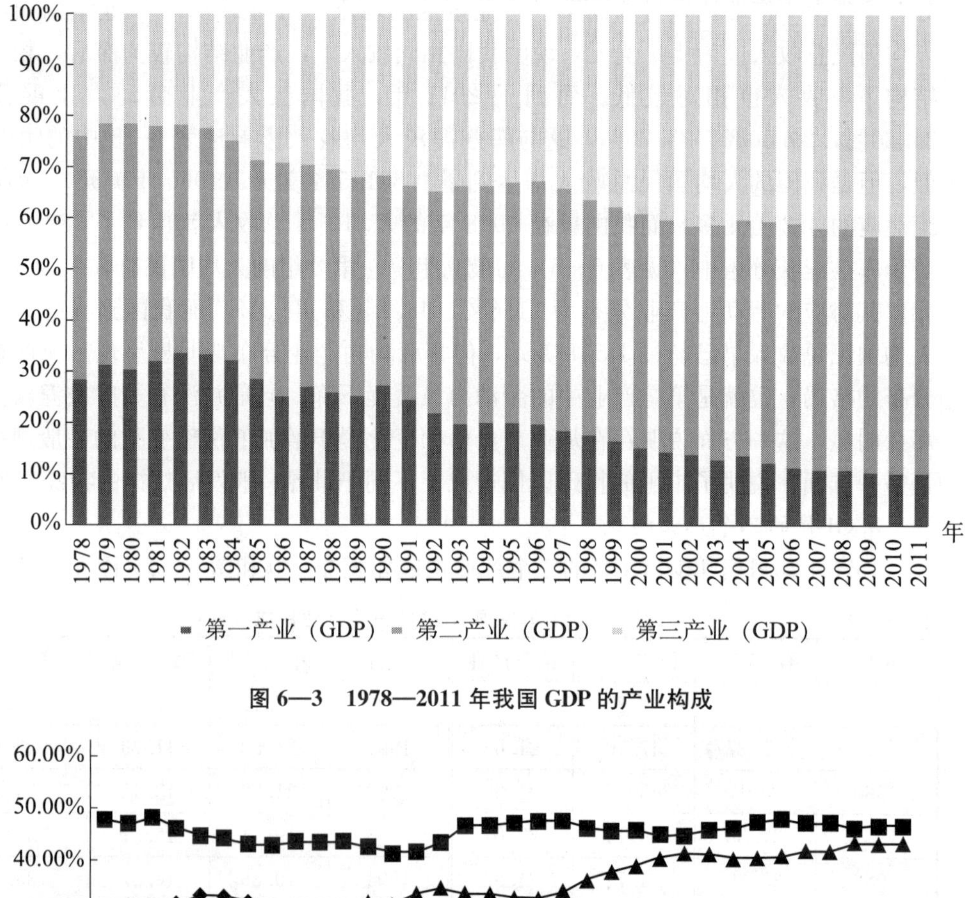

图 6—3　1978—2011 年我国 GDP 的产业构成

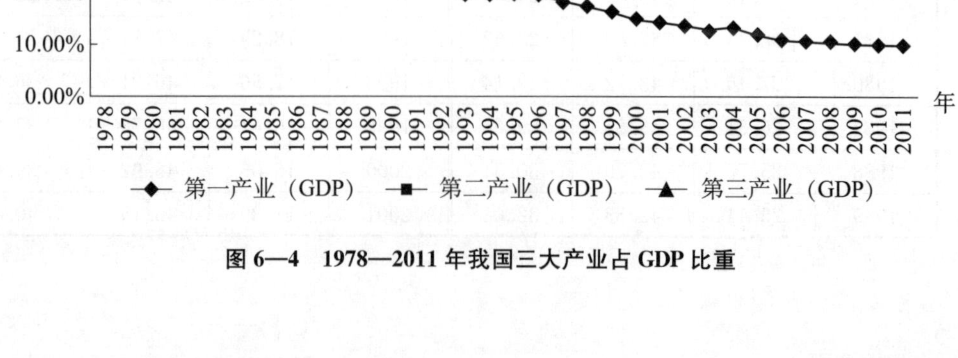

图 6—4　1978—2011 年我国三大产业占 GDP 比重

由图 6—3 和图 6—4 可以看出，自 1978 年以来，我国第一产业占 GDP 比重总体呈下降趋势，由 28.19%到 10.04%；而第三产业占 GDP 比重总体呈上升趋势，由 23.94%到 43.35%；第二产业基本保持平稳，维持在 40%～50%之间，且在三大产业中占 GDP 比重最大。

结合表 6—9 和表 6—10 可知，第一、第二、第三产业占 GDP 的比重由 1952 年的 50.5∶20.9∶28.6（表中未给出），演变到 1978 年的 28.2∶47.9∶23.9，再演变到 2011 年的 10.0∶46.6∶43.4；三次产业中劳动力就业结构也由 1952 年的 83.5∶7.4∶9.1（表中未给出），演变到 1978 年的 70.5∶17.3∶12.2，再演变到 2011 年的 34.8∶29.5∶35.7。

二、我国产业结构相似系数分析

产业结构变化的区域比较分析或两个时期变化的比较分析是产业结构统计分析的重要方面，其中产业结构相似系数是用来衡量两个地区或者同一地区不同时期产业结构相似程度的指标，具体计算公式如下：

$$\text{产业结构相似系数} = \frac{\sum_{k=1}^{n} X_{ik}X_{jk}}{\sqrt{\sum_{k=1}^{n} X_{ik}^2 \sum_{k=1}^{n} X_{jk}^2}} \tag{6—1}$$

式中，i 和 j 表示两个区域或者两个时期；X_{ik} 和 X_{jk} 分别表示部门 k 在 i 和 j 的结构中所占的比重。产业结构相似系数的值域为［0，1］，越接近 0 说明相似性越小，越接近 1 说明相似性越大。

首先，大致按照上述我国工业化发展阶段，分别计算每个时期的开始与结束年的产业结构相似系数。同时，计算 2011 年与 1978 年的产业结构相似系数，计算结果如表 6—11 所示。

表 6—11　　产业结构相似系数

时间段	产业结构相似系数
1978 vs 1993	0.98
1994 vs 2000	0.99
2001 vs 2005	0.99
2006 vs 2010	0.99
2011 vs 1978	0.91

由表 6—11 可以看出，我国在 1978 年改革开放之后的 4 个时期中，每个时期开始和结束年的产业结构相似系数都十分接近于 1，说明在每个时期内部产业结构并没有发生明显的变化，只有第一时期产业结构发生了相对较大的变化。但是，2011 年与 1978 年的产业结构相似系数相对最小，说明 2011 年与 1978 年相比，我国产业结构发生了相对较大的变化。具体表现为第一产业占比明显下降，第二产业和第三产业

占比明显上升。

分别计算我国与印度、美国的产业结构相似系数（见表 6—12）可以发现，我国与同为发展中国家的印度 1994 年与 2010 年的产业结构相似系数都超过 0.90，说明我们与印度的产业结构在这两个时期都很接近。而我国与作为发达国家的美国的产业结构相似系数则经历了较大的提升，由 1994 年的 0.61 上升到 2010 年的 0.84，说明我国通过产业结构调整升级，到 2010 年时与美国的产业结构已经比较接近。

表 6—12　　中国和印度、美国的产业结构相似系数

	1994	2010
中国—印度	0.92	0.93
中国—美国	0.60	0.84

下面从单一结构对比推广到多种结构对比来看，我国改革开放之后 GDP 与就业结构相似系数具体数据如表 6—13 和图 6—5 所示。

表 6—13　　我国 GDP 与就业结构相似系数

时间	GDP 与就业结构相似系数
1978 年	0.70
1994 年	0.76
2001 年	0.74
2006 年	0.79
2011 年	0.88

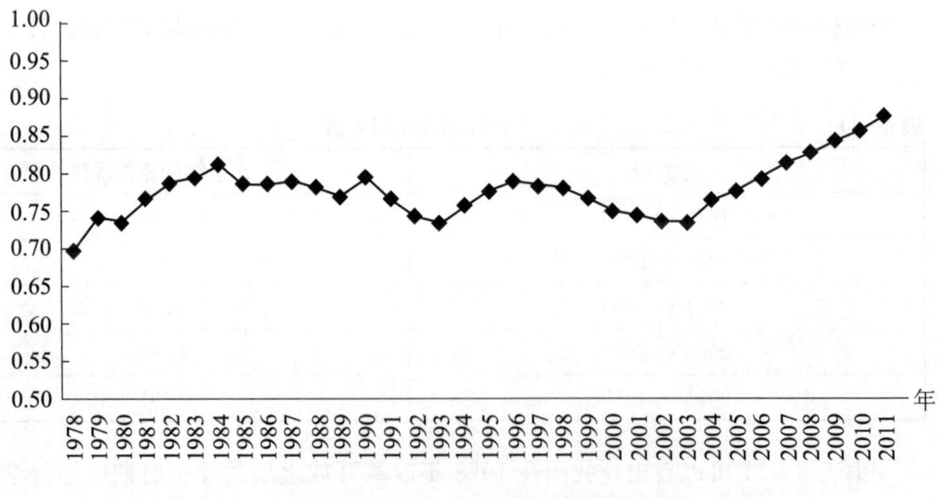

图 6—5　1978—2011 年我国 GDP 与就业结构相似系数

由表 6—13 和图 6—5 可知，改革开放之后，我国 GDP 与就业结构相似系数虽有波动，但是总体呈增长趋势。其中主要分两个阶段：第一个阶段是 1978—2003 年，

GDP 与就业结构相似系数基本在 0.70～0.80 之间波动；第二个阶段是 2003 年之后，GDP 与就业结构相似系数持续上升。到 2011 年，已经达到 0.88，说明三大产业的经济比重与就业比重具有较高的匹配度。

三、我国产业结构演化的分析

我国产业结构的演变与世界各国工业化过程的“一般模式”相比又有所不同，主要表现在：第二产业的产出比重过大，第三产业的产出比重严重偏低；第一产业就业比重畸高，第三产业就业比重严重偏低。导致这种偏差的主要原因是中国作为农业和人口大国的特殊国情和产业政策的倾向。

第一产业逐步回归正轨、第二产业保持高比重、第三产业快速增长，产业结构优化升级成为 1978 年以来中国产业结构的主要特征。在 1988，人均国民总收入为 268.64 美元（按照 1979—2011 年汇率几何平均值进行折算）时，我国第一产业所占比重为 25.7%，远比钱纳里标准化模式人均国民总收入（1982 年美元）小于 300 的阶段第一产业的标准比重 48%小；第二产业所占比重为 43.79%，比钱纳里标准化模式人均国民总收入（1982 年美元）小于 300 的阶段第二产业标准比重 21%的 2 倍还要多，已经超过钱纳里标准模式人均国民总收入为 2 000 美元（1982 年美元）的阶段；第三产业的份额为 30.51%，基本符合钱纳里标准化模式人均国民总收入（1982 年美元）小于 300 的阶段第三产业标准比重 31%，但是第三产业所占比重仍然偏高。可见此时我国第一产业所占比重畸低，第二产业所占比重畸高，第三产业所占比重偏高，第二产业虽然所占比重最多，但是产能相对低下，生产效率较低，生产方式还比较粗放，这种牺牲第一产业的产业结构并不合理，会带来严重的结构问题，使产业结构不能均衡发展。2011 年我国三大产业比重为 10.04%，46.61%和 43.35%，而此时我国人均国民总收入（1982 年美元）为 6 393.31，处于钱纳里标准模式大于 4 000 的阶段，三大产业的标准模式分别为 7.0%，46.0%，47.0%，可见与标准比重相比，我国情况虽略有出入，但相差不大，基本符合标准模式，这也是我国产业结构调整升级、产业生产效率提高的结果。

根据库兹涅茨提出的比较劳动生产率指标公式计算 1978—2011 年我国的三大产业比较劳动生产率，结果如图 6—6 所示。

由图可见，劳动生产率的变化基本符合库兹涅茨得出的经验结论，即我国第一产业劳动生产率小于 1，第二产业和第三产业比较劳动生产率大于 1，且第三产业比较劳动生产率逐渐下降。与其经验结论不符的是，我国第二产业的比较劳动生产率也逐步下降，下降速度和幅度甚至大于第三产业。我国农业劳动力生产能力低下，又长期处于初级产品生产及工业化阶段，工业更偏于重工业，这在一定程度上制约了轻工业、服务业的迅速发展。工业及服务业的劳动比较生产率均有一定程度的下降。

下面我们进行 GDP 产业构成的国际比较分析，具体如表 6—14、图 6—7 和图 6—8 所示。

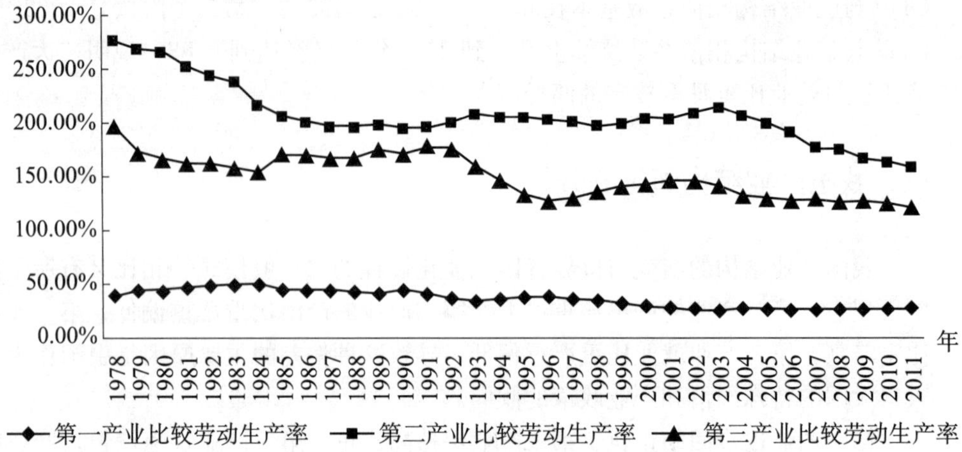

图 6—6 1978—2011 年三大产业比较劳动生产率

表 6—14 GDP 产业构成的国际比较（%）

	农业产出占GDP比重		农业就业占总就业人口比重		工业产出占GDP比重		工业就业占总就业人口比重		服务业产出占GDP比重		服务业就业占总就业人口比重	
年份	1994	2010	1994	2010	1994	2010	1994	2010	1994	2010	1994	2010
巴西	10.0	5.2	22.8	17.9	39.0	21.8	22.7	28.8	51.0	72.9	54.5	53.3
德国	2.0	0.7	3.3	1.7	39.0	26.6	39.3	25.5	59.0	72.7	57.5	72.8
俄罗斯	12.0	4.8	17.5	8.7	77.0	34.8	39.3	29.0	10.0	60.5	43.2	62.4
法国	4.0	2.0	5.1	3.3	29.0	21.0	28.0	20.1	67.0	77.0	66.9	76.6
韩国	9.0	2.6	16.0	7.2	45.0	28.0	34.6	25.0	46.0	69.4	49.4	67.9
美国	2.0	1.2	2.7	1.5	23.0	21.9	24.1	19.5	75.0	76.9	73.2	79.0
南非	5.0	3.3	19.5	7.9	44.0	27.8	38.7	23.3	51.0	68.9	41.8	68.9
日本	3.0	1.0	6.1	4.2	42.0	29.0	34.3	26.9	56.0	69.0	59.6	68.9
新加坡	0.0	0.1	0.3	0.0	37.0	25.8	34.6	32.7	63.0	74.1	65.1	67.3
印度	31.0	17.0	5.5	48.5	29.0	28.2	36.3	21.0	40.0	54.9	58.1	30.5
英国	2.0	1.3	2.2	1.4	38.0	24.9	25.7	21.4	60.0	73.8	72.1	77.2
中国	31.0	10.6	24.2	39.6	46.0	46.8	68.3	27.2	23.0	42.6	7.5	33.2
中国台湾	4.0	1.6	12.3	5.1	49.0	29.9	39.6	36.8	47.0	68.6	48.0	58.0
中国香港	0.0	0.0	0.4	0.3	27.0	8.0	29.6	12.6	73.0	92.0	70.0	87.2

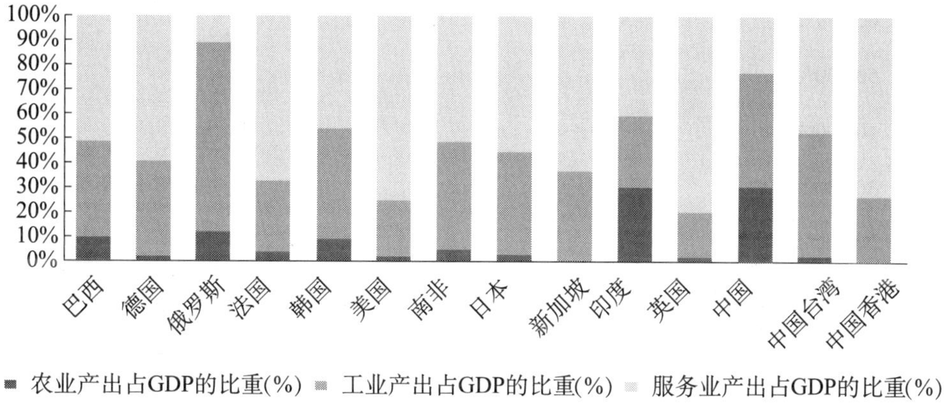

图 6—7　1994 年 GDP 产业构成的国际比较

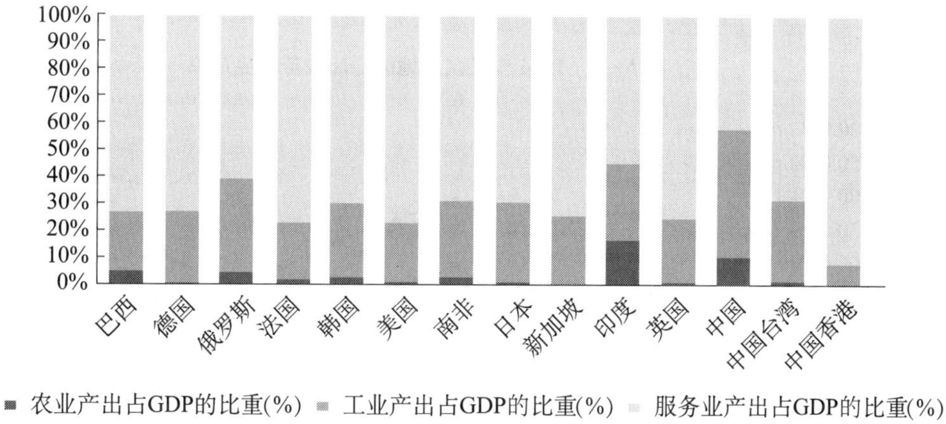

图 6—8　2010 年 GDP 产业构成的国际比较

1994 年中国农业的比重不仅远远高于英、美、德等市场经济发达国家和日本、新加坡、韩国等新兴工业化国家，而且高于原计划经济国家俄罗斯，与第二大人口国印度持平。到了 2010 年，中国农业比重虽仍比美国、日本、英国等国家高，但已经远远低于印度，中国人口众多，这也是由中国的特殊国情决定的。值得注意的是，1994 年中国的工业比重与大多数国家（地区）水平相当，俄罗斯的工业比重则远远高于其他国家（地区）；而到了 2010 年，除中国以外，各国（地区）的工业比重均有所下降，中国工业所占比重在所列国家（地区）中最大，已经远远超过俄罗斯。1994—2010 年间，各国（地区）GDP 产业结构最大的变化就是第三产业所占比重大幅上升。在图 6—6 和图 6—7 所列的国家（地区）中，无论是美国、英国、日本等发达国家，还是印度、巴西、新加坡等发展中国家，2010 年第三产业所占 GDP 比重均超过 50%，而中国第三产业所占的比重却远远低于其他国家（地区）。

下面我们对各国（地区）比较劳动生产率进行分析，具体如图 6—9 和图 6—10 所示。

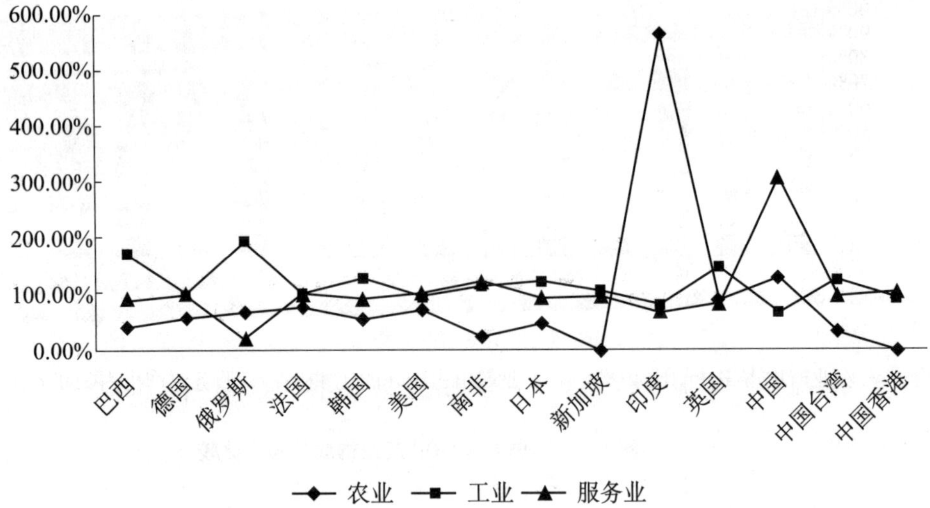

图 6—9 1994 年各国（地区）比较劳动生产率

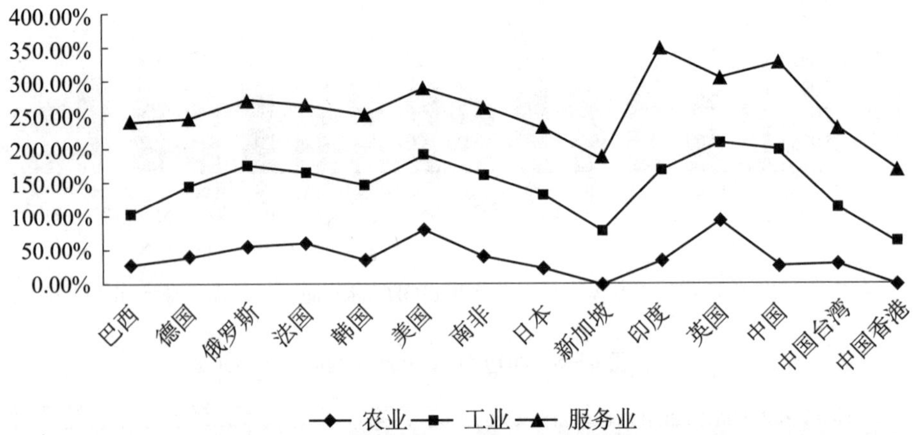

图 6—10 2010 年各国（地区）比较劳动生产率

由图 6—7 和图 6—9 可以看出，1994 年，中国服务业虽然占 GDP 比重并不高，但是比较劳动生产率却是最高的，说明与其他国家（地区）相比，当时中国服务业刚刚起步，还处于相对原生态的水平，吸纳劳动力水平不高，在国际上也处于较低的水平；而到了 2010 年，中国服务业所占 GDP 比重上升，而比较劳动生产率水平并未有太多变化，说明这一阶段我国服务业吸纳劳动力能力强，大批劳动力涌入第三产业。但是劳动力的生产效率仍待提高。

国际间的比较分析离不开对中国进出口产品所占比重的分析。收集到中国 1980—2011 年初级产品和工业制成品产品所占比重数据，具体如表 6—15 所示。根据其绘制的图，如图 6—11 所示。

表 6—15　　中国 1980—2011 年初级产品和工业制成品产品所占进出口比重（%）

年份	占进口比重		占出口比重		占进出口比重	
	初级产品	工业制成品	初级产品	工业制成品	初级产品	工业制成品
1980	34.77	65.23	50.30	49.70	42.15	57.85
1981	36.54	63.46	46.57	53.43	41.55	58.45
1982	39.59	60.41	45.02	54.98	42.50	57.50
1983	27.15	72.85	43.28	56.72	35.37	64.63
1984	19.00	81.00	45.66	54.34	32.01	67.99
1985	12.52	87.48	50.56	49.44	27.47	72.53
1986	13.17	86.83	36.43	63.57	22.91	77.09
1987	16.00	84.00	33.55	66.44	24.37	75.62
1988	18.21	81.79	30.32	69.68	23.81	76.19
1989	19.87	80.13	28.70	71.30	24.03	75.97
1990	18.47	81.53	25.59	74.41	22.30	77.70
1991	16.98	83.02	22.45	77.46	19.88	80.07
1992	16.45	83.55	20.02	79.98	18.28	81.72
1993	13.67	86.33	18.17	81.83	15.78	84.22
1994	14.26	85.74	16.29	83.71	15.30	84.70
1995	18.49	81.51	14.44	85.56	16.34	83.66
1996	18.32	81.68	14.52	85.48	16.34	83.66
1997	20.10	79.90	13.10	86.90	16.17	83.83
1998	16.36	83.64	11.15	88.85	13.41	86.59
1999	16.20	83.80	10.23	89.77	12.97	87.03
2000	20.76	79.24	10.22	89.78	15.22	84.78
2001	18.78	81.22	9.90	90.10	14.14	85.86
2002	16.69	83.31	8.77	91.23	12.53	87.47
2003	17.63	82.37	7.94	92.06	12.64	87.36
2004	20.89	79.11	6.83	93.17	13.67	86.33
2005	22.38	77.62	6.44	93.56	13.84	86.16
2006	23.64	76.36	5.46	94.53	13.64	86.36
2007	25.42	74.56	5.04	94.74	13.99	85.88
2008	32.00	68.00	5.45	94.55	17.18	82.82
2009	28.81	71.19	5.25	94.75	15.99	84.01
2010	31.07	68.93	5.18	94.82	17.33	82.67
2011	34.66	65.34	5.30	94.70	19.35	80.65

资料来源：国家统计局网站，http：//data. stats. gov. cn/。

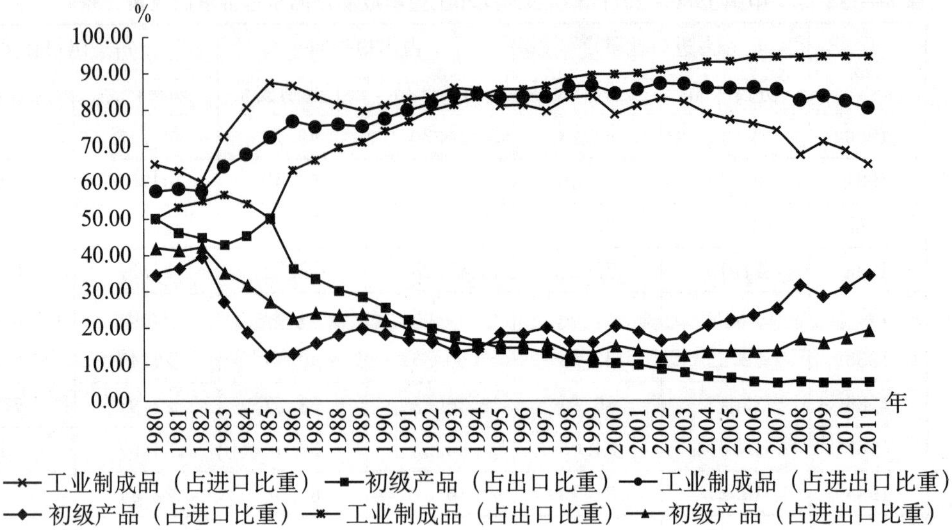

图 6—11　中国 1980—2011 年初级产品和工业制成品产品所占进出口比重

由表 6—15 和图 6—11 可以看出，总体来说，我国在 1980—1985 年间，初级产品和工业制成品在我国对外贸易进口与出口中的地位发生交替，二者在进口、出口和进出口中所占的比重逐渐分化，最终工业制成品在对外贸易中占有绝对主导地位，而初级产品则属于从属地位，但是二者之间的比重差距在 2000 年以后逐渐缩小。1980—2011 年 30 年间，初级产品所占进出口的比重经历了大幅下降后，又趋于平稳，并有缓慢上升的趋势，说明初级产品在我国对外贸易中的重要性在经历了大幅下降后也在缓慢上升，这主要是初级产品的进口的作用。1980—2011 年，我国初级产品进口在经历了快速大幅下降之后，又缓慢、波动式上升，尤其是 2003 年以后，上升幅度更大，到 2011 年，已经接近 1980 年的水平；而初级产品占出口的比重除了在 1983—1985 年之间有所回升之外，在近 30 年内逐渐下降，直到 2005 年之后才基本平稳，保持在较低的水平。这说明我国对初级产品的需求增强，且生产加工能力不断增强，初级产品在进出口总额中所占比重逐步下降，相应地，制成品所占进出口总额比重不断上升。而工业制品的进口在经历了迅速上升后逐渐趋于平稳，在进入了 2000 年后，出现缓慢下降的趋势，这更加说明了我国的生产制造能力在不断提高。

四、改革开放以来我国产业结构不同阶段的总结

下面根据前三部分的分析，将我国改革开放以来的发展分为不同阶段，并总结各个阶段的产业结构特征。

第一、第二、第三产业占 GDP 的比重由 1952 年的 50.5∶20.9∶28.6，演变到 1978 年的 28.2∶47.9∶23.9，再演变到 2011 年的 10.0∶46.6∶43.4；三次产业中劳动力就业结构也由 1952 年的 83.5∶7.4∶9.1，演变到 1978 年的 70.5∶17.3∶12.2，

再演变到 2011 年的 34.8∶29.5∶35.7。中国产业结构的演变与世界各国工业化过程的“一般模式”相比又有所不同，主要表现在：第二产业的产出比重过大，第三产业的产出比重严重偏低；第一产业就业比重畸高，第三产业就业比重严重偏低。导致这种偏差的主要原因是中国作为农业和人口大国的特殊国情和产业政策的倾向。而改革开放以来中国产业发展大致可以划分为四个阶段。

第一阶段：1978—1984 年。

由以上分析可知，1978—1984 年是农业产业迅速发展的时期。第一产业在国民生产总值所占比重迅速上升，第二产业所占比重迅速下降。1978 年改革开放之初，第一产业在中国国内生产总值中所占的比重为 28.19%，到 1984 年，第一产业在国内生产总值中的比重达到了 32.13%左右，上升了 3.9%。与此同时，第二产业在国内生产总值中所占的比重则由 1978 年的 47.88%下降到 1984 年的 43.09%，下降了 5%左右。1978 年第三产业在国内生产总值中所占比重为 23.94%，到 1984 年上升到 24.78%，仅仅上升了 0.84%。这说明中国在这一时期所进行的农村和农业改革极大地解放了农业生产力，推动了第一产业的发展，使得工农业比例不协调的状况得到了较大改善。

从对外贸易来看，这一时期也是我国初级产品和工业制成品在对外贸易中地位发生交替的历史时期。初级产品占进口比重大幅下降，由 1980 年的 34.77%下降到 1984 年的 19.00%，占出口比重虽有所波动但总体也呈下降趋势，由 1980 年的 50.30%下降到 1984 年的 45.66%，初级产品占进出口的比重由 1980 年的 42.15%下降到 1984 年的 32.01%。而工业制成品在对外贸易中所占的比重则大幅上升，进口比重由 1980 年的 65.23%上升到 1984 年的 81.00%，出口比重由 1980 年的 49.70%上升到 1984 年的 54.34%，进出口比重由 1980 年的 57.85%上升到 1984 年的 67.99%。

第二阶段：1985—1992 年。

由以上分析可知，1985—1992 年是非农产业迅速发展时期。这一时期，第三产业在国内生产总值中所占比重迅速上升，第一产业所占比重迅速下降。1985 年中国第一、第二、第三产业在国内生产总值中所占的比重分别约为 28.44%，42.89%，28.67%，到 1992 年其比重分别约为 21.79%，43.45%，34.76%。在这一阶段，资源配置的最大特点是劳动力从第一产业大量转移到第二、第三产业，特别推动了第三产业的发展。

从对外贸易来看，这一时期也是我国初级产品和工业制成品在对外贸易中差距继续扩大的时期。到 1992 年，工业制成品在对外贸易中已经占了绝对主体地位，在进口中，初级产品所占比重为 16.45%，而工业制成品所占比重为 83.55%，二者相差 67.1%；在出口中，初级产品所占比重为 20.02%，而工业制成品所占比重为 79.98%，二者相差近 60%；而在进出口中，初级产品所占比重为 18.28%，而工业制成品所占比重为 81.72%，二者相差 63.44%。

第三阶段：1993—2003 年。

1993 年中国第一、第二、第三产业在国内经济总值中所占的比重分别为：

19.71%，46.57%，33.72%。到 2003 年，这一比重分别为 12.8%，46.0%，41.2%。这个时期，重化工业比重显著增长，电力、钢铁、机械设备、汽车、造船、化工、电子、建材等工业成为国民经济成长的主要动力。

从对外贸易上来看，这一时期也是初级产品和工业制成品地位相对稳定、保持在高水平差距的时期。工业制成品进口比重、出口比重和进出口比重均稳定在 80%～90%，而初级产品的上述指标则稳定在 10%～20%，二者各指标差距维持在 60%～80%。

第四阶段：2004—2011 年。

2004—2011 年是我国第三产业迅速崛起的时期。第三产业传统行业不断扩大，金融保险业、交通通信业、商业物资业的比重占到整个第三产业的三分之二；同时，信息咨询业、旅游业等新兴行业也发展较快。第三产业已成为国民经济的一个重要产业。自 2004 年起，第三产业对 GDP 的贡献达到了 40%以上，从业人员比例也达到了 30%以上，并且在这一阶段实现稳步增长。

在对外贸易上，则是我国工业制成品和初级产品差距逐渐缩小的时期。在这一时期内，除了初级产品占出口的比重继续缓慢下降、相应的工业制成品占出口的比重继续缓慢上升外，二者在进口和进出口所占比重的差距均在缓慢缩小，到 2011 年，二者在进口上所占的比重差距缩小到 30.68%，在进出口比重上的差距缩小到 61.30%。

目前我国面临的产业结构问题主要有：

第一产业：农业基础薄弱，尚未根本改变“靠天吃饭”的局面，农产品质量和效益不高，面临的国际竞争压力较大。

第二产业：工业大而不强，制造业规模虽已位居世界第三，但缺乏自主知识产权、核心技术和世界知名品牌，消耗高、污染多的行业和企业所占比重过高。

第三产业：服务业发展滞后，其增加值占 GDP 的比重比中低收入国家平均水平低十几个百分点，特别是现代服务业的数量和质量远远不能满足需求。第三产业受各种因素的影响，尽管传统生活消费服务业有了较大发展，但现代服务业尤其是生产服务业发展缓慢。

第 5 节 产业结构调整分析

一、产业结构均衡分析

产业间的均衡发展本应属于内部因素，由于涉及的是产业与产业间的关系而非单一的某个变量，而均衡发展本身又是产业结构成长中一个非常重要的问题，因此单独加以研究。产业结构的成长过程绝不是某一产业的孤立发展，而是一个动态的均衡过程。结构的均衡既包括横向的产业部门间的静态均衡，也包括纵向的各产业发展速度和进程的动态协调，均衡协调并不意味着同步与匀速发展。

产业结构均衡主要涉及三个重要方面，即农业与其他产业的均衡、基础设施与其他产业的均衡和地区间的均衡。

农业与其他产业的均衡是指，根据世界各国的发展经验，工农业均衡发展时，其增长速度之比在工业化初期为 3∶1～3.5∶1，中期为 2∶1～2.5∶1，后期为 1.5∶1～2∶1。基础产业包括基础设施和基础工业，与工业其他部门的均衡是产业价值链真工业内部的市场竞争、资源配置、有序持续发展的过程。

地区间产业的均衡包括三层含义：一是充分利用地区资源集中发展相关产业，如果某产业在某地区的发展比在其他地区有更适宜的人才、技术和其他资源，更具竞争力，那么就将该产业集中在该地区发展；二是由于各产业在各地区的分布不同，一国整体产业间的均衡关系在各地区会表现为非均衡，这种非均衡恰恰是整体均衡的前提；三是发达地区与落后地区要缩短增长差距和技术差距，为落后地区产业升级提供基础，差距越大，非均衡越严重。

二、我国产业结构均衡统计分析

1. 农业与其他产业的均衡

1978—2011 年我国工农业增长之比与所处工业化阶段如表 6—16 所示。工农业增长之比如图 6—12 所示。工农业增长之比与标准比的比较如表 6—17 所示。

表 6—16　　1978—2011 年我国工农业增长之比与所处工业化阶段对应表

<table>
<tr><th>年份</th><th>第二产业/第一产业</th><th>所处工业化阶段</th><th>年份</th><th>第二产业/第一产业</th><th>所处工业化阶段</th></tr>
<tr><td>1978</td><td>3.96</td><td rowspan="16">初级产品生产初期</td><td>1995</td><td>2.81</td><td rowspan="6">工业化初期</td></tr>
<tr><td>1979</td><td>1.41</td><td>1996</td><td>2.45</td></tr>
<tr><td>1980</td><td>−8.53</td><td>1997</td><td>3.23</td></tr>
<tr><td>1981</td><td>0.25</td><td>1998</td><td>2.54</td></tr>
<tr><td>1982</td><td>0.50</td><td>1999</td><td>3.04</td></tr>
<tr><td>1983</td><td>1.17</td><td>2000</td><td>4.08</td></tr>
<tr><td>1984</td><td>1.15</td><td>2001</td><td>3.10</td><td rowspan="5">工业化中期</td></tr>
<tr><td>1985</td><td>9.88</td><td>2002</td><td>3.44</td></tr>
<tr><td>1986</td><td>2.91</td><td>2003</td><td>5.10</td></tr>
<tr><td>1987</td><td>2.82</td><td>2004</td><td>1.83</td></tr>
<tr><td>1988</td><td>5.99</td><td>2005</td><td>2.21</td></tr>
<tr><td>1989</td><td>1.64</td><td>2006</td><td>2.58</td><td rowspan="5">工业化后期</td></tr>
<tr><td>1990</td><td>0.46</td><td>2007</td><td>3.98</td></tr>
<tr><td>1991</td><td>6.00</td><td>2008</td><td>1.85</td></tr>
<tr><td>1992</td><td>4.50</td><td>2009</td><td>2.09</td></tr>
<tr><td>1993</td><td>4.27</td><td>2010</td><td>2.82</td></tr>
<tr><td>1994</td><td>4.73</td><td></td><td>2011</td><td>2.44</td><td>后工业化社会</td></tr>
</table>

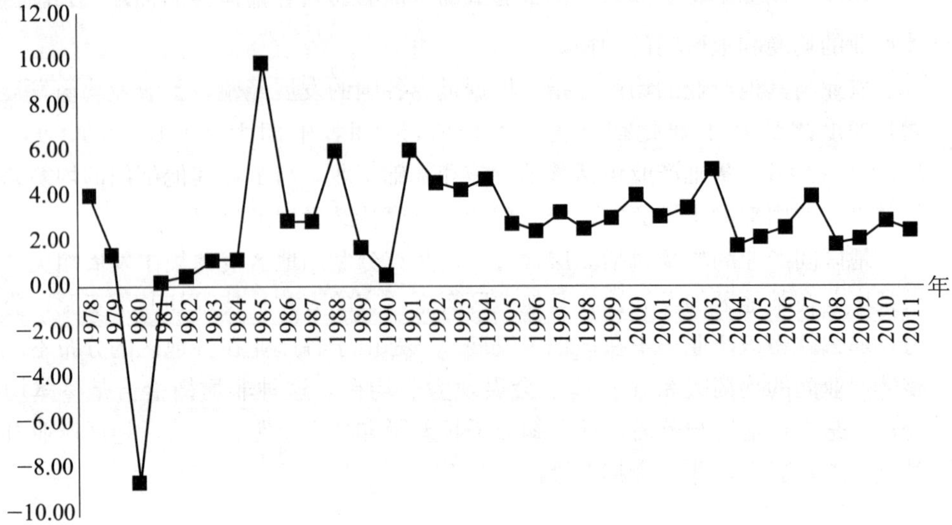

图 6—12　1978—2011 年我国工农业增长之比

表 6—17　　我国各阶段工农业增长比与标准比

所处工业化阶段	我国对应时间段	标准比	实际比均值
初级产品生产初期	1978—1993		2.40：1
工业化初期	1994—2000	3∶1～3.5∶1	3.27∶1
工业化中期	2001—2005	2∶1～2.5∶1	3.14∶1
工业化后期	2006—2010	1.5∶1～2∶1	2.63∶1
后工业化社会	2011		2.44∶1

由表 6—16、图 6—12 和表 6—17 可以看出，改革开放之后，我国总体工农业增长之比波动较大，尤其是在 1994 年之前，波动十分剧烈，在 1994 年进入钱纳里标准阶段的工业化阶段之后，从曲线上看虽然趋于平缓，但是波动的相对数值仍然较大。

从数值上看，我国工农业增长差距在进入工业化时期后，只有 1994—2000 年的工业化初期的均值处于正常范围之内。但是仔细观察可以发现，均值在正常范围之内主要是由于极值造成的，7 年间，只有 1997 年和 1999 年的比值在正常范围之内，而 1994 年和 2000 年均超过了 4∶1，工农业增长之比过大，其余 3 个年份则均小于正常范围的下限，在 3∶1 以下。而在工业化中期（2001—2005 年），均值为 3.14∶1，已经超过正常范围的上限；并且在 5 年中，只有 2005 年在正常范围之内，2001—2003 年则明显高于正常范围上限，2004 年则低于正常范围下限。在工业化后期（2006—2010 年），我国工农业增长比均值高于正常范围上限，而在 5 年内，只有 2008 年处于正常范围内，其余时间则均高于正常范围上限。

中国从 2011 年开始进入发达经济阶段，即钱纳里标准阶段的第五阶段后工业化社会，工农业增长之比应该小于 1.5∶1，由表 6—17 可知，我国的实际数据为

2.44∶1，说明我国目前工农业增长差距比各国经验值大，工业仍然发展过快。可见，我国产业结构成长中由于农业的缓慢发展导致的非均衡现象较为严重。

2. 基础设施与其他产业的均衡

基础产业是支撑一个国家经济运行的基础部门，决定着其他产业的发展水平。它包括基础设施和基础工业，前者指道路交通、运输、仓储、邮电通信，后者指能源、基本原材料、水、电、煤气、蒸汽等产业，基础工业与工业其他部门的均衡将作为工业内部结构问题加以分析，以下主要就基础设施与其他产业的均衡进行研究。

国际上普遍以基础设施弹性系数来反映基础设施与其他产业是否均衡。选用作为主要运输方式的铁路运输代表基础设施，通常工业产值每增加1%，相应的铁路货运总量应增加0.5%，即两者保持1∶0.5的比例。1986—2011年中国基础设施弹性系数如图6—13所示。

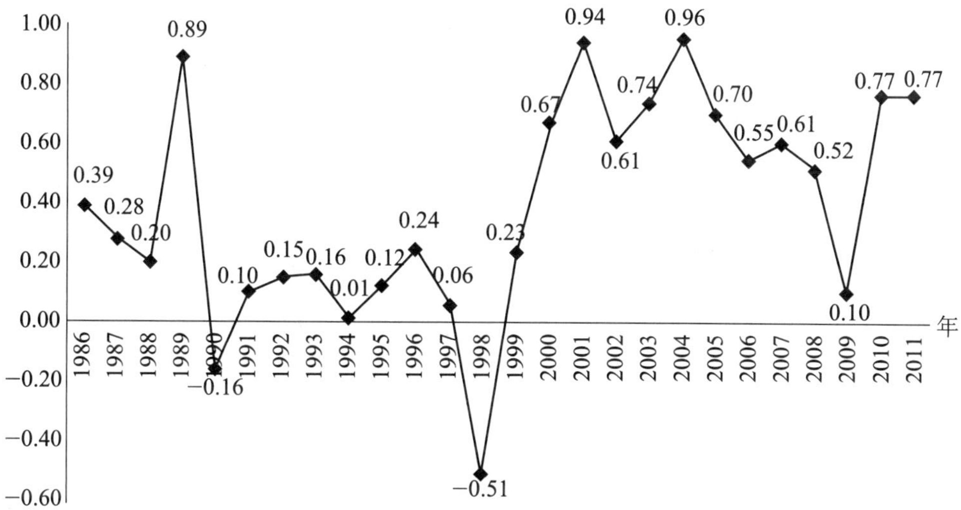

图6—13 1986—2011年中国基础设施弹性系数

由图6—13可以看出，1986—2011年，我国基础设施弹性系数基本分成两个阶段：1986—1999年，我国基础设施弹性系数虽有剧烈波动，但是大部分时间维持在0～0.3之间，低于通常数值，说明此阶段我国铁路货运量（基础设施）的发展速度与工业生产（其他产业）的发展速度并不匹配，基础设施发展速度相对缓慢；2000—2011年，虽然同样不稳定，但是大部分时间高于0.55，高于通常数值，说明此时我国工业生产（其他产业）的发展速度与铁路货运量（基础设施）的发展速度并不匹配，基础设施发展速度较快，但可能存在过剩或者浪费的情况。总体来看，我国基础设施与其他产业的发展并不协调。

3. 地区间均衡

北京和天津是毗邻的两个直辖市，两市之间交通发达，各方面的合作十分密切，甚至有“同城”之称。但是要想达到“1+1>2”的效果，产业之间的均衡不可缺少，下面对其产业结构是否均衡进行简要分析。北京和天津产业结构相似系数如表6—18

所示。

表 6—18　北京和天津产业结构相似系数

时间段	北京（%）			天津（%）			产业结构相似系数
	第一产业	第二产业	第三产业	第一产业	第二产业	第三产业	
1994 年	6.8	46.0	37.4	6.4	55.7	37.9	0.98
2001 年	3.3	36.2	60.5	4.3	49.2	46.6	0.96
2006 年	1.3	27.8	70.9	2.7	57.1	40.2	0.83
2011 年	0.8	23.1	76.1	1.4	52.4	46.2	0.85

由表 6—18 可以看出，在北京和天津两座城市的比较中，随着时间的推移，二者产业结构相似系数总体大幅降低。2001 年之前二者产业结构相似系数还近似为 1，产业结构基本相似；但是到了 2006 年，二者产业结构相似系数就降到了 0.83，说明在 2001—2006 这 5 年间，二者产业结构发生了较大的转变，具体表现为北京第三产业比重大幅上升，第二产业比重下降，而天津则恰恰相反。到了 2011 年，二者产业结构相似系数为 0.85，虽然比 2006 年有所提升，但是变化仍不明显，北京仍是以第三产业为绝对主导，而天津则是以第二产业为主导，但是第二、第三产业差距缩小。

可见，在产业结构的分配上，北京充分利用自身政治、经济、文化中心的优势，汇聚大批人才，大力发展第三产业，以第三产业为主导，而第二产业相对薄弱；天津则在大力发展第三产业的同时，不放松第二产业的发展，可以说二者相辅相成。

三、我国主导产业的选择

1. 主导产业

主导产业是指在国民经济的某个阶段，能对产业结构和经济发展起着导向性和带动性作用，并具有广阔的市场前景和技术创新能力的产业。这些产业在该国经济发展中成为国民经济的“龙头”，并在产业结构中占有较大比重。“主导产业群”则是由若干主导产业构成的产业体系。主导产业理论始于 20 世纪 60 年代美国经济学家罗斯托的起飞理论，该理论认为发展中国家依靠优先发展主导产业而带动整个经济快速发展，实现赶超目标。此后，主导产业便逐步成为产业理论和发展理论的基本范畴。

以美国为代表的被动式变更，从 19 世纪中叶至今经历了农业—机械—钢铁、汽车、建筑业—飞机、电子工业—高新技术产业等主导产业交替。以日本为代表的主动式选择，经历了以纺织业—电力工业—石化、钢铁、造船—以汽车为代表的机械、以家电为代表的电子工业—微电子、新材料、新能源、生物工程、宇航等高新技术产业为带动国民经济的主导产业。通过主导产业选择的国际比较，可以发现如下规律：在工业化早期，主导产业主要取决于资源状况和制度基础；主导产业随产业结构成长而呈顺序变更，即由非耐用消费品向耐用消费品产业发展，从维持生活基本需求向中间需求进而向享受型和发展型需求产业发展，从低附加值向高附加值发展；政府在基础设施、外贸保护、法律、财政、金融方面对主导产业起着重要作用。

2. 主导产业的发展

在经济发展的过程中，主导产业及其群体不断更替、转换的演进过程就是产业结构高度化的过程，是一个产业结构由低级到高级、由简单到复杂的渐进过程。

经济发达国家工业化进程表明，主导产业的更替顺序依次为：纺织工业→食品工业→重化工业→汽车工业→家用电器工业→计算机→生物工程→航天工业等高新技术产业。这种演替的内在逻辑为：非耐用消费品产业→原材料产业→耐用消费品产业。这种演替对应于经济发展过程中需求结构变化的逻辑为：维持基本生存型需求→满足中间型需求→满足享受型、发展型需求。这种演替对应于技术革命引致的生产要素投入结构的变化逻辑为：资源依赖型→劳动密集型→资本密集型。主导产业发展的五个历史阶段如表 6—19 所示。

表 6—19 主导产业发展的五个历史阶段

阶段	主导产业部门	主导产业群体或综合体
第一阶段	棉纺工业	纺织工业、冶炼工业、采煤工业、早期制造业和交通运输业
第二阶段	钢铁工业、铁路修建业	钢铁工业、采煤工业、造船工业、纺织工业、机器制造、铁路运输业、轮船运输业及其他工业
第三阶段	电力、汽车、化工和钢铁工业	电力工业、电器工业、机械制造业、化学工业、汽车工业以及第二个主导产业群各产业
第四阶段	汽车、石油、钢铁和耐用消费品工业	耐用消费品工业、宇航工业、计算机工业、原子能工业、合成材料工业，以及第三个主导产业群各产业
第五阶段	信息产业	新材料工业、新能源工业、生物工程、宇航工业等新兴产业以及第四个主导产业群各产业

由表 6—19 所示的主导产业发展的五个历史阶段说明，在经济发展的历史长河中，产业结构的高度化是主导产业及其群体不断更替、转换的一个历史演进过程，是一个产业结构由低级到高级、由简单到复杂的渐进过程。

3. 主导产业的选择

早期主导产业选择的理论依据主要是古典经济学中“国际分工和比较生产费用理论”，即各国应该根据自身条件，优先发展优势最大或劣势最小的产业，从而才能在国际交换中获得比较利益。由此得出，发达国家应该把资本、技术密集型产业作为主导产业，而发展中国家应以劳动密集型产业为重心。对此，德国经济学家李斯特提出了动态比较费用学说，认为工业化起步较晚的国家应用长远的眼光来看待眼前幼小产业的生命力，借助国家贸易保护政策，培育、发展新的优势产业，从而有可能在未来打破原有的国际分工。日本则根据本国资源贫乏的实际，提出可以直接引进、吸收先行国家的技术来降低自行开发的成本，节约开发时间，借助劳动力成本优势，通过规模经济培育新的优势产业。

西方主导产业的选择基准是考虑到市场需求和技术进步因素的需求收入弹性和生产率增长率基准，即日本经济学家筱原三代平提出的筱原基准；发展经济学家霍夫曼从产业间影响关系角度提出的产业关联基准。

根据世界各国主导产业选择经验和中国的国情，主导产业的选择应考虑以下几个方面的因素：首先是中国的基本国情，其次是现阶段产业结构高度及进一步成长趋势决定的产业结构变化要求，再次是克服非均衡结构要求主导产业具有的协调功能，然后是其他国家工业化进程中主导产业的成长规律，最后是中国产业之间的关联程度和变动趋势。

总之，一个产业如果大体符合产业需求收入弹性、产业生产率的增长率、产业关联等这三条基准（见表6—20），便有发展前途且对国民经济有巨大影响，因而有资格成为主导产业。

需求收入弹性是指价格一定的条件下，人均国民收入变化对商品需求量的影响程度。需求收入弹性大的产业会随着经济的发展、人均国民收入的增长而不断成长，而持续成长必定会带动相关产业的发展。因此，需求收入弹性大的产业才可能成为主导产业。

生产率的增长率也就是广义技术进步增长率，增长率越高，反映在相同经济增长水平下，资本、劳动增长对产出增加的贡献越小，而技术进步的贡献越大，经济效益越高。发展这类产业，可以在获得相同经济增长率的同时，减少对资本和劳动投入的需要。

产业之间技术联系的不同决定了关联程度有高有低，有向前或向后的关联度高的，也有前后关联都高的。通常向后关联度高的产业能够在自身发展的同时带动相关产业同向发展，而向前关联度高的产业则可以通过自身的发展而为相关产业提供发展条件。利用由投入产出表推导出的里昂惕夫逆矩阵元素可以构造反映向后关联的影响力系数和反映向前关联的感应度系数。影响力系数是指主导产业对其他产业的影响，即对后向关联事业的影响程度。感应度系数是指主导产业受其他产业部门的影响，即对前向关联产业的影响。

表6—20　主导产业选择基准

基准	公式	备注
产业需求收入弹性系数	产业需求收入弹性系数＝产业需求增长率/人均国民收入增长率	当收入弹性系数大于1时，表明该产业的收入弹性大；当小于1时，则表明该产业部门的收入弹性小
产业生产率的增长率	产业生产率的增长率＝经济增长率－资本边际产出弹性$(1-\alpha)$×资本投入增长率－劳动边际产出弹性α×劳动力投入增长率	其中α是劳动报酬额占增加值的比例（又称“劳动分配率”）

续前表

基准	公式	备注
产业关联	影响力系数 $F_j=\dfrac{\sum_{i=1}^{n}\overline{b_{ij}}}{\frac{1}{n}\sum_{i=1}^{n}\sum_{j=1}^{n}\overline{b_{ij}}}$，$i,j=1,2,\cdots,n$ 式中，$\sum_{i=1}^{n}\overline{b_{ij}}$ 为列昂惕夫逆矩阵的第 j 列之和，$\frac{1}{n}\sum_{i=1}^{n}\sum_{j=1}^{n}\overline{b_{ij}}$ 为列昂惕夫逆矩阵的列和的平均值。 感应力系数 $E_i=\dfrac{\sum_{j=1}^{n}\overline{b_{ij}}}{\frac{1}{n}\sum_{i=1}^{n}\sum_{j=1}^{n}\overline{b_{ij}}}$，$i,j=1,2,\cdots,n$ 式中，$\sum_{j=1}^{n}\overline{b_{ij}}$ 为列昂惕夫逆矩阵的第 i 行之和，$\frac{1}{n}\sum_{j=1}^{n}\sum_{i=1}^{n}\overline{b_{ij}}$ 为列昂惕夫逆矩阵的行和的平均值。	某产业的影响力系数大于 1，说明该产业的影响力大于全部产业的平均水平，是国民经济发展的关键。影响力系数越大，影响力越大；反之，则相反。某产业感应力系数大于 1，该产业感应力大于全部产业的平均水平，该产业受国民经济发展拉动作用较大。感应力系数越大，感应力越大；反之，则相反。

对发展中国家而言，通过限制外资进入、提高进口关税、设置进口许可证等贸易保护措施可以扶持国内幼小产业快速成长。从长远来看，那些通过保护可以减少幼小产业自然成长所需支付的成本，能够在未来国际竞争中显示更大竞争优势、获得更多利益的产业应该作为主导产业。

然而主导产业的规划并非如此简单，日本和印度在第二次世界大战之后都选择了重工业为主导产业，但日本经济成功地起飞了，而印度却处于停滞状态。许多国家或地区曾以不同的主导产业成功地带动了本国或本地区的经济：如德国的高新技术产业、台湾的轻纺工业等。不能仅依据主导产业选择基准来规划主导产业，基准仅仅反映了主导产业的特征，并未反映主导产业的时空范围和约束因素。

主导产业的成长受许多经济和非经济因素的影响，包括主导产业本身的基础、素质，基础差、素质低的产业不仅自身发展缓慢，而且对其他关联产业的影响也较弱。同样，资本实力的强弱与主导产业的选择密切相关。对于资本实力较弱的中国，选择资本密集型产业作为主导产业显然力不从心，而且不能在较长时间内扶持。在工业化发展初期，主导产业的选择对资源禀赋的依赖性较强，有限的外汇只能进口技术、设备、管理，而不可能大量进口资源。

综上所述，正确规划中国的主导产业，必须要全面考虑各种约束，根据选择基准来确定一组适合中国国情的主导产业群，具体包括纺织、机械、钢铁、电子、汽车、化学和高新技术产业。

4. 高新技术产业

目前，国际上常用的高新技术产业的概念一般是指用当代尖端技术（主要指信息技术、生物工程和新材料等领域）生产高新技术产品的产业群。高新技术产业应具备的基本条件是：产品的技术性能复杂，科技人员在职工中的比重大，设备、生产工艺建立在尖端技术的基础上，工业增长率和劳动生产率高。

从定量的角度来界定高新技术产业，一般有两个指标，即研发经费占总销售额的比重（研发经费密度）和专业技术人员占总就业人数的比重（专业科技人员密度）。美国劳动统计局用研发经费密度和专业科技人员密度分别两倍于全部制造业该项密度的平均值来定义高新技术产业。同时，也有很多研究论文倾向于这样一种观点，即这两项密度指标均超过全国制造业平均值的产业都可算作高新技术产业。另外，两位美国学者丹宁和波斯则利用所谓的“三分法”来对产业进行分类，即研发密度超过2.8%者称为高新技术产业，处于1.1%～2.8%者称为中技术产业，低于1.1%者称为低技术产业。

纵观世界各国产业发展的历史，我们可以看到，随着技术革命浪潮在全世界的推进，高新技术产业呈现出与传统产业并存、比重逐步上升的发展趋势，改革开放以来，尤其是进入21世纪，我国也加快了发展高新技术产业的步伐。

（1）确定高新技术产业的重点发展领域。高新技术产业重点发展领域的确定，主要取决于一国的基础优势即工业基础、科技资源、市场和资金等四大因素的组构绩效。鉴于我国目前的水平，不可能在所有领域进行全方位式的开拓研究及发展，必须采取“有限目标，重点突破”的策略，以期提高我国高新技术产业的发展速度。

（2）制定和实施各层次的现实计划。通常把与我国高新技术产业发展相关的计划分解为以下三个层次：第一层是高新技术产业的渗透和扩散层次，即直接为经济建设和社会发展服务，以期迅速提高工农业生产技术水平，推进传统产业的技术进步。第二层是高新技术产业的开发及其产业化层次，主要是实施高新技术研究开发计划（“863计划”和“火炬计划”），以期跟踪世界高新科技的发展趋势，选准有限目标，集中攻关力量，在力争有所突破的基础上，尽快有效地将高新技术的研究及开发成果转化为现实生产力。第三层是高新技术的基础研究层次，主要是组织和实施基础研究计划和攀登计划，以期加强基础研究工作和应用研究工作，为高新技术的长远发展奠定坚实的理论及技术基础。

（3）大力推进高新技术产业开发区和开发带的建设。我国的高新技术产业开发区是在学习和借鉴国外科技园区先进经验的基础上，依托智力资源和国家优惠政策，在高等学府和科研机构比较密集且有一定工业技术基础的地区所建立的，旨在开发高新技术产业及其产品，促进交易、科研和生产同步发展，并结合生产要素的优化组合，推进高新技术产业与社会经济协调发展的综合基地。

（4）完善“产学研联合开发工程”，发挥综合优势。1991年由原国务院生产办、国家教委和中科院等部门联合发起成立的“产学研联合开发工程”，即国有大中型企业和高等院校、科研院所之间的稳定而密切的交流合作制度，是充分发挥产业部门和科研部门双方综合优势、促进技术开发、加速高新技术成果产业化、增强国有大中型企业市场竞争能力的一项国家工程。“产学研联合开发工程”的有效实施必然加强科技改革和企业改革的联合机制，为整个经济体制改革创造新的拓展领域。其难度之高、规模之大、范围之广，远远超过一般计划项目的实施。

（5）强化技术引进的消化吸收工作，推动高新技术的产业化进程。技术转让的“飞去来器效应”，是指技术引进方反过来向技术转让方的所在国输出经过再更新的技术或商品。然而，我国企业在这方面所做的远远不够，“引进有余，发展不足”是我国企业的通病。其根本原因是在我国企业负担过重，尚未培育出本来意义上的成为生产主体的企业，导致技术引进的主体介于国家和企业之间。

（6）积极推进各项配套改革政策的实施和完善。从政策的配套方面给予企业公平而有利的发展环境。尤其是在宏观调控、科研开发、土地利用、投资、金融、保险和税收等政策方面，应给企业以优惠性的倾斜，鼓励企业的开拓创新精神，以期确立企业在高新技术产业化过程中的主体地位，使企业真正领略到技术的支持及发展作用和高附加值的收益效用。同时，加强各项改革政策的协调工作及产业的协调工作，使高新技术产业群内的各产业得以均衡发展，为高新技术产业的长远发展奠定基础。另一方面，国家要保证各项政策的配套性和到位性，健全高新技术产业发展所需的以技术为核心的服务体系，为国有、民营、合资及外资企业和科研部门解决后顾之忧，适时推进其高新技术的产业化进程。

（7）重视和发挥军民结合的技术转移机制和联合发展机制，适时地将国防技术转为民用技术，并及时开发民用产品，是各国发展高新技术产业的重要途径。

这对我国而言，既可以提高我国的民用技术水平，又可以提高国防科技人员开发民用技术的积极性。同时，应联合发挥军民的结合优势，共同攻关，以期提高我国工业的整体技术水平。

总之，高新技术产业的发展模式主要体现在新产业的发展和对传统产业的改进两个方面，因此，上述七点所构筑的综合模式依然要把推进对传统产业的技术改进作为另一核心内容，不可轻视高新技术对传统产业发展所起的巨大作用。

四、产业结构高端化分析

根据当今世界高新技术发展的作用，产业结构升级高端化表现为“高生产效率、高劳动报酬、高资本回报、低能源消耗”的“三高一低”的基本特征。

“高生产效率”指一段时间内生产活动总产出中新创造的价值所占的比重应当尽可能高。效率高低是我们进行资源分配决策和衡量资源分配优劣的基本指标。国民经济生产归根到底就是一个对有限的生产资源的配置过程。因此，这一特征从效率角度反映了产业结构对先进生产能力的适应和推动能力。

“高劳动报酬”指劳动者从生产活动中获得的报酬应当尽可能高。劳动者是生产活动和价值创造的主体，提高生产效率的一个要点就是要提高劳动者的创造力和热情。较高的劳动报酬能激发劳动者的创造力和劳动热情，同时也能保证劳动力再生产。因此，这一特征从价值创造的角度反映了产业结构对高端劳动力的吸引能力。

“高资本回报”指资本从生产活动中获取的投资回报应当尽可能高。资本是生产活动的重要参与者。它作为生产要素之一参与分配，其分配比重一方面取决于资本在生产活动中的贡献大小，另一方面则取决于整个产业结构的产业经营水平。资本回报率越高，表明产业结构的产业经营水平越高。因此，这一特征从产业经营的角度反映了产业结构吸引高端资本使其为国民经济生产作贡献的能力。

“低能源消耗”指单位产出对能源资源的消耗应当尽可能低。能源危机已经成为制约全球经济发展最严峻的问题之一。经济可持续发展早已提上日程。中国能否最大限度地摆脱能源危机对经济发展的束缚，将取决于中国产业结构对能源资源的依赖程度。因此，这一特征从可持续发展的角度衡量了中国产业结构规避能源危机冲击的能力。

图 6—14 至图 6—17 展示了中国与美国、日本、英国、法国和德国 5 个发达国家的产业结构特征比较。① 从三次产业的角度来看，中国第一产业在生产效率、劳动报酬和能源消耗 3 个方面均有较好的表现，但资本回报过低，反映了中国第一产业的产业经营能力亟待提高；中国第二、第三产业的资本回报水平与 5 个发达国家不相上下，但在生产效率、劳动报酬和能源消耗 3 个方面尚需改进。从经济总体水平看，中国在生产效率、劳动报酬、资本回报和能源消耗 4 个方面均与 5 个发达国家存在差距。因此，实现“三高一低”将是中国在未来 5～10 年国际竞争中的首要战略目标。

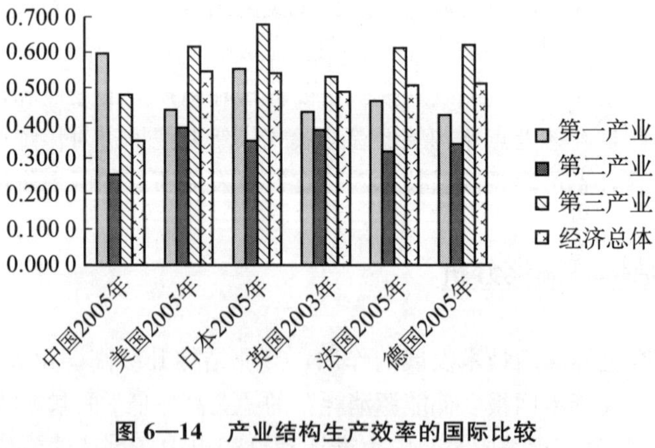

图 6—14 产业结构生产效率的国际比较

---

① 图中产业结构的 4 个特征依次用 6 个国家的三次产业及国民经济总体的增加值率、直接劳动报酬系数、资本报酬系数和传统能源直接消耗系数来衡量，数据来源于 OECD 国家投入产出表。参见赵彦云等：《北京市产业结构高端化理论方法和应用研究》，北京，首都师范大学出版社，2012。

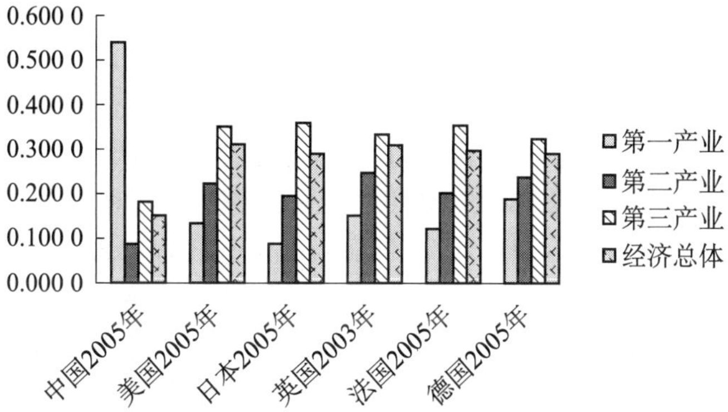

图 6—15　产业结构劳动报酬水平的国际比较

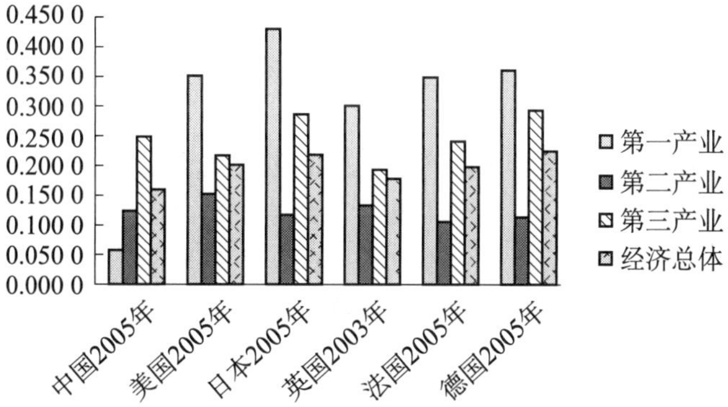

图 6—16　产业结构资本回报率的国际比较

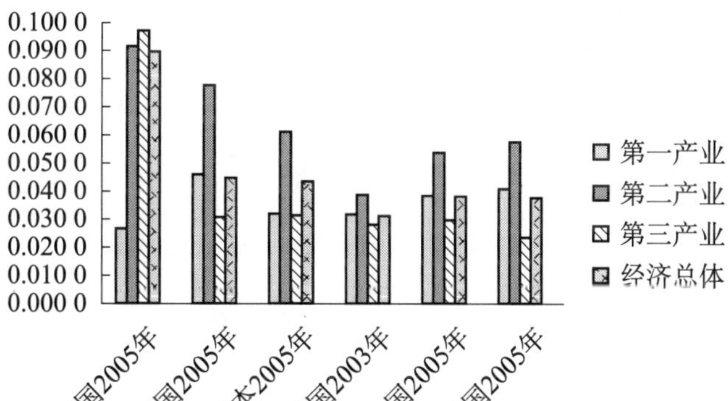

图 6—17　产业结构能耗强度的国际比较

实现“三高一低”的战略目标，中国应当牢牢抓住 3 个关键点：(1) 大力发展信息技术，利用信息技术提高生产效率；(2) 坚持人才强国战略，深化教育体制改革，促进人力资本高端化，提高劳动者报酬；(3) 大力发展低能耗技术和环保技术，降低能源消耗和污染物排放，缓解能源危机和生态环境危机，逐渐消除能源短缺和环境恶化对经济发展的威胁。

信息技术的使用对生产力的解放和发展有不可忽视的作用。一个国家信息技术的发展水平可以从两个方面来衡量：一是产业结构的信息化程度。信息化程度反映了信息技术对该国产业发展的直接推动力。二是信息产业的国际竞争力。竞争力高的信息产业将为信息技术的普及和发展提供强大的支撑力。① 对比中国与美、日、英、法、德五国的信息产业消耗和出口状况（见图 6—18 至图 6—22）可以看出：一方面，中国的信息化程度并不低，但主要集中在信息设备的广泛使用上，与五个发达国家对信息服务的大量使用形成了鲜明的对比。这种现象反映出了中国的信息化仍然停留在设备、载体的数量扩张上，整个产业结构并未充分吸收信息服务对生产力的解放效用，因此信息化问题并未产生质变。另一方面，中国信息产业（包括信息设备产业和信息服务业）虽然在出口率上有不错的表现，在国际市场上具有相对优势，但这些产业出口的信息产品和服务却属于低附加值，并不利于中国信息产业提升其国际竞争力。因此，在后金融危机时期，中国应当大力发展信息技术——尤其是信息服务技术，要重点提高信息设备产业产品的附加值水平，进一步提升中国信息产业的国际竞争力，最终利用信息技术来提高整个中国产业结构的生产效率。

高端高新技术人才是产业结构高端化的主力军，而高水平劳动报酬则是吸引高新端高技术人才的最有效手段。日本和美国的历史数据证明：在众多影响产业结构增加值率的因素②中，上一年的劳动报酬系数对其有非常显著的正向影响（见图 6—23），且这种影响随着经济的发展而不断增强。由式（6—2）可以说明提高收入水平是拉动产业结构生产效率持续提升的一个强大动力。

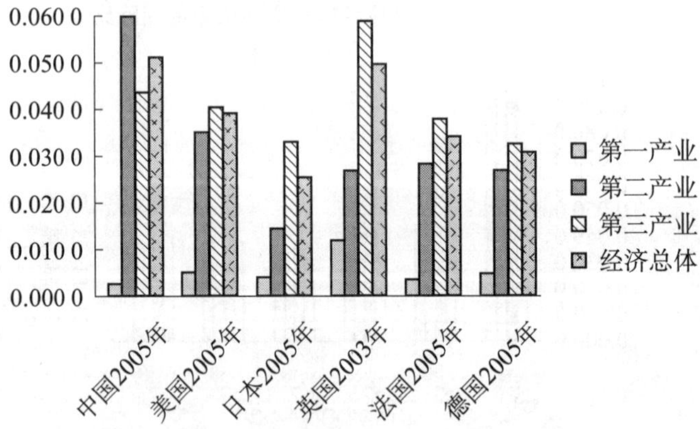

图 6—18 信息产业直接消耗系数的国际比较

① 我们用整个产业结构对信息产业（包括信息设备产业和信息服务业）的直接消耗系数来衡量信息化程度；用信息产业的出口率和出口增值率来衡量其国际竞争力水平。数据来源于 OECD 国家投入产出表。参见赵彦云等：《北京市产业结构高端化理论方法和应用研究》。

② 包括上一年劳动报酬系数、当年劳动报酬系数、上一年资本报酬系数、当年资本报酬系数、技术消耗系数、知识消耗系数等。

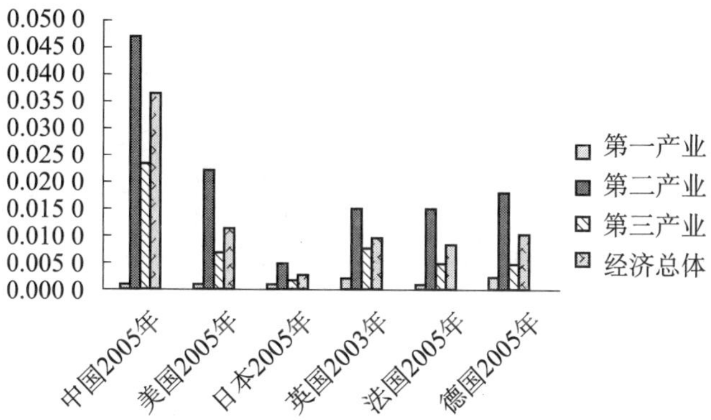

图 6—19　信息设备产业直接消耗系数的国际比较

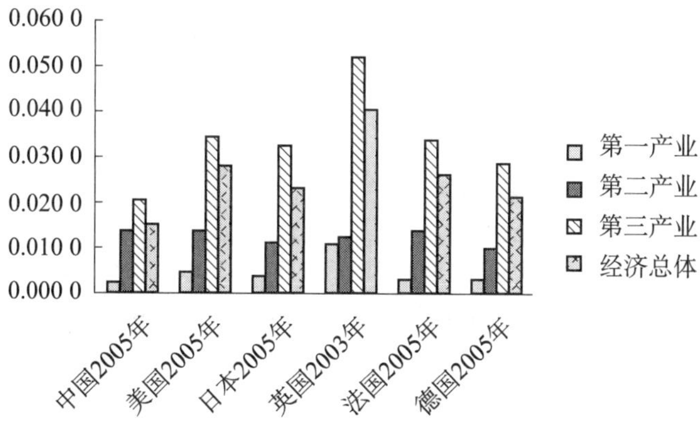

图 6—20　信息服务产业直接消耗系数的国际比较

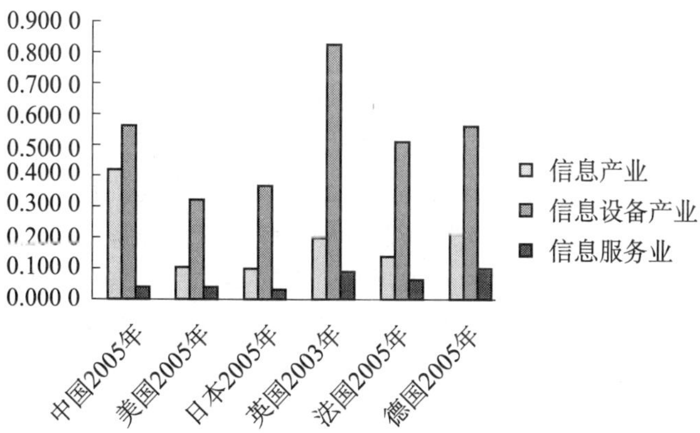

图 6—21　产业出口率的国际比较

$$y = 0.25 + 0.81x_1 + 0.11x_1x_2 + 0.13x_1x_3 \tag{6—2}$$

式中，y 表示增加值率；x_1 表示上一年的劳动报酬系数；x_2 为一时间变量，当数据对象为日本 1990—2005 年间的数据时取 1，其余情况取 0；x_3 为国别变量，当数据对

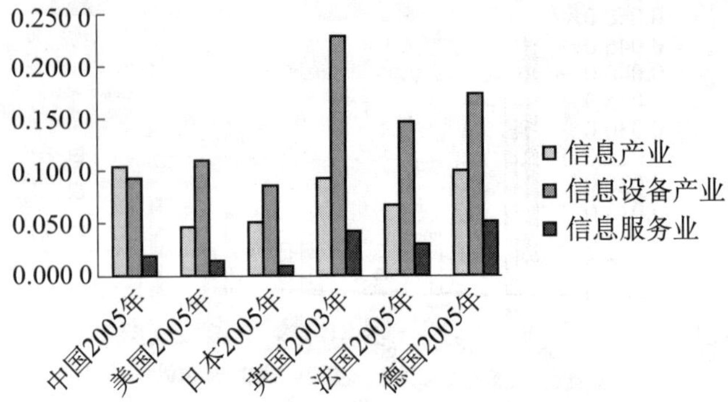

图 6—22 产业出口增值率的国际比较

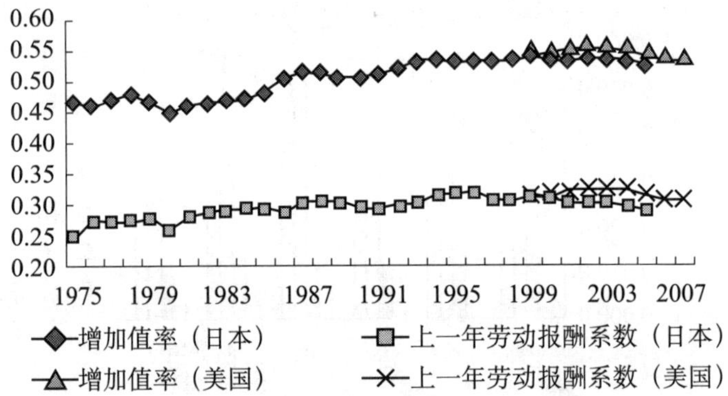

图 6—23 日本、美国的增加值率与上一年劳动报酬系数

象为美国数据时取 1，其余情况取 0。该模型的复决定系数为 0.893，调整的复决定系数为 0.884，具有较高的解释力度。

中国经济长期享受廉价劳动力的竞争优势，一方面对以人为本、提升高端产业结构的主导途径没有及时转型，导致了大量高端高新技术人才的流失；另一方面对于高等教育人才培养也没有发挥市场激励作用，从而错失了很多优化产业结构、步入高端生产和经营方式的国际竞争、以高端产品占领高端市场的良机。如今，劳动力报酬或劳动力成本提高已成为中国高端产业发展竞争的必然趋势，通过提高收入水平来提高国民从每单位产出中所获得的经济福利，从而提高劳动者——尤其是高端人才的劳动热情，并进一步刺激消费市场的扩大和劳动力自身素质的提高是解决中国产业结构高端化问题的重要途径之一。

增强人才吸引力首先要确定一个适宜的收入水平提高幅度。目前中国的劳动报酬系数为 0.14，仅占五个主要发达国家同期平均水平的 48.88%（见图 6—15）。如果将其翻一番，提高至 0.3，整个北京产业结构的增加值率将有望达到 0.5 左右，是现在的 1.47 倍（依据式（6—2）模拟计算）。

当然，将提倡尊重知识、尊重人才的社会风气与提高劳动者收入水平相结合，从市场利益和社会心理两方面聘留高端高新技术人才，产生聚集高端人才的强势氛围，也是增强高端人才吸引力的一个必要条件。此外，相对发达国家，中国普遍存在人力资源量大而质不均衡的问题，完全用新进的高端高新技术人才替代原有的低端人力是不现实的，因此应该采取多种途径提升人力资本素质能力，其中包括对现有低端人力提供由政府负担部分费用的职业再培训，积极推动劳动力质量提升，这在实际操作中也是不可或缺的。

此外，由于生态环境和能源衰竭问题将直接威胁到人类生存和经济可持续发展，高能耗、高排放的经济发展路线不符合以人为本的发展理念。因此，在大力发展信息技术以提高生产效率和提高劳动者报酬以吸引高端人才的同时，中国还要重视低能耗技术和环保技术的发展，降低能源消耗和污染物排放，缓解能源危机和生态环境危机，逐渐消除能源短缺和环境恶化对经济发展的威胁。

市场经济下，政府推动产业结构高端化的最佳方式是通过宏观经济资源的优化配置来帮助微观经济主体发挥其主观能动性，提高产业经营能力，获取高资本回报率。要实现这一点，就需要建立创新网络、发展科技园区，从而为发展信息技术、低能耗技术和环保技术，吸引和培养高端人才提供沃土。

尽管信息技术能提升生产效率，高端人才能推动创新和价值创造，低能耗技术和环保技术能缓解生态危机和能源危机对经济发展的威胁，但企业才是市场经济活动最主要的参与者。企业主动采用新技术、聘用高端人才、开展创新活动，其目的是为了实现利润和资本回报的最大化。但是，外部性和信息不对称的存在往往导致市场失灵，从而阻碍企业做出正确的决策，进而影响产业和整个产业结构的高端化。因此，政府有必要在建立创新网络、发展科技园区等方面多作贡献，从而降低企业开展创新和产业合作的起点，最终帮助微观经济主体发挥其主观能动性，提高产业经营能力，获取高资本回报率，为发展信息技术、低能耗技术和环保技术，吸引和培养高端人才提供沃土。

综上所述，中国在后金融危机时期的国际竞争战略可归纳为：走以发展知识经济、信息技术、低能耗技术和环保技术，培养高端人才，建立创新网络和科技园区为核心的产业结构高端化道路。

五、人口红利和中等收入陷阱与中国产业结构调整

“人口红利”和“中等收入陷阱”无疑是我国在进行产业结构调整时不能忽略的两个基本问题。

人口红利的概念最早是由 David E. Bloom 和 Jeffrey G. Williamson（1998）提出的，用来表示美国人口转变过程中劳动年龄人口的增长速度超过人口增长速度的特定阶段中，由于劳动年龄人口比例的增长而导致人均产出水平的增加。由于出生率和死亡率的下降往往并不同步，具有继起性，在社会的年龄结构上就会形成三个阶段。这

三个阶段分别具有高少年儿童抚养比、高劳动年龄人口比重和高老年抚养比的特征。[①] 如图 6—24 所示，在死亡率下降与出生率下降的时滞期间，人口的自然增长率上升，而要抚养的少儿人口比率随之提高。再经过一个时间差，当婴儿潮一代逐渐长大成人，劳动年龄人口的比率依次上升。随着经济社会发展而生育率下降，人口增长率趋于降低，随后逐渐开始人口老龄化。

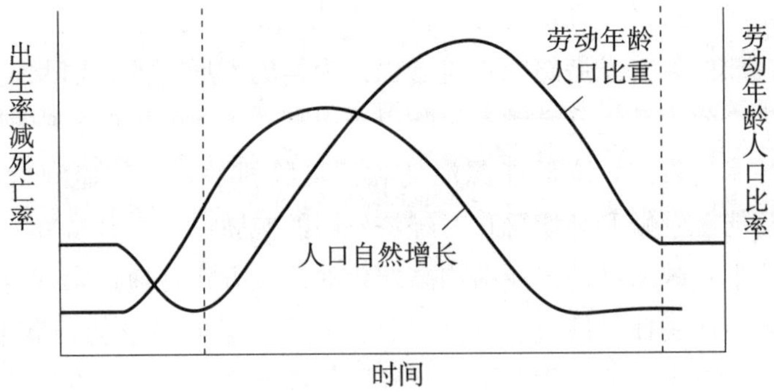

图 6—24　人口转变与年龄结构变化

资料来源：蔡昉：《人口转变、人口红利与经济增长可持续性——兼论充分就业如何促进经济增长》，载《人口研究》，2004 (2)：2～9 页。

在劳动年龄的人口占总人口比重较高时，人口的生产性强，社会储蓄率高，有利于经济增长，此时社会追加的人口生产性为经济增长贡献一个具有促进作用的“人口红利”。[②]“人口红利”会进一步促进经济的增长，是经济增长的额外动力。许多国内外学者对“人口红利”进行了相关研究。学界对中国正处于人口红利期的看法是基本一致的。因为当前中国人口年龄结构正经历少儿人口比重下降，劳动力人口比重上升的时期，在这一时期内，老龄化程度尚不严重，社会总抚养比相对较低，这是客观事实。但是在关于中国人口红利的起止时间和具体计算方法上，存在不同的认识，主要有两种判别标准：一种是从三分区年龄人口比例的角度出发，另一种则是从劳动年龄人口和总人口的相对变化速度出发。

由第一种判断标准，有学者根据国际常用的总人口抚养比低于 50 为人口红利期，结合中国人口发展趋势的 100 年预测，认为我国的人口红利期在 1990 年开始之后，预计到 2033 年结束，并且得到多位学者的认可。但是，还有学者把劳动年龄人口的增长速度是否快于总人口增长速度作为判断进出人口红利期的标准，认为人口转变使得中国从 20 世纪 60 年代中期开始进入人口红利期，并将延续到 2015 年前后。

另外，陈友华认为人口红利是用人口负担来衡量。人口负担的轻与重并不是绝对

① Williamson, Jeffrey (1997), Growth, Distribution and Demography: Some Lessons from History, *NBER Working paper series*, Working Paper 6244.

② David E. Bloom , David Canning, and Jaypee Sevilla, *The Demographic Dividend : A New Perspective on the Economic Consequences of Population Change*, RAND, 2003.

的，而是相对的，是相对于参照人口或标准人口而言的。因而对人口红利的数量界定，首先是标准人口的选取问题。陈友华在其《人口红利与人口负债：数量界定、经验观察与理论思考》一文中，选取了1957年瑞典生命表人口作为标准人口，并按照这个标准，认为中国从1990年开始进入人口红利期，到2035年人口红利期结束。①

但是人口红利的出现并不是经济发展的必然现象，而是需要一系列的条件。人口红利仅仅是一种增长潜力，其实现严重依赖于社会、经济以及政治因素；即使出现人口红利，若不加以有效利用的话，也难以发挥相应的作用。无疑，适当调整产业结构，促进人口红利作用的发挥，将进一步促进我国经济发展。

但是也有学者认为我国的人口红利在2010年时已经开始逐渐消失。因此我国在进行产业结构调整时除了需要考虑我国的人口红利因素外，还需要考虑如何跨越到新的经济发展阶段，如果不能成功跨越，将会跌入中等收入陷阱。

中等收入陷阱和中等收入阶段并不相同。跌入中等收入陷阱需要经历四个在时间上相继、空间上可以并存的阶段，即经济增长速度变缓、经济增长停滞、社会问题涌现、体制固化。

人口红利的逐渐消失必将导致中国经济的发展速度减缓，但是减速时期我们也不可犯错误，可以通过产业结构的优化升级、产业结构的高级化，以及其他一系列措施来避免跌入中等收入陷阱。

□ 复习思考题

1. 阐述产业结构的统计内容。

2. 产业结构分析包括哪些方面？各个方面的作用主要是什么？

3. 请列举三个产业结构演化理论，并阐述其内涵和应用对象。

4. 针对你所熟悉的某一国家或地区，阐述其应如何调整产业结构，进行产业结构升级，并说明理由。

5. 阐述产业结构高端化分析的统计体系。

6. 人口红利和中等收入陷阱各指什么？它们有什么内在的联系？又与产业结构有什么关系？

---

① 参见陈友华：《人口红利与人口负债：数量界定、经验观察与理论思考》，载《人口研究》，2005（6）。

第7章 资金流量的统计分析

Chapter 7

第1节 资金流量表简介

一、资金流量表的发展历史

第二次世界大战以后，金融业的发展十分迅速，金融活动在将储蓄有效地转化成投资的过程中，起到了中枢作用，几乎每一种经济单位都在不同层次上参与了不同的金融活动。如何全面、综合地反映国民经济中的各种金融交易，成为金融统计面临的一项重要任务。

1947年和1952年，美国经济学家M. A. 科普兰出版了《通过美国经济跟踪货币流通》和《美国货币流量研究》，书中用资金流量的方法对美国主要经济部门的金融活动做了全面研究，构造了资金流量表的最初表式，这标志着资金流量统计体系的诞生。书中的方法很快得到了美国联邦储备委员会的重视，其中的表式被采纳，1955年美国编制了资金流量账户。

1968年，联合国在修订国民经济核算体系时，把资金流量账户正式列入国民经济核算账户中。这是资金流量核算发展历史上的重要进步，因为含有资金流量账户的国民经济核算体系能够十分清晰地反映国民经济的实物运行与金融交易之间的关系。此后，许多国家在贯彻国民经济核算体系时，都根据本国的具体国情建立了自己的资金流量账户，并逐渐形成了制度，定期发布有关数据。

我国于20世纪90年代开始编制中国资金流量账户，到目前为止，已经公布了自1992年以来的资金流量账户，为我国的储蓄投资分析、金融结构分析、金融发展分析、社会融资活动分析等提供了充分的统计依据。

二、资金流量表的基本原理

资金流量账户是一个系统地、综合地、一致地描绘和分析事实的框架，它在经济中各种金融行为之间，以及产生收入和支出的非金融行为之间，引入详细的统计指标描述存在的关系。从广义上讲，资金流量核算采用复式账户或矩阵账户的方法，记录核算期内国民经济各机构部门之间以及国内与国外之间的收入分配过程和发生的各种金融交易，并将金融交易同与之相关的储蓄投资活动以及收入分配活动结合起来，全面反映收入分配和储蓄投资过程的价值运动以及融资过程的资金运动，包括货币资金运动和实物资金运动两个层面。狭义的资金流量核算是指经济社会中部门之间与金融交易有关的经济活动，它是一套显示经济单位间由经济活动所引起的金融资产所有权变化以及相应发生的金融负债的全社会金融账户。

资金流量表的核算范围一般分为三类。一是以增加值为核算的起点，核算内容包括国民收入的初次分配和再分配、最终消费和储蓄形成、实物投资以及金融交易；二是以可支配收入为起点，核算内容包括最终消费和储蓄的形成、实物投资以及金融交易；三是以净金融投资为起点，核算内容仅包括金融交易。本书采用的是第三种核算范围，即以反映金融交易为重点的金融账户。

资金流量表核算具有以下四个特点：资金流量核算范围广、覆盖面宽，它不仅能反映金融活动的领域，还能反映非金融部门的交易活动；它既是一个独立的统计体系，又是国民经济核算体系的一部分；资金流量核算与其他统计体系具有高度的协调性，它作为国民经济核算的一部分，定义、分类和统计方法与国民经济核算高度统一；资金流量核算具有国际可比性，为研究不同国家金融发展与经济发展之间的关系提供了数据基础。

资金流量表核算服从以下三个原则：采用复式记账法，每一笔交易都会在核算中得到双重反映；遵循权责发生原则，在记录各机构部门间收支、转移、资金交易时，将所有权或责任确认时间作为核算的时间标准；以现期市场价格作为计价依据。

三、资金流量表的结构

资金流量表一般有标准式和投入产出式（矩阵式）两种。标准式资金流量表的框架采用机构部门和交易项目的交叉结构。根据我国经济管理的特点及需要，将机构部门划分为非金融企业部门、金融机构部门、政府部门、住户部门和国外部门；每一个部门下面列出了“运用”和“来源”两个栏目，“来源”记录收入和资金流入，表示资金来源，“运用”记录支出和资金流出，表示资金运用情况。资金流量表可以分为两个相互联系又相互独立的部分：实物交易核算、金融交易核算。其中，实物交易部分由国家统计局负责编制，金融交易部分则由中国人民银行负责编制。

表 7—1 是我国 2010 年资金流量表金融交易部分，它的交易主体包括五个机构部

表 7—1　　中国 2010 年资金流量表（金融交易部分）　　单位：亿元

指标	非金融企业部门		金融企业部门		政府部门		住户部门		国内合计		国外部门		合计	
	来源	运用	来源	运用	来源	运用	来源	运用	来源	运用	来源	运用	来源	运用
1. 净金融投资	0	−15 123	0	−2 439	0	5 619	0	37 715	0	25 773	0	−25 773	0	0
2. 资金运用合计	0	102 863	0	225 547		19 539	0	68 263	0	416 213	0	14 203	0	430 416
3. 资金来源合计	117 986	0	227 986	0	13 920	0	30 548	0	390 440	0	39 977	0	430 416	0
4. 通货	0	586	6 507	−40	0	130	0	5 441	6 507	6 117	0	390	6 507	6 507
5. 存款	0	62 584	130 662	3 462	0	19 487	0	44 492	130 662	130 025	0	637	130 662	130 662
6. 贷款	64 264	0	251	97 227	194	0	30 548	0	95 413	1 814	0	97 227	97 227	
7. 证券	18 533	169	11 279	32 340	9 736	195	0	6 498	39 547	39 203	0	345	39 548	39 548
8. 证券投资基金份额	0	−563	−1 566	−256	0	−271	0	−457	−1 566	−1 547	0	−19	−1 566	−1 566
9. 证券公司客户保证金	0	−1 398	−2 373	−207	0	−11	0	−737	−2 373	−2 354	0	−19	−2 373	−2 373
10. 未贴现的银行承兑汇票	23 346	23 346	23 346	23 346	0	0	0	0	46 692	46 692	0	0	46 692	46 692
11. 保险准备金	0	667	2 470	0	3 835	0	0	5 638	6 305	6 305	0	0	6 305	6 305
12. 金融机构往来	0	0	3 543	2 324	0	0	0	0	3 543	2 324	−221	998	3 322	3 322
13. 准备金	0	0	33 261	33 261	0	0	0	0	33 261	33 261	0	0	33 261	33 261
14. 库存现金	0	0	714	714	0	0	0	0	714	714	0	0	714	714
15. 中央银行贷款	0	0	469	469	0	0	0	0	469	469	0	0	469	469
16. 其他（净）	0	9 227	19 395	2 771	0	9	0	7 387	19 395	19 395	0	0	19 395	19 395
17. 直接投资	12 529	4 072	0	0	0	0	0	0	12 529	40 72	4 072	12 529	16 601	16 601
18. 其他对外债权债务	3 354	4 174	28	−1 796	0	0	0	0	3 383	2 378	2 378	3 383	5 760	5 760
19. 国际储备资产	0	0	0	31 934	0	0	0	0	0	31 934	31 934	0	31 934	31 934
20. 国际收支错误与遗漏	−4 040	0	0	0	0	0	0	0	−4 040	0	0	−4 040	−4 040	−4 040

门：非金融企业部门、金融机构部门、政府部门和住户部门，以及国外部门；十七类主要金融交易项目：通货、存款、贷款、证券、证券投资基金份额、证券公司客户保证金、未贴现的银行承兑汇票、保险准备金、金融机构往来、准备金、库存现金、中央银行贷款、其他（净）、直接投资、其他对外债权债务、国际储备资产、国际收支错误与遗漏。

1. 交易主体分类

国民经济的融资活动是由各类经济主体发生的各种金融交易组成的。在市场经济的前提下，从事金融融资活动的基本单位是机构单位。所谓机构单位，是指有权拥有资产并承担负债，能够独立从事经济活动并与其他实体进行交易的经济实体。具体来说，机构单位应该拥有以下基本特征：

第一，有权独立拥有货物和资产，并因此能够与其他机构单位交换货物或资产的所有权；

第二，能够做出直接负有法律责任的经济决定和从事相应的经济活动；

第三，能以自己的名义承担负责，承担其他义务和承诺，并能够签订契约；

第四，能够编制出包括资产负债表在内的一系列在经济和法律上有意义的会计报表。

这是国民经济核算体系对经济机构单位的定义，也是作为国民经济核算体系组成部分的金融账户核算体系关于经济机构单位的定义。其他几种重要的国民经济统计体系，如政府财政统计、货币银行统计、国际收支统计等，对机构单位的定义也是以SNA中的定义为准。这个定义具有广泛的可比性。

在市场经济的背景下，具备机构单位条件的基本单位有两类：一类是住户，一类是得到法律或社会承认的独立于其所有的社会实体，也即法人单位。法人单位根据其在经济交易中的主要特征，又可进一步划分为非金融企业部门、金融机构部门和政府部门。由相同类型的机构单位构成机构部门。因此，国民经济的所有常住机构单位（在这里“常住”概念与国际收支中的“居民”概念是一致的）被相应地划入四个机构部门：住户部门、非金融企业部门、金融机构部门和政府部门。

住户部门由所有常住居民住户组成，其中包括不具备法人资格的个体经济企业。

非金融企业部门由不从事金融媒介活动的所有常住法人企业组成。就我国而言，包括具备法人资格的国营、集体、各种形式的合资、合作经营及外商独资的常住工商企业、农业企业、建筑企业、运输邮电企业及其他不从事金融媒介活动的服务企业。

金融机构部门由中央银行以及从事金融媒介、保险以及金融辅助活动的常住法人企业组成。就我国而言，具体包括中国人民银行、存款机构、保险公司等。其中，存款机构包括存款货币银行和特定存款机构。存款货币银行主要由国有商业银行、中国农业发展银行、其他商业银行、信用合作社、财务公司组成，特定存款机构主要由金融信托投资公司、租赁公司、国家开发银行和中国进出口银行组成。应该指出的是，由于市场经济条件下金融活动的发展与创新比较活跃，新类型的金融机构也会相应产生，所以，金融机构部门子部门的划分也会发生一些变化。

政府部门由各种类型具备法人资格的常住行政事业单位组成，其中也包括军事单位和不具备法人资格的、附属于行政事业单位的企业。

如同国际收支统计，所有的常住机构单位构成国内，所有非常住结构单位构成国外。对于国外，并不是要核算国外所有的经济活动，而是反映国外与我国常住机构单位之间的交易活动关系。金融账户在反映国外与国内间的金融交易活动时，在表现国外与各机构部门之间的交易方面，比国际收支平衡表更为详细；在表现金融交易方面，比国际收支平衡表更为综合。

2. 金融交易分类

资金流量核算不同于专门领域金融统计的关键一点是它核算范围的广泛性，因此，资金流量核算在设计金融交易时，通常对项目口径的规定比较综合。以表 7—1 中的金融交易为例，其中的多数项目都是由两个及两个以上的金融交易工具构成的。下面根据表 7—1 的内容，对各项金融交易的统计口径作出解释。

（1）通货。以现金形式存在于流通领域中的货币，包括主币和辅币，是通货持有人的资金运用，中央银行的资金来源。

（2）存款。包括各种形式的存款，具体有活期存款、定期存款、住房储蓄存款、财政存款、外汇存款和其他存款，是存款单位的资金运用，金融机构的资金来源。

（3）贷款。金融机构单位向非金融部门提供的各种形式的贷款，具体包括：短期贷款、中长期贷款、对政府的贷款、外汇贷款和其他贷款，是金融机构的资金运用，接受贷款部门的资金来源。

（4）证券。包括各种债券和股票，是证券发行人的资金来源，证券持有人的资金运用。

（5）保险准备金。保户向保险公司缴纳的保险费预付款、对人寿保险公司和养老基金的净权益以及保险公司的未结索赔准备金。它是保险公司、养老基金的资金来源，投保部门的资金运用。

（6）金融机构往来。各金融机构之间的相互往来，具体包括同业存放款和同业拆放款。它既是金融机构部门的资金运用，又是金融部门的资金来源。为了分析的需要，在这里没有做轧抵处理。

（7）准备金。金融机构在中央银行缴存的准备金。它是金融机构的资金运用，中央银行的资金来源。为了分析的需要，在这里没有做轧抵处理。

（8）库存现金。银行机构准备的现金业务库存。它是金融机构的资金运用，中央银行的资金来源。为了分析的需要，在这里没有做轧抵处理。

（9）中央银行贷款。中央银行向金融机构发放的贷款以及再贴现。它是中央银行的资金运用，金融机构的资金来源。为了分析的需要，在这里没有做轧抵处理。

（10）其他（净）。除上述金融交易以外的其他各类国内金融资产与负债变化轧抵处理的差额。

（11）直接投资。指外国、港澳台地区在我国和我国在外国、港澳台地区以独资、合资、合作及合作勘探开发方式进行的投资。

（12）其他对外债权债务。指除直接投资和证券投资以外的所有对外金融资产和负债。

（13）国际储备资产。包括货币黄金、外汇、特别提款权、在国际组织头寸的变化。

（14）国际收支错误与遗漏。国际收支表中的误差。

四、资金流量表的平衡关系

资金流量表中的平衡关系一般可以分为三个方面：一是部门内部的平衡关系；二是部门间的平衡关系；三是国内各部门总体与国外部门之间的平衡关系。

首先，从部门内部来看，资金的来源等于资金的使用，即

金融资产净增加＝负债净增加＋净金融投资

如住户部门，68 263＝30 548＋37 715，可以大概反映该部门参与金融市场的情况，具体情形可以通过各交易项目来分析。

其次，部门间的平衡关系即对特定的金融交易项目来说，各部门对某种金融工具的资产等于各部门对此金融工具的负债，表明了某种金融工具是从哪些部门聚集资金的，又是如何将这些资金分配到各部门的，即

各部门金融资金净增加＝各部门金融资产净负债

例如，存款类金融交易工具分别从非金融企业部门、金融机构部门、政府部门、住户部门、国外部门筹集了 62 584 亿元、3 462 亿元、19 487 亿元、44 492 亿元、637 亿元，又将这些资金分配给了金融机构 130 662 亿元。

最后，还有国内机构部门整体与国外部门的平衡关系。国内各机构部门与国外相互之间通过金融交易所产生的资产数量等于所形成的负债数量。即

$$\begin{matrix}\text{国内各部门}\\\text{金融资产总量}\end{matrix}+\begin{matrix}\text{国外}\\\text{金融资产}\end{matrix}=\begin{matrix}\text{国内各部门}\\\text{金融负债总量}\end{matrix}+\begin{matrix}\text{国外}\\\text{金融负债}\end{matrix}$$

以表 7—1 中的数据为例：

$$\begin{matrix}\text{非金融企业}\\(102\ 863)\end{matrix}+\begin{matrix}\text{金融机构}\\(22\ 5547)\end{matrix}+\begin{matrix}\text{政府}\\(19\ 539)\end{matrix}+\begin{matrix}\text{住户}\\(68\ 263)\end{matrix}+\begin{matrix}\text{国外}\\(14\ 203)\end{matrix}$$

$$=\begin{matrix}\text{非金融企业}\\(117\ 986)\end{matrix}+\begin{matrix}\text{金融机构}\\(227\ 986)\end{matrix}+\begin{matrix}\text{政府}\\(13\ 920)\end{matrix}+\begin{matrix}\text{住户}\\(30\ 548)\end{matrix}+\begin{matrix}\text{国外}\\(39\ 947)\end{matrix}$$

＝430 416（亿元）

这个平衡关系表明国内金融资产形成总额大于国内金融负债形成总额，即国内资金盈余，资金流向国外。

总的来说，资金流量表的平衡关系表明了资金怎样通过金融工具，从资金盈余方流通到资金需求方。

第2节 资金流量表的统计分析

利用资金流量表金融交易部分的数据，可以分析金融资产在资金流量过程中的变化。根据资金流量表的结构，可以简单地从金融交易项目和机构部门两方面进行分析。下面以2010年资金流量表的数据为例进行统计分析。

一、金融交易项目的分析

1. 金融投资的总体结构分析

根据资金流量表，我们可以分析中国金融投资的总体结构，通过对金融资产净增加和净金融投资的分析，可以大致了解各部门金融总投资的情况，以及资金流向情况。下面进行具体分析，这里采用的是静态分析，也可以利用历年资金流量表进行动态分析。

2010年中国国内各部门金融资产净增加416 213亿元，在具体各部门的分布如图7—1所示。从图中可以看出，目前中国金融机构部门是金融资产净增加最多的部门，占金融资产净增加总量的54%，这是由金融机构的金融中介地位决定的。非金融企业部门和住户部门的金融投资规模其次，政府部门金融投资占社会总投资的比重最低。

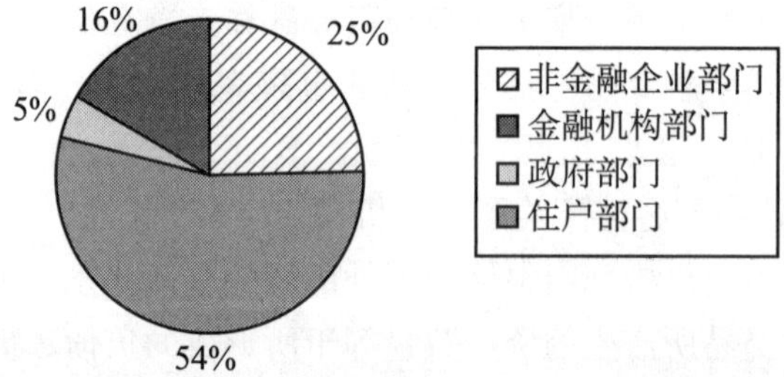

图7—1 2010年中国金融资产净增加的分布图

2010年中国各部门净金融投资合计25 773亿元，从各部门的净金融投资变化来看（见图7—2），中国国内资金主要由住户部门提供，主要流向非金融企业部门；政府部门和金融机构的净金融投资均比较少。另外，国外部门的资金需求超过非金融机构，这是由中国国际储备资产较多造成的。

2. 金融交易项目的统计分析

从上面的分析中，我们大致了解了各部门金融投资的总体情况，另外，也可从金融交易项目的角度进行分析，既可以分析金融资产在各种金融工具中的分布情况，又可以分析某种金融工具在各部门的分布情况，下面进行具体分析。

从金融交易项目的总体构成来看（见图7—3），中国的金融投资以存款和贷款为

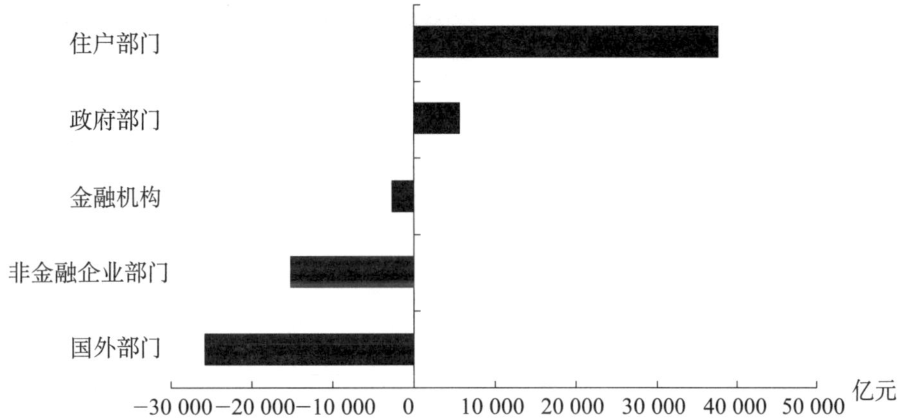

图 7—2　2010 年中国各部门净金融投资分布图

主，远远大于证券投资（证券和证券投资基金份额），说明中国目前的金融结构仍然以间接投资为主。其次，在国际金融投资结构中，直接投资超过其他对外债权债务，说明中国参与国际投资的方式正向多元化发展。

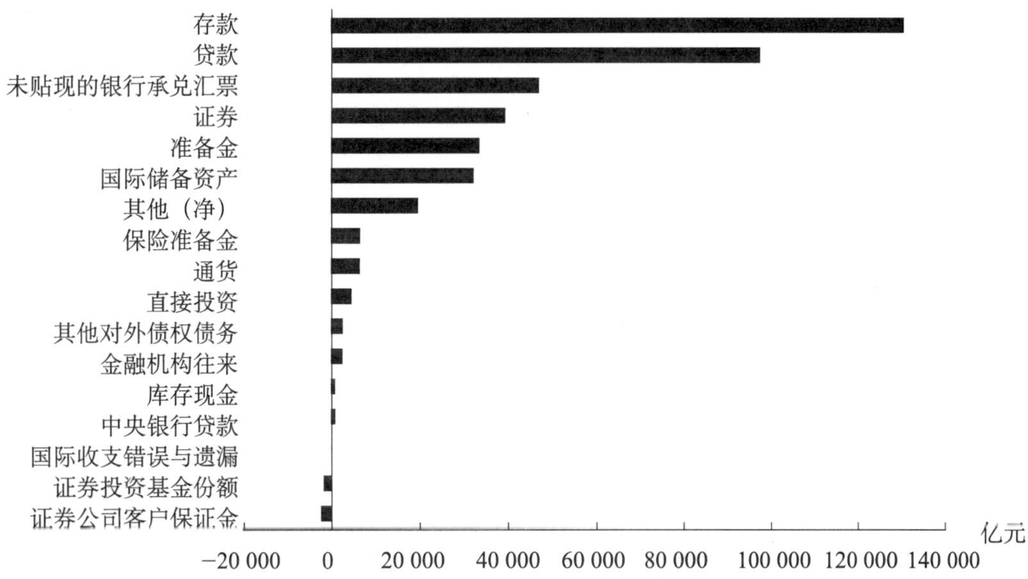

图 7—3　2010 年中国金融交易项目的投资结构图

进一步观察中国资金流量表金融交易项目的净金融投资的构成（见图 7—4）。从中可以看出，中国拥有大量国际储备资产，这导致中国总体净金融投资长期为正值。同时贷款也为正值，但是直接投资和证券投资都为负值，这说明中国国内金融投资和国际金融投资都以间接投资方式为主，直接投资方式有待提高和发展。

利用资金流量表，也可以分析某种金融工具的在各部门的分布结构。例如，2010 年各部门利用证券投资（其中包括债券类和股票）的情况，如图 7—5 所示，形成金

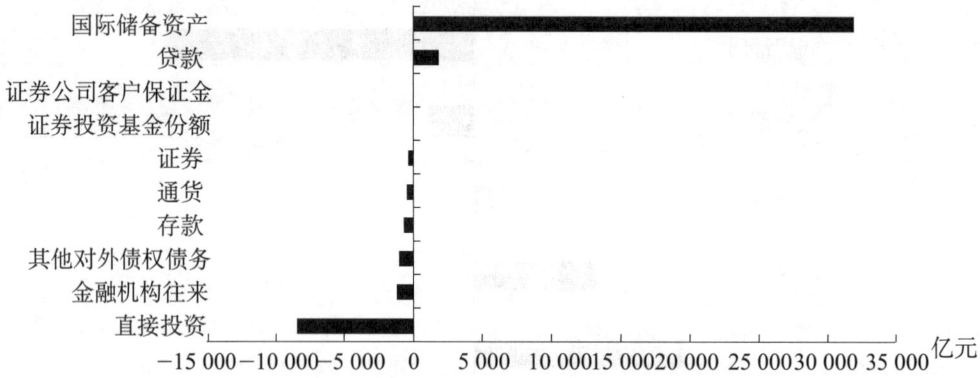

图 7—4 2010 年金融交易项目净金融投资结构图

融资产（即证券的“运用”）39203 亿元，形成金融负债（即证券的“来源”）39 547 亿元。从部门的分布来看，从事证券投资的主要是金融机构与住户部门，金融机构占主要地位；从事证券融资的主要是非金融企业部门、金融机构部门、政府部门，其中非金融企业部门是主要的证券融资部门。

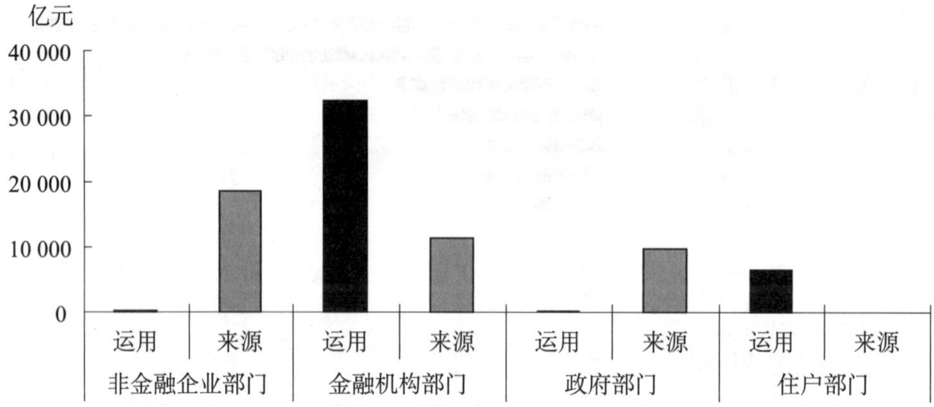

图 7—5 2010 年中国证券投资的部门结构

二、机构部门的统计分析

机构部门的统计分析主要针对部门内部的金融交易项目进行分析。通过分析各部门金融交易项目的“运用”情况，可以分析其投资结构；而分析金融交易项目的“来源”构成，可以分析各部门的融资情况。下面分别对五个部门进行分析，读者也可以结合历年的资金流量表分析各部门的投资融资变化情况。

1. 非金融企业部门的融资结构分析

非金融企业部门作为国民经济中最重要的实物投资主体，其自身的储蓄远远不能满足投资需求，因此，在社会资金运作中，它是中国国内主要的资金需求部门。从图

7—6 可以看出，非金融企业部门的主要资金来源是贷款，占融资总额的 53%，再加上未贴现的银行承兑汇票，共占融资总额的 72%，而证券仅占 15%，说明中国国内非金融企业部门的融资渠道主要是间接融资方式。另外，非金融企业部门从国际市场获得了约 13%的资金，其中 10%来源于直接投资，而 2009 年这一数据仅为 5%，说明中国非金融企业部门进行国际融资时，以直接投资方式为主，并且融资量逐渐增长。

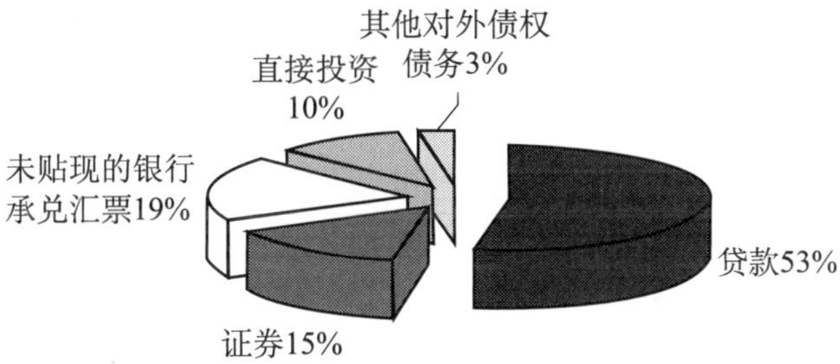

图 7—6　2010 年中国非金融企业部门融资结构图

2. 住户部门的投资结构分析

住户部门是所有部门中资金盈余最多的部门，是社会融资活动中最大的资金提供者。住户的主要投资方式包括通货、存款、证券、证券投资基金份额、证券公司客户保证金、保险准备金等方面（见图 7—7）。从图 7—7 可以看出，住户部门的主要投资方式是存款，占投资总额的 63%，说明中国是一个高储蓄国家。另外，证券投资和保险准备金分别占投资总额的 9%和 8%，说明中国住户部门的投资结构正在发生变化，直接投资所占比重增大，投保也成为住户部门金融投资的一种重要方式。

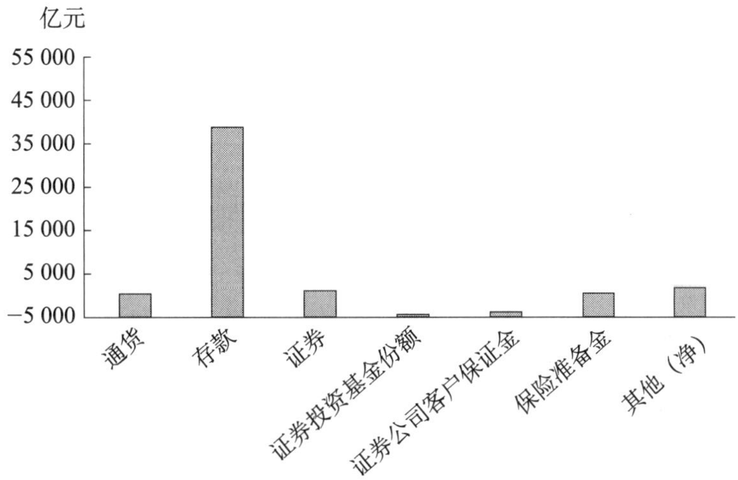

图 7—7　2010 年中国住户部门投资结构图

3. 政府部门的资金流量分析

2010 年中国政府部门的资金净盈余为 5 619 亿元，其中金融资产增加 19 539 亿元，金融负债增加 13 920 亿元。从政府部门的资金流量构成结构（见图 7—8）可以看出，政府部门的资金主要来源于发行国债和保险准备金，少量资金来源于贷款和其他资金，而政府部门的主要投资方式是存款，少量资金用来购买证券。

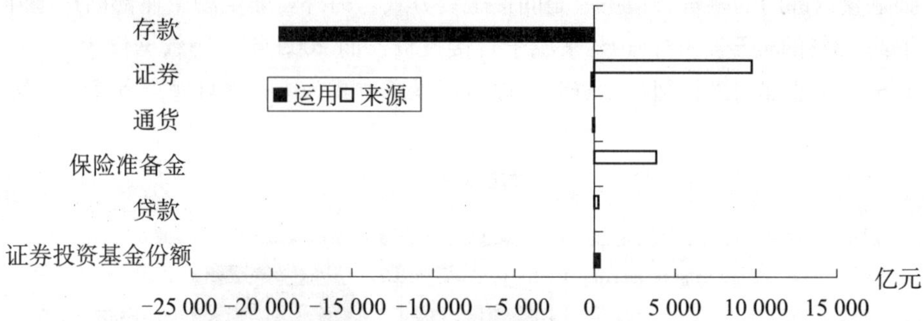

图 7—8　2010 年中国政府部门资金流量结构图

4. 金融机构部门的资金流量分析

从上面的分析可以得知中国的主要融资方式是间接金融①，而金融机构是间接融资的中介机构，中介机构通过吸收投资者的资金形成金融负债，同时向最终融资者提供资金形成金融资产。从各部门间接金融交易情况（见表 7—2）可以看出，三大金融工具在资金来源和运用中所占比重均比较大，而金融机构是三大金融工具的主导者。从 2010 年资金流量表中可以发现，当年金融机构增发通货 6 507 亿元，吸收存款 130 662亿元，新增贷款 97 227 亿元。说明目前间接金融交易是中国的主要金融力量，而金融机构在其中发挥着重要作用。

表 7—2　　2010 年各部门间接金融交易情况表（%）

	非金融企业部门	金融机构部门	政府部门	住户部门	国内合计
在资金使用中所占比重	100	100	100	100	100
通货	0.57	−0.02	0.67	7.97	1.47
存款	60.84	1.53	99.73	65.18	31.24
贷款	0.00	43.11	0.00	0.00	23.36
合计	61.41	44.62	100.40	73.15	56.07
在资金来源中所占比重	100	100	100	100	100
通货	0.00	2.85	0.00	0.00	1.67
存款	0.00	57.31	0.00	0.00	33.47
贷款	54.47	0.11	1.39	100.00	24.44
合计	54.47	60.27	1.39	100.00	59.58

① 直接金融（direct finance）是指资金盈余部门与资金短缺部门分别作为最后贷款者和最后借款者直接协商借贷，或者由资金盈余部门直接购入资金短缺部门的有价证券而实现资金融通的金融行为。间接金融与直接金融对应，指资金盈余部门与资金短缺部门之间通过金融中介机构间接实现资金融通的金融行为。

5. 国外部门资金流量分析

2010 年国外部门的净金融投资为−25 773 亿元，说明国外部门占有中国大量资金，这是由于国际资产储备居高不下造成的。同时，国外流入中国资金 14 203 亿元，比 2009 年增加 7 903 亿元，其中国外对我国直接投资为 12 529 亿元，比 2009 年增加7 188亿元，说明中国市场的投资吸引力有所增加。同时，我国对外国金融资产投资为39 977亿元，比 2009 年增加 12 766 亿元，说明中国仍然是对外债权大国，资金净流出国。

通过以上的分析可以发现，中国目前的金融交易以间接金融交易为主，融资和投资主要通过金融机构的中介作用来实现。但是也出现了喜人的变化，证券投资和保险准备金所占比重逐渐增加，国际间直接投资也有较大增长，说明中国的金融交易方式正向多元化方向发展。同时，中国仍具有较高的国际储备资产，说明中国国际资本使用不足，应该进行更有效的国际投资。

三、矩阵式资金流量表的统计分析

近 10 年来，我国公布的资金流量表均采用账户式，所以目前我国学者对金融资金流量表的研究多停留在账户形式上，即利用账户中的数据进行部门和流动性分析，分析基本停留在描述层面。而对矩阵式资金流量表的分析比较少，利用部门间金融资金流量矩阵表及其模型，可以挖掘出金融资金流量表中的深层信息。我们利用国际主流方法来编制金融资金流量矩阵表，以此来深入研究部门间资金流动的关系。①

中国 2005 年和 2009 年的部门间资金流量矩阵表如表 7—3 所示。表中每个元素 W_{ij} 表示第 j 部门对第 i 部门的投资，或者是第 i 部门在第 j 部门形成的负债。整个表体现了金融负债总和等于金融投资总和、储蓄总和等于实物投资总和、每个部门的总投资等于总负债的平衡关系。

表 7—3　　2005，2009 年中国部门间资金流量矩阵表　　单位：亿元

		金融负债						总储蓄	总负债
2005 年	部门	非金融企业	金融机构	政府部门	住户部门	国外部门	金融总负债		
金融投资	非金融企业	1 361	23 534	53	356	6 828	32 132	40 836	72 969
	金融机构	12 658	20 322	8 022	26 717	2 465	70 184	1 283	71 468
	政府部门	72	3 012	0	1 613	222	4 920	12 811	17 731
	住户部门	0	3 506	0	0	35	3 541	39 392	42 933
	国外部门	1 480	2 677	155	411	2 356	7 078	9 259	16 337
	金融总投资	15 571	53 051	8 230	29 097	11 906	117 855		

① 参见李宝瑜、张帅：《我国部门间金融资金流量表的编制与分析》，载《统计研究》，2009 (12)。

续前表

		金融负债						总储蓄	总负债
2005 年	部门	非金融企业	金融机构	政府部门	住户部门	国外部门	金融总负债		
实物总投资		57 397	18 417	9 500	13 836	4 431		103 581	
总投资		72 969	71 468	17 731	42 933	16 337			221 436
2009 年	部门	非金融企业	金融机构	政府部门	住户部门	国外部门	金融总负债	总储蓄	总负债
金融投资	非金融企业	2 953	93 621	1	2 555	5 101	104 232	90 873	195 105
	金融机构	69 215	19 101	19 691	52 889	8 528	169 424	8 406	177 830
	政府部门	144	7 140	0	4 031	113	11 428	23 132	34 560
	住户部门	0	24 830	0	0	59	24 889	83 718	108 607
	国外部门	1 078	3 440	0	0	1 929	6 447	18 472	24 919
	金融总投资	73 391	148 132	19 692	59 475	15 730	316 420		
实物总投资		121 714	29 698	14 868	49 132	9 189		224 601	
总投资		195 105	177 830	34 560	108 607	24 919			541 021

说明：2009 年的金融资金流量表相比于 2005 年多了证券投资基金份额和证券公司客户保证金两项，但是这两项所占比重较小，为了保持分析的一致性，在 2009 年部门间资金流量表的编制中不考虑这两个交易项目。

部门间的金融资金流量矩阵表包含的信息丰富，通过分析 2005 年与 2009 年的情况，可以发现我国金融资金流量的变化特征。

（1）金融资金总流量规模日益扩大，部门间资金往来迅速增加。

从 2005 年至 2009 年，我国部门间资金流量总规模从 117 855 亿元上升到 316 420 亿元，扩大了 1.68 倍。自 2008 年金融危机以来，我国实行宽松的货币政策，从而使信贷总量激增，从金融机构与非金融企业、住户部门的资金往来迅速增加可以看出这点，非金融企业、住户部门对金融机构的投资分别从 12 658 亿元上升到 69 215 亿元、26 717亿元上升到 52 889 亿元，而金融机构对非金融企业的投资从 23 534 亿元增加到 93 621 亿元。

从负债角度来看，金融机构和非金融企业仍然是社会资金的主要来源，它们占全社会金融总负债的 85%以上，2005—2009 年，非金融企业所占比例从 27.3%上升到 32.9%，金融机构从 59.6%下降到 53.5%，其他部门所占比例在 15%以内。从投资角度（支出）来看，金融机构、非金融企业和住户部门是社会资金的主要运用部门，它们占全社会金融总投资的 80%以上，2005—2009 年，金融机构的投资占比从 45%上升到 46.8%，非金融企业的投资从 13.2%上升到 23.19%，而住户部门从 24.7%下降到 18.8%。负债和金融支出结构表明，金融机构的地位比较稳定，非金融企业的重要性有所上升。

(2) 住户部门是主要的净投资部门，政府部门和国外部门的净金融投资大幅增加。

各部门的净金融投资是用各部门的金融总投资减去金融总负债。住户部门的净金融投资从 2005 年的 25 556 亿元增加到 2009 年的 34 586 亿元；政府部门的净金融投资从 3 310 亿元增加到 8 264 亿元，说明政府参与金融市场的力度增大；国外部门的净金融投资从 4 828 亿元增加到 9 283 亿元，说明国外资金涌入国内资本市场的趋势明显增强；非金融企业和金融机构均为净负债部门。

(3) 部门间资金流量格局变化。

通过计算各部门间资金流量占社会资金总流量的比重可以得到比重矩阵，从该矩阵中可以得出：2005 年比重最大的四项是金融机构对住户部门的负债（22.7%）、金融机构对非金融企业的投资（20%）、金融机构内部流量（17%）、金融机构对非金融企业的负债（10.7%）；而到了 2009 年比重最大的四项是金融机构对非金融企业的投资（29.6%）、金融机构对非金融企业的负债（21.9%）、金融机构对住户部门的负债（16.7%）、金融机构对住户部门的投资（7.8%）。这说明金融机构仍然是最主要的部门，金融机构的投资和融资结构发生变化，对非金融企业的投资大幅增加的同时负债也大幅增加，对住户的投资大幅增加，但负债有所减少，而金融机构内部往来则减少很多。

(4) 各部门金融投资结构变化情况。

金融机构的投资结构发生变化，2005 年对非金融企业、本部门和住户部门的投资比例分别为 44.4%，38.3%，6.6%，而 2009 年对这三个部门的投资比例变为 63.2%，12.9%，16.8%，由主要投向非金融企业和本部门向非金融企业部门、住户部门和本部门转变。住户部门的主要投资方向是金融机构，占其投资的 90%左右，同时对非金融企业的投资也有所增加。非金融企业由主要投资于金融机构和自身转变到主要投资于金融机构，由 2005 年的 81.3%上升到 2009 年的 94.3%。政府部门的投资主要集中在金融机构。国外部门投资于企业的比例有所下降，从 2005 年的 57.3%下降到 2009 年的 32.4%，而对于金融机构的投资比例由 20.7%上升到 54.2%。以上变化表明，金融机构的投资逐步向企业和住户倾斜，而其他各部门的金融投资逐步向金融机构倾斜。

(5) 各部门融资结构变化情况。

非金融企业是主要的融资部门，其主要负债部门是金融机构，从金融机构获得的资金由 2005 年的 73.2%增加到 2009 年的 89.8%。金融机构从非金融企业获得的资金大幅增加，由 18%增加到 40.8%，而从本部门和住户部门获得的资金比例下降，分别由 29%，38.1%下降到 11.3%，31.2%，说明金融机构从非金融企业获得了更多的资金。2005 年，国外部门的主要负债结构是金融机构（37.8%）、本部门（33.3%）、非金融企业（20.9%），而 2009 年的主要负债结构是金融机构（53.4%）、本部门（29.9%）、非金融企业（16.7%），说明金融机构对国外部门融资发挥着越来越重要的作用。

利用各部门的资金流量矩阵表，我们可以挖掘出很多内在的结论。例如，政府净金融投资大幅增加，说明政府对金融资金的利用效率较低，没有充分利用金融市场很好地发挥其调节实体经济的作用。而住户部门对金融机构的投资过大，可能会阻碍居民增加消费，扩大内需，但是金融机构对住户部门的投资大幅增加，可以有效地缓解信贷约束压力，更好地促进消费。除了以上分析之外，也可以分析各部门的储蓄和实物投资对金融市场的影响，还可以通过建立部门间资金流量模型来分析预测资本市场的变化情况。

第 3 节　货币供求模型及其应用

一、货币供应量

货币供应量是全社会的货币存量，是某一时点承担流通和支付手段的金融工具总和，它是一个存量概念，反映了该时点上全社会总的购买力。依据充当货币的金融工具“货币性”的不同，货币供应量可以划分为 M0，M1，M2，M3，M4 等不同的层次。

金融工具的“货币性”主要是指金融工具的流动性和收益性。其中流动性是指金融工具在短时间内转换成同等价值货币的能力，不同金融工具具有不同的流动性，现金和活期存款流动性最强，能够按其全部价值用于购买商品、服务以及其他金融工具，而其他有价证券的流动性稍弱，需要一定的时间才能在证券市场上转换成货币或者活期存款。收益性是指金融工具赢得利息、红利或者其他收入的能力，一般来说，现金不具有收益性，活期存款的利息较低，而定期存款和其他有价证券可以获得较高的收益。

狭义货币	广义货币	最广义货币
(M0，M1)	(M2，M3)	(L，…)
流动性强	……	流动性弱
收益低	……	收益高
可分割性强	……	可分割性弱
可转让性强	……	可转让性弱
交易成本低	……	交易成本高

中国货币供应量的层次划分。1994 年，中国人民银行首次将中国的货币供应量划分为 M0，M1，M2 三个层次。此后，货币供应量口径经过多次修订，2001 年 6 月，将证券公司客户保证金计入 M2；2002 年初，将在中国的外资、合资金融机构的人民币存款业务，分别记入到不同层次的货币供应量；2011 年将住房公积金和非存款类金融机构在存款类金融机构的存款计入 M2。当前中国货币供应量层次如下：

M0＝流通中的现金

M1＝M0＋单位活期存款

M2＝ M1＋单位定期存款＋个人存款＋其他存款

下面具体讲述如何统计 M0，M1，M2。首先，计算货币供应量需要统计方法，世界各国编制货币供应量时一般采取叠加法和加权汇总法两种方法。叠加法即将不同层次的货币简单的加总，加权汇总法需要根据每种金融工具的“货币性”确定权数，由于目前判断货币性强弱的方法较多而且没有达成共识，所以中国目前采用叠加法进行计量。

其次，货币供应量是如何得来的？中国货币供应量一般通过两个层次的统计来收集基础数据：第一个层次是以金融统计“全科目”指标的数据为基础，汇总各相关机构的数据，编制资产负债表，主要包括货币当局资产负债表、其他存款性公司资产负债表；第二个层次是编制概览表，将货币当局资产负债表和其他存款性公司资产负债表进行合并编制存款性公司概览。存款性公司概览中的货币与准货币即是货币供应量的数据。具体过程如图 7—9 所示。

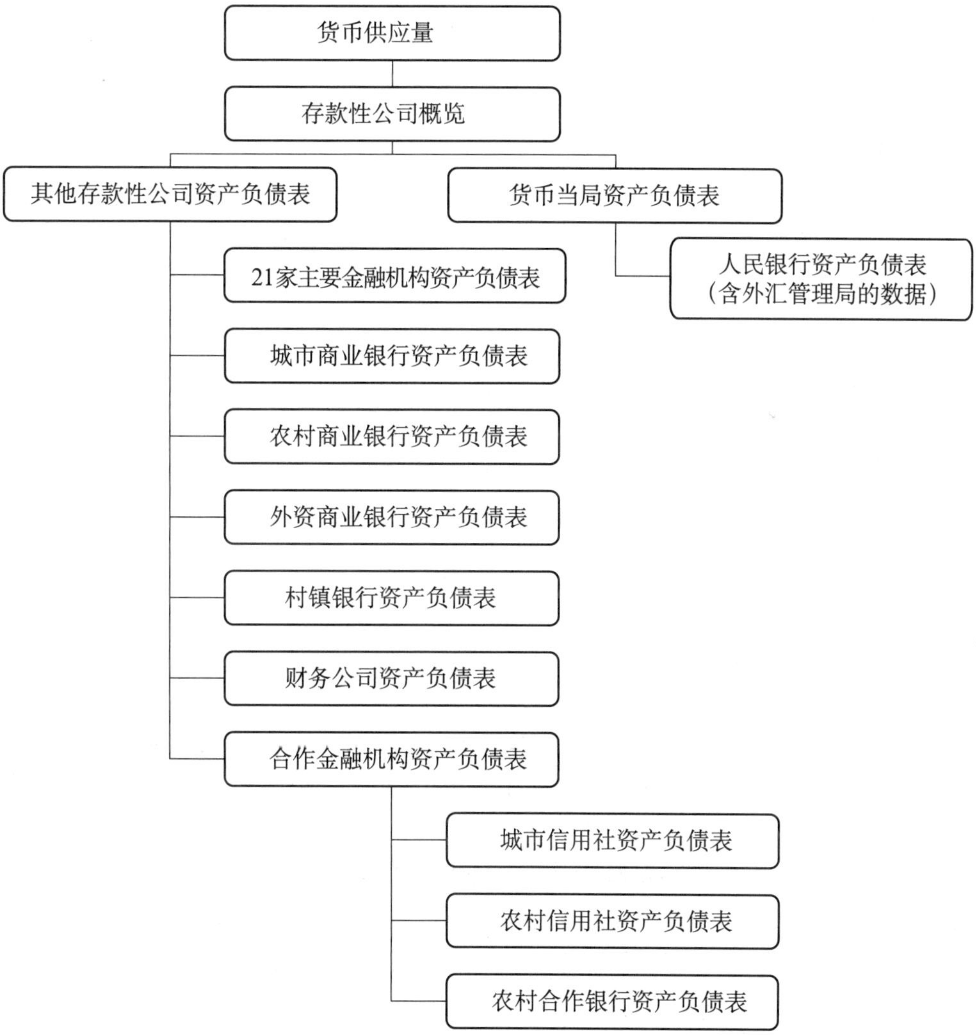

图 7—9　货币供应量统计流程图

资料来源：中华人民共和国国家统计局：《中国主要统计指标诠释》，2 版，北京，中国统计出版社，2013。

限于篇幅，关于货币当局资产负债表、其他存款性公司资产负债表和存款性公司概览的详细编制方法这里不再介绍，请参考其他专业性书籍，下面是中国人民银行公布的2012年存款性公司概览，如表7—4所示。

表7—4 2012年中国存款性公司概览（节选） 单元：亿元

项目	2012.10	2012.11	2012.12
国外净资产	261 131.54	259 743.21	258 850.91
国内信贷	770 212.03	778 865.08	805 593.77
对政府债权（净）	375 74.78	390 94.46	506 83.71
对非金融部门债权	681 268.05	687 692.96	694 351.52
对其他金融部门债权	513 69.20	520 77.66	605 58.54
货币和准货币	936 404.28	944 832.35	974 148.80
货币	293 309.78	296 883.05	308 664.23
流通中货币	514 67.71	523 92.12	546 59.77
单位活期存款	241 842.07	244 490.93	254 004.46
准货币	643 094.49	647 949.31	665 484.57
单位定期存款	191 726.59	192 173.76	195 940.13
个人存款	396 448.24	398 962.19	411 362.59
其他存款	549 19.67	568 13.36	581 81.86
不纳入广义货币的存款	252 88.61	251 02.04	244 54.11
债券	886 23.99	903 24.20	923 18.27
实收资本	304 39.35	305 49.99	309 45.02
其他（净）	−494 12.65	−522 00.29	−574 21.53

资料来源：中国人民银行网站，www.pbc.gov.cn。

由存款性公司概览我们可以得到各层货币供应量，如表7—5所示。

其中，M0＝公司概览中的“流通中货币”

M1＝存款性公司概览中的“货币”

M2＝存款性公司概览中的“货币和准货币”

表7—5 2012年中国货币供应量（节选） 单元：亿元

项目	2012.10	2012.11	2012.12
货币和准货币（M2）	936 404.28	944 832.40	974 148.80
货币（M1）	293 309.78	296 883.00	308 664.23
流通中货币（M0）	51 467.71	52 392.12	54 659.77

资料来源：中国人民银行网站，www.pbc.gov.cn。

二、货币供应量统计分析

在市场经济条件下，社会总需求（具体指消费需求、投资需求、政府支出和出口）的实现手段和载体是货币。中央银行通过各种货币政策来调节货币供应量和利率，进而对经济发展产生影响，以实现稳定价格、充分就业、国际收支平衡和经济增长的政策目标。但是，中央银行所采取的货币政策工具需要一定时间才能对政策目标产生间接影响，因此有必要选择货币供应量、利率等中介指标来观察政策工具实施效果并判断其对经济变量产生的影响。货币政策的传导机制如图 7—10 所示。因此，我们首先分析货币政策工具与货币供应量之间的关系，其次分析货币供应量与经济之间的关系，最后对货币供应量自身进行分析。

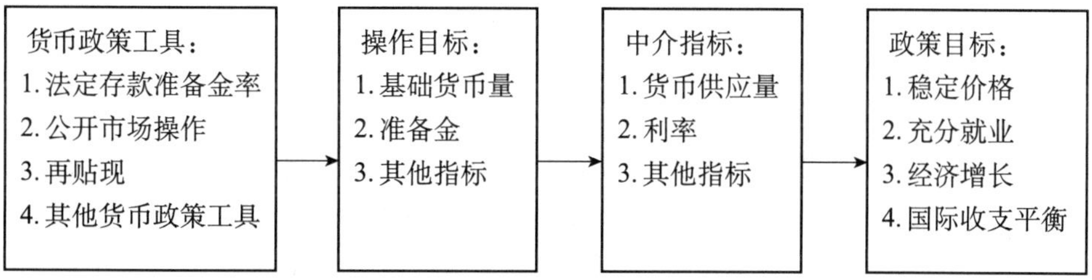

图 7—10　货币政策传导机制图

1. 中国货币政策工具与货币供应量的关系

中国人民银行采取的货币政策工具一般可分为一般性工具、选择性工具和补充性工具。一般性货币政策工具包括公开市场操作、存款准备金和再贴现；选择性货币政策工具包括消费者信用控制、不动产信用控制、优惠利率、对金融企业窗口指导等；补充性工具包括直接信用控制工具、间接信用控制工具等。一般性货币政策工具多属于间接调控工具，选择性货币政策工具多属于直接调控工具。长久以来，我国的货币政策多以直接调控为主，即采取信贷规模、现金计划等工具。1998 年以后，我国主要采取间接货币政策工具调控货币供应总量。现阶段，中国的货币政策工具主要有公开市场操作、存款准备金、再贷款与再贴现、利率、汇率等。下面简要介绍公开市场操作、存款准备金、再贷款这三种主要货币政策工具对货币供应量的影响。

在多数发达国家，公开市场操作是中央银行吞吐基础货币、调节市场流动性的主要货币政策工具，通过中央银行与指定交易商进行有价证券和外汇交易，实现货币政策调控目标。中国公开市场操作包括人民币操作和外汇操作两部分。外汇公开市场操作于 1994 年 3 月启动，人民币公开市场操作于 1998 年 5 月 26 日恢复交易，规模逐步扩大。1999 年以来，公开市场操作已成为中国人民银行货币政策日常操作的重要工具，对于调控货币供应量、调节商业银行流动性水平、引导货币市场利率走势发挥了积极的作用。

中国人民银行从1998年开始建立公开市场业务一级交易商制度，选择了一批能够承担大额债券交易的商业银行作为公开市场业务的交易对象，目前公开市场业务一级交易商共包括40家商业银行。这些交易商可以运用国债、政策性金融债券等作为交易工具与中国人民银行开展公开市场业务。从交易品种看，中国人民银行公开市场业务债券交易主要包括回购交易、现券交易和发行中央银行票据。其中回购交易分为正回购和逆回购两种，正回购为中国人民银行向一级交易商卖出有价证券，并约定在未来特定日期买回有价证券的交易行为，正回购为央行从市场收回流动性的操作，正回购到期则为央行向市场投放流动性的操作；逆回购为中国人民银行向一级交易商购买有价证券，并约定在未来特定日期将有价证券卖给一级交易商的交易行为，逆回购为央行向市场上投放流动性的操作，逆回购到期则为央行从市场收回流动性的操作。现券交易分为现券买断和现券卖断两种，前者为央行直接从二级市场买入债券，一次性地投放基础货币；后者为央行直接卖出持有债券，一次性回笼基础货币。中央银行票据即中国人民银行发行的短期债券，央行通过发行央行票据可以回笼基础货币，央行票据到期则体现为投放基础货币。

存款准备金是指金融机构为保证客户提取存款和资金清算需要而准备的资金，金融机构按规定向中央银行缴纳的存款准备金占其存款总额的比例就是存款准备金率。存款准备金制度是在中央银行体制下建立起来的，世界上美国最早以法律形式规定商业银行向中央银行缴存存款准备金。存款准备金制度的初始作用是保证存款的支付和清算，之后才逐渐演变成为货币政策工具，中央银行通过调整存款准备金率，影响金融机构的信贷资金供应能力，从而间接调控货币供应量。一般来说，中国人民银行提高存款准备金率，商业银行用于放贷的资金减少，投放的货币供应量也随之减少。

中央银行贷款指中央银行对金融机构的贷款，简称再贷款，是中央银行调控基础货币的渠道之一。中央银行通过适时调整再贷款的总量及利率，吞吐基础货币，促进实现货币信贷总量调控目标，合理引导资金流向和信贷投向。下面通过实例分析货币政策工具是如何通过中介目标调节货币供应量的。

在现代银行体制和信用制度下，基础货币派生货币供应量的规律已经成为不争的事实。基础货币是“源”，货币供应量是“流”。中央银行可以通过货币政策工具创造基础货币，然后通过存款货币银行的资产业务创造出派生货币，例如，公开市场操作、再贷款等货币政策工具可以直接影响基础货币。当然，中央银行也可直接通过变动存款准备金率，直接影响货币乘数的大小，进而影响商业银行创造货币的能力。下面通过实例分析中央银行如何通过货币政策工具创造基础货币，进而增加货币供应量。

首先比较2011年和2012年货币当局的资产负债表（见表7—6）。我国货币当局资产负债表中的储备货币，可以看做货币银行学中的基础货币。2012年货币当局的基础货币比2011年增加27 703亿元，是全部总增量的2倍，说明货币当局当年创造了大量的基础货币。货币当局基础货币的投放主要有如下四种形式：(1) 向财政部门借出款项或允许其透支。财政部门则通过投资或转移支付等形式将这一部分基础货币注入生产、流通或消费领域，最终转化成企业和家庭的货币收入。在货币当局的资产负债表中表现为资产项下“对政府债权”的增加以及负债项下“政府存款”的增加。然后经由财政资金的使用表现为负债项下“政府存款”的减少以及“储备货币（其他存款性公司存款）”的增加。在表中可以发现 2012 年政府存款比 2011 年减少 1 980 亿元，说明通过这种方式创造了基础货币。(2) 货币当局以再贷款或再贴现等形式向商业银行授信。这部分基础货币经由商业银行的信贷投放、转账存款如此这般周而复始的派生存款创造过程，最终转化为众多商户或个人的支票存款和现金货币。在央行的资产负债表中，这将表现为资产项下“对其他存款性公司债权”的增加以及负债项下“储备货币（其他存款性公司存款、货币发行）”的增加。2012 年资产项目中“对其他存款性公司债权”增加 6 454 亿元，负债项目中“其他存款性公司存款”增加22 908亿元，这说明货币当局通过这种方式创造了大量的基础货币，这与 2012 年先后两次下调存款准备金率、两次下调存贷款利率紧密相关。(3) 货币当局买入外汇资产。这部分基础货币也将经由商业银行的信贷投放派生出大量的支票存款和现金货币。在央行的资产负债表中，这将表现为资产项下对“国外资产（外汇储备）”的增加以及负债项下“储备货币（其他存款性公司存款）”的增加。2012 年“国外资产”比 2011 年增加 3 519 亿元，占全部增量的 26%。(4) 货币当局经由公开市场业务买入有价证券。由于中央银行的公开市场业务以金融机构为交易对方，买卖的标的是国债，所以在货币当局的资产负债表中，这将表现为资产项下“对政府债权”的增加以及负债项下“储备货币（其他存款性公司存款）”或“不计入储备货币的金融性公司存款”的增加。2012 年“对政府债权”和“不计入储备货币的金融性公司存款”变化都不太大。

表 7—6　　货币当局资产负债表　　单位：亿元

项目	2011	2012	比上年增加	增量结构
国外资产	237 898	241 417	3 519	26
外汇	232 389	236 670	4 281	32
货币黄金	670	670	0	0
其他国外资产	4 839	4 077	−762	−6
对政府债权	15 400	15 314	−86	−1
其中：中央政府	15 400	15 314	−86	−1
对其他存款性公司债权	10 248	16 701	6 454	48
对其他金融性公司债权	10 644	10 039	−605	−4

续前表

项　目	2011	2012	比上年增加	增量结构
对非金融性部门债权	25	25	0	0
其他资产	6 763	11 042	4 279	32
总资产	280 978	294 537	13 560	100
储备货币	224 642	252 345	27 703	204
货币发行	55 850	60 646	4 796	35
其他存款性公司存款	168 792	191 699	22 908	169
不计入储备货币的金融性公司存款	908	1 349	440	3
发行债券	23 337	13 880	−9457	−70
国外负债	2 699	1 464	−1 235	−9
政府存款	22 734	20 753	−1 980	−15
自有资金	220	220	0	0
其他负债	6 438	4 526	−1 912	−14
总负债	280 978	294 537	13 560	100

资料来源：中国人民银行网站，www.pbc.gov.cn。

所谓其他存款性公司，指的是除中央银行以外的，主要进行吸收存款、发放贷款、办理（支票）转账结算等中介服务的存款性公司或准公司。主要包括商业银行（存款货币银行）、信用合作社以及专门把储蓄存款作为资金来源的储蓄机构等。可见，其他存款性公司只是存款性公司的一个组成部分，其他存款性公司与中央银行共同构成所谓的存款性公司。存款性公司就是其存款负债构成广义货币的金融机构。

在现有金融体制下，其他存款性公司在原始存款的基础上创造派生存款。尽管通过具体的统计手段无法准确统计其他存款性公司的原始存款规模，但是原始存款基本取决于流通中货币的规模。另外，经过派生后的存款总额，即其他存款性公司资产负债表中负债方对非金融部门的负债是可以明确统计的。根据其他存款性公司创造派生存款的基本原理，经过派生后的存款总额与原始存款成正比，与法定存款准备金率成反比。因此，简单地说，如果中央银行增加流通中货币或扩大对其他存款性公司的贷款以增加其他存款性公司的原始存款，降低法定准备金率，会给其他存款性公司创造扩张派生存款的条件，增加经济中的流动性；反之，可以减少经济中的流动性。下面考察其他存款性公司的资产负债表（见表7—7）。

表7—7　　　　其他存款性公司资产负债表　　　　单位：亿元

项目	2011	2012	比上年增加	增量结构
国外资产	24 212	28 799	4 587	2
储备资产	173 004	197 132	24 128	12
准备金存款	167 902	191 146	23 244	12

续前表

项　目	2011	2012	比上年增加	增量结构
库存现金	5 102	5 986	885	0
对政府债权	49 698	56 123	6 425	3
其中：中央政府	49 698	56 123	6 425	3
对中央银行债权	22 324	12 709	−9 615	−5
对其他存款性公司债权	179 466	237 025	57 559	29
对其他金融机构债权	34 329	50 520	16 191	8
对非金融机构债权	465 395	534 133	68 737	35
对其他居民部门债权	135 214	160 194	24 979	13
其他资产	54 225	60 229	6 004	3
总资产	1 137 867	1 336 863	198 996	100
对非金融机构及住户负债	780 044	891 428	111 384	56
纳入广义货币的存款	758 513	861 307	102 794	52
单位活期存款	239 099	254 004	14 905	7
单位定期存款	166 616	195 940	29 324	15
个人存款	352 797	411 363	58 565	29
不纳入广义货币的存款	16 809	24 454	7 645	4
可转让存款	7 118	8 036	918	0
其他存款	9 691	16 418	6 727	3
其他负债	4 722	5 667	944	0
对中央银行负债	6 764	13 903	7 139	4
对其他存款性公司负债	85 082	108 636	23 554	12
对其他金融性公司负债	52 211	62 999	10 788	5
其中：计入广义货币的存款	42 330	58 182	15 852	8
国外负债	7 766	9 900	2 134	1
债券发行	75 410	92 318	16 909	8
实收资本	28 642	30 725	2 083	1
其他负债	101 949	126 953	25 004	13
总负债	1 137 867	1 336 863	198 996	100

资料来源：中国人民银行网站，www. pbc. gov. cn。

2012年，其他存款性公司经过派生后的存款总额，即对非金融机构及住户负债，为891 428亿元，比上年增加111 384亿元，占总负债增量的56%。其中增量最大的是纳入广义货币的存款，增加102 794亿元。2012年其他存款性公司创造存款增加的主要原因是：第一，流通中的货币有所增长，具体见货币当局资产负债表中的货币发行，增加

4 796 亿元，占全部增量的 35%；第二，其他存款性公司对非金融机构和其他居民部门的债权增加较多，增加 93 716（24 979+68 737）亿元。其他存款性公司通过加大对非金融机构及住户的贷款，向非金融部门和居民住户部门注入大量信用。这两个原因导致了其他存款性公司原始存款增加，在货币乘数效应下，多倍创造出存款货币。

2. 货币供应量与经济增长的关系

货币供应量与经济增长的关系，实际上是社会总需求与社会总供给的关系。社会总需求是各经济交易部门在一定时期内以货币表现出来的支付能力总和，包括消费需求、投资需求、政府支出和出口。而货币作为交易媒介，一定商品、劳务交易数量乘以价格之和，构成经济交易总量。因此，货币供应量与经济增长之间的关系为：

$$M\times V=P\times T,\quad M=\frac{P\times T}{V} \tag{7—1}$$

式中，M 表示货币供应量；V 表示货币流通速度；P 表示商品、劳务的价格；T 表示商品、劳务数量。但是在实际分析中，通常把货币供应量与经济增长和价格进行比较。即

货币供应量增长率＝GDP 增长率＋价格上涨率

若货币供应量增长率大于 GDP 增长率与价格上涨率之和，则说明货币供应量过多；反之，则说明货币供应不足。一般用 M2 增长率表示货币供应量增长率，经济增长率按照可比价格计算的 GDP 年增长率计算，价格上涨率用统计年鉴数据推算的 GDP 平减指数表示。具体数据可以参见表 7—9，同时作图描述。从图 7—11 可以看出，自 1992 年以来，我国大部分时间处于货币供应量充足的状态，这与我国多年来高速增长的经济相关，大量增加的商品使得中央银行必须不断发行货币来满足需求，否则会造成通货紧缩；同时，多年的贸易顺差形成了大量的外汇储备，并导致产生了相当数量的 M2。

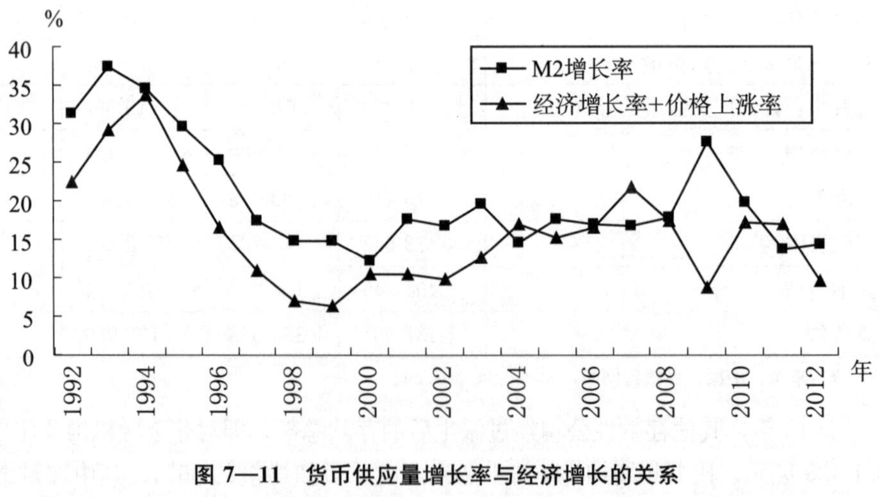

图 7—11 货币供应量增长率与经济增长的关系

3. 货币供应量自身的分析

我们也可以从货币供应量自身的变化情况出发进行分析。表 7—8 是各层次货币

供应量统计表。

表 7—8　　　　　　　　　　　　　　中国各层次货币供应量统计表

年份	M2		M1			M0			
	M2 年底余额 （亿元）	M2 增长率 （%）	M1 （亿元）	M1 增长率 （%）	M1/ M2 （%）	M0 （亿元）	M0 增长率 （%）	M0/M1 （%）	M0/M2 （%）
1992	25 402	31.28	11 732	35.89	46.18	4 336	36.45	36.96	17.07
1993	34 880	37.31	16 280	38.78	46.68	5 865	35.26	36.02	16.81
1994	46 924	34.53	20 541	26.17	43.77	7 289	24.28	35.48	15.53
1995	60 751	29.47	23 987	16.78	39.48	7 885	8.19	32.87	12.98
1996	76 095	25.26	28 515	18.88	37.47	8 802	11.63	30.87	11.57
1997	90 995	17.32	34 826	16.54	38.27	10 178	15.63	29.22	11.18
1998	104 499	14.84	38 954	11.85	37.28	11 204	10.09	28.76	10.72
1999	119 898	14.74	45 837	17.67	38.23	13 456	20.09	29.35	11.22
2000	134 610	12.27	53 147	16.00	39.48	14 653	8.90	27.57	10.89
2001	158 302	17.60	59 872	12.65	37.82	15 689	7.07	26.20	9.91
2002	185 007	16.78	70 882	16.82	38.31	17 278	10.13	24.38	9.34
2003	221 223	19.58	84 119	18.67	38.02	19 746	14.28	23.47	8.93
2004	254 107	14.67	95 970	13.58	37.77	21 467	8.72	22.37	8.45
2005	298 756	17.57	107 279	11.78	35.91	24 032	11.94	22.40	8.04
2006	345 604	16.95	126 035	17.49	36.47	27 073	12.65	21.48	7.83
2007	403 442	16.74	152 560	21.10	37.81	30 375	12.20	19.91	7.53
2008	475 167	17.82	166 217	9.06	34.98	34 219	12.65	20.59	7.20
2009	606 225	27.68	220 002	32.35	36.29	38 246	11.77	17.38	6.31
2010	725 852	19.73	266 622	21.19	36.73	44 628	16.69	16.74	6.15
2011	851 591	13.61	289 848	7.85	34.04	50 748	13.76	17.51	5.96
2012	974 149	14.39	308 664	6.49	31.69	54 660	7.71	17.71	5.61

资料来源：中国人民银行网站，www.pbc.gov.cn。

由表 7—8 可以看出，1992—2001 年中国货币供应量增长幅度逐渐放缓，表明社会总需求减少。2002 年，中国加入 WTO，外部需求明显放大，货币供应量增速明显上升。2008 年，中国遭受国际金融危机冲击，宏观调控政策转向，开始实施积极的财政政策和适度宽松的货币政策，社会总需求扩大。

同时各层次的变化不同，M0 表示经济中的现金需求；M1 反映着经济中的现实购买力；M2 不仅反映现实的购买力，还反映潜在的购买力。若 M1 增速较快，则消费和终端市场活跃；若 M2 增速较快，则投资和中间市场活跃。中央银行和各商业银行可以据此判定货币政策。M2 过高而 M1 过低，表明投资过热、需求不旺，有危机风险；M1 过高 M2 过低，表明需求强劲、投资不足，有涨价风险。从表 7—8 中可以看出，M0/ M1 逐年下降，表明居民的现金需求逐年下降，M1/ M2 也呈现出下降趋势，说明我国存在投资过热，需求不旺，需要防范投资过剩产生的风险。

三、货币需求量的统计分析

货币政策的出发点是货币需求。货币需求的理论最早起源于 20 世纪初期，经过 100 多年的发展，取得了一些阶段性成果。最早的是古典货币数量论，此种理论把货币的交易媒介作用看做货币需求的唯一来源，此时期的成果以费学方程为代表。随后，马歇尔和庇古等剑桥学派的经济学家发展了古典货币数量论，他们开创了微观货币需求的先河，纳入货币的价值贮藏职能，提出了现金余额数量说，以剑桥方程为代表成果。马克思提出的货币需求理论称为货币必要量理论，给出了著名的货币流通规律公式：商品价格总额/同名货币的流通次数＝执行流通手段职能的货币量。1936 年，凯恩斯在《就业、利息和货币通论》中提出了基于流动性偏好的货币需求理论，在剑桥方程的基础上加入了另一个货币需求动机——投机，将利率纳入到方程中，凯恩斯提出的货币需求理论在货币需求理论发展史上具有里程碑式的意义。后来的经济学家对凯恩斯货币需求函数做了很多补充，主要集中于研究货币交易媒介职能和贮藏职能对货币需求函数的影响。以弗里德曼为代表的货币学派发展了传统的货币数量论，提出了一种有别于凯恩斯的货币需求理论，他将货币作为一种资产，将资产的需求理论直接用到货币需求中来，提出了现代货币数量论。以上是西方经济学家在货币需求理论方面的主要成果。下面逐一介绍各种模型。

1. 基于古典货币数量论的货币需求模型分析

建立我国的货币需求模型，应该从我国的实际出发。当前我国经济转型和改革开放的继续深入对货币需求有重要的影响，主要表现在：随着改革开放以来经济商品化的扩大和发展，明显增加了对货币的需求，结算方式的变化和金融工具的发展，也对货币需求产生了影响。因此，我国的货币需求模型可以根据货币数量方程关系，充分考虑国内生产总值、商品率、货币流通速度、价格因素的影响，目前我国的利率对货币需求影响较小，可以忽略不考虑。

首先，货币数量论的基本货币需求公式为：

$$M = QP/V \tag{7—2}$$

式中，Q 代表全社会商品总量；P 代表商品价格；V 代表融通商品交易的货币流通速度。其中 Q 可以表示为：

$$Q = \alpha Y \tag{7—3}$$

式中，α 表示商品率；Y 表示 GDP，把上述两式统一起来，可以得到

$$M = \frac{YP}{V/\alpha} \tag{7—4}$$

把上式写成差分形式：

$$\frac{\Delta M}{M}=\frac{\Delta Y}{Y}+\frac{\Delta P}{P}-\frac{\Delta V}{V}+\frac{\Delta\alpha}{\alpha} \tag{7—5}$$

式中，$\frac{\Delta M}{M}$ 代表货币存量增长率；$\frac{\Delta Y}{Y}$ 为经济增长率；$\frac{\Delta P}{P}$ 为价格上涨率；$\frac{\Delta V}{V}$ 为货币流通速度变化率；$\frac{\Delta\alpha}{\alpha}$ 表示商品率变化率。如果我们在式（7—5）右边加上残差项 e 来表示剩余因素及误差对货币需求的影响，那么，我们就可以运用该差分模型分析货币需求的变化。我国 1992—2012 年的货币需求模型分析结果如表 7—9 所示。

表 7—9　货币数量论中国货币需求模型分析结果（1992—2012 年）

年份	货币存量增长率 $\Delta M/M$	经济增长率 $\Delta Y/Y$	价格上涨率 $\Delta P/P$	货币流通速度变化率 $\Delta V/V$	商品率变化率 $\Delta\alpha/\alpha$ +残差项 e
1992	31.30	14.24	8.20	−5.84	14.70
1993	37.31	13.96	15.16	−4.42	12.61
1994	34.53	13.08	20.63	1.40	−0.58
1995	29.47	10.92	13.71	−2.57	7.41
1996	25.26	10.01	6.43	−6.53	15.35
1997	17.32	9.30	1.52	−7.21	13.72
1998	14.84	7.83	−0.89	−6.94	14.83
1999	14.74	7.62	−1.27	−7.40	15.79
2000	12.27	8.43	2.03	−1.46	3.26
2001	17.60	8.30	2.05	−6.02	13.26
2002	16.78	9.08	0.60	−6.10	13.20
2003	19.58	10.03	2.59	−5.61	12.57
2004	14.67	10.09	6.93	2.48	−4.82
2005	17.57	11.31	3.92	−1.61	3.95
2006	16.95	12.68	3.81	1.11	−0.64
2007	16.74	14.16	7.64	5.26	−10.33
2008	17.82	9.63	7.76	0.31	0.11
2009	27.68	9.21	−0.61	−14.92	33.99
2010	19.73	10.45	6.64	−1.63	4.28
2011	13.61	9.29	7.76	0.39	−3.83
2012	14.39	7.80	1.87	−4.00	8.71

资料来源：根据《中国统计年鉴（2012）》及中国人民银行网站的有关数据整理计算而得。

表 7—9 中，货币存量增长率是以 M2 为统计口径计算的。经济增长率是按照可比价格计算的 GDP 年增长率计算的。价格上涨率采用根据统计年鉴数据推算的 GDP 平减指数。货币流通速度是利用 GDP/M2 计算的，其变化率由改年与上年环比得到。

由于缺少 GDP 口径的商品率资料，我们将其与残差项放在了一起，采用扣减法获得。如果能得到商品率的实际数据，应该将它与剩余项分开。

货币需求模型的实际测算结果为我们分析货币需求变动中各因素的作用提供了定量的依据。例如，我国 2012 年货币供应量增长 14.39%，可以分解为经济增长 7.8%，物价上涨 1.87%，货币流通速度下降 4%，商品率及其他因素影响 8.71%。

2. 基于凯恩斯货币需求理论的货币需求模型分析

根据凯恩斯的货币需求理论，居民持有货币有三种动机：交易动机、预防动机、投机动机。其中基于交易动机和预防动机的货币需求由居民收入决定，而基于投机动机的货币需求或者说持有货币的机会成本由利率决定。同时，还需要引入价格水平变动因素的影响，消除人们对货币错觉的影响，可以把价格水平因素当作名义货币存量到实际货币存量的调整因子来处理。最后，考虑到货币政策的滞后性，即在规模变量发生变化后，现金余额调整期向后延迟，因此引入货币存量的滞后变量。

根据以上理论建立的货币需求模型为：

$$\left(\frac{M}{P}\right)_t = \beta_0 + \beta_1 y_t + \beta_2 r_t + \beta_3 \left(\frac{M}{P}\right)_{t-1} + e \qquad (7—6)$$

式中，$\left(\frac{M}{P}\right)_t$ 表示第 t 期的实际货币余额；M 表示名义货币余额；P 表示价格平减指数；y_t 表示第 t 期实际 GDP；r_t 表示第 t 期的利率；e 表示残差项。

在货币需求模型中，利率作为持有其他有息资产与相对地持有货币的机会成本的衡量指标。如果其市场有较高的利率，会诱使人们比在利率较低时持有更少的货币。但是，到底使用哪一种利率尚未有完全一致的意见。某些经济学家认为，短期利率是最恰当的变量，因为它衡量持有货币与最接近货币的替代资产的收益率的机会成本。在这一范畴中，储蓄和贷款存款的利率或短期国库券的利率也许是最恰当的。一些经济学家认为，对实际现金余额的需求取决于股票和债券的收益，因此，适当的机会成本变量应包括长期利率。关于价格平减指数，对货币的实际交易需求而言，货币余额的平减指数应该是国内生产总值的平减指数。然而，如果用通货膨胀率衡量持有货币机会成本，那么适当的价格平减指数可以是消费物价指数和批发价格指数。但是，实际证明，消费物价指数通常是一种不理想的指数，所采用的一揽子消费物品往往反映某一特定收入集团的购买型，采用的可能是仅与大城市有关的资料。此外，一些国家对消费物价指数中起主要作用的商品的购买实行补贴，也影响其代表性。

根据 1992—2012 年中国经济数据做实证分析，其中 M 用准货币 M2 的数据表示，GDP 数据和价格平减指数 P 以 1990 年为基期，由于我国居民的主要金融资产是银行存款，因此 r_t 用一年期存款利率表示。由于 M2，GDP 数据呈指数增长，为了使其线性化，同时减少利率与 M2，GDP 数据数量级的差别，因此采用对数处理。利用模型（7—6）做回归分析，得到的结果如表 7—10 所示。

表 7—10　　货币需求模型回归分析结果

	Coefficients	标准误差	t Stat	P-value
Intercept	−1.20	0.46	−2.63	0.02
收入水平 y	0.74	0.19	3.83	0.00
利率水平 r	−0.09	0.03	−3.49	0.00
滞后一期（M/P）	0.40	0.15	2.64	0.02
Adjusted R Square	0.99	F 值	4 506.46	

从回归结果中可以看出，模型拟合得很好，因此，我们可以得到回归方程

$$\ln\left(\frac{M}{P}\right)_t=-1.2+0.74\ln y_t-0.09\ln r_t+0.4\ln\left(\frac{M}{P}\right)_{t-1}\tag{7—7}$$

从货币需求模型的回归方程中可以看出，货币需求主要受到居民收入的影响，说明我国的货币需求主要由交易动机和预防动机决定；其次，货币政策的滞后性对货币需求量影响也比较大，即货币政策调整以后，对下一期货币需求有正向的影响；最后，利率对货币需求具有负向的影响，即利率提高以后，货币需求下降，这与货币理论相符，同时利率的系数比较小，说明利率的变动对货币需求的影响比较小，这与中国利率对货币需求影响较小的现实一致。

3. 基于弗里德曼货币需求理论的货币需求模型分析

弗里德曼舍弃了凯恩斯提出的货币持有动机的理论框架，把货币看做一种资产，一种购买力的载体，并将资产的需求理论直接运用到货币的需求分析中来，并且经过细致的分析找出来影响货币的具体因素，因此采用广义货币作为货币总量口径。

他认为，货币不仅是狭小范围内的金融资产的替代物，而且是包括不动产、金融资产，甚至是包括人力资本在内的所有资产的替代物。因此，决定货币需求的一个主要因素是个人财富总额，不仅包括实物、货币、债券、股票等各种金融资产（称为非人力财富），而且包括人力财富。金融资产可以获得未来收益，人的生产能力也可以获得劳动收入，它们都可以以货币形式获得。因此可以说非人力财富与人力财富可以进行无限制的替代，但是现实中它们的替代是有限的，无法判断人力财富和非人力财富对货币需求的影响，弗里德曼引入了它们的一个比例作为补充变量。

根据其思想总结影响货币需求的主要因素，弗里德曼提出了著名的货币需求函数：

$$\frac{M}{P}=f\left(Y,W,r_m,r_b,r_e,\frac{1}{p}\cdot\frac{\mathrm{d}p}{\mathrm{d}t};u\right)\tag{7—8}$$

式中，$\frac{M}{P}$ 表示实际的货币需求量，消除了物价上涨的影响；Y 表示实际的国民收入（代表总财富）；W 表示非人力财富占总财富的比率；r_m 表示货币的收益率即无风险收益率；r_b 和 r_e 分别表示债券和股票的收益率；$\frac{1}{p}\cdot\frac{\mathrm{d}p}{\mathrm{d}t}$ 表示预期的价格变化率；u 表示影响货币需求的其他因素，如偏好习惯等因素的变化。

弗里德曼认为应该用一种具有代表性的利率 r 来简化函数，r 是组成财富的所有资产收益率的加权平均数，而资产的近似收益率又可以表示为 $r-\frac{1}{r}\cdot\frac{\mathrm{d}r}{\mathrm{d}t}$，则货币需求函数的形式可以改写为：

$$\frac{M}{P}=f(Y,W,r-\frac{1}{r}\cdot\frac{\mathrm{d}r}{\mathrm{d}t},\frac{1}{p}\cdot\frac{\mathrm{d}p}{\mathrm{d}t};u) \qquad (7—9)$$

此方程的约束条件为：(1) $\frac{\partial(M/P)}{\partial Y}>0$，表示货币需求与实际的永久收入呈正比关系，收入越高，货币需求越多。(2) $\frac{\partial(M/P)}{\partial(r-\frac{1}{r}\cdot\frac{\mathrm{d}r}{\mathrm{d}t})}<0$，表示货币需求与证券资产收益率之间呈反比关系，证券资产的收益率越高，持有货币的机会成本越大，货币需求越少。(3) $\frac{\partial(M/P)}{\partial(\frac{1}{p}\cdot\frac{\mathrm{d}p}{\mathrm{d}t})}<0$，表示预期价格变化率与货币需求负相关，即物价水平越高，货币需求越少。(4) $\frac{\partial(M/P)}{\partial W}$,$W$ 表示人力财富占总财富的比例，弗里德曼并没有指出二者的关系，且到目前为止也没有普遍接受的理论。

根据弗里德曼提出的货币需求函数，只能定性地分析货币需求和各影响因素的函数关系，无法给出一个具体的函数形式。弗里德曼认为，货币需求主要取决于总财富，总财富实际上是无法衡量的，但是可以由持久性收入代表。因此，可以说货币需求主要取决于持久性收入。由于持久性收入稳定性很高，所以受持久性收入支配的货币需求也是高度稳定的。他强调指出，货币需求和货币流通速度虽然不是常数，但它们与持久性收入之间具有一种稳定的函数关系，由此决定的货币流通速度也是相当稳定的。

弗里德曼和安娜·J·施瓦茨先后利用 1870—1954 年以及 1887—1960 年的资料进行实证研究。[①] 结果表明，利率对货币需求的影响很小（利率增加 1%，货币需求仅减少 0.15%），而持久性收入对货币需求的影响很大，实际货币需求的收入弹性为 1.8，即每增加 1%的真实收入，货币需求将增加 1.8%。所以，在原经济处于均衡状态的情况下，货币需求量增长率可按如下公式进行计算：

货币需求量增长率＝1.8×经济增长率

如果用 GDP 增长率代替实际收入增长，用 M2 货币存量增长率表示货币供应量增长率，中国 1992—2012 年的 GDP 增长率和 M2 增长率如图 7—12 所示。

从图 7—12 中我们可以看出，按照弗里德曼的结论，1992—1997 年我国货币处于超发状态，事实上此时期中国处于严重的通货膨胀状态；1997—2004 年，我国的货币发行量比较合理，实际上 1998 年爆发东南亚金融危机，中国处于通货紧缩的状态；

① ［美］米尔顿·弗里德曼、［美］安娜·J·施瓦茨：《美国货币史（1867—1990）》，北京，北京大学出版社，2009。

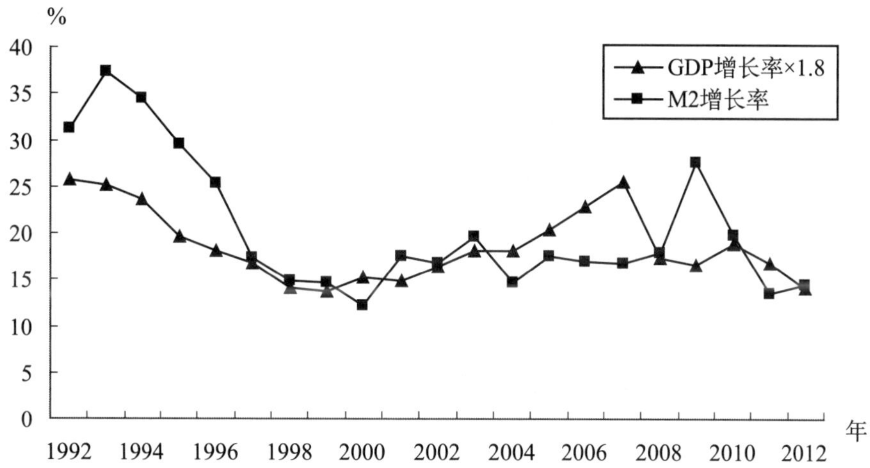

图 7—12　中国 1992—2012 年 GDP 与 M2 增长率图

2004—2008 年，我国货币供应量不足，应该处于通货紧缩状态，实际上中国此时处于温和的通货膨胀状态；2008—2010 年，中国货币供应量较多，事实上此时确实有预期通货膨胀，但是这是为了应对美国次贷危机引发的全球金融危机而采取的财政政策。2010 年之后，图中显示中国货币发行处于合理状态，事实上中国此时期采取“松紧”结合的货币政策，货币发行量比较合理。以上说明，弗里德曼根据美国 1870—1954 年和 1887—1960 年经济运行数据得到的结论，与我国经济运行和政策操作的实际情况并不完全一致，所以我们在借鉴国外经济理论时，应着重考虑中国的实际情况。

第 4 节　货币政策效果的统计分析

资金流量表提供了各层次测算货币供应量的数据，通过对各层次货币量增长的分析，可以看出货币政策的执行效果，从而采取相应措施控制货币供应量，保持国际收支平衡，为制定货币政策提供依据。

一、货币政策基本理论

1. 我国货币政策实践

1984 年，中国人民银行专门行使中央银行职能以后才产生了真正意义上的货币政策。根据我国经济发展规律和货币政策执行效果，可以将我国货币政策执行分为三个阶段：第一阶段为 1984—1997 年，这一阶段主要采取适度从紧的货币政策，积极治理国内的通货膨胀，成功实现了经济“软着陆”。第二阶段是 1998—2002 年，中国人民银行面对国内通货紧缩的形势，积极采用各种货币政策，有效刺激了国内需求，促进了经济增长。第三阶段是 2003 年至今，货币政策调控的明显特征是为了防止出现新一轮的经济过热，以及应对金融危机。

本章第 2 节已经介绍了常用的货币政策工具以及货币政策的传导机制。传统的货币政策通过调节货币供应量或利率等中间目标来调控宏观经济运行，其理论基础在于中间目标与最终目标之间存在畅通且稳定的传导机制（见图 7—10）。穆辛（Mushin）指出，货币政策的传导渠道主要有四条：信贷传导渠道、利率传导渠道、汇率传导渠道和资产价格传导渠道，这些货币政策传导渠道能否畅通决定了最终目标能否实现。目前，我国利率没有完全市场化，汇率实行资本管制，资本市场仍有待完善，信贷渠道成为货币政策实行的主要渠道，但是其作用在不断弱化。

改革开放以来，我国的货币政策一直以稳定币值和发展经济为最终目标。改革开放初期，我国主要以银行信贷规模作为中介目标和操作目标，进入 20 世纪 90 年代以后，逐步转变为以货币供应量为货币政策的中介目标。以信贷规模作为货币政策的中介目标是我国长期以来采取的一种总量控制方法，在计划经济体制下和改革开放初期对我国的经济发展起到了积极作用，但随着改革开放的深入，以控制信贷规模为中介目标的货币政策已经失去了意义。因此，以货币供应量作为货币政策的中介目标是基于我国经济、金融环境的实际背景，有利于控制通货膨胀，符合我国渐进式改革总体目标的较优选择。

2. 货币政策有效性基本理论

传统的货币政策有效性分析理论包括古典传统理论和凯恩斯主义传统理论。古典传统理论认为货币是中性的，而以弗里德曼为代表的货币主义学派认为，短期内未预料到的货币政策有效，长期内货币政策无效。凯恩斯主义学派认为货币非中性，早期的凯恩斯主义学派认为货币政策可以影响利率进而影响投资和消费，当经济陷入萧条时，货币政策可能会陷入流动性陷阱而失效；新凯恩斯主义学派为凯恩斯的货币非中性提供了微观基础。同时，西方的经济学家也从实证角度对货币政策的有效性进行了深入的分析。国内现有文献一般采用相关性、Granger 因果检验、VAR 等方法来进行货币政策的有效性检验。

二、货币政策的有效性分析

资金流量表（金融交易部分）全面提供了各类金融资产在各部门的分布及其变化，提供了测算货币供应量的指标，通过对各层次货币量增长的分析，可以看出货币政策的执行效果。资金流量表分析比一般的经济金融分析更具有优势，它在各种经济活动和部门之间引入了详细的统计关系，能够很好地分析金融体系与实体经济之间的关系。通过各部门金融活动的变化，可以有效地反映中央银行货币政策及其最后的效果，能够为制定和调整货币政策服务，为宏观经济调控提供依据。

目前国内外利用资金流量表研究货币政策的很少。克里斯蒂亚诺等（Christiano

et al.，1994)[①] 使用资金流量账户来评价货币政策冲击对经济各部门借贷活动的影响。他们发现，首先，继货币政策的紧缩冲击之后，企（商）业部门的融资会在 1 年内增加。之后随着政策冲击引致的衰退深化，企（商）业部门的融资会开始减少。这种模式并不能由现存的货币商业周期模型来刻画。其次，在货币冲击后的头几个季度，住户部门不会调整他们的金融资产和负债。国内学者一般利用资金流量表建立分析框架来研究货币政策，周恩源[②]通过对经济体各部门资金流量与 T 形账户变化的分析，以及构建包含宏观流动性的一般均衡理论，讨论宏观流动性与产出、物价的关系。通过建立一个宏观流动性管理框架，可以将货币与金融资产对宏观经济运行的影响纳入到一个统一、完整的理论框架之中，分析宏观流动性影响宏观经济运行的机理，并建立响应有效的调节经济运行的政策操作框架。尹小兵[③]从增量角度解释 M2/GDP，将对 M2/GDP 比例的研究融入到主流的资金流量表分析框架之中，建立了广义货币 M2/GDP 比例增量恒等式，指出在中国银行体系主导的金融体制中，除了通常的货币流通速度变动外，国民收入分配、住户部门储蓄率、住户部门直接投资比例、住户部门和企业部门内部通过银行体系的融资水平和名义 GDP 增长率（实际 GDP 增长率加上通货膨胀率）都是影响该比例的重要因素。下面利用资金流量表分析我国 2008 年货币政策的有效性。

1. 2008 年金融危机中使用的货币政策

2008 年，我国发生了雨雪冰冻和汶川地震两场突如其来的特大自然灾害，经历了全球经济和金融市场急剧动荡的巨大冲击，经济增长下行的压力明显加大。针对国内外经济形势的变化，我国及时调整宏观经济政策取向，果断实施积极的财政政策和适度宽松的货币政策，迅速出台扩大国内需求的十项措施，陆续制定和实施一系列政策，形成了系统完整地促进经济平稳较快发展的一揽子计划，把扩大国内需求、调整振兴产业、推进科技创新、加强社会保障结合起来，把增加投资和刺激消费结合起来，把克服当前困难和促进长远发展结合起来，把拉动经济增长和改善民生结合起来，动员全社会力量共同应对危机。

中央银行首先采取降低利率的货币政策，2008 年下半年连续五次下调金融机构人民币存贷款利率（见表 7—11)。1 年期存款利率下降 1.89 个百分点，1 年期贷款利率下降 2.16 个百分点。

其次，中央银行采取了降低法定存款准备金率的货币政策。2008 年下半年，连续五次下调存款准备金率（见表 7—12)，其中大型存款机构累计下调 2 个百分点，小型存款机构累计下调 4 个百分点，到 2008 年底共释放 8 000 亿的流动性。

中央银行还采取了公开市场操作向金融市场注入流动性，引导市场利率下降。中央银

---

① Christiano, L., Eichenbaum, M., Evans, C., The Effects of Money Policy Shocks: Some Evidence from the Flow of Funds [R], *NBER Working Paper*, 1994.

② 周恩源：《宏观流动性管理——对货币政策的替代》，[博士论文]，浙江大学，2012。

③ 尹小兵：《资金流量分析视角中的“M2/GDP 增量恒等式”及其货币政策含义》，载《世界经济》，2010(9)。

行全年累计发行中央银行票据 4.3 万亿元，其中各季发行量分别为 1.78 万亿元、1.17 万亿元、9 810 亿元和 3 710 亿元。适时增加短期正回购操作品种，逐步缩短操作期限结构进一步提高银行体系应对短期流动性冲击的灵活性。此外，针对国际金融市场动荡加剧的新情况，研究创设了短期招标工具（TAF），及时为流动性出现暂时困难的境内金融机构提供资金支持。同时，加强对市场利率的引导，发挥市场利率调节资金供求的作用。加强与积极财政政策的协调配合，适时开展中央国库现金管理商业银行定期存款业务。

表 7—11　　中央银行降低利率的货币政策

<table>
<tr><th>调整时间</th><th>1 年期存款利率</th><th>1 年期贷款利率</th><th>合计</th></tr>
<tr><td>2007.12.21</td><td>4.14</td><td>7.47</td><td rowspan="6">5 次下调存贷款基准利率
存款：4.14↘2.25
贷款：7.47↘5.31</td></tr>
<tr><td>2008.09.16</td><td>4.14</td><td>7.20</td></tr>
<tr><td>2008.10.09</td><td>3.87</td><td>6.93</td></tr>
<tr><td>2008.10.30</td><td>3.6</td><td>6.66</td></tr>
<tr><td>2008.11.27</td><td>2.52</td><td>5.58</td></tr>
<tr><td>2008.12.23</td><td>2.25</td><td>5.31</td></tr>
</table>

表 7—12　　中央银行降低存款准备金率的货币政策

<table>
<tr><th>调整时间</th><th>调整前</th><th>调整后</th><th>合计</th></tr>
<tr><td>2008.09.25</td><td>17.5%</td><td>16.5%</td><td rowspan="6">5 次下调存款准备金率</td></tr>
<tr><td>2008.10.15</td><td>16.5%</td><td>16%</td></tr>
<tr><td rowspan="2">2008.12.05</td><td>（大型金融机构）16%</td><td>15%</td></tr>
<tr><td>（小型金融机构）16%</td><td>14%</td></tr>
<tr><td rowspan="2">2008.12.25</td><td>（大型金融机构）15%</td><td>15.5%</td></tr>
<tr><td>（小型金融机构）14%</td><td>13.5%</td></tr>
</table>

最后，中央银行运用信贷政策和再贴现工具引导信贷结构调整。2008 年，为适应金融宏观调控取向的变化，中国人民银行进一步完善再贴现政策，适度发挥再贴现引导信贷资金投向和促进信贷结构调整的功能。两次下调再贴现利率共 2.52 个百分点，支持金融机构进一步扩大票据融资。进一步完善再贴现制度管理，扩大再贴现对象和范围，加强了对民生工程、“三农”、重大工程建设、中小企业、服务业、节能减排、扩大就业等重点领域的信贷投放。完善住房信贷政策，加大对普通住房消费、经济适用住房和廉租房建设的信贷支持力度。

2009 年面对国际金融危机严重冲击，中央银行按照党中央、国务院统一部署，认真贯彻适度宽松的货币政策，保持银行体系流动性充裕，引导金融机构扩大信贷投放，优化信贷结构，加大金融支持经济发展的力度。总体上，适度宽松的货币政策得到了有效传导，对扩张总需求、支持经济回升、遏制年初的通货紧缩预期发挥了关键性作用。同时，中央银行十分重视信贷平稳可持续增长和防范金融风险，前瞻、灵活地调整政策重点、力度和节奏。经过努力，第三、第四季度信贷增长比上半年有所放缓，开展正回购4.2万亿元，节奏更趋平稳，有利于防范和化解可能影响经济长期稳定发展的风险。

2. 利用资金流量表分析货币政策的效果

中央银行在2008年下半年频繁使用货币工具，货币政策效果如何呢？下面通过资金流量表来分析金融危机中货币政策的效果。

中央银行采取一揽子宽松的货币政策，使用各种货币工具，首先会影响基础货币。2008年末广义货币余额M2为47.5万亿元，同比增长17.8%，增速比上年提高1.1个百分点；2009年末M2为60.6万亿元，同比增长27.7%，比上年提高10个百分点，说明货币政策大大增加了货币供应量，增强了货币流动性。从M2的同比增长率（见图7—13）我们也可以看出，2008年9月开始实行宽松的货币政策，到同年12月M2同比增长率才开始上升，说明从货币工具传导到中间目标（货币供应量）需要两个月左右的时间。实行货币政策之后，M2增长速度一直增加，直到2009年12月才有所回落，这与2009年我国实行更加稳健的货币政策有关。

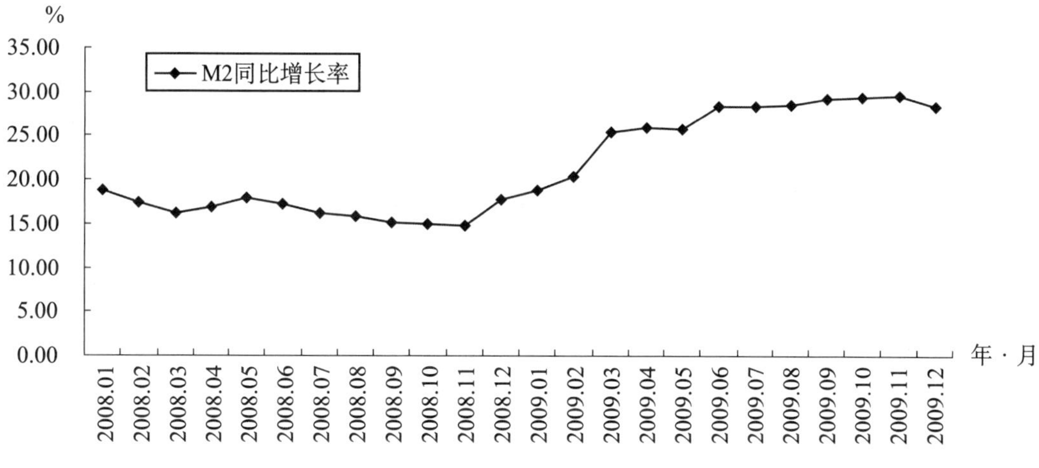

图7—13　2008—2009年中国M2同比增长率

在金融危机的背景下，我国采取了一揽子的刺激性货币政策，由于当时存贷款利率还没有市场化，资本市场发展还不稳定，没有采用浮动汇率，利率、资产价格和汇率渠道的传导效果相对较弱，所以信贷渠道成为货币政策的主要传导渠道。下面从存款和贷款角度分析货币政策的传导效果。

首先，分析金融危机时期各部门存款情况的变化。金融机构是货币政策传导的关键中介机构，2008年吸收存款77 381亿元，同比增长42.65%，增加23 138亿元，2009年吸收存款132 764亿元，同比增长71.57%，增加55 383亿元。2008—2009年，金融机构存款几乎增长了一倍，货币政策传导效果明显。各部门的存款增加情况如图7—14所示，从中可以看出，2008年住户部门存款明显增多，这是由于受金融危机影响，居民投资和消费急剧下降，导致存款明显增多；2009年受经济逐步回升、资本市场活跃等因素影响，居民用于投资和消费的资金增多，居民存款同比减少，住户部门存款出现负增长。受金融危机影响，2008 年非金融企业部门存款有所减少，2009 年存款明显增多，非金融企业的支付能力增强。通过对各部门存款变化情况的分析，可以说货币政策实现了增加货币供应量的中间目标。

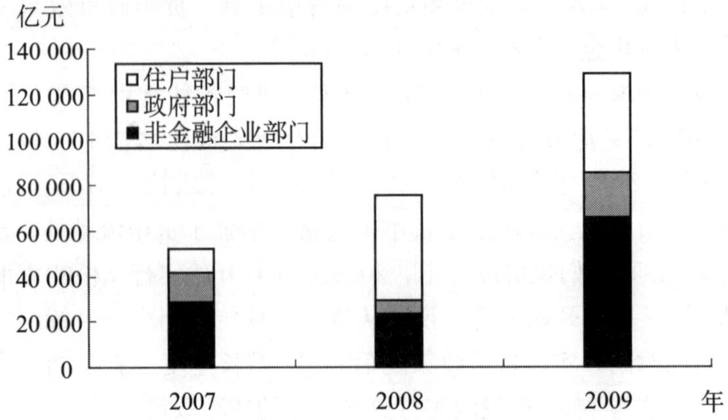

图 7—14　2007—2009 年中国各部门存款变化情况

其次，分析金融危机期间各部门贷款变化的情况。2008 年，金融机构贷款总额 52 096 亿元，同比增长 31.04%，增加 12 340 亿元；2009 年贷款总额为 107 619 亿元，同比增长 107%，增加 55 523 亿元，2009 年比 2007 年增加 67 863 亿元，增长了 1.7 倍，表明由于货币供应量的大量增加促进了金融机构贷款快速增长，反过来贷款又会通过降低超额准备金增加基础货币的供应量。同时，从图 7—15 中可以看出，2008 年，非金融企业的贷款增加较少，住户部门的贷款负增长，而 2009 年，非金融企业和住户部门的贷款迅速增加，说明货币政策起到了增加信贷的作用。

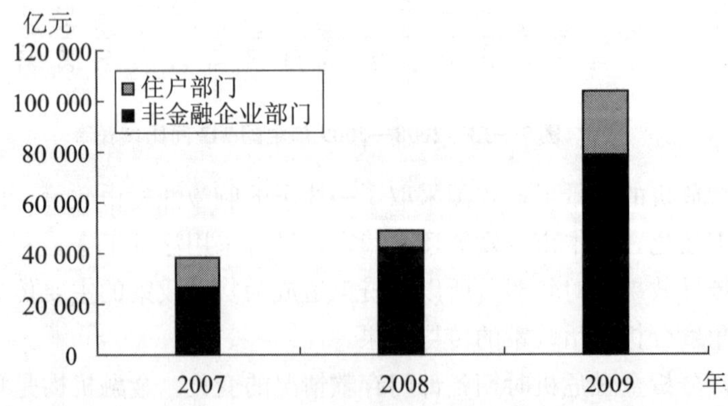

图 7—15　2007—2009 年中国住户部门和非金融企业部门的贷款情况

综合广义货币量、存款和贷款的变化可以发现，2008 年实行的一系列的扩张性货币政策，不仅使我国的基础货币增加，而且使信贷市场比较活跃，货币乘数上升，最终使 2009 年货币供应量和各项存贷款都出现了高速增长，从而保证了货币政策工具到中间变量（货币供应量）的有效传导。

最后，通过资金流量表分析货币政策对实体经济产生的影响。改革开放以来，出口、投资、消费一直是我国经济增长的主要动力，在金融危机的冲击下，外部需求萎缩，出口大幅下降，促进经济增长只能通过投资和扩大内需。

货币政策对消费的影响。通过降低利率和增加居民消费贷款刺激，同时在中央银行信贷政策的引导下，商业银行增加了对居民和中小企业的贷款，从上面的分析可以发现住户部门和非金融企业的贷款明显增加，有助于促进消费、扩大内需。同时，虽然经历了金融危机，但是各部门可支配收入逐年稳步增长（见图 7—16），对促进消费和投资具有积极作用。住户部门和政府部门的最终消费逐年增长（见图 7—17）。虽然住户部门和企业贷款有较快增长，但是各部门可支配收入和最终消费变化较为平稳，这说明一系列的货币政策虽然对消费具有一定的促进作用，但是效果不明显。

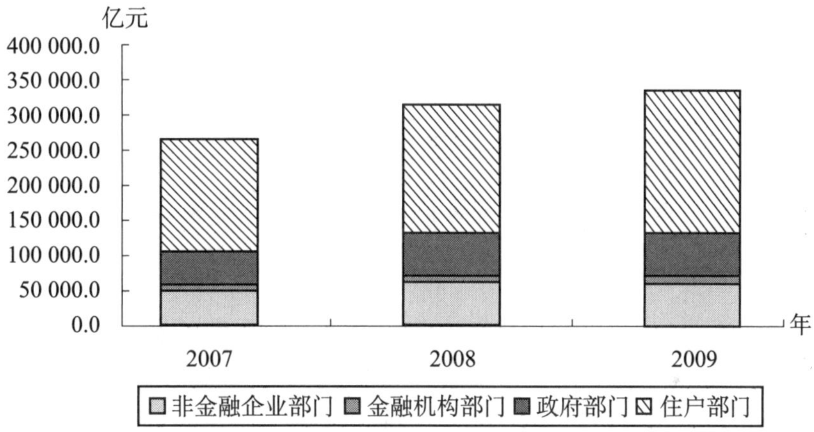

图 7—16　2007—2009 年中国各机构部门的可支配收入情况

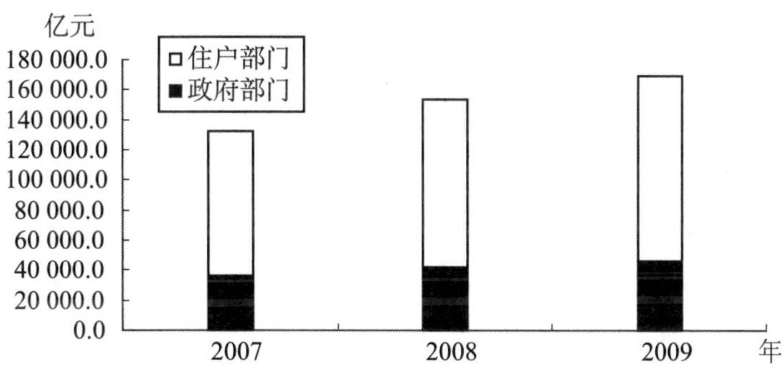

图 7—17　2007—2009 年中国住户部门和政府部门的最终消费情况

货币政策对投资的影响。2008 年全社会固定资产投资 17.2 万亿元，增长 25.5%，增幅比上一年增加 0.7 个百分点，扣除价格因素实际增长 15.2%，增幅比上一年回落 4.9 个百分点；2009 年，全社会固定资产投资完成 22.5 万亿元，增长 30.1%，扣除价格因素，实际增长 35.2%，比上一年增加 17.1 个百分点。通过全社会固定资产投资的变化情况可以发现，2008 年受金融危机的冲击，投资增幅有所下降，通过一揽子的经济刺激政策，2009 年投资增幅较大。另外，从各部门的固定资本形成总额变化情况（见图 7—18）可以看出，2007—2009 年全国固定资本形成总额保持持续较快增长，尤其是非金融企业部门，占总固定资本形成总额的比例较大，且保持了持续较快增长。以上说明货币政策起到了增加投资、刺激经济增长的作用。

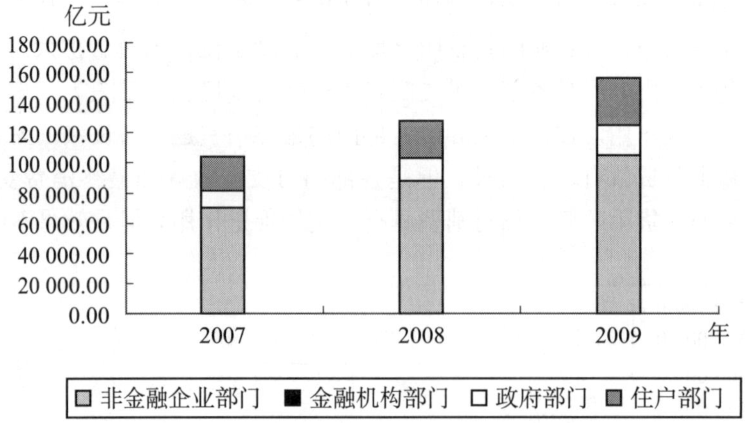

图 7—18　2007—2009 年中国各部门的固定资本形成总额情况

说明：因金融机构部门固定资本形成总额变化太少，所以图中没有显示。

金融危机中我国采取了积极的财政政策和宽松的货币政策，取得了较好的初步成果，2009 年率先实现经济形势总体回升向好。通过利用资金流量表分析我国的货币政策发现，我国的货币政策主要通过信贷渠道传导，将信贷转化为投资来刺激经济，内需对经济的拉动不明显。因此，需要进一步完善货币政策的转化渠道，进一步扩大居民消费，调整经济结构，转变经济发展方式。

第 5 节　金融结构和金融市场风险分析

本节将利用资金流量表金融交易部分分析中国金融市场状况，对主要的宏观金融指标，如社会资金流动规模、金融结构、金融市场风险等，进行对比分析，提出完善金融市场结构、减小金融市场风险的建议。

一、金融结构

金融结构是一个复杂的概念。金融资产与负债不仅发生在金融机构，也发生在非金融经济单位，金融工具和金融机构的发展与国民经济有形资产规模的扩大有关，也与再生产过程密切相关。金融结构分析的逻辑是，经济发展各阶段有相适应的金融模式，金融结构是金融模式本质特征的描述。金融结构决定金融流量过程，从而影响国民经济运行和发展。金融结构分析具有长期、动态的特点。

金融结构统计是在宏观方面对金融进行数量研究的一种方法。除了利用资产负债表中的项目进行一般分析外，金融结构比较分析是现代金融中更为前沿的方法。这一方法是利用金融工具和金融机构所形成的金融结构来研究国家的宏观金融状况。

在各种金融工具和金融机构的基础上（见表 7—13），其相对规模和种类形成了不同的金融结构。根据表 7—13，可以计算多种结构相对数，说明金融结构的各个方面。

表 7—13　　金融结构分析表

	机构	金融机构分类	非金融经济单位	合计
资产	序号	1，2，…，$n-1$	n	
实物资产	1			
金融资产（负债）分类	1 2 ⋮ m			

（1）金融相关比率，即金融资产总值与国民财务的比率，反映国家或地区金融领域与经济领域之间的关系。由于实物资产和金融资产都是存量指标，所以统计上必须选取同一时点，以保证计算上的可比性。对各个金融机构来说，也可分别计算每个金融机构的“金融相互关系比率”，这同样具有重要意义，联系金融服务的主要经济领域，可以反映其结构对经济增长的影响。

（2）用各金融机构和非金融经济单位持有金融资产占全部金融资产的比率，来反映金融活动参与程度的结构特征。这对于分析金融机构发展对金融活动乃至国民经济的影响非常重要。如作进一步的分析，可以分别按主要金融工具，逐类计算各金融机构和非金融经济单位持有某类金融资产占该类全部金融资产的比率，说明各金融机构在某种金融工具上的参与程度。做这方面的结构分析，对那些市场交易较多的金融资产意义更大，因为它可以说明各金融机构对金融活动的影响程度。

（3）对金融工具按不同性质进行分类（如分为债券和股票、短期贷款、长期贷款、可流通金融资产、具有不同风险和收益的金融资产等），分别计算各类金融资产所占份额，来反映各种金融工具对经济发展的影响特征。如果对按不同性质分类的金融资产，分别各金融机构和非金融经济单位计算所持有各类金融资产的构成，也是有重要意义的。

（4）为了进一步了解不同金融工具对经济活动的渗透程度，从而为分析各部门对金融工具的偏好程度提供依据，可以根据金融市场交易的金融资产即上市的金融资产计算各部门所持有的份额。这些关系对于货币分析和经济增长的研究都是重要的。

（5）从辨别各种金融机构的发行者和所有者的目的出发，可以编制按金融资产种类和部门分类组合构成的金融相互关系矩阵，用以计算金融资产创造和交换的结构系数，也是反映金融结构的一个重要方面。

对上述各方面的金融结构，如能进行较长时期的统计，那么就可以根据金融结构的动态变化，说明其变化的规律性。如再联系经济发展，就可以分析伴随经济发展的金融工具和金融机构的发展、金融结构变化对经济发展的影响。

在上述金融结构讨论中，我们均是从金融资产存量出发的。所谓金融资产存量，是指某一时点上所拥有的金融资产总量，它是各时期金融资产流量的积累，因而存量和流量有着密切的关系。这种关系反映到金融结构上也是如此。也就是说，运用存量计算的金融结构也可以用流量来计算。例如，作为反映金融和实物资产存量之间关系的金融相互关系比率指标，在流量上可以用发行金融资产与 GDP 的比率代替，反映结构特征。

二、我国金融结构分析

通过资金流量表可以构造金融结构表，如表 7—14 和表 7—15 所示。表中第一列数据为国内资金运用情况；第二列是资金运用的结构，具体计算方法为：各类金融工具在国内金融工具总流量中的比重＝各类金融工具流量/国内金融工具总流量；第三列数据为当年新增的各类金融工具与当年名义 GDP 的比重，反映社会金融活动与实物经济运行间的关系。根据我国金融交易流量的结构数据，可以得出金融结构的特点及其演进过程。

表 7—14　　　　机构部门的金融结构分析表

	1995 年			2000 年			2005 年			2010 年		
	金额	结构（%）	占 GDP 比（%）	金额	结构（%）	占 GDP 比（%）	金额	结构（%）	占 GDP 比（%）	金额	结构（%）	占 GDP 比（%）
资金运用合计	36 402	100	60	44 743	100	45	136 020	100	74	430 416	100	107
非金融企业	4 889	13	8	9 967	22	10	16 035	12	9	102 863	24	26
金融机构	17 194	47	28	17 370	39	18	71 719	53	39	225 547	52	56
政府	1 284	4	2	2 715	6	3	8 359	6	5	19 539	5	5
住户	8 868	24	15	10 870	24	11	29 551	22	16	68 263	16	17
国外	4 167	11	7	3 821	9	4	10 356	8	6	14 203	3	4

表 7—15　　　　金融工具的金融结构分析表

	1995 年			2000 年			2005 年			2010 年		
	金额	结构（%）	占 GDP 比（%）	金额	结构（%）	占 GDP 比（%）	金额	结构（%）	占 GDP 比（%）	金额	结构（%）	占 GDP 比（%）
资金运用合计	24 877	100	41	41 783	100	42	113 034	100	61	324 045	100	81
通货	597	2	1	1 125	3	1	2 410	2	1	6 117	2	2

续前表

	1995 年			2000 年			2005 年			2010 年		
	金额	结构（%）	占 GDP 比(%)	金额	结构（%）	占 GDP 比(%)	金额	结构（%）	占 GDP 比(%)	金额	结构（%）	占 GDP 比(%)
存款	13 414	54	22	16 967	41	17	42 180	37	23	130 025	40	32
贷款	9 946	40	16	13 969	33	14	23 865	21	13	97 227	30	24
证券	2 062	8	3	5 577	13	6	24 067	21	13	39 203	12	10
保险准备金	138	1	0	1 299	3	1	4 394	4	2	6 305	2	2
结算资金	729	3	1	−3 705	−9	−4	−1 987	−2	−1		0	0
其他（净）	−2 146	−9	−4	4 855	12	5	4 426	4	2	19 395	6	5
对外净债权	137	1	0	1 696	4	2	13 681	12	7	25 773	8	6

首先，根据表 7—14 分析机构部门金融结构的变化情况：（1）资金运用合计占 GDP 的比重从 1995 年的 60%上升到 2010 年的 107%，说明在经济发展的过程中，金融对社会生产产生了极大的推动作用，但还远远小于发达国家，表明我国的金融化程度仍有待提高。（2）金融机构的金融资产占总资产的比重从 1995 年的 47%上升到 2010 年的 52%，占 GDP 的比重从 28%上升到 56%。随着经济的发展，金融机构、金融资产和金融工具更加多样化，能调动不同需要的潜在投资和储蓄，实现金融增长和金融深化。因此，在发达国家中，虽然金融相关比率比较稳定，但是金融机构的金融资产随着经济的发展而提高，同时银行在整个金融机构资产中的比重逐步下降。中国金融机构的资产占总金融资产的比重有所上升，占 GDP 的比重不断提高，这说明虽然中国总体金融结构发展比较好，但是非货币性金融机构的发展不足，这与我国金融市场不完善，金融工具单一，长期以银行信贷为主要的金融渠道有关。（3）非金融企业的金融资产及其所占比重不断提高，说明非金融企业的市场参与度逐渐提高。（4）住户的金融资产不断增加，占金融总资产的比重不断下降，占 GDP 的比重稳定在 16%左右，说明居民的金融市场参与度不断下降，从资金流量表中可以看出我国居民的主要金融资产仍然是存款，证券投资仍然占很小的比例，表明我国金融市场仍不完善，不利于居民参与多样化的投资。（5）国外部门的金融资产虽然不断增加，但是所占比重却逐渐下降，说明在经济和金融发展的同时，在吸引外资、利用外资方面仍有不足，应完善国内金融市场，改善投资环境。

其次，根据表 7—15 分析金融结构的变化情况：（1）银行提供的金融工具占全部金融工具总流量的比例较大，但是具有明显的下降趋势，1995 年存款和贷款占金融工具总流量的 94%，而 2005 年降低至 58%，2010 年上升至 70%，这与当时我国扩张性的货币政策有关。整体上银行金融工具所占比重逐渐下降，说明虽然我国间接金融仍处于主要地位，但是随着我国金融结构的不断优化，直接金融有了一定的发展。（2）证券市场提供的金融工具所占比重越来越大，其中 2005 年达到 21%，说明我国证券市场有了较大的发展，但与发达国家相比，仍有较大差距。（3）保险准备金所占比重逐渐增加，说明我国居民投保意识越来越强，社会保险、保险公司等保险市场逐渐完善。（4）对外净债权所占比重增长较快，由1%增加到8%，这与我国国际储备资产较多有关，应该尽量采取多元化国际投资方式，拓宽投资渠道。（5）通货所占比重逐渐减少，由1995年的2.4%下降到2010年的1.9%（表中因四舍五入均处理为2%），我国货币市场和资本市场发展的一个重要方面就是支付结算系统的日益完善，现代化的结算系统极大地推动了非现金支付方式的运用，降低了对流通中现金的需求。非现金支付方式降低了交易成本，提高了支付效率，有利于培育社会信用、促进金融创新和塑造新兴支付文化（中国人民银行支付结算司，2007）。

最后，根据表7—15分析金融工具占当年名义GDP的比重。（1）银行信贷与GDP之比变化较大，1995年为0.39，2005年为0.36，2010年为0.56，这与中国当时的货币政策有关，例如，1995年，中国经济运行的显著特征是相对平稳的宏观经济与比较困难的微观经济并存，经济指标趋向政府预期目标，但微观经济尤其是企业的生产经营指标多数偏离正常状态，形势比较困难；2005年，中国宏观经济正处于改革开放以来的第五个宏观调控期，其主线是管住土地管紧信贷；2008年，为了应对金融危机，中央银行采取积极的财政政策和宽松的货币政策，我国的财政政策和货币政策主要以信贷为渠道传导，所以使我国的存款贷款量激增。说明银行金融工具是影响经济发展的重要因素。（2）证券与GDP之比逐渐增加，从1995年的0.03上升到2010年的0.1，说明证券对经济发展具有一定的影响。（3）对外净债权与GDP之比逐渐增加，从1995年的0到2010年的0.06，说明对外净债权对经济的影响逐渐增加，应该引起重视。

以上分析表明，随着我国经济的发展，金融也取得了长足的发展，金融结构得到了一定的优化。但是我国仍然以间接金融为主，货币性银行在金融市场占有主要的地位，信贷渠道仍然是融资和投资的主要渠道；直接金融得到了一定的发展，但是与发达国家相比，仍有很大的差距；我国没有能够很好地吸引外资、利用外资，需要进一步改善投资环境。

三、金融市场统计分析

金融市场是指经营货币资金的借贷和金融工具买卖的场所。其主要功能是通过金融工具的流转协调储蓄与投资活动，通过金融资产的组合变动引导资源配置。金融市场统计可以为研究金融市场状况、分析金融业务、完善金融市场体系提供依据。

这里我们主要利用资金流量表（金融交易）的数据，分析我国金融市场结构的变化，包括非金融企业融资结构、居民投资结构、证券投资主体结构等。

1. 非金融企业融资情况分析

我们首先分析金融市场的融资结构，主要考察非金融企业直接融资和间接融资比例的变化，如图7—19所示。1996—2010年间，非金融企业间接融资（银行贷款）与直接融资（证券）的比例变化不大，说明尽管我国的金融市场发展很快，市场规模逐步扩大，但是非金融企业的融资仍然以间接融资为主。

从间接融资与直接融资的比例变化看，1992 年直接融资比例较高，随后 3 年逐年下降，1995 年下降到零，资本市场发展几乎处于停滞状态；1996—2000 年直接融资呈增长的趋势，2000 年直接融资比例达到 19.1%，这一时期是股票市场的繁荣时期；2001—2003 年，股市处于低迷时期，直接融资比例呈下降趋势；2004—2007 年，股市到达了繁荣的时期，2007 年直接融资达到 22.7%；随后爆发金融危机，2008 年和 2009 年，直接融资有所下降，随着经济回暖，2010 年直接融资比例又恢复到较高水平。从上面的分析可以看出，当股市比较繁荣时，直接融资比例相对较高，但是最高比例仍然不超过 23%，说明我国非金融企业仍然以间接融资为主，我国的金融系统属于银行主导型金融模式。

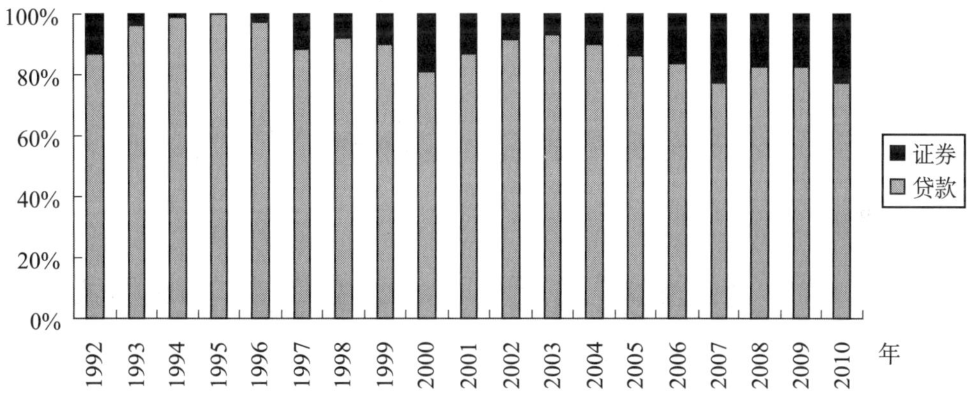

图 7—19　非金融企业直接融资与间接融资的比例变化

另外，从非金融企业直接融资的构成来看（见图 7—20），1992 年企业直接融资中债券所占比例较高；1993—2007 年，股票融资所占比例较高，平均占 72%，这与此期间股票市场比较繁荣有关；2008—2010 年，债券融资所占比例均比较高，平均达到 63%，这是由于 2008 年发生金融危机，股市比较萧条，企业更多地依靠债券融资。

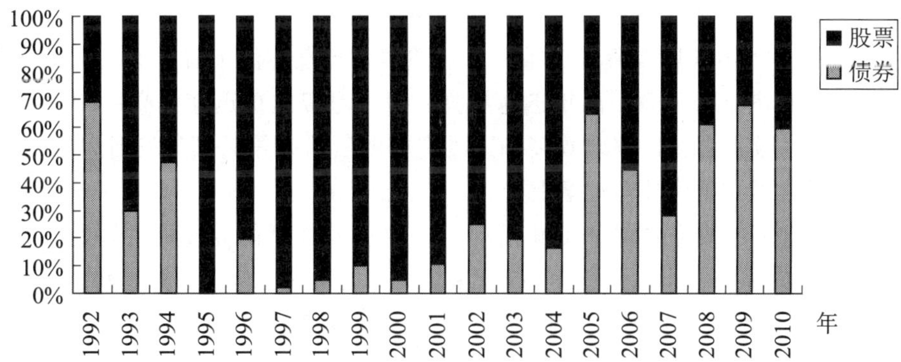

图 7—20　非金融企业直接融资构成

说明：1995 年债券额为负值。

2. 住户部门投资情况分析

根据资金流量表，我们可以分析住户部门投资构成变化情况，如图 7—21 所示。从图中可以看出，我国居民以银行存款为主要投资方式，虽然银行存款所占比重有升有降，但是平均比重仍然很高（1992—2010 年平均比例为 64%）。证券投资比重波动较大，但是总体比重仍然很小，1992—1995 年证券投资比重逐步下降，1995—2000 年逐步上升，2000—2004 年下降，2005—2007 年显著上升，2008 年急剧下降，2009—2010 年上升，证券投资比重的变化趋势与股市的兴衰有很大的关系。保险准备金占比呈现逐步上升的趋势，从 1992 年的 1%上升到 2007 年的 27%，说明我国保险业逐步发展，社会保障体系逐步完善，但是经过 2008 年国际金融危机，保险准备金占比急剧下降，从 27%下降到 2010 年的 8%。

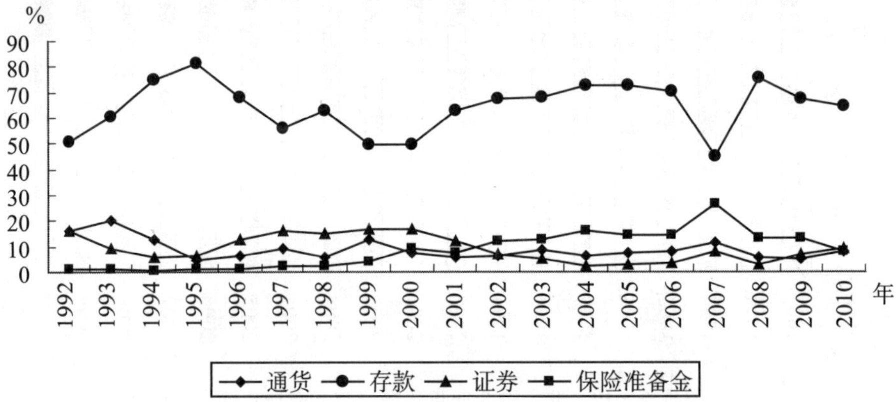

图 7—21　住户部门投资比例变化图

3. 证券市场结构变化

（1）证券市场结构变化情况。可以从资金流量表中观察国内资金来源中债券和股票的比例变化关系，如图 7—22 所示。从图中可以看出，1992—1995 年，股票所占比重逐渐下降，资本市场发展几乎停滞；1996—1997 年股票比重逐渐上升，与股市回暖有关；1998 年发生亚洲金融危机，中央实施积极的财政政策，国债发行量大幅增加；1999—2000 年股票筹资比重上升，债券发行额逐渐下降；2001—2005 年，股票所占比重逐渐下降，而后两年迅速反弹，股市融资比重迅速提高；2008 年国际金融危机，中央实施积极的财政政策和适度宽松的货币政策，债券发行大幅增加；随后，股市回暖，股票筹资比重逐渐上升。

（2）证券投资主体结构变化情况。1992—2010 年证券投资主体的结构发生了显著变化，如图 7—23 所示。证券投资中住户部门所占比例呈下降趋势，金融机构所占比例呈上升趋势。1993 年之前，居民是证券市场的主要投资者，住户部门流入证券市场的资金所占比重在 80%以上，金融机构所占比重不到 20%；1994—2001 年，居民和金融机构占比交替变化；2001—2010 年，金融机构投资证券市场的资金大幅上升，平均所占比重在 80%以上，住户部门所占比重继续下降，2005 年最低，为 3%；

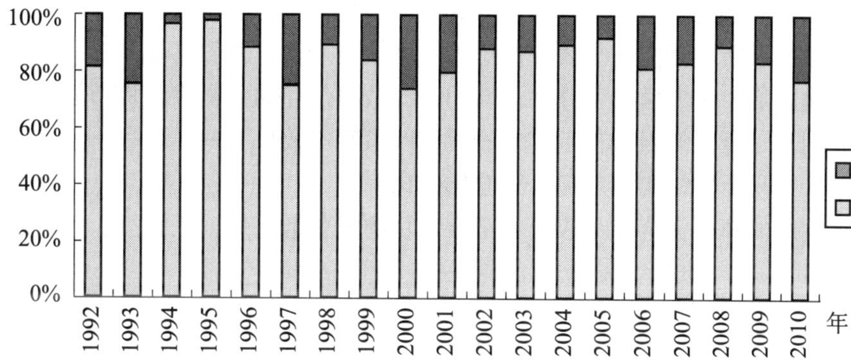

图7—22 资金流量表国内资金来源中债券和股票占比重变化图

2008年金融危机之后，金融机构所占比例有所下降，住户部门所占比重有所上升，但是金融机构仍居于主导地位。

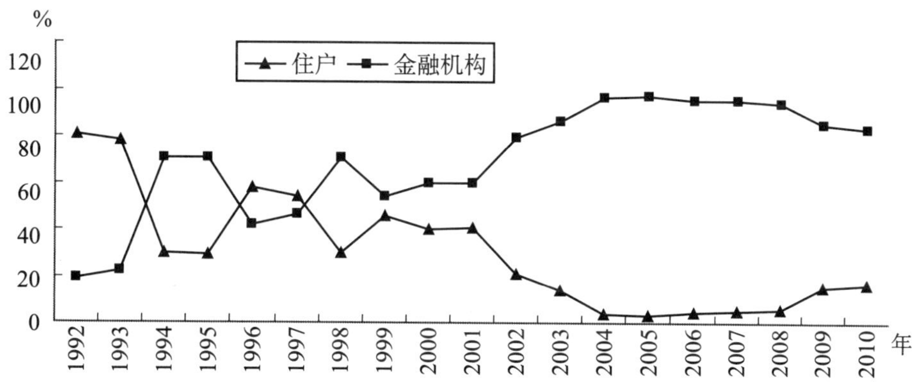

图7—23 证券投资主体结构变化

从上面的分析可以看出，非金融企业是主要的资金需求部门，住户部门是主要的资金盈余部门，住户部门的盈余资金通过金融中介或金融市场，间接或直接流向非金融企业。住户部门的盈余资金主要通过银行渠道流向企业，在金融市场比较繁荣的时候，流向证券市场的盈余资金有所增加，但仍不是主要的企业资金来源，所以我国的金融市场风险主要是银行风险。同时，金融机构在金融市场中的地位不断强化，发挥着越来越重要的作用。

□ 复习思考题

1. 阐释资金流量核算的概念、核算范围以及特点。

2. 阐述表7—1中金融机构部门的内部平衡关系，以及“证券”交易项目的平衡关系。

3. 找到最新的资金流量表，并对其主要的金融交易项目进行统计分析。
4. 根据最新的资金流量表编制矩阵式资金流量表，并做简要分析。
5. 建立货币需求模型，并用最新的统计数据估计和分析中国货币需求模型。
6. 利用资金流量表分析近年来的货币政策实施效果。
7. 什么是金融结构？如何分析金融结构？
8. 利用最新的资金流量表分析金融市场的变化情况。

第 8 章

Chapter 8

通货膨胀统计分析

第 1 节　通货膨胀问题概述

一、通货膨胀的概念

通货膨胀理论是宏观经济学的重要组成部分，在市场经济国家，合理控制通货膨胀已经成为宏观经济管理中的核心目标之一。第二次世界大战以后，尤其是 20 世纪 70 年代西方资本主义经济“滞胀”现象产生以来，通货膨胀问题一直是困扰政府当局和经济学家的一个难题。通货膨胀预示着宏观经济运行的状况，也关系到每一经济个体的利益。历史证明，完全没有通货膨胀或存在严重的通货膨胀都不利于经济的发展，最好的方式是将通货膨胀（率）控制在一定的范围内，我们给出一个形象的比喻，通货膨胀对于宏观经济来说就起到了一个体温计的作用，通过它可以看出经济运行的冷与热。因此，如何治理通货膨胀，将通货膨胀控制在合理的范围之内，不仅是政府部门的政策执行目标，也是学术界进行研究的重要课题。

遗憾的是，到目前为止，还没有一个为人们普遍接受或令人满意的通货膨胀定义。西方经济学中最常用的是实用主义的通货膨胀定义。它表述为“通货膨胀是价格持续上涨的一种过程，或者从等同意义上说，是货币不断贬值的一种过程。”① 这个定义的具体内涵表现在以下两个方面：（1）通货膨胀不是指个别商品价格上涨，而是指价格总水平（即所有商品价格的加权平均）的上涨。（2）通货膨胀不是一次性或短期的价格总水平的上升，只有当价格持续上升，趋势不可逆转时，才可称之为通货

① 皮特·纽曼主编：《新帕尔格雷夫法经济学大辞典》，898～902 页，北京，法律出版社，2003。

膨胀。

二、通货膨胀的类型

物价总水平上涨到何种程度可以称为通货膨胀，时至今日经济学界都没有给出客观的数量界限，对通货膨胀的认定一般主要取决于经济行为者对通货膨胀的敏感程度，即所依据的是主观判断标准。在通货膨胀统计分析中，一般根据物价总水平上涨程度把通货膨胀划分为严重程度不同的几类①：

（1）爬行的通货膨胀（Creeping Inflation）：经济学家们一般认为，如果一国经济生活中一般物价水平年均上涨率在1%～3%（也有一些人认为在1%～5%）以内，同时这种较缓慢的一般物价水平上涨并不会导致在经济生活中出现通货膨胀预期（即预期物价水平将进一步上涨的心理），这种物价水平的上涨即是爬行的通货膨胀。

（2）温和的通货膨胀（Mild Inflation）：在一些经济学家看来，一般物价水平的年均上涨率若在3%～6%或3%～10%之间，则可以看做发生了温和的通货膨胀。在许多经济学文献中，也往往将3%～6%的物价水平上涨率与爬行的通货膨胀相提并论，对它们并不加以截然的区分。此外，也有一部分经济学家并不同意把虽未达到两位数，但已非常接近10%的物价水平上涨率称为“温和的”通货膨胀，而认为这已经是一种高通货膨胀。

（3）飞奔的通货膨胀（Galloping Inflation），也称为奔驰的通货膨胀。经济学家把较长时期内发生的较大幅度的物价水平的持续上涨称为飞奔的通货膨胀。在发生这种类型的通货膨胀期间，物价水平的年上涨率一般均达到了两位数的幅度，甚至高达百分之几十，但是其剧烈程度尚不足以导致货币体系和经济生活崩溃。较为典型的飞奔的通货膨胀曾发生在20世纪五十至七十年代的拉美各国，这些国家的物价水平年均上涨率都曾高达10%～70%。这种类型的通货膨胀对一国的经济活动和居民生活水平影响极大，人们为了避免物价水平持续地大幅度上涨所造成的经济损失，往往不再愿意从事生产性投资或努力从事生产劳动，而是将注意力转向从事各种保值和投机活动，结果导致经济萎缩和经济生活混乱。

（4）恶性通货膨胀（Hyper Inflation），也称为超级通货膨胀。美国经济学家菲利普·卡根（P. Cagan）在他关于恶性通货膨胀的权威研究中，把物价水平以每月超过50%的大幅度的持续上涨定义为恶性通货膨胀。这种类型的通货膨胀具有两个比较显著的特征：1）物价水平的飞速上涨已经使得人们对本国货币完全失去信任，本国货币完全丧失了其价值贮藏的功能，同时也在很大程度上丧失了交易功能。根据一些曾发生过恶性通货膨胀的国家的经历，在经济生活中，若物价水平在6个月内的上涨幅度超过50%（即货币在半年内至少贬值一半），人们就会对本国的货币失去信任。2）恶性通货膨胀一般不会持续较长时间，因为这种类型的通货膨胀不仅会严重地破

① 史晋川：《社会主义经济通货膨胀导论》，24～28页，上海，三联书店上海分店，1989。

坏正常的经济生活，扰乱正常的生产和交易，而且会造成社会的严重不安，导致国家货币体制及经济社会的崩溃。恶性通货膨胀在第一次世界大战后的德国、奥地利和第二次世界大战后的匈牙利、中国、希腊等国都曾经发生过。例如，我国 1948 年 8 月国民党政府开始发行金圆券，到 1949 年 4 月中旬，上海市的批发物价指数比上年 8 月上涨了 62 719 倍。

即便是对类似上述通货膨胀严重程度的划分，也有不同的观点，例如有人主张更简便的分法，把通货膨胀分为这样的三种类型：

低通货膨胀（Low Inflation）。低通货膨胀的特点是，价格上涨缓慢且可以预测。我们或许可以将其定义为年通货膨胀率为一位数的通货膨胀。此时的物价相对来说比较稳定，人们对货币比较信任。

急剧通货膨胀（Galloping Inflation）。当总价格水平（a stander of price level）以每年 20%，100%甚至 200%的 2 位数或 3 位数的比率上涨时，即产生了这种通货膨胀。这种通货膨胀局面一旦形成并稳固下来，便会出现严重的经济扭曲。

恶性通货膨胀（Hyper Inflation）。最恶性的通货膨胀，货币几乎无固定价值，物价时刻在增长，其灾难性的影响是市场经济变得一无是处。

三、通货膨胀的测度思路

（一）通货膨胀缺口的测度方法

通货膨胀缺口测度方法，是凯恩斯研究通货膨胀时所运用的方法①，是作为直接需求拉动通货膨胀理论的基础使用的，现在仍是西方宏观经济学中的重要概念。这里仅以凯恩斯当年论文中所举的数字例子，介绍通货膨胀缺口测度方法的要点。

X：实际产出水平（以通货膨胀前的价格水平计算）	5 500 百万英镑
E：私人收入（包括转移性支付）	6 000 百万英镑
T：直接税	1 400 百万英镑
N：私人可支配收入$=E-T$	4 600 百万英镑
G：政府支出（购买货物和服务）	2 250 百万英镑
S：私人储蓄	700 百万英镑
D：有效总需求$=N-S$	3 900 百万英镑
L：可供私人消费的货物和服务量$=X-G$	3 250 百万英镑
F：通货膨胀缺口$=D-L$	650 百万英镑

$$通货膨胀率=(F/L)\times 100\%=(650/3\ 250)\times 100\%=20\%$$

① 凯恩斯于 1939 年 11 月在伦敦《泰晤日报》发表了两篇文章，讨论英国战时财政问题，经过修改和发展，这两篇文章成了凯恩斯著名论文《如何偿付战费》的基础。在这篇论文中，凯恩斯运用通货膨胀缺口方法，研究了通货膨胀问题。后来，一些学者进一步发展了通货膨胀缺口模型。

凯恩斯的通货膨胀缺口分析假定有关货物和服务价格是灵活的，而不是受控的，并且假定工资水平不变。

（二）改革开放初期我国通货膨胀的测度方法

改革开放以后，我国经济实现了由计划向市场的逐步转变，这其中也伴随着在一些特殊阶段物价水平的持续快速上涨。这吸引了许多专家学者集中力量来研究我国的通货膨胀问题。其中，对于我国通货膨胀的测度方法也作出了广泛的讨论。在 20 世纪八九十年代比较普遍的观点是，我国的通货膨胀与西方的通货膨胀不同，不仅有公开的通货膨胀，还有隐性的通货膨胀，物价上涨率仅反映公开的通货膨胀，因此许多学者提出了关于我国通货膨胀的测度方法。这些测度方法包括社会货币流通量测度法、货币购买力测度法、货币供求比较测度法、货币数量公式测度法等，这些测度方法都具有典型的计划经济时代的特征，这里仅简要介绍一下社会货币流通量测度法。

这种方法的基本思路是通过对社会货币流通总量和流通中货币必要量的测度计算过度的货币流通量，即通货膨胀量，再以此来计算通货膨胀率，分四个步骤：

（1）计算社会货币流通总量，公式为：

$$\text{社会货币流通总量}=\text{现金存量}\times\text{现金流通速度}+\text{银行平均存款余额}\times\text{存款货币流通速度}$$

（2）计算流通中货币必要量，公式为：

$$\text{流通中货币必要量}=\frac{\text{按不变价计算的商品交易总额}}{\text{正常的货币流通速度}}$$

式中，按不变价计算的商品交易总额＝不变价社会总产值－不变价非商品部分的价值＋不变价社会劳动服务收入总额。

（3）计算通货膨胀量，公式为：

$$\text{通货膨胀量}=\text{社会货币流通总量}-\text{流通中货币必要量}$$

（4）计算通货膨胀率，公式为：

$$\text{通货膨胀率}=\left(\frac{\text{通货膨胀量}}{\text{商品交易总额}}-1\right)\times 100\%$$

我国对通货膨胀的测度建立在“通货膨胀是货币供应量过度的现象”这一理念的基础之上。但是，如果把通货膨胀的测度直接固定在货币供应量上，却可能会产生问题。只有从宏观经济运行整体出发，才可以认识货币过度供给是通货膨胀产生的原因，才可能对通货膨胀过程的结果的性质形成正确的理解。通货膨胀是宏观经济运行的整体特征，是总需求大于总供给的结果，因而物价总水平不断上涨，货币不断贬值是认识通货膨胀的要旨。因此，世界其他国家普遍采用物价总水平上涨率测度通货膨胀的简便办法有着重要的意义。相比之下，上述我国通货膨胀测度的研究则有为了测度而测度的非正常倾向。

（三）物价指数的测度方法

依据实用主义的通货膨胀定义，世界其他市场经济国家普遍以物价总水平上涨率来反映通货膨胀，所运用的方法就是物价指数的方法。在它们的通货膨胀统计分析中，常用的价格指数主要是消费价格指数、批发价格指数和国民生产总值平减指数。三种物价指数在反映通货膨胀的物价变化中，多数时期是一致的，但有时也不一致。就代表的货物和服务的范围而言，国民生产总值平减指数的范围最为广泛，并且也与最终产品和范围的一般物价水平概念最为接近，所以经济学家们倾向于把它当作衡量经济中通货膨胀的最好的单项指标。① 但也有人指出国民生产总值平减指数的缺陷，即包括了那些不在市场发生交易的货物和服务的估算，主要是政府服务。② 下一节重点介绍各类价格指数及其统计特征，以便于在测量通货膨胀问题中灵活应用。

第 2 节　通货膨胀与价格指数

价格指数是反映不同时期一组商品（服务项目）价格水平的变化方向、趋势和程度的经济指标，是经济指数的一种，通常以报告期与基期相对比的相对数来表示。价格指数是研究价格动态变化的一种工具。从某种意义上来说，任何反映价格变化的指数都可以用来衡量通货膨胀，只是覆盖的范围有所差异而已。但对于一般意义上的通货膨胀的衡量，有些价格指数就会显得片面。常见用于衡量通货膨胀水平的指数包括消费价格指数（CPI）、商品零售价格指数（RPI）、工业品出厂价格指数（PPI）、批发物价指数（WPI）、GDP 平减指数等。消费价格指数能够迅速直接地反映居民生活价格趋势，与民众关系最为密切，所以经常用来衡量通货膨胀。

一、价格指数编制的一般性方法

（一）综合指数的概念和特点

一般常见的价格指数都属于加权综合指数（Weighted Aggregative Index），这是一种通过加权来测定一组项目（例如价格）综合变动的指数。综合指数是编制和计算总指数的一种基本形式，它是由两个总量指标对比形成的指数。在所研究的总量指标中，包含两个或两个以上的因素，将其中一个或一个以上的因素指标固定下来，仅观察其中一个因素的变动。综合指数从编制方法来看，具有以下特点：

（1）先综合后对比。即先解决总体中各个个体由于使用价值、经济用途、计量单位、规格、型号等不同而不能直接简单相加对比的问题。为此，需要引入一个媒介因素（权数），使不能直接相加、不能直接对比的现象变成能够直接相加、能够直接对比的现象，这个因素称为同度量因素。

（2）把总量指标中的同度量因素加以固定，以测定所要研究的因素，即指数化指

① 爱德华·夏皮罗：《宏观经济分析》，606 页，北京，中国社会科学出版社，1985。

② ［奥］赫尔穆特·弗里希：《现代通货膨胀理论》，15 页，北京，中国金融出版社，1989。

标的影响程度。例如，若要观察两个时期多种商品销售总额中的销售价格的影响，需要把两个时期各种商品的销售量作为权数固定在同一时期，以测定两个时期各种商品销售价格的影响。

(3) 用于对比的双方（也称报告期和基期，即分子与分母）所研究对象的范围原则上必须一致。

对于加权综合指数，若所测定的是一组项目的物量变动状况，则称为数量指数，如产品产量指数、商品销售量指数等；若所测定的是一组项目的质量变动状况，则称为质量指数，如价格指数、产品成本指数等。但由于权数可以固定在不同时期，因而加权综合指数有不同的计算公式。较为常用的是拉氏指数和帕氏指数两种形式。

（二）拉氏指数：同度量因素固定在基期的综合指数

若要反映多种商品价格的综合变动情况，不能简单地直接加总，但可以找到与之对应的商品销售量，由于

商品价格×商品销售量 = 商品销售额

$p \times q = pq$

商品销售额具有可加性，如果直接将报告期和基期的商品销售额进行对比，则得到如下公式：

$$I = \frac{\sum p_1 q_1}{\sum p_0 q_0} \tag{8—1}$$

式中，p，q 分别表示商品的价格和销售量；0，1 分别表示基期和报告期；I 表示总指数。

上式总指数是商品价格和销售量两种因素共同变动作用的结果，反映的是商品销售总额的变动程度。如果只想反映商品价格变动造成的变动程度，则可将商品销售量作为同度量因素固定起来，若固定在基期的 q_0 水平上，就得到拉氏物价指数公式

$$I_p = \frac{\sum p_1 q_0}{\sum p_0 q_0} \tag{8—2}$$

拉氏价格指数就可以编制出来了。同理，如果只想反映商品销售量变动造成的变动程度，则可将商品价格作为同度量因素固定起来，若固定在基期 p_0 水平上，就得到拉氏物量指数公式

$$I_q = \frac{\sum p_0 q_1}{\sum p_0 q_0} \tag{8—3}$$

（三）帕氏指数：同度量因素固定在报告期的综合指数

该方法是由另外一位德国统计学家帕煦（Paasche）于 1874 年提出的，故又称为帕氏指数。和拉氏指数不同的是，他将同度量因素固定在报告期。相应的计算公

式为：

帕氏物价指数

$$I_p = \frac{\sum p_1 q_1}{\sum p_0 q_1} \tag{8—4}$$

帕氏物量指数

$$I_q = \frac{\sum p_1 q_1}{\sum p_1 q_0} \tag{8—5}$$

在编制价格指数时，我们应该选择拉氏指数还是帕氏指数呢？这应该从指数应用的现实经济意义去分析。编制价格指数的目的是测定商品价格的波动情况，以说明市场物价变动对人民生活的影响程度。如果用拉氏指数公式即同度量因素固定在基期，其分子与分母的差额说明由于物价的变动，居民按过去的购买量及其结构购买商品，支出金额的多少，这显然没有太大的现实意义。从实际生活角度看，人们更关心在报告期销售量条件下，由于价格变动对实际生活的影响。如果用帕氏指数公式即同度量因素固定在报告期，则可以同时反映出价格和消费结构的变化，具有比较明确的经济意义，公式的分子与分母之差额，说明由于物价的变动，居民按目前的购买量及其结构购买商品，支出金额的变化。可见，用帕氏指数公式计算价格指数，比较符合价格指数的计算目的。同理，如果考虑编制销售量指数，则把价格固定在基期水平上意味着在原来价格水平的基础上测定销售量的综合变动是比较恰当的，因为销售量指数的计算目的在于反映销售量的变动。因此，在编制销售量指数时，一般应采用基期的商品价格作为同度量因素。

（四）同度量因素固定在某一特定时期的综合指数

这种方法是英国学者杨格（Young）于 1818 年首先采用的，故又称为杨格公式。该指数的同度量因素不是基期水平，也不是报告期水平，而是某一典型水平或若干期的平均水平，因此，这里的指数时期和同度量因素的时期是不同的。选择固定的同度量因素，不仅简化了指数计算，而且可以避免某些非正常情况所造成的不可比性，从而便于观察现象长期变化发展的趋势。因此，杨格公式在实践中经常采用。当然，同度量因素在间隔一定时期后，随着情况的变化就应及时加以修正和调整。其公式为：

杨格物价指数

$$I_p = \frac{\sum p_1 q}{\sum p_0 q} \tag{8—6}$$

杨格物量指数

$$I_q = \frac{\sum q_1 p}{\sum q_0 p} \tag{8—7}$$

二、用于衡量通货膨胀水平的常见价格指数

（一）居民消费价格指数

居民消费价格指数（consumer price index，CPI）是一个反映居民家庭一般所购买的消费商品和服务价格水平变动情况的宏观经济指标，是世界各国普遍编制的一类价格指数。CPI 是反映一定时期内城乡居民所购买的生活消费品价格和服务项目价格变动趋势的相对数，通过城市居民消费价格指数和农民消费价格指数综合计算得出。居民消费价格统计调查的是社会产品和服务项目的最终价格，中国的居民消费价格指数涵盖全国城乡居民生活消费的食品、烟酒及用品、衣着、家庭设备用品及维修服务、医疗保健和个人用品、交通和通信、娱乐教育文化用品及服务、居住等八大类、262 个基本分类的商品与服务价格。数据来源于全国 31 个省（直辖市、自治区）500 个市县、6.3 万家价格调查点，包括食杂店、百货店、超市、便利店、专业市场、专卖店、购物中心以及农贸市场与服务消费单位等。

可见，居民消费价格指数同人民群众的生活密切相关，人们日常生活中感受到的物价水平的变动，CPI 可以给出及时的反映。同时，CPI 在整个国民经济价格体系中也具有重要地位，它是进行经济分析和决策、价格总水平监测和调控以及国民经济核算的重要指标。其变动率在很大程度上反映了通货膨胀或紧缩的程度。一般来讲，物价全面、持续地上涨就认为发生了通货膨胀。因此，CPI 成为反映通货膨胀水平的核心指标之一。在后面我们对中国的通货膨胀问题进行统计分析时，就是以 CPI 作为通货膨胀率的代表。

（二）商品零售价格指数

商品零售价格指数（retail price index，RPI）是反映一定时期内商品零售价格变动趋势和变动程度的相对数。在我国，RPI 分为食品、饮料烟酒、服装鞋帽、纺织品、中西药品、化妆品、书报杂志、文化体育用品、日用品、家用电器、首饰、燃料、建筑装潢材料、机电产品等十四个大类，国家规定了 304 种必报商品。RPI 只反映零售商品的价格变动，不包括服务价格。从 1994 年起，国家、各省（直辖市、自治区）和县编制的商品零售价格指数不再包括农业生产资料。商品零售价格的变动直接影响到城乡居民的生活支出和国家的财政收入，影响居民购买力和市场供需平衡，影响消费与积累的比例。因此，计算 RPI，可以从一个侧面对上述经济活动进行观察和分析。同时，由于 RPI 反映了零售商品的价格变动，因而可以作为衡量通货膨胀水平的指标。

（三）工业品出厂价格指数

工业品出厂价格指数（ex-factory price indices of industrial products，PPI）是反映全部工业产品出厂价格总水平的变动趋势和程度的相对数。PPI 是反映某一时期

生产领域价格变动情况的重要经济指标，也是制定有关经济政策和国民经济核算的重要依据。我国现行的工业品出厂价格指数，是采用算术平均法编制的，调查产品有 4 000 多种，覆盖全部 39 个工业行业大类，包括工业企业售给商业、外贸、物资部门的产品、售给工业和其他部门的生产资料以及直接售给居民的生活消费品。PPI 是反映工业发展状况的指标之一，通过它能观察出厂价格变动对工业总产值的影响，为制定有关政策和国民经济核算提供科学依据。PPI 也是衡量通货膨胀的标准之一。

（四）批发物价指数

批发物价指数（wholesale price index，WPI）是根据商品批发价格变动资料编制的一类价格指数，用于反映不同时期生产资料和消费品批发价格的变动趋势与幅度。批发价格是在商品进入零售形成零售价格之前，由中间商或批发企业所定，其水平决定于出厂价格或收购价格，对零售价格有决定性影响。因此有经济学家认为批发物价指数比消费价格指数具有更广泛的物价变动代表性。批发物价指数既可按全部商品综合编制，也可按不同部门或各类商品分别编制，但不包括劳务价格。批发物价指数的优点在于对商品流通比较敏感，其缺陷在于统计范围狭窄，所以许多国家没有将批发物价指数列为测定通货膨胀的代表性指标。美国劳工统计局编制的批发物价指数包括 2 400 多种商品批发价格变动状况，其中有机器、金属、木材、皮革、纸张、轮胎、燃料、服装、化学制品和农产品等。此外，还另为一些主要工业部门和单项产品编制批发物价指数。我国尚未公开发布批发物价指数资料。

（五）GDP 平减指数

GDP 平减指数（GDP deflator），又称 GDP 缩减指数或 GDP 折算指数，是指没有剔除物价变动前的 GDP（现价 GDP，也即下述的名义 GDP）增长与剔除了物价变动后的 GDP（即不变价 GDP，也即下述的实际 GDP）增长之商。由于它也是从物价变动的角度来考察问题，因此也属于一类价格指数。该指数的计算基础比 CPI 更广泛，涉及全部商品和服务，除消费外，还包括生产资料和资本、进出口商品和劳务等。因此，这一指数能够更加准确地反映一般物价水平走向，是对价格水平最为宏观性的测量。

要弄清楚什么是 GDP 平减指数，首先来了解什么是名义 GDP 和实际 GDP。如果用当前的价格来计算最终产品和劳务的价值，所得到的 GDP 称为名义 GDP（Nominal GDP）。“名义”一词表示用当前价格计算价值。用人为规定的基年（比如 2000 年）价格来计值的经济指标是比较可靠的。用不变价格计算的 GDP 称为实际 GDP。“实际”一词表示以不变价格计算。实际量值衡量的产品和劳务的价值只会因为实际数量的变化而变化，不会因为价格的变化而变化。例如，如果在 2010 年你的名义收入是 8 万元，而你在 2000 年的名义收入只有 4 万元。如果从 2000 年到 2010 年所有商品的价格都涨了一倍，那么实际上你的生活水平并没有变化。GDP 平减指数的概念与之类似，我们选取某一年（2000 年）的物价水平作为基准，如果以 2000 年的物价水平计算 2010 年的 GDP 为 26 万亿元，而以 2010 年当年实际的物价水平来计算 GDP 为 39 万亿元，那么平减指数为 39/26＝1.5，说明 2000 年到 2010 年平均物价水平上涨了 50%。如果以基年（2000 年）的物价水平作为基准值 100，那么 2010 年 GDP 的平减指数就变为 150 了。因此，GDP 平减指数的计算公式可写为：

$$\text{GDP 平减指数}=\frac{\text{名义 GDP}}{\text{实际 GDP}}\times 100\% \tag{8—8}$$

通过上述计算过程不难发现，GDP 平减指数本质上仍然是价格指数，它包含了当年全部的最终产品的价格变动，因而是通货膨胀水平的一个重要衡量指标。

第 3 节　通货膨胀形成统计分析

在通货膨胀分析中，其形成原因分析是一个重要方面。统计分析的主要任务就是从实际出发，运用统计数据分析通货膨胀形成的影响因素间作用的稳定数量关系和关于通货膨胀过程的实证解释。下面通过通货膨胀形成因素模型来分析我国经济体制改革以来通货膨胀形成过程的主要数量关系。

一、从货币供给的角度对通货膨胀进行分析

货币供应量是宏观经济中的一个重要指标，中央银行通过对货币供应量的控制达到对宏观经济运行管控的目的。一般观点认为，货币供应量增加，会使得“过多的货币追逐少量的商品”，从而造成物价上涨，即 CPI 变大。在物价快速上涨时，中央银行也是通过利率杠杆调节货币供应量从而抑制物价上涨的。为求证这一观点，笔者通过国家统计局网站得到狭义货币供应量 M1 的增长率月度数据和 CPI 的月度数据，时间范围是 2000 年 1 月至 2013 年 8 月，共 164 组样本数据，构造数据的时间序列图，如图 8—1 所示。

通过图 8—1 可以发现，M1 增长率与 CPI 的波动规律基本一致，即它们具有相同的变动趋势，这说明物价变动和货币供应量之间确实存在紧密的联系。进一步可以发现，M1 增长率的变动先于 CPI 的变动，这意味着可以通过控制货币供应量达到控制物价水平的目的。2008 年全球金融危机爆发后，中国政府 2008 年底提出并实施了“四万亿”投资计划以刺激经济的快速复苏，这一政策直接使得市场上货币供应量快速增加，随后即形成物价的快速上涨，这些在图 8—1 中均有所体现。这一轮的物价上涨较以往有这样的三个新特点：（1）持续时间长，从 2010 年 7 月到 2012 年 5 月连续 22 个月的 CPI 值在 103%以上；（2）上升幅度大，在高通胀期间，共有 8 个月的 CPI 在 105%以上，最高达到 106.5%；（3）难以管控，从 2010 年初中央银行快速收紧银根，直到 2011 年 7 月 CPI 才有放缓、回落的迹象，这期间共经历了 17 个月。笔

者对 CPI 和滞后的 M1 增长率进行了相关性分析，以考察中国货币政策的时滞效应。抛开金融危机这一特殊时期，笔者通过计算发现，CPI 与滞后 6～8 期的 M1 增长率的相关性最高，运用分布滞后模型也可以发现滞后 6～8 期的 M1 增长率对 CPI 的影响最大，因此可以认为，中国货币政策作用的显现需要经历 6～8 个月的时滞期。

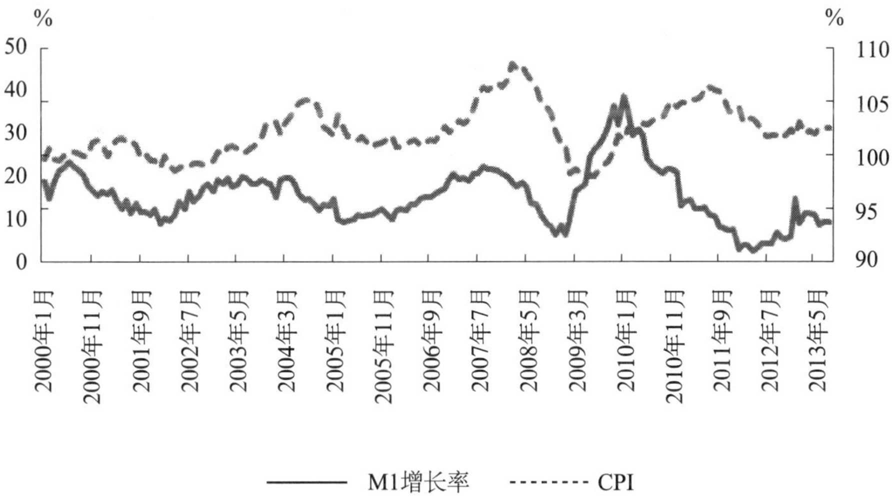

图 8—1 货币 M1 增长率与 CPI 的变动趋势

二、从工资成本的角度对通货膨胀进行分析

经济理论对通货膨胀形成的另外一种解释是成本推动价格上涨，其中工资成本推动是一个重要原因。如果“成本推动型”通货膨胀是存在的，那么收入增长率对通货膨胀率必然存在影响作用，这一影响作用可以通过回归模型表示。利用 1981—2011 年居民消费价格指数（用来表示通货膨胀）和平均工资增长率（INC）构造的模型如下：

$$\hat{CPI}=-6.5799+0.5902INC+0.3226INC(-1) \tag{8—9}$$

式中，INC 即为当期工资增长率；INC(－1) 表示工资增长率的一期滞后。由事先检验得知序列 CPI 和 INC 均为平稳序列，因而这里不存在伪回归问题的困扰。模型 (8—9) 的回归系数在 5%的显著性水平下均通过检验，模型整体显著性检验通过，拟合效果好，且无非球形干扰。模型（8—9）表明，收入增长率对 CPI 存在影响，这种影响不仅在当期，对下一期也存在影响作用。因此，模型（8—9）验证了中国存在“成本推动型”通货膨胀的事实。一般，如果工资增长率低于劳动生产率增长率或与其同步，则不会引起通货膨胀，只有当前者大于后者时才会发生通货膨胀。1986 年以前，职工工资平均增长率为 10.30%，劳动生产率的平均增长率为 9.85%，对企业放权让利导致收入分配向职工倾斜，而劳动生产率没有同步增长，从而工资成本提高成为导致通货膨胀重要原因；1986 以后，劳动生产率大幅度提高，其平均增长率由 1986 年以前的 9.85%提高到 19.49%，而职工工资增长率仅由 10.30%提高到 16.75%。因此，1986 年以后工资成本提高不是通货膨胀的直接原因。事实上，在价格上涨过程中，原材料等价格提高形成的转移成本压力对通货膨胀产生了推动作用。如 1992—1994 年，我国劳动生产率的增长率高于职工工资增长率，但原材料工业的价格持续上涨，在企业不能内部消化的条件下，自然会转为通货膨胀压力。

三、从需求的角度对通货膨胀进行分析

当人们对商品和劳务的需求超过按现行价格所得到的供给时，通货膨胀缺口就产生了。这意味着投资大于充分就业的储蓄，也就是超过充分就业条件下所能生产的商品和劳务的过量需求的价值。为维持新的供需平衡，必须使物价总水平上涨。通货膨胀的存在使得人们失去对持有货币的偏好，进而会增加消费需求，从这个角度来说通货膨胀会影响消费需求。消费需求的扩大，容易造成“太多的货币追逐太少的货物”的现象，进而使物价上升，通货膨胀加剧，从这个角度来说，消费需求会影响通货膨胀。中国作为新兴市场国家，通货膨胀和消费需求之间存在怎样的关系？为弄清楚这一问题，我们收集了中国 1981—2011 年的通货膨胀和消费需求的历史数据，运用 Granger 因果检验方法对此加以判别。Granger 因果检验结果如表 8—1 所示。

表 8—1　　通货膨胀和消费需求的 Granger 因果关系检验

原假设	F 统计量	检验概率 p
通货膨胀不是消费需求变动的 Granger 原因	0.430 66	0.517 2
消费需求不是通货膨胀变动的 Granger 原因	6.297 05	0.018 4

由表 8—1 的检验结果可以看出，消费需求影响通货膨胀的变动，但通货膨胀并不影响消费需求。这是一种称为“需求拉动型”的通货膨胀，即需求的扩大促进了通货膨胀的形成。现在进一步考察中国的这种“需求拉动型”通货膨胀。我们对此构造了反映消费水平增长率对 CPI 影响作用的回归模型如下：

$$\widehat{CPI}=-5.722\,5+0.540\,1C+0.370\,0C(-1) \qquad (8—10)$$

式中，C 为当期消费水平增长率；C(−1) 表示消费水平增长率的一期滞后。和模型 (8—9) 一样，由事先检验得知序列 CPI 和 C 均为平稳序列，因而这里不存在伪回归问题的困扰。模型（8—10）的回归系数在 5%的显著性水平下均通过检验，模型整体的显著性检验通过，拟合效果好，且无非球形干扰。模型（8—10）表明，消费水平对 CPI 也存在显著的影响作用，这种影响不仅存在于当期，还会持续到下一期。这说明消费需求会造成物价水平的上涨，即证明了需求拉动型通货膨胀在中国是存在的。

第 4 节　通货膨胀效应统计分析

一、通货膨胀与经济增长关系分析

通货膨胀与经济增长之间的关系性质至今仍未得到充分理解。通货膨胀对经济增长的影响，取决于通货膨胀在各方面效应的取向和影响程度。“有利论”或“促进派”的论据是通货膨胀的收入分配效应有利于提高财政收入，从而扩大政府投资；有利于高收入阶层，从而提高储蓄率，加速扩大再生产过程。其前提是工资增长滞后于物价上涨，或者说不存在预期因素，只有这样，上述的论据才有可能成为现实。著名的“费尔德斯坦曲线”提出了通货膨胀率与资本形成正相关的变化规律。“有害论”或者“促退派”则持相反的看法，认为通货膨胀对于实行固定汇率的国家将导致贸易收支恶化；政府在通货膨胀期间对各名义利息率和食品等价格实行控制，将扰乱资金流向，降低经济效率和资源有效配置；通货膨胀会增加生产投资的风险和经营风险，减少整个社会的投资，降低经济增长率。可以通过实证研究来分析通货膨胀与经济增长之间的内在关系，美国温德贝尔特大学的两位经济学家于 1986 年发表了他们关于通货膨胀和经济增长的相关检验的研究成果①，检验结果的概括如表 8—2 所示。结果表明，通货膨胀与经济增长基本上不存在必然的因果关系。

表 8—2　　通货膨胀与经济增长相关的国际检验

	检验的国家数（个）	通货膨胀与经济增长正相关		通货膨胀与经济增长负相关		通货膨胀与经济增长不相关	
		国家数	比重（%）	国家数	比重（%）	国家数	比重（%）
工业化国家	19	0	0	9	47.4	10	52.6
发展中国家	37	2	5.4	7	18.9	28	75.7

关于我国通货膨胀对经济增长效应的讨论也有两种不同的观点。一种观点认为温和的通货膨胀有利于中国的经济增长，尤其是在目前的起飞阶段，刺激生产扩张的总量政策是必要的；另一种观点则认为通货膨胀对我国的经济增长有害。

我国通货膨胀对经济增长的负效应主要表现在以下两个方面：

（1）通货膨胀导致储蓄率下降，从而导致银行信贷资金紧张。当发生较严重的通货膨胀时，居民的货币收入和储蓄存款将会贬值。为了尽量减少损失，居民把相当一部分预定转化为储蓄的收入和实际储蓄转化为实物，从而导致储蓄率下降和储蓄的减少。例如 1988 年比较严重的通货膨胀（尤其是 1988 年 8 月）导致城乡居民纷纷提取

① 参见 W. 琼、P. J. 马歇尔：《通货膨胀与经济增长：关于促进论者和促退论者见解的国际论证》，载《经济学译丛》，1987（10）。

存款，全年储蓄率由1987年的35%下降到21%。城乡居民储蓄率的下降使银行资金来源减少，从而影响了银行的融通能力，加剧了资金的短缺。而资金的短缺使企业相互拖欠严重，无法进行正常的交易。这些结果都严重影响了经济的正常运行，从而妨碍了经济增长。

（2）通货膨胀导致生产萎缩。由于我国工资支出与原材料支出相比刚性极大，所以在通货膨胀、货币贬值的情况下，必须优先满足不断增加的工资和奖金的需要，结果是用于购买原材料的货币资金不仅贬值，而且往往被工资和奖金挤掉一块，这样就不能购买到原有数量的生产资料，从而使生产过程不能在原有规模上继续。同时，通货膨胀将诱发紧缺物品的囤积现象，从而加剧短缺。这不仅影响企业自身的生产速度，而且使相关联的企业不能及时获得投入品，从而影响社会再生产的顺利进行。

为考察中国通货膨胀与经济增长的关系，我们收集了1978—2011年中国CPI和GDP的年度数据，画出GDP增长率与CPI的变动趋势图，如图8—2所示。

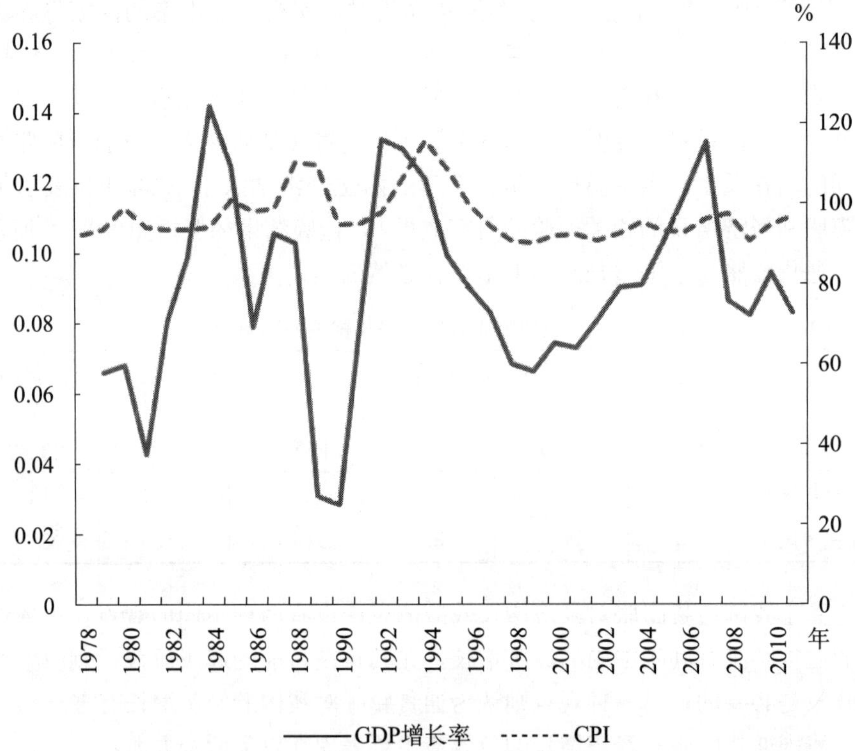

图8—2 GDP增长率与CPI的变动趋势

通过图8—2不难发现，GDP增长率和CPI具有相似的变动趋势，但这并不意味着“高通胀伴随着高增长”，进一步观察可以发现，GDP增长率和CPI并不是同步的，而是存在一年左右的时滞。考虑了时滞效应后再观察图8—2可以发现，当年的高通胀（高CPI值）意味着下一年的低增长。与此相应，前一年的低通胀水平可以保证经济在下一年甚至更长时间内的快速增长。因此，通过中国的历史数据并不能证明

"温和的通货膨胀有利于经济的增长"这样的观点。

二、通货膨胀与收入分配的关系分析①

通货膨胀的存在会改变收入分配。通货膨胀产生直接影响的是现有资产的价格，如债券、股票、房产及其他实物资产。现金持有过多就会去购买资产，扩大开支，使资产价格提升，刺激借贷需求。通货膨胀的出现给人们的生活带来了诸多不确定因素，加重了人们的生活成本负担，如果物价上涨的速度超出了部分群体所能承受的范围，就会严重影响到他们的日常生活。

从经济学原理来看，通货膨胀对人们收入的影响主要体现在国民收入再分配的效应上。按照收入再分配理论，实际工资将因物价上涨而降低，即工资在国民收入中的实际份额下降。以固定收入为主的劳动者，收入未跟随物价上涨，实际工资相对下降，货币购买力下降，货币财富将缩水，生活水平也随之降低，他们是利益受损者；而以浮动收入为主的劳动者，收入上涨如果在企业价格水平和生活费用上涨之前，他们将获益。对于企业主来说，如果产品价格比工资和原材料价格上升更快，企业主将获得更多利润。在通货膨胀条件下，债务人相对获利，债权人将会受损，实际财富持有者获益，货币持有者和居民受损。

通货膨胀将使居民的生活成本上升，导致生活水平下降，CPI 增大，它是根据与居民生活有关的产品和劳务价格统计出来的物价变动指标，反映一定时期内居民生活购买的一篮子商品和服务价格的变化情况。居民的实际收入减少，消费能力降低。此外，由于人们对通货膨胀存在预期，在预计物价上涨超过市场利率即预期实际利率为负时，人们将会安排提前消费。在预期占主导地位的影响下，近期内的物价上涨将推动快速增长。

通货膨胀还将导致收入差距的拉大，特别是城镇居民。城镇居民的主要收入来源是工资性货币收入，不同于农村居民的产品出售等家庭经营收入。在城镇居民中，高收入阶层群体往往具有较高的学历和文化素质，对通货膨胀的预期能力较强，能及时应对通货膨胀。他们除劳动收入外还有能力和机会获得多样化的财产，从而降低通货膨胀带来的财产贬值的风险，以减少自己遭受的货币财富损失。民营企业者、企事业单位中高层管理非固定收入者是我国高收入群体中很大的一部分。在发生没有预期的通货膨胀时，他们的实际收入不但不会减少，反而会因为通货膨胀的收入转移功能使得实际收入增加，而固定收入的企业工人实际收入相应减少，从而使城镇居民收入差距进一步拉大。同时，城镇居民内部收入差距产生了收入分配的结构效应，城镇高收入群体又成为推动通货膨胀的能量主体。城镇高收入阶层追求高档消费品的消费方式和普遍存在的消费攀比现象会使高档商品的价格持续上升。这部分高收入阶层积极地寻求各种投资渠道，从而刺激了某些行业的非理性繁荣，导致这些行业产品价格的持

① 参见徐菁：《浅析我国前阶段通货膨胀对居民收入的影响》，载《世界经济情况》，2008（12）。

续上涨，从而通过价格传导机制引起一般物价的上涨。

在农村，农民虽然没有太大的收入差异，但与城镇相比，可能遭受更大的通货膨胀损失。社会总体物价水平持续上涨，但由于土地收入周期和各种制度原因，农民的收入不能增加或增幅不明显，但是，他们却需要被迫接受农业投入的高成本和农村消费商品的高价格。

三、通货膨胀与技术进步的关系分析

有研究表明，如果通货膨胀率低，则资本有机构成和劳动生产率的提高近乎一致，而如果通货膨胀率高，则劳动生产率的提高是不能令人满意的①，这意味着通货膨胀与技术进步呈负相关关系。我国通货膨胀不利于技术进步的主要原因是：

（1）通货膨胀导致固定资产不能充分重置。通货膨胀给经济前景注入了巨大的不确定性，在这种不确定的环境中，企业经常过度使用设备，不注意对设备的维护和保养；同时，在通货膨胀的条件下，机器设备大幅度涨价，重置成本越来越高。而我国的固定资产折旧都是按原价计提的，再加之折旧率偏低，结果是折旧基金无法按原有的等级、质量和功能重置固定资产，从而影响社会再生产的顺利进行和技术的进步。

（2）通货膨胀阻碍企业创新。企业创新是技术进步转化的根本途径，是经济增长的基础。企业创新的目标是提高效益，表现为追求利润的过程。然而它所增加的利润是研制、开发新产品，改进工艺，吸收现代技术，降低成本的结果。但是，在我国的通货膨胀过程中，企业往往是通过涨价来转嫁、“消化”投入品的涨价，并借此增加利润，因而导致我国企业的价格反映形式出现了一种有规律的变化：用户购进价格上涨幅度大于工厂出厂价格上涨幅度。在宏观上的表现是“下游产品”的涨价幅度超过“上游产品”的涨价幅度。20 世纪 80 年代后期，工业品用户购进价格上涨幅度比工业品出厂价格指数高 5 个百分点，如以 1987 年价格水平为 100，1988 年生产资料出厂价格指数中，采掘工业是 109.3%，原材料工业是 113.5%，加工工业是 114.7%。这样，1988 年原材料工业 4.2 个百分点（113.5%－109.3%）的涨价转化为收入，加工工业则有 1.2 个百分点（114.7%－113.5%）的涨价转化为收入。

这些现象表明，通货膨胀导致企业以涨价来增加收入，由此将阻碍企业的创新。2000 年以后，随着经济改革的深入，以价格为核心的市场配置资源机制作用进一步加强，以及“买方市场”格局的逐步形成，上下游产品的比价逐步理顺，如以 2010 年价格为 100，2007 年采掘工业出厂价格上涨率为 15.4%，原材料工业为 9.2%，而加工工业仅为 4.6%，企业通过提价消化成本的空间越来越小，这种局面有利于加快技术进步。

① 厉以宁主编：《中国宏观经济的实证分析》，331 页，北京，北京大学出版社，1992。

复习思考题

1. 通货膨胀问题在宏观经济学研究中为什么重要？有人说对通货膨胀划定一个明确的数量界限（例如确定价格指数上涨率为 6%以上就是通货膨胀）比不划定更糟糕，你对此有什么看法？

2. 如何根据物价总水平上涨程度划分通货膨胀类型？

3. 为什么价格指数可以用来表示通货膨胀？试比较这些价格指数在分析通货膨胀问题时的优缺点。

4. 我国改革开放以来发生过哪几次较为严重的通货膨胀？都有哪些特点？

5. 分析通货膨胀形成因素模型的主要意义是什么？

6. 通货膨胀对经济增长、收入分配、消费和技术进步具有什么样的效应？如何对这些效应进行统计分析？

7. 讲一讲发生在你身边的通货膨胀现象，谈谈你的认识。

第 9 章 Chapter 9 经济周期统计分析

第 1 节 经济周期理论

一、经济周期的概念、分类及特点

经济周期是指国民经济运行以若干年为周期的涨落起伏相间的周而复始的变动，或者说是一种周期较长的有一定规律的从低到高，再从高到低的循环往复的周期性波动。例如，市场景气与市场疲软交替出现，经济加速增长与减速运行交替进行，股市价格指数持续走高与持续下跌交替出现等都是经济周期波动的表现。

一个完整的经济周期是由“谷底、峰值、谷底”三个要点，上升期和下降期两大阶段构成的（上升期和下降期的时间长度往往不相等）。上升期是从谷底到峰值的时间；下降期是从峰值到另一个谷底的时间。如果作进一步的划分，一个完整的经济周期可分为复苏期、扩张期、收缩期和萧条期四个小阶段（见图 9—1）。

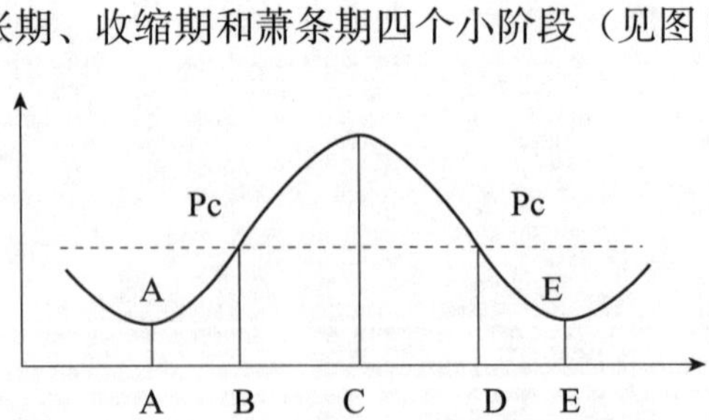

图 9—1 经济周期构成示意图

（1）复苏期。用 AB 区间表示，此时周期水平在均衡线水平 Pc 之下，经济低速运行，前一周期的谷底就是本周期的复苏转折点。

(2) 扩张期。图 9—1 中的 BC 区间，此时周期运行水平高于均衡线水平 Pc，呈高速增长，期间达到均衡值 Pc 的时刻为扩张转换点。

(3) 收缩期。图 9—1 中的 CD 区间，此时周期运动水平仍高于均衡线水平 Pc，增长速度虽高但已逐期递减，从峰值转向 Pc 水平的时刻为收缩转折点。

(4) 萧条期。图 9—1 中的 DE 区间，此时周期水平已低于均衡线水平 Pc，回到均衡值 Pc 的时刻为萧条转折点。当周期运动水平降至谷底 E 处时，本周期结束，下一周期开始。

复苏期和扩张期统称为国民经济运行上升期，此段时间内经济形势好转，效益递增。收缩期和萧条期统称为国民经济运行下降期，此时经济景气下行，效益递减。

经济周期可做如下分类：

(1) 按周期表现形式不同，可分为显性周期波动和隐性周期波动。显性周期波动表现为绝对水平的波动，称为古典经济周期；隐性周期波动表现为相对水平或增长率的波动，称为现代经济周期或增长经济周期。常见的经济周期是隐性周期波动。

(2) 按周期时间长短不同，一般分为短周期、中周期和长周期。短周期的时间长度为 3～5 年；中周期的时间长度为 5～10 年；长周期的时间长度为 15 年以上。

(3) 按周期测度的对象不同，一般分为：1) 农业周期，也称为“蛛网周期”，其长度取决于生产新一轮庄稼和家畜所需的时间；2) 存货周期，也称为“基钦周期”，这种周期大约持续 40 个月；3) 固定投资周期，也称为“朱格拉周期”，二战前固定投资周期在 7～11 年之间变化，二战后这种类型周期日期的确定和定义有很大差别，如果使用更广泛的投资测度——既包括生产者耐用设备，又包括非住宅性基础结构——则战后投资周期就表现为更接近 6 年的持续期，约在 4～10 年之间；4) 建筑周期，也称为“库兹涅茨周期”，既是一个长期的现象，也是一个短期的现象，其短期波动与信贷市场相联系，而长期波动则主要是人口变动的函数，约 15～25 年；5) 康德拉季耶夫周期，是持续 50 年左右的长周期。

经济周期是市场经济活动的一种普遍现象，是市场经济发展的基本特征之一。如果一国或地区一定时期的国民经济运行被认为是经济周期，则首先需要根据该国或地区的经济周期历史经验上的统计特征做一个基本的检验，例如美国经济周期的上升持续期至少要在 15 个月以上，下降持续期要在 5 个月以上，这样的统计经验约束实际上是排除了季节性波动的可能假象造成的误判；其次，经济周期要确认包含峰和谷及四个转折点，由此将经济周期划分为复苏期、扩张期、收缩期和萧条期。

二、经济周期的理论发展

经济学家从不同角度来解释经济周期形成的机制，因而产生了不同的经济周期理论。以下介绍 9 种有代表性的经济周期理论。

1. 创新性经济周期理论

经济学家熊彼特认为经济周期是由创新所引起的旧均衡破坏，向新均衡过渡而导致的经济发展的周期性波动。他认为创新能为创新者带来利润，促使其他企业效仿，掀起创新浪潮，引起对银行信贷资金和生产资料的需求的增加，从而刺激经济扩张，形成经济繁荣。但是随着创新的普及，盈利机会逐步消失，对银行信贷资金和生产资料的需求亦逐步减少，引起经济收缩，形成经济萧条。当下一次创新浪潮重新出现时，经济将再次繁荣。因此，创新是引发经济周期的基本原因。他还认为，小创新引发短周期，中创新引发中周期，大创新引发大周期。

2. 政治性经济周期理论

政治性经济周期理论认为经济周期与政治周期密切相关，政治家为了赢得选票或体现政绩而制定的经济政策是引发经济周期的主要原因。例如，政府为了赢得连选连任，往往在执政后期或选举前采用扩张性的财政政策、货币政策和投资政策来刺激经济扩张，形成经济繁荣。但在赢得连任后，为了控制经济扩张带来的经济过热、通货膨胀等问题，又不得不采取紧缩性的财政政策、货币政策和投资政策，从而引起经济收缩或出现经济萧条。政治家经济政策的可变性和周期性调整是引发经济周期的重要原因。

3. 心理性经济周期理论

心理性经济周期理论认为任何一种原因刺激投资活动而引起经济扩张后，投资者对未来经济增长的乐观会超过合理的程度，这种过分乐观又会引起投资过度，形成经济极度繁荣。当人们发现投资过度使收益下降后，又会产生不合理的悲观预期，从而减少投资，引起投资迅速萎缩，导致经济收缩或出现经济萧条。在经济萧条一段时期后，投资者的信心逐渐恢复，又会引起投资逐渐增加和经济复苏，从而使经济进入下一轮的扩张。

4. 农业波动性经济周期理论

农业波动性经济周期理论认为太阳黑子周期性出现和农业本身的周期波动是引起经济周期波动的重要原因。该理论认为太阳黑子的活动是有周期性的，太阳黑子的出现会引起农业减产，进而引起工业、商业和投资等活动减少，形成经济萧条；太阳黑子的消失会使农业增产，进而引起工业、商业和投资等活动增多，形成经济繁荣。因此，太阳黑子活动的周期性是导致农业收获周期变动的直接原因。

5. 投资波动性经济周期理论

投资波动性经济周期理论认为固定资产投资的波动是引起经济周期波动的重要原因。固定资产投资持续增加会导致对资本品需求的持续扩大，从而刺激资本品生产的持续扩张，形成经济繁荣。但是资本品生产的持续扩张会导致资本品生产过度，迫使消费品生产减少，使经济结构失衡。若大量压缩固定资产投资规模，又会使过剩的资本品由于投资资金缺乏而滞销，进而出现生产过剩的危机，使经济进入萧条阶段。经济的稳定与否与固定资产投资波动的关系最为密切。此外，住房投资和存货投资的波动对经济周期波动亦有重要的影响。

6. 消费波动性经济周期理论

消费波动性经济周期理论认为引起经济周期波动的原因是消费起伏波动。经济繁荣的出现是消费需求的增长快于消费品生产增长的体现，有效需求持续增大，可刺激消费品生产持续扩大，形成经济繁荣。经济萧条的出现则是消费需求增长赶不上消费品生产增长的体现，消费需求不足会导致消费品生产过剩或社会储蓄过大。因此，消费需求扩张和消费需求不足的交替出现是引发经济周期波动的重要原因。消费需求不足的成因主要是人们收入的增长落后于生产的增长；或者是收入分配严重不平等，致使少部分富人储蓄过度，而大部分中下和低收入阶层消费不足；或者是社会保障机制不健全，人们不敢放心消费。

7. 信贷波动性经济周期理论

信贷波动性经济周期理论认为引起经济周期波动的原因是银行信贷资金起伏波动。银行信贷资金持续膨胀引起投资规模持续扩张、投资品价格上涨，进而刺激资本品生产规模持续扩大，形成经济繁荣。但投资品生产的持续扩张会导致资本品生产过度，使原材料、燃料、动力和农产品等的供给严重不足，消费品生产出现相对不足，经济结构失衡。为此，国家不得不控制银行信贷资金的扩张，而银行信贷资金的大量压缩，又会使过剩的资本品由于缺乏资金而滞销，从而出现生产过剩的危机，使经济进入萧条阶段。

8. 货币供给波动性经济周期理论

货币供给波动性经济周期理论认为引起经济周期波动的原因是货币供给起伏波动。当银行体系扩大货币供给时，生产者就会增加银行借款，以扩大投资，增加生产和经营收入；消费者就会因货币收入的增加而扩大消费或增加储蓄，使经济进入繁荣阶段。但是，银行货币供给是有限的，受黄金储备、外汇储备、存款准备金以及国家的货币政策和财政政策等方面的约束，银行体系迟早要放慢货币供给或停止信贷扩张，而货币供给或信贷的紧缩，又会使投资规模压缩，减少订货，从而使生产出现过剩，使经济进入萧条阶段。在萧条阶段，资金逐渐回到银行，又为银行体系的下一轮货币供给或信贷扩张提供条件。

9. 乘数—加速系数模型理论

美国经济学家保罗·萨缪尔森把投资乘数原理和加速原理结合起来，用建立的乘数—加速系数模型来说明经济周期波动的必然性。当投资增加时，投资乘数会使产出成倍地增大，投资减少时，投资乘数会使产出成倍地减小。产出的变动又会通过加速系数的作用影响投资，投资乘数与加速系数的交互作用是造成经济周期波动的原因。

三、经济周期的影响因素分析

经济周期是各种宏观经济变量波动的综合反映，考察主要宏观经济变量的波动形态和经济周期之间的关系将有助于我们提高宏观调控的水平。这里将分析投资、消费、财政支出、货币供给这些主要经济变量与宏观经济之间的关系。

1. 投资波动对经济周期的影响

固定资产投资的周期波动是造成国民经济周期波动最直接的内在原因之一。从周期波动看，我国的固定资产投资波动与经济波动有显著的相关性。投资波动决定着经济波动，并大于经济波动幅度。由于我国还处于工业化过程之中，投资对我国经济有着重要的影响。长期以来，投资是我国经济波动的主要震源。一方面，投资体现企业对市场前景和未来利润水平的预期，如果未来宏观经济发展有较好的前景，企业便会主动加大投资；另一方面，由于投资具有加速和乘数作用，投资增加除了会直接导致 GDP 的增加外，通过加速和乘数作用会刺激更多的投资和消费。经济扩张最终会受到供求约束，从而依照扩张时的传导链条，相应导致直接需求和间接需求的萎缩，国民经济增长也就出现了波动。图 9—2 是 1979—2011 年固定资产投资增长率和 GDP 增长率时序图，我们可以看出固定资产投资增长率的波动与 GDP 增长率的波动趋势基本吻合，而且固定资产投资增长率的波动幅度要远远大于 GDP 增长率的波动。

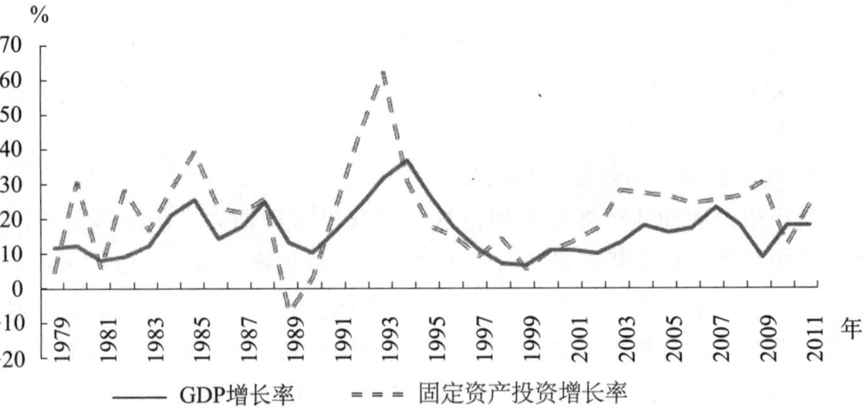

图 9—2 1979— 2011 年固定资产投资增长率和 GDP 增长率时序波动

2. 消费波动对经济周期的影响

在任何社会中，消费都是生产的最终目的。每年新创造的国民收入主要部分是用于消费。作为社会总需求的重要组成部分，同投资一样，消费波动也是影响国民经济波动的基本因素。现实中，消费变化是缓慢的，消费的波动落后于国民收入的波动。1978 年以前，我国计划经济的消费一直处于受压抑状态，消费对国民经济的促进作用并未充分发挥出来，总体经济的变动经过一段时间才能引起消费较小程度的变动。1978 年以后这种状况得到了逐步改善，消费波动比改革前大大地加剧了，并且同总体经济波动基本保持一致，消费成为影响国民经济的重要因素之一。图 9—3 给出了 1979—2011 年我国 GDP 增长率和消费增长率时序波动图。

从图 9—3 可以看出，消费增长率和 GDP 增长率的动态波动轨迹是基本吻合的。这说明 1978 年以后，消费和投资一样，对经济的作用越发明显。一方面，消费和投

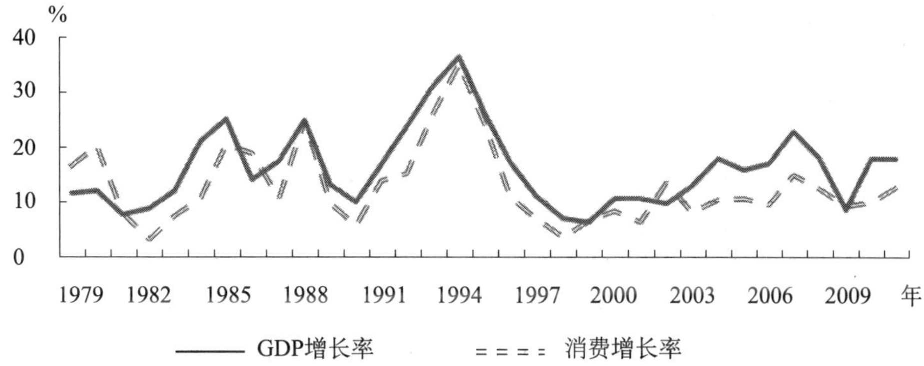

图 9—3 1979—2011 年消费增长率和 GDP 增长率时序波动

资二者共同作用使经济扩张达到顶峰；另一方面，在经济收缩时期，一系列的紧缩政策既压缩了投资需求，又压缩了消费需求，在两者的双重作用下，总体经济迅速收缩。总之，改革以后，需求的力量对总体经济的影响大大加强了，需求已成为决定经济增长的主导因素之一。

3. 财政支出波动对经济周期的影响

财政收支状况与经济波动的关系也是很密切的。从需求方面分析，政府支出不管是用于投资还是消费，都是总需求的一部分，政府支出对经济增长在短期是具有调节作用的。此外，财政政策尤其是财政支出政策长期以来在我国的宏观调控中扮演着重要的角色。我国的财政收入相对稳定，这样当财政支出增加时，财政收支差额增大，经济开始扩张，当经济的增长超过了国家承受力时，政府被迫实行紧缩政策，财政支出减少，直至出现盈余。当经济滑至低谷时，财政收支的盈余使国家有能力进行新一轮的投资扩张，新的波动即已开始。图 9—4 给出 1979— 2011 年财政支出增长率和 GDP 增长率的时序波动图。

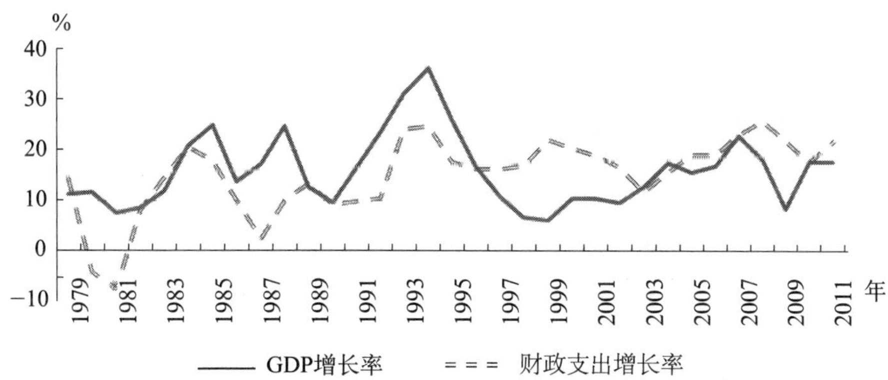

图 9—4 1979— 2011 年财政支出增长率和 GDP 增长率时序波动

从图 9—4 中我们可以看出，财政支出的波动轨迹和 GDP 的波动轨迹还是比较一致的，而且财政支出的波动更加剧烈，波谷更深。所以财政支出波动对 GDP

的扩张收缩是有直接影响的。财政支出是我国经济周期波动的一个主要冲击源。

4. 货币供给变动对经济周期的影响

随着我国经济货币化程度的提高，货币因素对经济波动的影响日益明显。货币供应量的增减剧烈程度直接关系到经济波动的剧烈程度。改革开放前，我国货币供应是一个由实物分配计划决定的内生变量，服从软预算约束下的计划扩张冲动所产生的高货币需求，决定了在这种经济中货币只能起被动的、适应性作用。改革开放以来，随着经济货币化程度的提高，货币因素对经济增长的影响日益明显。图 9—5 给出了 1979—2011 年 M2 增长率和 GDP 增长率的时序波动图。

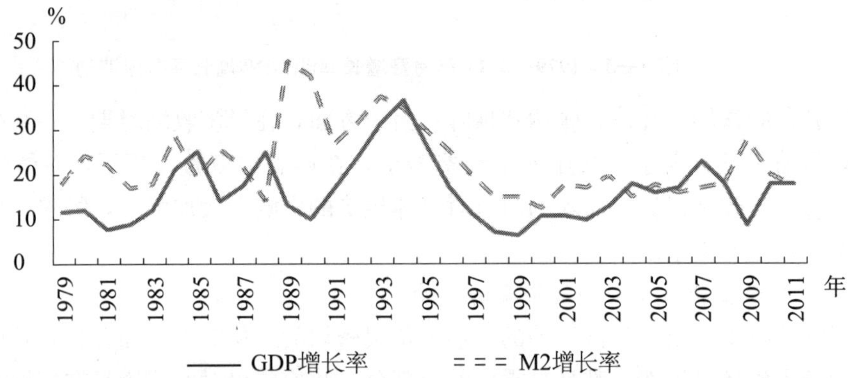

图 9—5 1979— 2011 年 M2 增长率和 GDP 增长率时序波动

从图 9—5 可以看出，改革开放以来，M2 增长率和 GDP 增长率存在着非常强的正相关性，波动趋势十分一致，并且货币供应量 M2 的增长率比 GDP 增长率的波动幅度更大。

第 2 节 经济周期的统计测度

一、经济周期的统计描述

一个完整的经济周期是由“谷底、峰值、谷底”三个要点、上升期和下降期两大阶段构成的。经济周期的统计描述涉及下列一些基本概念。

（1）周期时间。指某一周期开始的具体时间到结束的具体时间。

（2）周期长度。指某一周期从起点到终点所跨越的时间长度。

（3）谷底值。指某一周期最低点的指标数值，一个经济周期有两个谷底，即起点的谷底和终点的谷底。

（4）峰值。指某一周期达到顶点的指标数值。

（5）扩张长度。指从周期起点谷底时刻到峰值时刻的时间长度，即上升期的时间长度。

（6）收缩长度。指从周期峰值时刻到终点谷底时刻的时间长度，即下降期的时间长度。

（7）衰退转折点。指经济周期峰值所处的时刻。

（8）扩张转折点。指经济周期谷底所处的时刻。

（9）扩张差。指本次经济周期峰值与前次经济周期谷底（亦即本次经济周期起点的谷底）值的离差，又称扩张振幅。

（10）收缩差。指本次经济周期峰值与下次经济周期谷底（亦即本次经济周期终点的谷底）值的离差，又称收缩振幅。

二、古典周期统计测度

古典周期统计测度法又称直接分期观察法。当经济变量的绝对水平 Y 的扩张期与收缩期交替出现时，可直接把某一时刻的最小值（谷底值）到最大值（峰值）的时期定为扩张期，把最大值（峰值）到另一个最小值（谷底值）的时期定为收缩期。如果原数列存在一定的短期随机波动，则可借助经济周期图进行辅助测度，即对短期随机波动忽略不计，直接将经济周期图中具有持续增加趋势的时期定为扩张期，将具有持续下降趋势的时期定为收缩期。

【例 9.1】我国 1978—2011 年油菜籽产量的长期趋势和周期波动如图 9—6 所示。从图中可以看出，油菜籽产量的长期趋势和周期波动都比较明显，长期趋势是不断增加，周期波动可区分为 7 个周期，即 1980—1984 年、1984—1988 年、1988—1993 年、1993—1998 年、1998—2002 年、2002—2006 年和 2006—2010 年。其中第三、第四个周期的长度为 5 年，其余 5 个周期的长度都为 4 年。同时，各周期的扩张期和收缩期是不相同的，波动的幅度也是不相同的。油菜籽产量属于古典循环波动，其形成的原因主要是生产易受自然条件、气候变化、种植面积、价格和政策等多因素的综合影响。

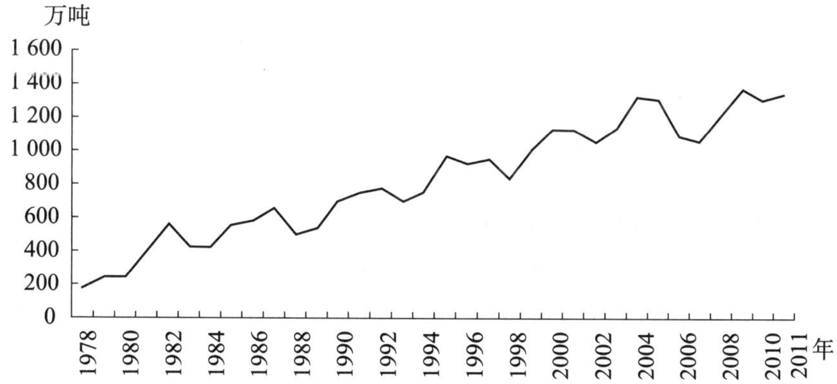

图 9—6　1978— 2011 年油菜籽产量的长期趋势和周期波动

三、现代周期统计测度

由于隐性周期变动一般表现为增长率的波动，因此，可通过计算时间序列的环比增长率来统计测定隐性周期变动。当环比增长率具有明显的周期变动时，可把最小增长率（谷底值）到最大增长率（峰值）的时期称为扩张期或上升期，把最大增长率（峰值）到另一个最小增长率（谷底值）的时期称为收缩期或下降期，进而可观察各周期变动的过程、形态和周期长度。如果环比增长率时间序列存在一定的短期随机波动，亦可借助经济周期图进行辅助测度，即将经济周期图中具有持续增长趋势的时期定为扩张期，将具有持续下降趋势的时期定为收缩期。

【例 9.2】 图 9—7 是我国 1979—2011 年粮食总产量环比增长率周期波动图。从图中可以看出，我国 1979—2011 年粮食总产量环比增长率的波动可区分为 9 个波动周期。其中，第一个周期（1980—1985 年）的长度为 5 年，后 8 个周期的长度基本上都是 3 年左右。同时，各周期的扩张期和收缩期是不相同的，波动的幅度也是不相同的。我国粮食总产量环比增长率的周期波动是客观存在的，其形成的原因主要是粮食生产易受自然条件、气候变化、种植面积、单产变动、粮食价格和政策等多因素的综合影响。

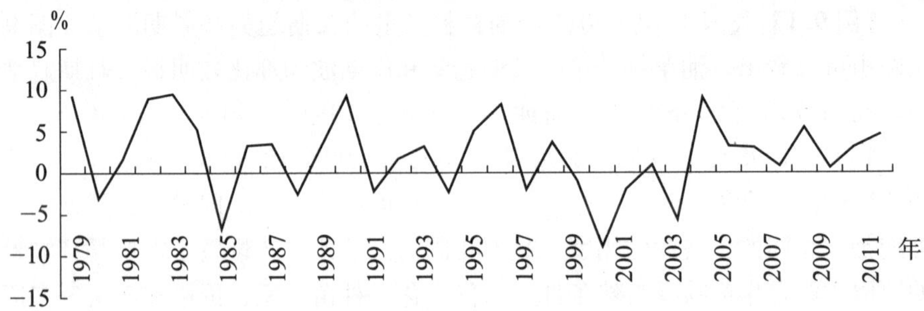

图 9—7　1979— 2011 年粮食总产量环比增长率周期波动

四、时间序列因素分解

依据时间序列的乘法模式或加法模式可以将时间序列进行因素分解。首先测定时间序列的长期趋势和季节变动，然后再测定周期波动。即把剩余变动的绝对量为正值（相对量大于 1）的时期定为扩张阶段，把剩余变动的绝对量为负值（相对量小于 1）的时期定为收缩阶段，依此类推下去，可将原时间序列的所有周期测度出来，进而可观察各周期变动的过程、形态和周期长度。

表 9—1 是对我国 1979—2011 年生猪出栏量长期趋势和周期波动的测度，其中生猪出栏量的长期趋势是采用直线方程测度的，时间 t（年份）为长期趋势的自变

量，即

$$Y_t = 13\,703.512\,878\,8 + 1\,651.723\,663\,1t$$

$$(15.641\,42) \qquad (36.735\,24)$$

$$R^2 = 0.977,\ F = 1\,349.478,\ SE = 2\,459.435,\ DW = 1.001$$

此模型的统计检验是合格的。据此可求得各年的趋势值，用对应年份的实际值除以趋势值（Y/T）为剔除长期趋势后的时间序列，其可以作为测度周期的时间序列，计算结果如表 9—1 所示，该时间序列的周期如图 9—8 所示。从表 9—1 和图 9—8 可以看出，生猪出栏量的波动大体上可分为 4 个周期（因受表中观察值限制，1984 年以前和 2007 年以后的周期不完整），即

表 9—1　　我国 1979—2011 年生猪出栏量长期趋势和周期波动测度

年份	生猪出栏量 Y（万头）	长期趋势 T	剔除长期趋势 Y/T	年份	生猪出栏量 Y（万头）	长期趋势 T	剔除长期趋势 Y/T
1979	18 768.0	15 355.24	122.225 4	1996	41 225.2	43 434.54	94.913 4
1980	19 861.0	17 006.96	116.781 6	1997	46 483.7	45 086.26	103.099 5
1981	19 495.0	18 658.68	104.482 2	1998	50 215.1	46 737.99	107.439 6
1982	20 063.0	20 310.41	98.781 9	1999	51 977.2	48 389.71	107.413 7
1983	20 661.0	21 962.13	94.075 6	2000	51 862.3	50 041.43	103.638 7
1984	22 047.0	23 613.85	93.364 7	2001	53 281.1	51 693.16	103.071 9
1985	23 875.2	25 265.58	94.497 0	2002	54 143.9	53 344.88	101.497 8
1986	25 721.5	26 917.30	95.557 5	2003	55 701.8	54 996.60	101.282 3
1987	26 177.0	28 569.03	91.627 2	2004	57 278.5	56 648.33	101.112 4
1988	27 570.3	30 220.75	91.229 7	2005	60 367.4	58 300.05	103.546 0
1989	29 023.3	31 872.47	91.060 7	2006	61 207.3	59 951.78	102.094 2
1990	30 991.0	33 524.20	92.443 7	2007	56 508.3	61 603.50	91.729 0
1991	32 897.1	35 175.92	93.521 7	2008	60 960.0	63 255.22	96.371 5
1992	35 169.7	36 827.64	95.498 1	2009	64 467.0	64 906.95	99.322 2
1993	37 823.8	38 479.37	98.296 3	2010	66 686.0	66 558.67	100.191 3
1994	42 103.2	40 131.09	104.914 2	2011	66 170.0	68 210.39	97.008 7
1995	48 051.0	41 782.82	115.001 8				

1984—1989 年为第一个周期，周期长度为 5 年。其中 1984—1986 年 Y/T 逐步增大，生猪出栏处于扩张阶段；1986—1989 年 Y/T 逐步下降，生猪出栏处于收缩阶段。

1989—1996 年为第二个周期，周期长度为 7 年。其中 1989—1995 年 Y/T 逐步增大，生猪出栏处于扩张阶段；1995—1996 年 Y/T 急剧下降，生猪出栏处于收缩阶段。

1996—2004 年为第三个周期，周期长度为 8 年。其中 1996—1998 年 Y/T 逐步增大，生猪出栏处于扩张阶段；1996—2004 年 Y/T 逐步下降，生猪出栏处于收缩阶段。

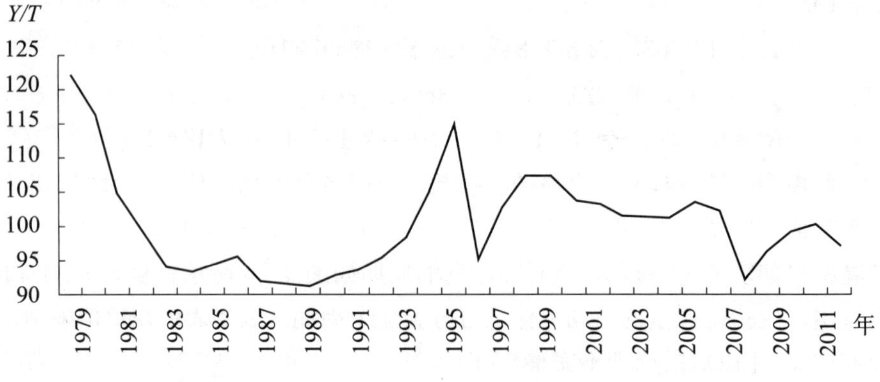

图 9—8 我国 1979—2011 年生猪出栏量（Y/T）的周期

2004—2007 年为第四个周期，周期长度为 3 年。其中 2004—2005 年 Y/T 增大，生猪出栏处于扩张阶段；2005—2007 年 Y/T 逐步下降，生猪出栏处于收缩阶段，此阶段我国猪肉市场供给不足，导致市场猪肉价格持续上涨。

2008 年以后，生猪出栏增加，猪肉市场供给改善，市场猪肉价格回落。生猪出栏开始进入新的周期波动阶段。总之，生猪出栏的周期波动是客观存在的供给性波动，必然带来市场猪肉价格波动。生猪出栏周期波动主要受粮食供给、饲料价格、养猪收益、母猪饲养量、猪病防治等因素的综合影响。

第 3 节 我国经济周期的测度与机制分析

一、经济周期统计基准

1. 概念和方法

经济周期统计基准是指根据国民经济活动整体所确定的经济周期及其峰点和谷底的具体时间。其主要作用是建立各个方面周期波动比较分析的基础。

经济周期有古典概念和现代概念之分，经济周期基准也可分别从这两方面去研究，即古典经济周期基准和增长经济周期基准。经济周期基准的确定方法是从选取反映国民经济活动总体特征的统计指标开始的；然后，运用所选的统计指标进行统计分析，得出初步的经济周期基准；最后，根据国民经济运行的实际情况，分析研究统计测定的每一周期上的扩张阶段和收缩阶段，在充分的实证分析基础上确定经济周期基准。

在实际中，经济周期基准的分析研究确定一般需要做三方面的工作：一是代表性指标的周期分析和综合；二是对代表性指标计算综合指标，常用的有扩散指数和综合指数；三是根据专家调查或报刊经济评价信息的补充分析。经济周期基准的分析确定不是一成不变的，根据增加的统计资料和有关信息可以对以前做出的经济周期基准进行调整。

经济周期基准一般是从短期出发的，也就是使用月度统计资料来研究。国内生产总值是反映国民经济活动的总量指标，根据这个综合指标可以确定经济周期基准。然而国内生产总值一般只能取得年度和季度统计资料，月度数据难以统计，因此，在经济周期基准分析确定上常采用代表指标的间接方法，西方国家主要采用国内生产总值、工业生产指数、就业、收入等综合经济活动指标，例如美国主要通过非农业部门就业人数、个人收入（扣除转移支付）、工业生产指数、制造业和商业销售额四个指标进行分析研究。当然也可以选用更多的代表性指标来进行分析。然而我国经济运行与西方国家不同，主要是我们长期在短缺与滞存和产业瓶颈制约的状态下运行，因而有些指标在反映扩张与收缩交替变化中不是很好，例如就业，在经济收缩时，不是通过雇佣工人来调整，而是通过生产能力闲置来调整。此外，我国实行的保障全面就业制度，也使这一指标在反映扩张与收缩上不太充分，这些情况影响了我国关于经济周期基准的研究。随着我国经济运行的变化和统计工作的加强，今后的经济周期基准研究应得到改进。

2. 我国古典经济周期统计基准研究

受我国经济发展阶段和经济体制的影响，关于我国古典经济周期基准的研究主要依国民经济总量、工业、农业和商业等几个方面进行。国民经济总量选取国内生产总值；工业选取工业生产总值；农业选取农业粮食总产量指标；商业选取社会商品零售总额指标。由于没有月度或季度数据，所以只能使用年度统计数据，因而也就不需要剔除季节变动的影响。各项统计指标变动情况如图 9—9 和图 9—10 所示。

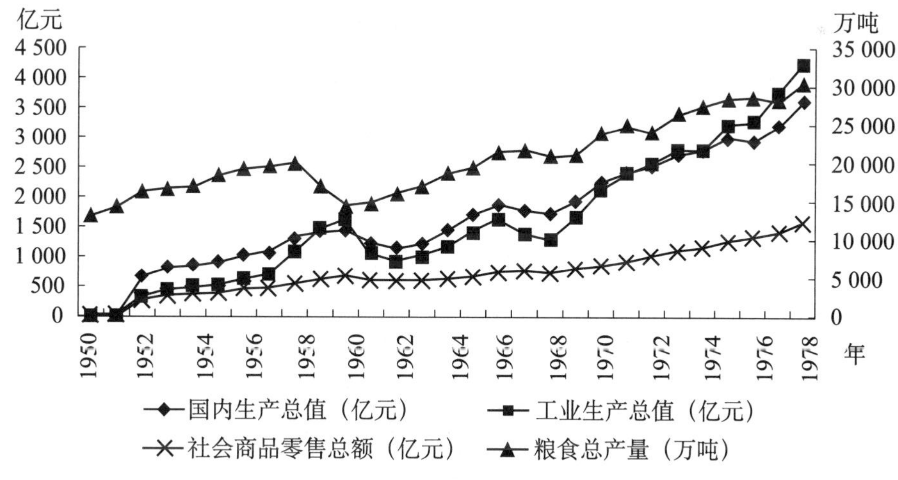

图 9—9　我国改革开放前古典经济周期图

从图 9—9 所反映的古典周期特征来看，粮食总产量的周期波动次数较多，这反映了我国农业生产的特征。从我国经济发展阶段中农业占基础地位来讲，农业生产的周期波动可以作为研究我国古典经济周期基准的基础。联系我国经济发展过程的史实，可以研究确定我国古典经济周期基准。例如，第一次古典经济周期的确定依据如下：建国以后，经过三年恢复，从 1952 年开始进入经济扩张阶段，1959 年达到经济周期高峰，持续到 1960 年；

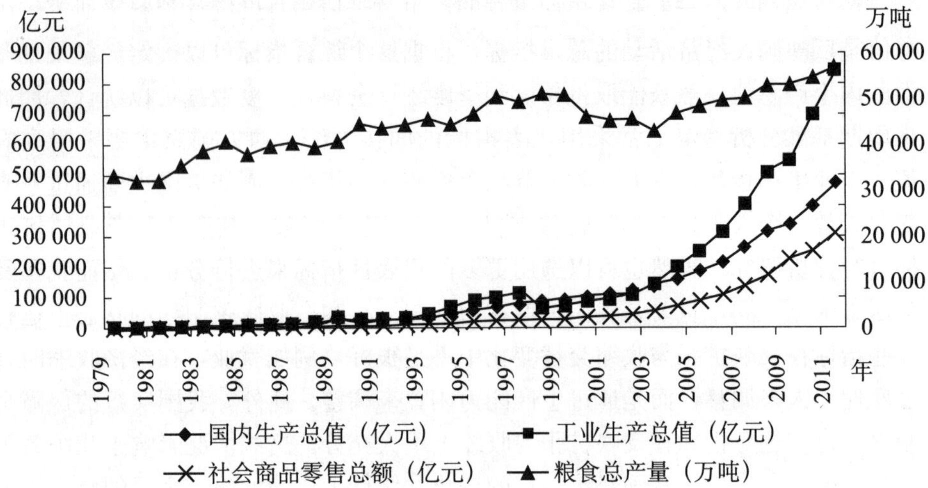

图 9—10　我国改革开放后古典经济周期图

从 1961 年 9 月中央提出对国民经济实行“调整、巩固、充实、提高”的“八字”方针开始，经济进入收缩阶段，到 1963 年，基本完成了经济调整；此后，在经历了 1963—1969 年较小的周期波动后，经济再度转入持续的扩张阶段。

从图 9—10 所反映的古典周期特征来看，1978 年以后，国内生产总值和工业总产值的古典经济周期不复存在，然而农业生产则不然，1980 年出现下降，1985 年和 1988 年也分别出现下降。根据农业生产与国民经济之间的波动时滞关系，如果认为时滞为 1 年的话，那么从收获年末算起，1985 年 12 月至 1986 年 12 月和 1988 年 12 月至 1990 年 8 月为衰退。据此，关于我国古典经济周期基准的初步研究结果如表 9—2 所示。

表 9—2　　我国古典经济周期基准初步研究

转折点日期		持续月数	
高峰	低谷	扩张	收缩
1960 年 8 月	1963 年 6 月	92	34
1966 年 8 月	1969 年 2 月	38	30
1975 年 10 月	1976 年 11 月	80	13
1980 年 11 月	1982 年 12 月	48	25
1985 年 11 月	1986 年 12 月	35	13
1988 年 11 月	1990 年 12 月	23	25
1991 年 11 月	1993 年 12 月	11	25
1994 年 11 月	1996 年 12 月	11	25
1997 年 11 月	1998 年 12 月	11	13
2003 年 11 月	2011 年 12 月	59	97

说明：经济扩张开始从 1953 年 1 月算起。

3. 我国增长经济周期统计基准研究

关于我国增长经济周期基准研究的工作内容是：(1) 选取描述国民经济动态特征的基本指标；(2) 分析各指标的周期数字特征；(3) 研究各时期我国国民经济发展的背景情况，综合确定增长经济周期基准。

利用国民经济运行的主要指标的环比指数分析增长的经济周期特征，并非仅仅依据指数的上升或下降，而要结合经济运行的情况来进行综合分析。结合我国经济运行主导因素来看，采用国内生产总值的环比指数来研究建国以来的增长经济周期基准，具有较强的代表性。选取国内生产总值增长率（见图 9—11）作为统计描述的依据，根据我国经济史资料记述的实况与改革开放以来的国民经济运行状况综合分析研究，初步确定的我国增长经济周期基准如表 9—3 所示。

表 9—3　我国增长经济周期基准初步研究

转折点日期		持续时间	
高峰	低谷	扩张	收缩
1957 年 2 月	1958 年 5 月	49	15
1960 年 8 月	1963 年 6 月	27	34
1966 年 8 月	1969 年 2 月	38	30
1970 年 12 月	1973 年 2 月	22	26
1974 年 2 月	1975 年 1 月	12	11
1975 年 10 月	1976 年 11 月	9	13
1980 年 12 月	1981 年 11 月	49	11
1985 年 11 月	1986 年 12 月	48	13
1988 年 11 月	1990 年 8 月	23	21
1994 年 1 月	1997 年 1 月	41	36
1998 年 1 月	1999 年 1 月	12	12
2000 年 1 月	2002 年 1 月	12	24
2004 年 1 月	2005 年 1 月	24	12
2007 年 1 月	2009 年 1 月	24	24

说明：经济扩张开始从 1953 年 1 月算起。

二、周期波动的机制分析

1. 周期波动的自传导机制分析

经济增长周期的形成既有内在的传导机制，又有外在的冲击机制。经济增长周期波动是内在传导机制和外在冲击机制综合作用的结果。经济增长周期自波动传导机制分析在于考察经济增长自身是否具有动态的传导效应，以及不同时期自传导效应是否具有显著的差异。通常采用经济增长自回归分析法，以经济增长率（改革前为国民收

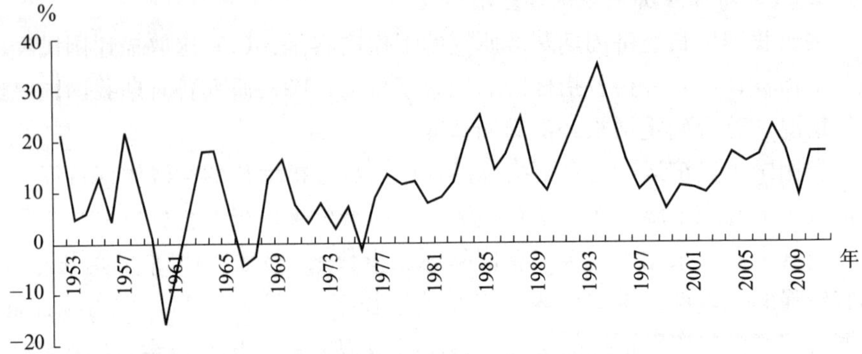

图 9—11 国内生产总值（GDP）增长经济周期

入增长率，以 NI 表示；改革后为 GDP 增长率，以 GDP 表示）的二阶线性差分方程作为内在传导机制的度量，它反映了经济增长率从初始状态开始由内生性投资的参数——加速数等内在传导机制所决定的内在演化过程。相应地，二阶线性差分方程的残差可作为外在冲击的度量。对改革前后国民经济增长率进行二阶线性自回归计量，方程如下：

$$NI=5.86+0.49NI(-1)-0.44NI(-2) \quad (9—1)$$

$$(2.59)\ (2.38)\qquad (-12.16)$$

$R^2=0.29$，样本期间：1955—1978 年

$$GDP=8.17+0.87GDP(-1)-0.38GDP(-2) \quad (9—2)$$

$$(2.78)\ (4.76)\qquad (-2.03)$$

$R^2=0.48$，样本期间：1981—2011 年

对回归方程的估计结果进行分析，可以得到如下结论：

（1）无论是改革前还是改革后，我国经济都内在地具有衰减型周期波动的特征。在方程（9—1）和（9—2）中，$C_2<-C_1{}^2/4$，其中 C_1 和 C_2 分别为滞后一、二期经济增长率系数。因此，改革前后的回归方程都存在周期解。滞后一、二期经济增长率的系数的符号相反，表明经济周期波动是经济系统内在的加速力和减速力共同作用的结果。滞后一期经济增长率系数的绝对值大于滞后二期的经济增长率的系数的绝对值，表明改革前后的周期解的振幅均趋于变小。

（2）方程（9—1）的截距小于方程（9—2）的截距，表明我国经济周期波动的平均位势在改革后内在地高于改革前。

（3）与上述两个结论相适应，内在传导机制对经济周期波动幅度的效应在改革后比改革前相对要大一些，这可从由内在传导机制所决定的经济增长的滞后分布与经济增长的拟合优度的变化看出来，R^2 由改革前的 0.29 上升到改革后的 0.48，这就表明改革开放前，内在传导机制可决定我国经济周期总波动的 29%，外在冲击对经济周期总波动的贡献达 71%；而改革开放以来，内在传导和外在冲击对我国经济周期总波动的贡献分别为 48%和 52%。

方程系数的变化与我国经济体制和经济发展模式的变化密切相关。据测算，全国

城乡居民边际储蓄倾向①由改革前的 0.06 左右上升到改革后的 0.36，相应地，边际消费倾向由改革前的 0.94 下降到改革后的 0.84；投资增长率与经济增长率的弹性系数由改革前的 1.27 上升到改革后的 2.22 ；社会消费品零售总额增长率与经济增长率的弹性系数由改革前的 1.04 上升到改革后的 1.82；进出口占 GDP 的比重上升为 2012 年的 47%左右。因此，改革开放以来，我国经济周期内在传导机制效应的增强得益于边际储蓄倾向的增大或投资“乘数”的降低，得益于消费的内在稳定性。②

2. 周期波动的外在冲击机制分析

外在冲击是经济增长周期波动的起因，一系列外在冲击通过内在传导机制而产生叠加波动，从而形成现实的经济增长周期波动。经济周期波动的外在冲击源很多，考虑到投资需求波动对经济周期波动的独特作用，这里主要考察不规则性货币政策、财政政策和投资政策等冲击及其对经济周期波动的作用机制。

（1）不规则性货币政策冲击及其机制。

改革开放前，货币供给是一个由实物分配计划决定的内生变量，服从软预算约束条件下的计划扩张冲动所产生的高货币需求，倒逼机制决定了在这种经济中货币只能起被动的、适应性的作用。改革开放以来，货币供给在中国经济中的作用显著增强，其外生性和主动性有所增强，事实上是一个“准外生变量”：其内生性决定了货币供给具有一定的规则性，可以预期到；其外生性则决定了货币供给具有一定的不规则性，因而又是一种外生冲击。以广义货币 M2 来测算不规则货币政策的冲击效应，把 M2 增长率分为规则性和不规则性两部分，规则性 M2 的增长率由滞后一、二期的经济增长率所引致，而不规则性 M2 的增长率则用二者的残差来度量。对改革前后 M2 的增长率与滞后一、二期的经济增长率分别进行线性回归，得到如下结果：

$$M2=13.03+0.04NI(-1)-0.42NI(-2) \qquad (9—3)$$

$$(3.62)\quad(0.13)\qquad\qquad(-1.29)$$

$R^2=0.48$，样本期间：1955—1978 年

$$M2=13.02+0.64GDP(-1)-0.08GDP(-2) \qquad (9—4)$$

$$(4.31)\quad(3.40)\qquad\qquad(-0.41)$$

$R^2=0.38$，样本期间：1981—2011 年

方程表明，改革开放以来，我国货币供给的内生性减弱，规则性货币供给增长率与货币供给增长率的复相关系数由改革前的 0.48 下降为 0.38；货币供给开始向可调控的外生变量转变，不规则性货币供给增长率与货币供给增长率的复相关系数相应地由改革前的 0.52 上升到改革后的 0.62，即改革开放以来广义货币供给增长变动的 62%是由不规则性的货币供给增长引起的。

---

① 边际储蓄倾向 MPS=Δ 居民人均储蓄/Δ 居民人均收入，具体可参见古炳鸿：《我国城乡居民边际消费倾向变化及政策含义》，载《金融研究》，2009 (3)。数据根据国家统计局家计调查数得到。

② 因为虽然边际消费倾向的下降就意味着消费乘数的上升，但消费刚性会部分抵消因消费乘数的上升而带来的经济不稳定。

改革开放以来，规则性货币供给通过预期等内在传导机制作用于经济增长，不规则性货币供给则通过如下方式外在地作用于经济增长。

1）不规则性货币扩张往往引致实际利率降低和收入增长“幻觉”，从而刺激投资和消费。在经济处于低谷时期，这种冲击具有积极的一面。从2008年全球金融危机爆发至2009年11月两年时间内，中国实施的积极财政政策和适度宽松的货币政策有效地制止了实体经济的下滑，经济逐渐平稳回升。从2009年前三个季度看，中国以信贷扩张为主的货币政策促使中国政策性银行和国有商业银行新增贷款总额约4.5万亿元，同2008年前三个季度相比，增加了约2.8万亿元，同比增长率约为165%。但在经济处于高峰时期，这种冲击可能会成为经济过热的助燃器，而且不规则性货币供给扩张在预算软约束的环境中是以通货膨胀为代价的。2009年11月，中国的CPI改变了10个月的负增长，首次从负转正，同比上涨0.6%。

2）央行实施的以提高存款准备金率和发行央行票据为主的紧缩性货币政策的主要目的在于控制银行体系的流动性过剩问题，并没有改变银行资金面持续宽松的局面，对银行经营环境的影响有限。同时，在外贸顺差较大、外汇大幅流入、银行体系流动性较为宽松的情况下，货币信贷扩张的压力仍然较大，加之企业自有资金有限，不规则性货币紧缩往往导致企业之间债权债务关系破裂，资金周转困难，从而导致经济增长急剧回落。

随着经济全球化的发展，货币政策和整个国际经济形势以及金融危机的爆发和复苏的过程之间的联系越来越紧密了。根据中国人民银行《2013年第三季度中国货币政策执行报告》分析，进入第三季度以来，世界经济继续呈复苏态势。美国经济复苏动能增强，目前财政僵局虽暂时化解但并未根本解决，美联储量化宽松货币政策（QE）退出的不确定性等因素仍可能对企业投资和家庭消费产生不利影响，进而影响经济复苏的可持续性。欧债危机处于相对平稳期，欧元区经济出现好转迹象，第二季度欧元区实际GDP环比增长0.3%，结束了此前连续6个季度的萎缩态势。日本经济有所反弹，2013年10月1日，安倍晋三政府正式宣布自2014年4月起上调消费税，并同时出台5万亿日元经济刺激计划以减轻消费税提高带来的负面影响，但能否维持尚需观察。部分新兴市场经济体增长放缓，金融市场动荡，面临的风险有所上升，全球经济总体上仍处于低迷状态。

不过由于中国经济处于改革转轨期，这决定了中国的货币政策应该不同于西方其他国家实行的以控制通货膨胀为目标的单一货币政策，中国的货币政策是围绕包括低通货膨胀、经济增长、较高的就业率和国际收支大体平衡四个目标来设定的。考虑到2013年流动性紧张事件，以及美国退出政策可能对中国产生的溢出效应，更重要的是2014年中国经济整体发展的需要等综合因素，央行将继续实施稳健的货币政策，不断完善调控方式和手段，增强调控的前瞻性、针对性和协同性，大力推动金融改革，切实维护金融稳定，提升金融服务和管理水平，支持经济发展方式转变和经济结构调整，争取国际收支基本平衡，促进经济社会持续健康发展。

(2) 不规则性财政政策冲击及其机制。

改革开放前，统收统支、集权控制的财政体制决定了财政的经济建设主体地位和财政支出的外生性，软预算约束使得计划者成为经济周期波动的主要冲击源。改革开放以来，伴随着财政体制改革，财政的内在稳定机能开始发挥作用，但宏观财政调控能力下降，研究表明，改革开放以来，财政赤字、财政预算外收支以及地方政府和企业的扩张行为，开始成为财政政策不规则性的诱因，成为我国经济周期的冲击源之一。现代政府都不愿意将稳定性财政政策的运用局限于仅仅通过规则性自动计划的消极作用即可完成的范围之内，而是赞同一种积极的财政政策，即相机不规则地改变税收结构和转移支付结构。财政赤字、财政预算外收支以及地方政府和企业的扩张行为实际上是这样一种积极作用的变异或反应。从财政的内在稳定机能来看，财政政策具有内生变量的属性，而从操纵主体的角度出发，它又具有一定的可控性和相机抉择性，因而具有外生变量的属性。

基于上述分析，把财政政策变量用财政支出增长率 FE 代表，作为一种“准外/内生”变量处置。FE 也分为“规则性”和“不规则性”两部分，规则性财政支出增长率由滞后一、二期的经济增长率所引致，而不规则性财政支出增长率则由二者的残差来度量。对改革前后财政支出的增长率 FE 与滞后一、二期的经济增长率分别进行线性回归，可得如下结果：

$$\underset{(2.02)}{FE=10.16}+\underset{(1.91)}{0.87NI(-1)}-\underset{(-2.76)}{1.26NI(-2)} \tag{9—5}$$

$R^2=0.31$，样本期间：1955—1978 年

$$\underset{(4.30)}{FE=15.99}+\underset{(1.19)}{0.28GDP(-1)}-\underset{(-1.25)}{0.29GDP(-2)} \tag{9—6}$$

$R^2=0.46$，样本期间：1981—2011 年

方程（9—5）和（9—6）表明，改革开放以来，我国财政支出增长率的平均位势升高，常数项由改革前的 10.16 增加为改革后的 15.99；我国财政支出的增长更多地依赖于上年 GDP 的增长；内在规则性增强，R^2 由改革前的 0.31 上升为改革后的 0.46，即我国财政支出的内在稳定机能增强，而外在冲击机能则相应下降。

不规则性财政政策通过如下方式外在地作用于经济增长：

1) 不规则性财政扩张政策往往通过赤字债务化、财政信用化、财政消费化等方式，使得本来已经较软的预算约束更软，“挤出”非财政性投资，推动社会非生产性投资激增，从而加剧经济增长的热度。研究表明，不规则性财政支出的增长与经济增长率的相关系数①由改革前的 0.694 下降为改革后的 0.198，反映了国民收入分配格局的改变和财政支出对经济增长支持作用的下降。

① 皮尔逊相关系数 $\rho_{XY}=\text{cov}(X, Y)/\sigma_X\sigma_Y$。式中，$X$ 为不规则财政支出增长率；Y 为经济增长率。

2）不规则性财政支出的紧缩则往往由于消费膨胀刚性而通过紧缩基本建设支出导致经济的急剧回落。

（3）不规则性投资政策冲击及其机制。

改革开放以来，我国国民收入分配格局和投融资体制发生了深刻的变化，居民储蓄和支出开始成为经济生活中的重要变量，投资由改革前的财政主导型转变为改革以来的金融主导型，利用外资和证券市场的功能增强。投融资体制的变迁和投资主体多元化强化了投资的收益和风险的导向功能，使得引致投资的规则性增强，不规则性自发投资开始成为我国经济周期的重要冲击源，加剧了财政支出和货币政策对投资调控作用的复杂化。

将投资增长率也分为规则性和不规则性两部分：规则性投资增长率即引致投资增长率，用滞后一、二期的经济增长率的线性回归项度量；不规则性投资增长率虽然也是一种自发性投资增长率，但不同于西方经济学家所谓的自发投资增长率，支持投资膨胀的资金可以通过不规则性货币供给增长或不规则性财政支出增长来获得。用投资增长率扣除规则性投资增长率和不规则性货币扩张、财政支出增长之后的产出作为不规则投资增长率的度量。将全社会固定资产投资增长率（SIN，改革前为全民固定资产投资增长率 IN）与滞后一、二期的经济增长率、不规则性货币扩张（RESM2）和不规则性财政支出增长率（RESFE）进行回归，可得到如下结果：

$$\underset{(3.95)}{IN=13.46}+\underset{(4.58)}{1.19NI(-1)}-\underset{(-4.31)}{1.11NI(-2)}+\underset{(2.60)}{0.69\,RESM2}+\underset{(7.42)}{1.27\,RESFE} \tag{9—7}$$

$R^2=0.86$，样本期间：1955—1978 年

$$\underset{(-0.09)}{SIN=-0.453}+\underset{(3.96)}{1.246GDP(-1)}+\underset{(0.27)}{0.085GDP(-2)}+\underset{(0.26)}{0.084\,RESM2}+\underset{(1.61)}{0.429\,RESFE} \tag{9—8}$$

$R^2=0.55$，样本期间：1981—2011 年

方程的残差反映了消除不规则性货币扩张、财政支出增长之后的不规则性投资增长率。不规则性投资通过如下方式外在地作用于经济增长：

1）不规则性投资扩张往往借助于信贷扩张、减少可动用滞存、“争夺”消费资源或扩大进口实现。改革开放前，在预算软约束下，中央计划者作为投资的主体主导着不规则性投资的扩张，“钓鱼”项目诱导着不规则性投资的持续扩张，而数量短缺和结构“瓶颈”则周期性地硬制约着不规则性扩张的持续性。这种不规则性扩张的结果往往表现为投资率越过临界点、消费需求严重受压抑、结构“瓶颈”严重等，是以随后的“急刹车”为代价的。改革开放以来，投资主体多元化，中央预算内投资比重大大下降，中央银行货币供给和金融机构贷款在经济主体的扩张冲动和倒逼机制的制约下主导着不规则性投资的扩张，预算外投资和地方预算内投资开始成为不规则性投资的重要组成部分和冲击源，通货膨胀取代数量短缺和结构“瓶颈”开始成为不规则性

投资扩张的周期性硬制约。这种不规则性投资扩张的结果往往表现为通货膨胀、财政赤字和国有经济的大量负债。

2）不规则性投资紧缩在改革前往往是迫于农业等具有前向关联的基础产业供给的总量短缺，或与过热经济相抗衡的相对短缺而进行的政策性调整；改革开放以来则往往是宏观调控的主动调整和地方迫于通货膨胀压力而进行的被动调整。这种调整虽然暂时会降低经济增长速度，但它缓和了产业结构性矛盾和通货膨胀压力，为经济增长的“软着陆”和经济体制改革提供了必要的条件。

第 4 节 经济周期统计分析方法的应用

一、影响中国通货膨胀周期的因素分析

导致中国通货膨胀形成的因素越显复杂，人们对 1994 年以来的几次通货膨胀周期的成因，一直难以达成共识。货币主义者认为中国货币数量效应是影响物价水平的关键因素，结构主义者则认为中国普遍存在的产能过剩问题在短期内会抑制通货膨胀压力，而自 2002 年加入世贸以来持续高位的贸易顺差也被认为是推动中国物价上涨的重要因素。毋庸置疑，这些观点对理解中国通货膨胀影响因素具有很强的理论和实践意义，所以本部分将试图通过总体平均经验模式分解方法研究影响中国通货膨胀周期的关键因素。

1. 数据说明

本部分使用同比数据调整而得的可比定基序列，以 1993 年 12 月为基期 100，选用数据时间段为 1994 年 1 月至 2012 年 12 月的 CPI 月度定基序列（见图 9—12）。

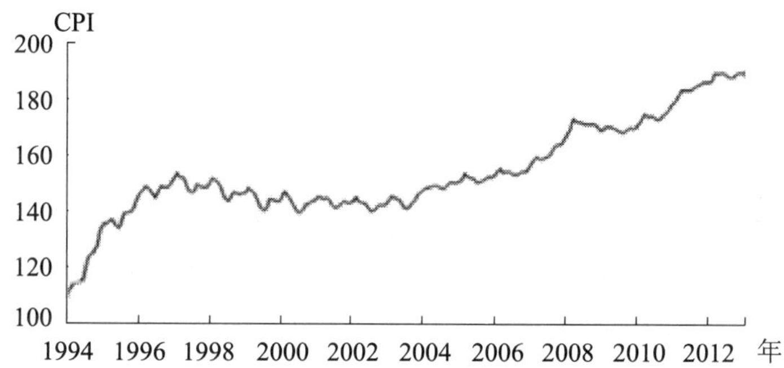

图 9—12 CPI 月度序列图

资料来源：根据 wind 数据库数据制作。

2. 总体平均经验模式分解法

总体平均经验模式分解方法①（EEMD）是 Wu et al.（2009）在经验模式分

① 总体平均经验模式分解方法的具体说明可参考 Norden E. Huang：The empirical mode decomposition and the Hilbert spectrum for nonlinear and non-stationary time series analysis，载《英国皇家学会学报》，1988。

解（EMD）的基础上进行了实质创新提出的利用在原始序列中引入周期性白噪声发展的一种新型自适应时频数据分析方法，且能够有效避免模式混淆，具有不需预设正交基或先验规律的优势，是目前提取时间序列趋势与均值周期的前沿工具方法。

在使用 MATLAB7.0 进行总体平均经验模式分解时，设置加入白噪声的幅值比值系数为 0.2，总体平均次数为 100 次，对原始 CPI 的定基比序列进行分解处理。如图 9—13 所示，CPI 定基指数模式分解后有 6 个本征模函数（intrinsic mode function，IMF）和 1 个趋势项。随着所有被分解出的 IMF 从高频（ 短周期）逐渐向低频（长周期）移动，其振幅基本上逐渐变大，且最后的趋势项是一个缓慢变化的单调反映 CPI 长期趋势的时间序列。

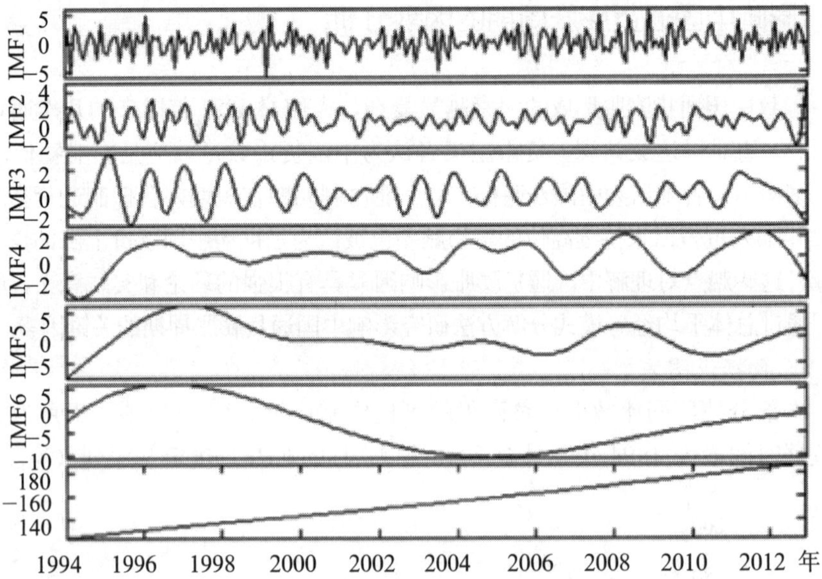

图 9—13 CPI 总体评价经验模式分解图

表 9—4 中，采用皮尔逊相关系数衡量每个 IMF 和原始序列的相关性，运用每个 IMF 的方差占固有模式函数分解后总方差的比例来解释其对原始序列波动的贡献率；运用 IMF 的平均值衡量该分量在考察期内对总量的平均贡献度；运用对应 IMF 的相关系数反映其中各结构分量波动关联程度。在考察期内，CPI 趋势项和原始时间序列的相关系数达到 0.827，具有很强的相关性，IMF 从高频到低频的相关系数均小于趋势项，而且 IMF 的波动贡献率较低，其中 IMF1～IMF4 的方差占比均未超过 1%，IMF5～IMF6 的方差占比有所增大，而趋势项的方差占原始序列的绝大部分，解释率则由高频短周期到低频长周期逐渐增大，可见中国物价短期波动几乎对长期物价无影响，长周期略有影响，而趋势项则代表了中国物价水平运动的内在运行轨迹。

表 9—4 基于 EEMD 的 CPI 固定模式函数和趋势项分析

	相关系数	平均值	方差占比（%）	原始方差占比（%）
IMF1	0.07	0.001 849	1.026 859	0.137 3
IMF2	0.014	−0.024 488	0.445 444	0.595 4
IMF3	0.078	−0.006 983	0.410 192	0.548 3
IMF4	0.347***	−0.015 780	0.454 609	0.607 7
IMF5	0.189***	−0.225 058	4.179 896	4.914
IMF6	0.136***	−3.301 789	7.267 457	9.715
趋势项	0.827***	154.462 199	88.215 54	84.802

注：***表示在 1%的显著性水平下显著。

3. CPI 结构特征分析

基于对中国 CPI 序列分解得到的 6 个 IMF 进行高低频区分（见图 9—13），把序列的 IMF 归纳为高频、低频两个分量，CPI 定基指数在 IMF5 上显著不为零，则把 IMF1，IMF2，IMF3 和 IMF4 归于高频部分表征物价的短期波动，IMF5 和 IMF6 作为低频部分表征物价的中长期波动，趋势项作为代表中国通货膨胀运行内在轨迹走势的独立分量。其中，趋势项反映了国内物价中不轻易变动的核心部分；低频部分代表了物价长周期波动特征；高频部分振幅小波动频繁，体现了中国物价中的短期波动信息。

图 9—14 中，通过比较价格指数各结构分量和原始序列的变化趋势发现，基本当低频分量为正时，价格指数运行轨迹在趋势项之上，而当低频分量为负时，价格指数运行轨迹在趋势项之下，价格指数会受到低频分量的影响大幅波动。但是低频分量影响结束后，指数会逐渐返回到趋势项附近围绕其小幅波动。因此，我们可以通过对高频短周期分量、低频长周期分量和长周期趋势分量的讨论，研究中国短期和长期通货膨胀的关键影响因素。

由上可知，中国 CPI 的低频分量与趋势项对物价走势的解释性较强，而高频分量体现了经济环境波动对物价的影响，因此深入研究其主要影响因素，有助于预测未来物价波动趋势，同时高频分量也反映了 CPI 对市场信息的实时反应。

二、我国住宅地价增长率波动的周期划分

现代经济周期波动理论主要考察和分析变量的时间序列值，并以此为依据将波动特征分为短期特征和长期特征两种状态。我们将选取 HP 滤波法①对我国住宅地价增长率变量的时间序列进行趋势分解，并在此基础上划分我国住宅地价增长率的波动周期。

1. 住宅地价增长率波动的滤波分析

数据上，使用的是 1998 年第 1 季度至 2011 年第 2 季度全国住宅用地价格增长率的季度同比数据（数据略），并利用 Eviews6.0 软件进行 HP 滤波分析，可以得到住宅地价增长率的趋势成分 Y_t^T 和 Y_c^T 及其波动成分表（见表 9—5）和周期波动分解图

① HP 滤波法，即卡尔曼滤波法，该方法可以具体参见高铁梅：《计量经济分析方法与建模》，2 版，北京，清华大学出版社，2009。

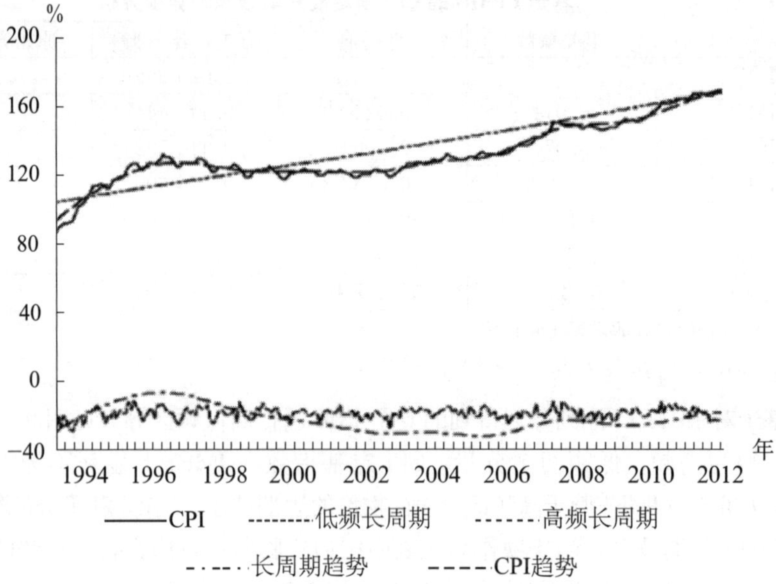

图 9—14　通货膨胀长、短周期波动以及长期趋势

(见图 9—15)。进行 HP 滤波分析后产生的波动成分 Y_c^T 表示影响住宅地价增长率波动的非规则因素或者是外部冲击，如果 Y_c^T 为正值，表明外部冲击对住宅地价增长率的上升产生了正效应，促进了住宅地价增长率的上行；如果 Y_c^T 为负值，则表明外部冲击对住宅地价增长率的上升产生了负效应，抑制了住宅地价增长率的拉升。波动成分 Y_c^T 的绝对值越大，说明外部冲击对住宅地价增长率的影响就越大。

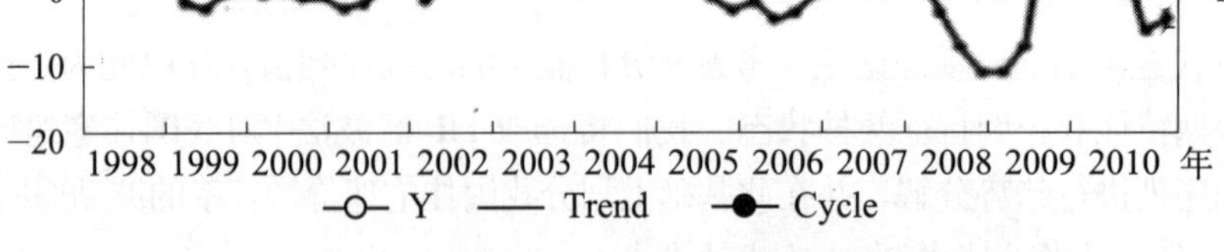

图 9—15　住宅地价增长率周期波动分解图

说明：图中，Y 表示住宅地价增长率波动的时间序列，Trend 为趋势成分，Cycle 为波动成分。

从表 9—5、图 9—15 中可以看出，从 1998 年第 1 季度至 2006 年第 2 季度，我国住宅地价增长率虽然波动非常频繁，但波动的幅度并不大，波动成分的绝对值在 5%以内。从 2006 年第 3 季度起，住宅地价增长率波动的幅度明显增大。我们以始于 2009 年第 1 季度，终于 2011 年第 1 季度的最新一轮地价增长率波动周期为例，其波动高度为 14.92%，波动深度也为−13.2%，整个周期的波动幅度达到了 28.12%，这表明影响我国住宅地价增长率的不确定性因素在增加。反映出来的现实是因土地市场与房地产市场关联紧密，而近些年来由于各种原因，特别是对房地产市场宏观调控政策的模糊与不稳定，导致了房地产市场晦暗不明、阴晴不定的运行态势，使得土地价格出现了十分剧烈的波动。从住宅地价增长率的走势图和现实情况来看，住宅地价的频繁剧烈波动将仍然继续，甚至还可能会出现更为严重的波动。无论是对于高度依赖土地财政的地方政府而言，还是对于整个国民经济体系而言，大起大落的土地价格都会带来灾难性的影响。因此，需要政府对房地产市场进行明确、适宜和有效的宏观调控，并重新建构整个房地产市场的制度基础，以确保土地市场房地产市场和整个国民经济体系的健康平稳运行。

表 9—5　HP 过滤后住宅地价增长率趋势成分 Y_t^T 及波动成分 Y_c^T 数据

时间	趋势成分 Y_t^T	波动成分 Y_c^T	时间	趋势成分 Y_c^T	波动成分 Y_c^T
1998Q1	−1.371 308	−1.028 692	2004Q4	9.858 702	2.141 298
1998Q2	−0.987 357	2.187 357	2005Q1	9.978 202	−0.378 202
1998Q3	−0.604 049	3.204 049	2005Q2	10.077 31	2.822 692
1998Q4	−0.220 660	1.020 660	2005Q3	10.164 25	0.935 754
1999Q1	0.165 537	4.334 463	2005Q4	10.249 00	−2.849 003
1999Q2	0.557 906	−2.757 906	2006Q1	10.342 15	−4.542 151
1999Q3	0.962 522	−3.662 522	2006Q2	10.452 25	−3.352 482
1999Q4	1.383 734	−1.483 734	2006Q3	10.585 95	−5.485 950
2000Q1	1.823 602	−1.023 602	2006Q4	10.746 41	−4.646 412
2000Q2	2.283 262	−1.683 263	2007Q1	10.934 30	−1.934 298
2000Q3	2.763 205	−1.363 205	2007Q2	11.147 13	5.052 868
2000Q4	3.262 875	−2.162 875	2007Q3	11.381 23	6.018 769
2001Q1	3.780 861	−2.180 861	2007Q4	11.636 07	0.563 932
2001Q2	4.314 401	−3.914 401	2008Q1	11.914 88	9.785 119
2001Q3	4.859 369	−3.159 369	2008Q2	12.221 26	−0.021 256
2001Q4	5.409 195	−0.209 195	2008Q3	12.564 90	−4.864 899
2002Q1	5.955 331	3.344 669	2008Q4	12.955 50	−9.555 000
2002Q2	6.489 102	−2.789 102	2009Q1	13.399 71	−13.199 714
2002Q3	7.003 920	−0.303 920	2009Q2	13.898 21	−12.998 210
2002Q4	7.491 456	3.708 544	2009Q3	14.443 42	−9.543 416
2003Q1	7.943 190	3.456 810	2009Q4	15.019 65	4.380 354
2003Q2	8.352 920	3.447 080	2010Q1	15.605 23	14.897 770
2003Q3	8.716 606	4.383 394	2010Q2	16.181 26	14.918 740
2003Q4	9.032 360	4.067 640	2010Q3	16.738 11	12.561 890
2004Q1	9.301 034	−0.601 034	2010Q4	17.275 49	1.224 513
2004Q2	9.526 025	2.673 975	2011Q1	17.800 96	−7.600 964
2004Q3	9.710 351	3.889 649	2011Q2	18.322 86	−5.722 864

资料来源：《中国经济景气月报》；国研网。

2. 波动周期的检验

我们通过 HP 滤波法将住宅地价增长率分解为趋势成分和波动成分，如果波动成分也具有周期性，那么这种周期性就反映了住宅地价实际增长的周期特征。在计量经济学中要检验波动成分的稳定性，即检验波动成分 Y_c^T 是否围绕均值上下波动。具体而言，就是要检验波动成分 Y_c^T 的单位根是否存在。对波动成分 Y_c^T 进行扩展的 ADF 检验，其检验结果如表 9—6 所示。

表 9—6　　波动成分 Y_c^T 的 ADF 检验

ADF 检验统计量	−5.751 194	1%临界值	−3.563 303
		5%临界值	−2.921 175
		10%临界值	−2.598 551

由表 9—6 可知，波动成分 Y_c^T 的 ADF 检验统计量在 1% 的水平上显著，因此，波动成分 Y_c^T 可以拒绝存在单位根的原假设，故可认为是趋势平稳的。这表明住宅地价增长率的波动成分具有周期性，围绕均值上下波动，住宅地价增长率的周期是稳定的，即住宅用地价格是一组增长型周期性波动的时间序列。

□ 复习思考题

1. 阐述经济周期概念。
2. 阐述经济周期统计内容。
3. 什么是经济周期统计基准？
4. 举例阐述时间序列分析经济周期的应用。
5. 为什么说经济周期波动的形成是内在原因和外在原因综合作用的结果？
6. 举例阐述外在冲击机制和内在传导机制在经济周期中的作用。
7. 举例阐述中国经济周期波动的外在冲击。
8. 收集实际统计数据，对我国或某省市的经济增长周期、工业周期、农业周期或固定资产投资周期等周期波动的形态进行实证分析，建立经济周期模型体系，并展开对策研究，写出分析报告。

第 10 章 Chapter 10 国民经济景气统计分析

第 1 节　景气统计分析概述

一、景气统计分析基本概念

经济周期波动如同四季的气候变化，告诉我们中长期经济的繁荣与萧条的交替变动。经济景气则是指经济短期的波动运行状态。实际的经济周期分析与监测是一项复杂的工作，对经济短期频繁波动的测度而言更是如此。为了准确测度经济景气，需要形成系统的统计分析方法，这就是所谓的经济景气统计分析。国民经济景气统计分析通常包括景气循环统计和景气统计调查。

经济景气循环统计就是在既有的统计指标基础之上，筛选出具有代表性的指标，在此基础上通过建立各种指数或统计模型来描述经济的运行状况，预测未来的走势。景气循环统计能像“晴雨表”或“报警器”那样发挥监测和预警经济运行状况的作用，因为经济本身在客观上存在着周期波动，在经济波动过程中，经济运行中的一些问题可以通过一些指标率先暴露或反映出来。利用多个敏感性指标组合的景气指数分析，主要是用经济变量之间的时差关系指示景气动向①，分析短期经济存在的问题。

---

①　经济景气循环统计类似我国古代历法中的二十四节气。为了准确测度比四季更为频繁的短期气候变化，我们的祖先在不具备现代天文学知识，不能借助天文望远镜、气象卫星和计算机等现代化测量和计算工具的条件下，完全通过日照时间长短、降雨降雪量大小和温湿度高低等气象指标对节气的改变进行统计推断，形成了二十四节气法，从而准确发现和预测节气变化的时点。二十四节气为当时的农业生产和人们生活提供了极大的帮助，至今仍然起着很大的作用。

景气统计调查也称为商情分析，是通过定期对企业家或者消费者等微观个体抽样进行问卷调查，并根据其对企业经营状况及宏观经济形势的判断和预期来编制景气指数，从而对现实经济状况及发展趋势进行分析和预测的一种统计调查分析方法。

二、景气统计分析的产生和发展

经济景气统计分析方法的起源可以追溯到19世纪末。1888年，在巴黎统计学大会上，就出现了用不同色彩评价经济状况的论文。但早期的类似研究只是一种新颖的经济状态描述方法，缺乏定量测度。真正有组织的大规模系统研究，实际上是从20世纪初开始的。1903年，英国政府内出现了“国家波动图”，用来描述宏观经济波动。但经济学界公认的“经济晴雨表”模式是从美国开始的。1909年，美国巴布森统计公司在其刊物上发表了关于美国宏观经济状态的第一个经济活动指数，这是该公司的投资者和企业家进行商情变动观察与分析工作的一部分。1911年，专门从事经济监测的美国布鲁克迈尔经济研究所编制了涉及股票市场、一般商品市场和货币等的景气指标。同年，法国设立经济恐慌委员会作为政府的常设机构，编制各类景气指数，并向政府提供关于经济危机的预警报告。

1917年，哈佛大学编制了“美国一般商情指数”（哈佛指数），这组指数是根据13项经济指标数据时间差异关系分别编制的，包括投机指数、生产量及物价指数和金融指数三类。从历史数据拟合状况看，哈佛指数较好地反映了20世纪美国的4次经济波动，该指数投入使用后，反映很好，但由于未能预测出1927年的大危机，哈佛指数遭到沉重打击，最终停止使用，此后类似的景气指标研究出现衰落。

20世纪30年代中期，经济监测预警系统再度兴起，经过不断改进和发展，到20世纪50年代开始进入实际应用时期。1937年，美国全国经济研究局（NBER）详细研究了近500项经济指标，利用时差变动关系，选择21项指标构成领先指数。他们还系统详尽地研究了一系列涉及景气监测方法的问题，如循环波动的分离、趋势调整、平滑技术等，并指出经济波动在宏观经济各部门间逐步“扩散”的过程。第二次世界大战后，美国全国经济研究局对20世纪30年代监测指标体系进行了修订，把21项指标分成领先、一致、滞后三类指标，并提出了以上升指标占总指数份额的方法构成扩散指数（Diffusion Index，DI）。至此，景气监测方法开始步入正规化，其显著特征有：第一，以扩散指数来综合描述宏观经济波动情况，避免单指标平均化的不精确。第二，以当前经济状态为参照，构成领先、一致、滞后三类指数，以领先指数预报可能出现的景气转折点；以一致指数评价经济现行状态和发展水平；以滞后指数验证周期的完整性。第三，对于诸如指标范围、指标体系修订等都有明确的建议。

自20世纪60年代起，经济预警系统方法逐步走向成熟。1961年，美国商务部正式在其刊物《商情摘要》（*BCD-Business Condition Digest*）上逐月发表数据和图表两种形式的宏观景气动向信号。研究机构与政府机关的合作使宏观经济预警研究迅速发展，具体体现在：第一，合成指数的引入。由于扩散指数只考虑指标的变化方向，未能反映经济运行的程度，1961 年，希斯金和穆尔通过对个别指标振幅的标准化提出了合成指数法，它是预警分析的核心方法之一。第二，经济预警的基本方法有了较大发展。这主要是在季节调整上，除美国（商务部人口）普查局成功地研究了 X－n 法之外，还有美国劳工局的 B 路法，日本经济产业省的 MITI 法，日本经济企划厅的 EAP 法，德国慕尼黑经济研究所（IFO）的 FIO 法等。第三，景气调查方法的引入，拓宽了景气监测的信息源。二战结束后，德国 FIO 研究所以问卷形式对厂商和消费者进行调查。该问卷调查中的问题是定性判断的选择题形式，调查对象只需就调查内容的上升、下降和不变做出选择即可，最后成为“气候”指数等。这些“气候”指数与景气指数一样，能对经济运行进行超前预测。第四，分析报警信号指数的出现。人们研究了增长速度的适宜值后，认为过快的速度也有弊端，经济“过热”如同衰退一样，也应该避免。1967 年，日本经济企划厅在其经济白皮书中发布了“日本景气警告指数”，采用类似交通信号灯的形式给予评价。1970 年，联邦德国也由国会专家委员会编制了类似的警告指数。

自 20 世纪 70 年代末期开始，预警系统已日趋成熟，其在信息识别和基础理论研究方面仍在不断发展。虽然这在争论中被认为是“无理论的方法”、“无数据的统计”，但由于在宏观经济波动方面，特别是在短期波动分析研究中处于不可取代的地位，因此在全球范围内得到了广泛应用。

经济预警方法、结果与其他经济理论结合后，也产生了许多新的研究成果。实践证明，景气预警方法和计量学方法是预测周期波动的两种有效方法，最初它们被认为是相互对立的，后来被认为是互相补充的。前者以周期理论为基础，是政府部门利用统计数据的测算向公众发布经济前景的指导性信息，后者是通过按经济理论建立的结构性模型的关联关系推出的经济发展的可能值。目前，人们越来越注重两种方法的结合应用。

在经济预警系统内部，景气调查方法也已向全球蔓延。20 世纪 50 年代只有 3 个国家开展，到 1988 年已有 443 个国家和地区应用这一方法。如果说景气统计分析是根据以往规律从已发生的经济活动的统计数据来评价和预测未来经济发展，那么景气调查则是根据对企业和个人的典型抽样调查，以被调查对象超前的主观定性判断得出定量的结论，两者互相补充、互相印证。

为使景气监测结果更具有超前性，美国全国经济研究局、国际循环研究中心等机构已着手研究长期领先指标，将原来领先指数半年左右的超前预测扩展至一年及一年以上，以便于政府和企业及早地为将要发生的周期波动做出反映，使反周期波动政策的抑制作用进一步增强。如今，预警理论体系已基本建立起来，人们便朝着预警结果更加精确的方向努力。美国普查局范德烈（Findlye）等人在 20 世纪 90 年代左右提出了 x－12. ARIMA 方法，它是普查局最新的与 X－n 相关的季节调整方法。此外，时间序列的频域分析方法即通过谱分析研究经济时间序列和经济周期的变动特征也得到了越来越广泛的应用，可见现代统计方法对于经济数据分析的重要性。[①]

第2节 经济景气统计体系

一、景气指标与基准日期

(一) 景气循环

景气循环分析的英文为Business Cycle Analysis，即是“商业循环分析”。既然意为循环分析，景气循环有四个特征：(1) 反复性：繁荣与萧条交替出现，但不是简单重复；(2) 多样性：由生产、收益、就业、物价、金融、贸易等多方面的周期性变化汇总；(3) 波及性：经济总体发展的不平衡，导致景气在商品、资本、劳动力三大市场先后波动；(4) 累积性：景气峰、谷的到来可由繁荣和衰退的累积效果产生。

为了体现景气变化的上述特征，景气统计分析方法采用若干指标编制出的指数作为描述周期波动的主要形式。通过对经济指标的分析，综合判断经济运动的状态（峰点还是谷底，处于收缩期还是扩张期）；通过编制指数预测未来经济趋势；设定状态界限，预告经济形势，为从深层次分析经济问题提供可比较的参考依据。

循环的定义之一是“序列”的自我重复。在数学中，三角学中的正弦函数和余弦函数周期循环就是一种完美的序列重复典型，但现实中的经济序列却不可能那么完美。用波动这一概念来形容经济变量的行为则更为合适。所谓景气循环，实际上就是经济变量随着时间的移动而上下运动的过程。这种运动过程的周期性一般是不精确的，也就是说，序列上下运动的时间长度各不相同。经济序列运动比较明显的事实是：景气扩张或景气收缩不可能持续下去，上升或下降的转折点总会出现。

因此，每一种经济活动循环都有其特征，但各循环之间也存在着相同的要素。当对整个景气循环分阶段加以分析和考察时，就可以获得一般景气循环形态的信息。美国全国经济研究局根据历史上景气循环的特点，给出了对循环的一定描述，循环的形态一般是从谷底开始，经过扩张期到达峰点，然后经过收缩期再次到达谷底，然后循环往复，周而复始。这其中，循环的扩张期还可以分为四个时期：时期1的显著特征是经济活动的普遍复苏；时期2的特征是在时期1的基础上继续扩张，但大多数的经济活动增长速度慢于时期1；进入时期3以后，大多数经济活动的增长幅度又开始加快；到达时期4的时候大部分经济指标继续增长，但这种增长已经显得筋疲力尽。同样，景气循环的收缩期也分为四个时期：时期5景气循环波动翻过峰点后进入紧缩期，所有的经济序列都出现了不同程度的下降；时期6的经济再现大面积衰退，幅度

① 关于经典的统计方法在景气统计分析中的运用参见董文泉等：《经济周期波动的分析与预测方法》，长春，吉林大学出版社，1988。近期一些新的统计分析方法的详细介绍参见郑桂环等：《经济景气分析方法》，北京，科学出版社，2011。

大大超越了时期 5；时期 7 已经进入了萧条期，大部分实物序列都处于较低的水平，下降率有所放缓；时期 8 的经济活动下降趋势已不再是普遍现象，有些序列出现了上升趋势，尤其以金融投资为甚。

（二）景气指标

从以上内容来看，形成并影响景气循环波动的不仅有产业的活动，还包括就业、金融、财政、消费、物价、库存、贸易等领域的广泛的经济活动，因此收集数据时应尽量包含这些领域，广泛考察各类经济变量的时间序列数据。

随着经济的发展、各国统计体系及统计方法的不断完善，统计指标数目也日趋庞大，形成了规模巨大的信息资源。同时，由于在数据处理、存储、传递等方面运用了通信技术、光电子、计算机等最先进的技术手段，这使得从巨大的信息资源中及时准确地加工提炼出反映经济运行状态的特征信息成为可能。例如美国的景气指标体系就是从近千个经济指标中筛选出来的。在大数据时代背景下，从大量经济指标中选择景气指标应考虑到以下基准：

（1）经济上的重要性。指的是所选指标在把握景气上是特别重要的，并且代表经济活动的一个领域，所选指标合起来代表经济活动的主要方面。

（2）统计上的充分性。指的是该指标是月度（或季度）统计数据，并且数据区间较长、较完整、覆盖面大、可信度高。

（3）统计上的适时性。指的是数据能及时定期地统计上来并予以公布，在每月（或者季度）后的 1～2 个月（季度）内即能使用。

（4）与景气循环的对应性。指的是所选指标的峰、谷应与景气循环波动基准日期的峰、谷一一对应，并有稳定的对应关系。

（三）景气循环基准日期

在指标选择的基准中我们提到了景气指标的特征与景气循环基准日期的对应性。这里的景气循环波动的基准日期是指宏观经济波动达到经济周期的高峰和低谷的时点，即历史上经济周期的波动的转折点日期。基准周期一旦确定，周期的持续期间、扩张和收缩时间也就确定了。所以基准日期既是分析波动周期及波动特征的主要依据，又是确定经济变量之间时差关系的基准。鉴于基准日期的重要地位，各国在进行景气统计分析研究时无不重视经济周期波动基准日期的确定。

经济周期波动基准日期的确定并非是一件易事。由于宏观经济是一个多侧面、多个过程的经济活动的综合体，我们很难用一个单项经济时间序列全面地说明宏观经济的波动。同时，经济活动的复杂性决定了宏观经济各部分的运动常常不一致，从而又给准确地确定基准转折点带来了极大的困难。

确定基准循环的方法主要有：（1）以重要的经济指标如 GDP、工业生产总值的周期为基准循环；（2）专家意见及专家打分；（3）经济大事记和经济循环年表；（4）初选几项重要指标计算历史扩散指数（Historical Diffusion Index，HDI）；（5）以一致合成指数转折点为基础。由于 HDI 指数综合性强、编制简单、容易理解，在人文社会科学指数编制领域受到了广泛关注。① 目前基准循环确立的一般做法也是以 HDI 来说明确定基准日期。

（1）选择几个比较重要而且被认为其变动与景气循环周期大体上相一致的经济指标；

（2）对每个指标的时间序列进行季节调整，然后确定每个指标的峰谷日期；

（3）计算方向变化表，对每个序列由谷到峰期间均规定为 1，由峰到谷均规定为 0，这样就得到一个方向变化表，每个月（景气统计一般采用月度数据）上升的指标个数占总指标个数的百分比就是 HDI；

（4）这里所关心的是 HDI 穿过 50%线的时点（即转折点），HDI 将由下方向上方通过 50%线之前的月份就是景气循环谷的基准日期，而将由上方向下方通过 50%线之前的月份就是景气循环峰的基准日期。

由 HDI 初步推算出的基准日期一般还需要根据专家意见进行修正，并去掉较短的波动，如时间长度不超过 6 个月的峰或谷。确定经济周期波动已到达高峰开始进入收缩期，或者已经走出谷底进入经济的扩张期是一项需要慎重的工作。一旦宣布，在经济的各个领域都会引起高度的重视和极大的反响。在美国，确定经济进入衰退和走出谷底是由设置在美国全国经济研究局下面的经济周期定期委员会（Business Cycle Dating Committee）专门负责的。在日本，这项工作则由经济企划厅下面的景气基准日期研究委员会专门负责。这些委员会成员均是知名经济学家。

需要说明的一点是，反映经济波动的基准循环有“古典循环”、“增长循环”和“增长率循环”三种，每一种循环所反映的经济周期的转折点可能是不同的。“古典循环”依据经济指标的绝对量的增长或下降来反映经济的波动；“增长循环”根据经济指标绝对量围绕其变化趋势而发生的偏离程度来反映经济波动；“增长率循环”运用经济指标的增长率来反映经济的运行态势，如果主要的经济指标的增长率处于下降的态势并持续一段时间，就判定经济处于景气下行阶段，反之则判定经济处于景气上升阶段。美国经济统计学家穆尔曾经统计过古典循环和增长循环的情况，发现古典循环的扩张期比起增长循环来说相当长，而增长循环的收缩期比古典循环略长，循环的峰出现的时刻平均来说增长循环要比古典循环早半年左右，而谷两者大体一致。目前这三种方法都分别由世界上不同的国家或组织采用，如美国是应用古典循环方法，经济合作与发展组织采用增长循环方法，日本及大部分发展中或经济起飞中的国家则都采用增长率循环方法。而中国则是以下情况：改革开放三十多年来经济快速发展，反映宏观经济的各指标绝对量数值都保持较高的增长率，在很长时间内，各宏观经济指标都没有出现绝对量下降的情况，即使各次经济危机的巨大冲击也没有改变中国宏观经济各指标绝对量扩张的态势，因此，依据“古典循环”、“增长循环”准则来判断中国

① Noorbakhsh，Farhad，Human Development and Regional Disparities in Iran：A Policy Model［J］. *Journal of International Development*，2002（14）：927-949.

宏观经济景气运行的下行或上升状态并不合适。由于反映经济各个方面的时间序列指标的波动都表现出增长率循环的特征，即增长率循环呈现出明显的规律性，因而在中国景气统计分析的实践中，对于宏观经济的景气统计分析一般采用增长率循环方法。

二、指标数据收集与景气调查

（一）景气调查

选定用于进行景气统计分析的指标以后，接下来的工作主要包括数据采集、筛选等内容。除国民经济核算数据和各项统计调查之外，景气调查是景气统计分析指标数据的重要来源。

景气调查也称商情调查，是运用抽样调查的方法，以固定问卷形式，并依据一定时间频度向活跃于生产、经营、消费和其他经济活动一线的企业家、消费者提问，要求答卷者在几种简单明了的答案中进行选择回答。问卷主要包括诸如企业总体状况、企业策略和变化方向、资金可能投向、生产要素供给状况、市场需求状况、资本状况、成本效益状况及对经济形势及未来发展的评价和判断等方面的问题。通过调查信息来把握企业经营者对本企业基本经营活动状况的判断和对未来发展的预期。再运用特定的汇总、分析模式，对当前形势进行快速判断和分析，对未来经济的变化趋势进行预测。

景气调查是第二次世界大战以后欧美国家首先发起的，到 20 世纪 50 年代中叶，世界各国已广泛推广。由于景气调查是一种较快了解经济情况的便捷途径，因此也称晴雨表系统。目前在国际上有许多进行景气调查的著名机构，如德国的慕尼黑经济研究所、英国产业联盟（Confederation of British Industry）、美国商务部以及日本银行等。调查数据以定性数据为主，也有部分调查机构涉及包括企业财务活动等方面的定量数据调查。

景气调查主要有三种类型：景气动向调查、设备投资意向调查和消费调查。景气动向调查的目的是了解宏观经济总体运行的状态和趋势，主要面向各国大中型企业，这些大中型企业数量不多，但是在整个国民经济中所占的比重却相当大，　定程度上可以代表国民经济走势。设备投资意向调查的目的是把握企业未来投资的基本动向。由于投资活动是引起宏观经济波动的重要因素，所以这种调查对政府掌握景气动向、进行宏观调控是十分必要的。消费调查主要是了解消费者的消费态度、购买意向等消费动向。无论哪个国家，居民消费特别是耐用品消费需求的循环变动都对经济波动有着很大的影响，所以这也是政府进行宏观调控时所关注的重要问题。

如果说景气统计分析是根据经济发展的以往规律，通过已经发生的经济活动的统计数据来评价和预测未来经济发展的情况，那么景气调查则是根据对企业和个人的抽样调查，根据被调查对象的客观和超前的主观定性判断而得出定量的结论，二者可以相互补充、相互印证。此外，国民经济核算数据存在着一定的滞后性，景气调查数据的发布往往领先于国民经济核算数据的发布，据其可以更快地了解经济情况。

我国统计数据的主要来源是国家统计局的一系列调查项目，包括国民经济核算在内的 17 项经济调查、7 项社会与人口调查和 3 项科技活动调查，以及 1 项环境调查。这 28 项调查①是宏观经济景气统计分析指标数据的重要来源，除此之外，就是通过各项景气调查来获得微观和宏观层面的景气数据。我国的景气调查开始于 20 世纪 90 年代初，中国人民银行调查统计司、国家计委（后更名为国家发展与改革委员会）国民经济综合司等机构进行了企业景气调查的尝试。1992 年，国家统计局综合司开始研究企业景气调查方法，并于 1994 年组织实施局部调查。1998 年，国家统计局决定在全国范围内正式开展企业景气调查，由国家统计局企业调查总队组织实施。至 1999 年企业景气调查正式列入国家统计调查制度为止，主要成果有全国 5 000 家工业生产企业景气调查、国家信息中心对 12 省市 5 000 家工业企业的景气调查和国家统计局于 1998 年采取抽样调查和重点调查相结合的方法对 16 000 家国家级企业的景气调查等。这些较早开展的景气调查，董文泉等（1998）对其有比较详细的介绍。近年来，随着调查经验的不断积累和国际交流的深入，我国开展了一些新的景气调查，如采购经理调查和银行家调查，并且企业景气调查的内容也得到了极大的丰富。从 2012 年开始，国家统计局的企业景气调查工作由服务业调查中心移交到中国经济景气监测中心，企业景气调查制度也进行了较大调整，调查内容和计算方法更侧重于对未来的预测。通过建立企业景气调查网上直报系统，使得企业景气调查结果的准确性和预判性大大增强。目前，企业景气调查的部分主要由国家统计局中国经济景气监测中心负责，相关的调查结果比如企业景气指数和企业家信心指数等也会定期在国家统计局官方网站以及《中国经济景气月报》上发布。

（二）调查数据采集

景气统计调查研究的是微观个体（如企业、消费者）的行为，因而在进行调查分析之前，首先应该解决的是微观个体样本的确定问题。只有确定了样本，才有可能从样本数据来推断总体特征。

以我国的企业景气调查为例，调查对象为八个国民经济重要行业（工业，建筑业，批发和零售业，交通运输、仓储和邮政业，住宿和餐饮业，信息传输、软件和信息技术服务业，房地产业，社会服务业）的企业经营者，要求由企业经营者回答问卷。

至 2013 年，企业景气调查的全国样本量达到了 69 000 家。其中工业企业 60 000 家，建筑业企业 1 500 家，批发和零售业企业 2 000 家，交通运输、仓储和邮政业企业 1 000 家，住宿和餐饮业 1 000 家，信息传输、软件和信息技术服务业企业 1 000 家，房地产业是企业 1 500 家，社会服务业企业 1 000 家。可以发现，各行业的样本

① 《统计法》规定，国家统计局对所设立调查项目建立相应的调查制度，目前国家统计制度包括 28 项调查制度，见 http：//www. stats. gov. cn/tjzd/。

分配中给予工业企业较多的样本量，这是由中国目前还处于工业化阶段，以及工业内部行业间的较大差异这一特性决定的。部分省份也有开展对本省具有代表性的企业景气调查，一般需要在国家样本量的基础上补充本省样本。

在样本抽选方法上，总体采取按行业门类分层，层内再按行业大类进行抽样。为确保重要监测企业进入样本，特规定各行业大类中主营业务收入排前 30 名的企业及上市公司为必选样本。其他企业按照样本与规模成比例进入概率抽样（probability proportional to size，PPS），其中企业规模标志一般用主营业务收入指标，也可用从业人数指标。

在样本更新上，必选样本每年更新，抽选样本每年按 20%的比重予以随机轮换，轮换原则上在行业大类中进行，且要确保年内消亡企业的替补，并尽可能保持原有的规模分布结构。

以下以著名的采购经理调查为例，详细说明具体的景气调查方法。

【例 10.1】采购经理调查。

采购经理调查是对企业采购（或供应）经理进行月度问卷调查，并根据调查结果编制采购经理指数、撰写月度分析报告的一项统计调查活动。采购经理指数由于简单易行、科学合理，目前已被全球 30 多个国家和地区采用，且各国各地区的调查方法、计算方法基本相同。

从国际上看，采购经理指数是一套按月发布的综合性经济领先指标体系，通常包括制造业采购经理指数（PMI）、非制造业采购经理指数、服务业采购经理指数，有的国家还编制了建筑业采购经理指数。

2001—2004 年，中国先后开展采购经理调查研究，进行试点调查，最终在借鉴国际经验基础上结合中国实际情况建立了中国采购经理调查制度。自 2005 年 1 月起，中国在全国范围内开展制造业采购经理调查，同年 7 月正式对外发布制造业采购经理指数；自 2007 年 1 月起，在全国范围内开展非制造业采购经理调查，2008 年 1 月正式对外发布非制造业采购经理指数。

制造业采购经理指数是通过对制造业企业采购经理的月度调查结果统计汇总编制而成的指数，它能够反映企业采购、生产、流通等各个环节的情况，是国际上通用的监测宏观经济走势的领先性指数。非制造业采购经理指数是通过对非制造业企业采购经理或主管企业运营的负责人的月度调查结果统计汇总编制而成的一套指数，反映企业商务活动不同环节的情况。目前，国际上开展非制造业采购经理调查的时间较短，尚没有世界通行的非制造业采购经理综合指数编制方法。下面仅以制造业采购经理指数的编制说明景气调查的过程。

1. 基础数据搜集

根据国家统计局制定的《采购经理调查制度》，各级国家调查队承担基础数据催报和审核工作，调查工作流程如下：

（1）布置调查任务。各级国家调查队按照国家统计局统一规定的调查内容，将调查任务布置到其辖区内的所有调查企业，并对各企业的采购经理或主管企业运营的负责人进行培训。

（2）填写问卷。企业的采购经理或主管企业运营的负责人按照国家统计局统一制定的调查问卷要求，在每月 22 日至 25 日，将本企业的相关情况填入问卷中。

（3）数据审核。各级国家调查队对本辖区内的统计数据进行催报、审核。

（4）数据报送。在企业自身审核和各级国家调查队审核通过后，企业的采购经理或主管企业运营的负责人按照国家规定的上报时间通过国家统计局联网直报系统报送数据。

（5）数据汇总。国家统计局对企业上报的基础数据进行再次审核，之后对通过审核的数据进行汇总。每个季度国家统计局和各级调查队还要抽取一定比例的企业进行实地访问，以确保数据质量。

2. 调查范围及抽样方法

制造业采购经理调查涉及《国民经济行业分类》（GB/T 4754—2011）中制造业的 31 个行业大类，从全国抽取 3 000 家样本企业进行调查。调查采用 PPS 抽样方法，以制造业行业大类为层，行业样本量按其增加值占全部制造业增加值的比重分配，层内样本使用与企业主营业务收入成比例的概率抽取。

3. 调查问卷简介

制造业采购经理调查问卷问题的设计遵循以下三个原则：一是简练，即所提的问题尽可能简练，尽量减少占用被调查者的时间，以便提高调查问卷的回收率；二是熟悉，即提的问题是采购经理较为熟悉、比较关心、容易回答的问题，一般不采用技术性强的专业术语或“行话”；三是定性，即几乎所有问题都采用多重选择题的形式，有几个相互独立的预置答案，被调查者只需在自己认为正确的答案上打上记号即可。制造业采购经理调查问卷共有 12 类问题，具体情况如表 10—1 所示。

表 10—1　　制造业采购经理调查问卷

A 单位详细名称	B 组织机构代码□□□□□□□□－□
01 生产量：贵企业本月主要产品的生产量比上月 □ 增加　　□ 基本持平　　□ 减少	
02 产品订货：贵企业本月来自客户的产品订货数量比上月 □ 增加　　□ 基本持平　　□ 减少	
021 出口订货：贵企业本月用于出口的产品订货数量比上月 □ 增加　　□ 基本持平　　□ 减少　　□ 没有出口	
03 剩余订货量：贵企业目前存有但尚未交付客户的产品订货数量比一个月前 □ 增加　　□ 基本持平　　□ 减少　　□ 不好估计	
04 产成品库存：贵企业目前主要产品的产成品库存数量比一个月前 □ 增加　　□ 基本持平　　□ 减少	
05 采购量：贵企业本月主要原材料（含零部件）的采购数量比上月 □ 增加　　□ 基本持平　　□ 减少	
051 进口：贵企业本月主要原材料（含零部件）的进口数量比上月 □ 增长　　□ 基本持平　　□ 减少　　□ 没有进口	

06 购进价格：贵企业本月主要原材料（含零部件）的平均购进价格比上月
□ 上升　　□ 变化不大　　□ 下降

061 在本月购进的主要原材料中，价格上升或下降的有哪些？（请按常用名称列示）
· 价格上升：
· 价格下降：

07 主要原材料库存：贵企业目前主要原材料（含零部件）的库存数量比一个月前
□ 增加　　□ 基本持平　　□ 减少

08 生产经营人员：贵企业目前主要生产经营人员的数量比一个月前
□ 增加　　□ 基本持平　　□ 减少

09 供应商配送时间：贵企业本月主要供应商的交货时间比上月
□ 放慢　　□ 差别不大　　□ 加快

091 下列各类原材料一般需要提前多少天订货？（不包括套期保值与投机商品）
● 国内采购的生产用原材料　□随用随买　□30 天　□60 天　□90 天　□6 个月　□1 年
● 进口的生产用原材料　□随用随买　□30 天　□60 天　□90 天　□6 个月　□1 年　□ 没有进口
● 生产或维修用零部件　□随用随买　□30 天　□60 天　□90 天　□6 个月　□1 年
● 生产用固定资产　□随用随买　□30 天　□60 天　□90 天　□6 个月　□1 年　□ 没有订货

092 在企业主要原材料中，本月出现供应短缺的有哪些？（请按常用名称列示）：

10 生产经营活动预期：贵企业在未来 3 个月内生产经营活动整体水平预计
□ 上升　　□ 变化不大　　□ 下降

11 贵企业目前在生产经营和采购过程中遇到的主要问题或困难是什么？（可多选）
□资金紧张　□市场需求减少、订单不足　□生产用主要原材料价格上涨
□运输成本上涨　□劳动力成本上涨　□能源等原材料供应紧张
□劳动力供应不足　□人民币汇率波动　□其他（请具体说明）________

12 您对本行业或企业发展如何评价？有何建议？________

采购经理：　　电话：　　报出日期：20　年　月　日

资料来源：中华人民共和国国家统计局：《中国主要统计指标诠释》。

（三）景气调查数据分析

景气调查数据的结果中有很大一部分是定性数据，为了将定性数据应用到景气统计分析和景气预测中，需要用到定性数据分析方法。统计学的属性数据分析与计量经济学的非线性回归，例如受限因变量回归模型，都提供了解决定性数据分析的一些方法。从目前的景气调查数据研究来看，还可以将定性数据转化为定量数据，并使用回归分析、概率法和因子分析等统计方法。例如利用回归分析处理景气调查数据，可以根据定性的答案估计相应的数量值，即以样本内每个选项的百分比为主要自变量，以调查变量的真实值为因变量，建立并估计回归方程式。具体而言，假设 $\boldsymbol{P}_t=(p_{1t},$

p_{2t}，…，p_{kt}）为 t 时刻关于定性问题的各个选项的百分比，Y_t 为调查变量的实际值 x_t 的一个观察值，建立回归模型，即

$$Y_t=a_1p_{1t}+a_2p_{2t}+\cdots+a_kp_{kt}+\mu_t$$

式中，μ_t 是随机干扰项。使用样本内数据估计出参数值后，可基于该方程，输入样本外的调查数据，计算调查变量的值。

在实际使用中，可以对 $\boldsymbol{P}_t$ 作各种预处理，如对数化、季节调整、二元化等。回归方程也可以有多种具体形式，如 ARIMA 模型、误差修正模型，以及参数限制模型等。为了说明实际操作中的模型假定，下面结合中国人民银行统计司根据 5 000 家工业企业的调查结果分析工业企业财务预期的例子，简要说明如何利用回归方法处理我国景气调查数据。①

为考察大中型国有企业的财务预期是否具有理性预期的性质，通过回归分析工业企业调查中产品销售情况的调查结果与工业产品实际销售率的匹配程度，从而检验工业企业关于销售情况的预测是存在系统性的偏差还是近似理性预期。具体而言，可以假定 t 时期选项为良好的问卷百分比为 p_{1t}，选项为不良的问卷百分比为 p_{2t}。由于我国 5 000 家工业企业调查数据仅公布良好与不良好选项的百分比之差，对回归方程式系数施加系数限制，令 p_{1t} 与 p_{2t} 的系数之和为 0，进行有约束回归。在几种方法的比较中可以发现，若基于我国调查数据的分析实践，进一步假设误差满足 AR(2) 过程，估计方程 $Y_t=\lambda(p_{1t}-p_{2t})+\varphi_1v_{t-1}+\varphi_2v_{t-2}+w_t$ 对工业产品销售率的预测效果较好，这表明探索定性技术转化为定量分析方法具有实际价值。

三、数据预处理与指标分类

（一）数据预处理

经济时间序列数据一般可分解为四个因素：趋势因素（T_t）、循环因素（C_t）、季节因素（S_t）和随机因素（I_t），四种因素的组合和相互作用构成了特定的时间序列模型。为了显示数据中存在的周期循环，需要按照一定的时间序列构成模型的假定，采用季节指数、X－11 等方法剔除其中的季节因素。季节调整是处理季度、月度数据的重要步骤，目前大多统计软件都有季节因素分析的功能，比如 Eviews 就加载有最新的 Census X12 季节调整模块。关于季节模型分析的详细内容可参见时间序列分析教材的相关部分。接下来的内容我们不再考虑未经季节调整和去除不规

① 详细内容参见王晋斌：《中国工业企业财务预期的性质——基于 5 000 家大中型国有企业经济景气调查数据的分析》，载《经济理论与经济管理》，2006 (2)。此外，概率法处理景气调查定性数据的例子可参见肖争艳：《中国通货膨胀预期研究：调查数据方法》，载《金融研究》，2004 (11)。另外，对于调查方案设计感兴趣的读者可参见国家统计局企业调查总队编译：《欧盟企业和消费者景气调查理论与实践》，北京，中国统计出版社，2002。

则效应的数据。

（二）指标时差分类

确定了经济周期波动的基准日期后就可以把某个经济指标的周期波动与基准转折点相比较，从而将经济指标进行分类。我们把单个指标序列的周期波动称为特殊循环，而把基准日期所代表的周期波动称为基准循环。根据特殊循环与基准循环的时差关系，可以将景气指标分为一致经济指标、领先经济指标、滞后经济指标。

一致指标也叫同步指标。一致指标峰与谷出现的时间与总体经济运行峰与谷出现的时间一致，可以综合地描述总体经济所处状态。如工业总产值、社会消费品零售总额等。领先指标也叫先行指标。利用领先指标可以事先预测总体经济运行的峰和谷。如机械产品订货、股票指数、广义货币 M2（美国）等。滞后指标是对总体经济运行中已经出现的峰和谷的一种确认。如利息率、库存等。有些指标是逆指标，通过指标的逆转计算，也可以得到很好的领先指标效果。由领先、一致、滞后指标，共同构成了景气指标体系。值得注意的是，上述三类指标的划分是相对的，由于经济波动的循环反复，某些经济指标既可以作为领先指标，也可能成为滞后指标。而滞后指标也并不总是从属指标，在某些情况下，又会转化为领先指标，例如企业间未清偿债务过多，会形成“三角债”，严重影响企业生产经营的正常进行，同时也会冲击银行信贷计划的执行，导致货币流通和经济运行不畅。我国 20 世纪 90 年代初即发生过这样的状况。国家统计局中国经济景气监测中心（CEMAC）的经验也表明，各项贷款这一滞后政策变量经过逆转，往往成为很好的领先指标。

景气循环分析指标有效实现时差分类的前提是选择合理的基准循环、确定科学的分类标准以及分类前对数据做预处理。这些工作完成之后，就可以以基准日期为参照系进行指标分类。以多大时差作为分类的标准，应根据国情来决定，美国以超前（落后）于基准循环半年以上来判断指标的领先（滞后），而我国现阶段是以一个季度（三个月）为限。被选中的周期指标无论属于哪一类，都应满足以下三个条件：

(1) 该指标各个循环的峰值相对于基准循环峰值的时差关系相对稳定。

(2) 该指标观测期中的全体循环有三分之二以上运行正常且与基准指标对应循环保持相对稳定。

(3) 指标经济含义与基准循环有着确定的、比较明确的领先（一致或滞后）关系。

根据以上三个条件，下面的一些统计方法经常被采用：时差相关分析法、K-L 信息量、马场法（马场正雄提出的基准循环分段平均法）、峰谷法、主成分法、循环聚类法、谱分解法等等。由于时差相关分析法有简洁直观的定义和计算过程，下面简要说明该方法。设 $y=\{y_1, y_2, \cdots, y_n\}$ 为基准指标，$x=\{x_1, x_2, \cdots, x_n\}$ 为被选择指标，r 为时差相关系数，则

$$r_l = \frac{\sum_{t=1}^{n_l}(x_{t-l}-\overline{x})(y_{t-l}-\overline{y})}{\sqrt{\sum_{t=1}^{n_l}(x_{t-l}-\overline{x})^2\sum_{t=1}^{n_l}(y_{t-l}-\overline{y})^2}}, l=0,\pm1,\pm2,\pm3,\cdots,\pm L$$

式中，l 表示超前、滞后期，l 取负数时表示超前，取正数表示滞后，l 称为时差或延迟数；L 是最大延迟数；n_l 是数据取齐后的数据个数。在选择景气指标时，一般计算若干个不同延迟数的时差相关系数。然后进行比较，其中最大的时差相关系数 $r_{l^*}=\max_{-L<l<L} r_l$ 被认为反映了被选指标与基准指标的时差相关系数，相应的延迟数 l^* 表示超前和滞后期。

（三）指标体系

各国根据自身经济发展的特点，选择了适用于评价本国经济景气的指标体系。表10—2 至表 10—5 列举的是 OECD、美国会议委员会、美国景气循环研究所（ECRI）和日本目前的景气指数指标体系。①

表 10—2　　OECD 景气指标体系

领先指标（6 个）	一致指标（5 个）	滞后指标（4 个）
加班时间	就业	投资
工商业预期新订单	工业生产	库存水平
新订单	GDP	生产价格
房屋开工	能力利用	利率
原材料价格	投入	
股票指数		

表 10—3　　美国会议委员会景气指标体系

领先指标（10 个）	一致指标（4 个）	滞后指标（7 个）
制造业平均每周工作小时	非农业从业人员数	失业者平均失业时间（逆转）
平均每周对失业保险的初次申请（逆转）	居民可支配收入	制造业和贸易存货对消费的比例
制造业的消费品和原材料新订货	工业生产指数	制造业每单位产出劳动成本指数的变动
零售业状况扩散指数	制造业和贸易业销售额	银行平均最低利率
非国防资本品的制造业新订单		未偿还的工商业贷款
新的私人建房建筑许可		消费者分期付款贷款与个人收入之比
消费者预期指数		服务业消费物价指数变动
利率差		
股票价格指数		
货币供应量 M2		

① 国家统计局中国经济景气监测中心：指数编制，见 http：//www.cemac.org.cn/Ozsbz1.html。

表 10—4　ECRI（景气循环研究所）景气指标体系

长期领先指标	短期领先指标	领先指标
新建筑许可	制造业平均每周工作量	新建筑许可
价格和单位劳动成本比率	平均每周初次申请失业人数（逆转）	价格和单位劳动成本比率
每工时制造业产出增长率	工厂和设备的合同和订货	消费品和原材料的订货
缩减的货币供应量 M2	工业材料价格变动	工厂和设备的合同和订货
道琼斯 20 种债券平均价格	标准普尔 500 指数	标准普尔 500 指数
服务价格指数增长率（逆转）	解雇率（逆转）	工业材料价格变动
股票指数	工商业人数指数（破产和新开公司综合）	工商业库存变动
	国家采购经理协会卖主业绩	公司税后利润
	国家采购经理协会存货变动	净资产形成
	国内非金融债务变动	消费者分期付款信用变化

表 10—5　日本景气动向指数指标体系

领先指标（10 个）	一致指标（6 个）	长期领先指标（6 个）
制造业每周加班时间	工资和薪金不变价格收入	政府债券分红
工商业破产数	国民总支出	制造业价格对单位劳动成本的比率
机器和建筑的新订货	工业生产	制造业劳动生产率
住宅开工数	不变价格零售商	货币供应量 M2＋准货币
存货变动	全行业固定工就业人数	住宅开工数
原材料价格（6 个月滑动平均）	失业率	服务业的居民消费价格指数
股票价格指数		
所有行业的营业利润		
制造业价格对单位劳动成本的比率		
消费者未偿贷款变动		

四、景气循环统计的指数方法

选定循环方法之后，经济景气循环分析的大致过程是：首先，确定时差关系的参照系，即基准循环，编制景气循环年表；其次，根据基准循环选择领先、一致、滞后指标；最后，编制景气指数来描述总体经济运行状况、预测转折点，并设定状态界限，预告经济形势，为从深层次分析经济问题提供可比较的参考依据。

在这个过程中，编制景气指数是统计分析很重要的一步。经济的周期波动是通过一系列经济变量的活动来传递和扩散的。任何一个经济变量本身的波动都不足以代表宏观经济的整体波动，要反映宏观经济整体波动过程必须综合考虑各个变量的波动，景气指数的编制为解决这个问题提供了有效的工具。一方面，它能够如实刻画现实经济波动的轨迹，反映当前宏观经济波动所处的位置；另一方面，还能够预测未来经济波动的峰谷。根据编制方法的不同，分为扩散指数（DI）和综合指数（CI）。此外，多元统计的主成分分析方法也时有应用。

（一）景气统计分析的综合指标——扩散指数

扩散指数是以上升和即将上升的指标个数占全部选用指标个数的百分比来表示经济扩张或者经济萧条，反映经济循环变动的周期和转折日期的方法。由于它能表明总体活动的景气扩张之渗透程度，故得此名。

综合的扩散指数一般根据敏感性指标数列计算，即将敏感性指标上升的赋值为 1，持平的赋值为 0.5，下降的赋值为 0。计算公式为：

$$\text{综合的扩散指数}\ (DI_t)=\frac{\dfrac{\text{上升的敏感性}}{\text{指标数目}}\times 1+\dfrac{\text{持平的敏感性}}{\text{指标数目}}\times 0.5}{\text{敏感性指标总数}}$$

式中，DI_t 为 t 时刻综合的扩散指数。

扩散指数以 50%作分界线。在经济萧条时期，扩散指数达到 50%时，标志经济景气已经复苏，是经济景气开始扩张的转折日期；在经济高涨时期，扩散指数跌到 50%时，标志经济景气已经开始衰退，是经济开始萧条的转折日期。在经济上升到高峰的转折点的基准日期之前，扩散指数有下降的倾向，表明经济开始收缩；在经济下降到谷底的转折点的基准日期之前，扩散指数有开始上升的趋势，表明经济开始复苏。

扩散指数曲线图（见图 10—1）具有两个特点：（1）扩散指数曲线对景气转折点基准日有领先的转折；（2）扩散指数曲线在基准日期或其附近 50%左右平分。也就是说 DI 曲线具有如此运动的特征趋势。

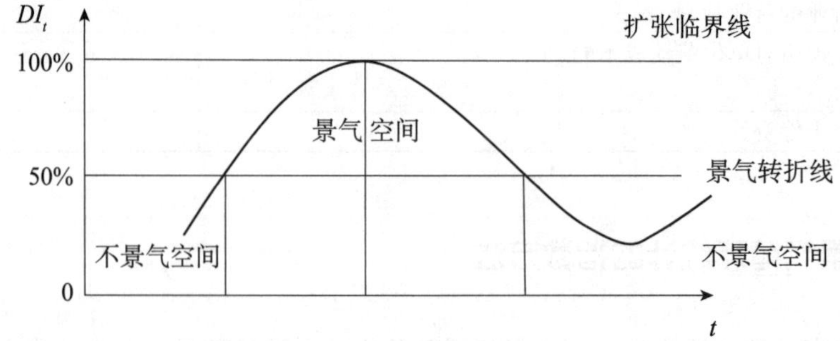

图 10—1　扩散指数曲线图

【例 10.2】扩散指数的统计分析。

经济处于古典周期内，同时已知经济刚刚达到顶峰。表 10—6 为领先指标组中 5 个指标在 2000 年 6 月和 7 月的观测值，根据此表计算 1 个月的扩散指数，并分析此时经济所处的空间。

表 10—6 景气指标基础数据

日期	指标 1	指标 2	指标 3	指标 4	指标 5
2010 年 6 月	141.55	305.2	150 729	54.9	44 749
2010 年 7 月	141.49	337.2	151 764	54.8	44 873

分析：(1) 计算示性函数 I，即计算分别有多少扩张指标、收缩指标和基本不变指标。扩张时 $I=1$，收缩时 $I=0$，基本不变时 $I=0.5$。结果如表 10—7 所示。

表 10—7 示性函数取值

日期	指标 1	指标 2	指标 3	指标 4	指标 5
2010 年 6 月	141.55	305.2	150 729	54.9	44 749
2010 年 7 月	141.49	337.2	151 764	54.8	44 873
I	0	1	1	0	1

(2) 计算扩散指数。综合的扩散指数 $DI_t=\frac{3}{5}=60\%$。

(3) 画出扩散指数曲线图。以此类推，可以计算出多个月份的扩散指数，然后类比图 10—1 画出扩散指数随时间变化的曲线图，从而分析所处的景气区间和动态变化趋势。

【例 10.3】行业企业景气指数——一种特殊的扩散指数。

企业景气指数的计算方法有两种：一是针对一组问题通过加权平均的方式计算企业景气指数。如通过与企业生产经营活动密切相关的订货、生产、销售、盈利、用工、投资等指标，计算每一个问题的单项指数，再对每一个问题赋予相应的权重（头脑风暴法、因子分析法或者将两者结合起来），最后加权平均计算综合景气指数。二是只针对一个综合问题的回答计算，即根据对企业综合经营状况的判断和预期计算企业景气指数（或根据对企业所在行业的形势判断及预期计算企业家信心指数）。

自 1999 年国家统计局正式开展制度化企业景气调查以来，一直采取的是第二种方法，即针对一个问题也就是企业家对企业综合经营状况的判断而计算的指数。这实际上就是一种特殊的扩散指数。在宏观经济景气统计分析中，通过一组可能领先经济增长的领先指标组来预判经济可能的走向，这一组指标中上升的指标占全部指标的比重就是扩散指数。企业景气指数沿用了扩散指数的思路，将计算上升的指标数变为计算上升的企业数，并且还需要计算回答“下降”的企业数，再将回答“上升”的企业比重减去回答“下降”的企业比重，所得之差就是“净差额”企业比重，即所谓净差额的计算方法。

从 2012 年第一季度开始，为了更充分地体现企业景气调查对经济形势的预判功能，借鉴国际企业景气调查权威机构的成熟经验，国家统计局对制度进行了修订，完善了计算方法，即将完全依据企业家对当前形势判断编制的企业景气指数改进为对当前形势的判断和对未来预期的综合，并赋予预期相对更高的权重。

企业景气指数事实上是所有参与调查的行业的企业景气指数的加权算术平均值，是在行业景气指数基础上计算的。行业企业景气指数是指企业景气调查中根据某个行业企业家的判断计算的景气指数，反映这个行业的运行状况和预期走向。如根据工业企业景气调查计算的企业景气指数为工业企业景气指数。

（1）即期企业景气指数的计算。即期企业景气指数是根据企业家对企业当前经营状况的判断编制的景气指数，用 A 表示，即 $A=100\times a+100$。其中，a=企业家认为本季度企业经营状况“好”的比重－企业家认为本季度企业经营状况“差”的比重。

（2）预期企业景气指数的计算。预期企业景气指数是根据企业家对企业未来经营状况的预期编制的景气指数，用 E 表示，即 $E=100\times e+100$。其中，e=企业家预期下季度企业经营状况“好”的比重－企业家认为下季度企业经营状况“差”的比重。

（3）企业景气指数的计算。

企业景气指数是即期企业景气指数与预期企业景气指数的综合指数，其信息中既包含对当前的判断，又包含对未来的预期。具体来说，企业景气指数是即期企业景气指数（根据企业家对企业当前经营状况好坏的判断计算的指数，用于反映企业当前的运行状态）与预期企业景气指数（根据企业家对企业未来经营状况好转或恶化的预期计算的指数，主要用来反映企业家对未来企业经营的乐观程度的预期）的加权平均值。

为充分体现企业景气指数的预判功能，对预期企业景气指数赋予60%的权重，对即期企业景气指数赋予40%的权重。用 b 代表企业经营“好”与“差”之间的净差额以反映企业景气状态，用 B 代表企业景气指数。则有

$$b=40\%\times a+60\%\times e$$

$$B=100\times b+100=40\%\times A+60\%\times E$$

由此，企业景气指数（B）、即期企业景气指数（A）和预期企业景气指数（E）均为0～200之间的一个整数。当 B（或 A，E）=0时，表明所有的企业选择均为“差”，反映经济极度令人悲观；当 B（或 A，E）=200时，表明所有的企业选择均为“好”，反映经济极度乐观；当 B（或 A，E）=100时，表明选择“好”的企业与选择“差”的企业占比相等，反映经济处于好与坏的边缘，100因此也作为景气与不景气的临界点。也就是说，当 B（或 A，E）大于100时，表明经济处于景气区间，指数值越大（越接近200）景气度越高；当 B（或 A，E）小于100时，表明经济处于不景气区间，指数值越小（越接近0）景气度越低。

（二）景气统计分析的综合指标——综合指数

扩散指数法虽然可以大体表明经济循环的阶段和转折时间，但不能详细显示景气变动的具体幅度。也就是说，它只能表明景气变动的方向，而不能反映景气变动的大

小。因此，国外主要采用综合指数的方法。

综合指数是以领先指标系列、一致指标系列和滞后指标系列分别进行计算的。首先根据指标原时间序列，采用残余法求得循环波动相对数时间序列；然后将各数列经过标准化后进行调整，求出以标准差为计算单位的标准循环偏差相对数来表示每个指标循环波动的大小；最后将每组（领先、一致、滞后）指标系列的标准循环偏差相对数分别进行加权平均，求得各组系列的综合指数来表示各组循环波动的方向和波动幅度。

综合指数 CI 比扩散指数 DI 更为优越，它不仅能显示循环波动的方向，准确说明循环周期中每一阶段的波幅和总波幅，还能显示每一周期的时间长度和每一发展阶段的时间长度，便于进行预测。

编制景气指数的最主要的目的就是预测经济周期波动的转折点，如果领先指数走出谷底，出现回升，预示着一致指数在若干个月后也会回升，也就是总体经济将出现复苏，而滞后指标则是对一致指数的确认，也就是再过几个月以后滞后指标也会出现回升。

国外编制景气动向指数一般都采用综合指数的方法，其主要差别在于景气循环分析方法的不同，前面基准循环我们已经提到过三种方法。下面稍加解释：古典循环法主要是观察经济时间序列绝对量本身的波动，一般观察时间序列的长期趋势及循环要素（TC）的波动；增长循环波动也称离差循环方法，一般观察经济时间序列相对量的波动，将时间序列的长期趋势 T 和循环要素 C 分离，把循环要素 C 的变动看做景气变动，即增长循环波动是循环要素 C 的波动；增长率循环观察经济时间序列的增长率（与上年同月或同季比的变化率），分析其波动的规律性，同前两种方法一样，也要对时间序列进行季节调整，对增长率序列的长期趋势及循环要素的波动进行分析。

在我国实践中，对景气循环进行分析研究采用的是增长率循环方法，因此我们要对经过季节调整以后的时间序列数据求其增长率序列，也就是对序列求其上年同月比。综合指数 CI 也按照领先、一致、滞后三类指标分别编制。目前编制综合指数常用的方法是美国商务部经济分析局（DEA）综合指数法，其计算过程比较繁杂，具体过程包括以下五个步骤：

第一步，求单个指标的对称变化率。设原指标经过季节调整后的序列为 $d_2(t)$，首先对其求一阶差分对称变化率 $C_i(t)$，目的是使序列平稳、规则，均值为零，使峰、谷及其落差更为明显，以方便后面的分析和判断。

$$C_i(t)=200d_i(t)-d_i(t-1) \tag{10—1}$$

当 $d_i(t)$ 为零或负值时，有

$$C_i(t)=d_i(t)-d_i(t-1) \tag{10—2}$$

式中，$C_i(t)$，$d_i(t)$ 是第 i 指标序列 t 时刻的值。

第二步，求标准化平均变化率。为避免变动大的序列过分影响综合指数，有必要对各个对称变化率进行标准化处理，使它的绝对值的平均数等于 1。

首先，求第 i 指标序列的标准化因子 A_i：

$$A_i=\sum|C_i(t)|/(N-1) \tag{10—3}$$

式（10—3）中，N 是指标序列标准化期间的时间点个数，即对称变化率序列的起止时期的时间点数。其次，用 A_i 把 $C_i(t)$ 标准化，得到标准化平均变化率 $S_i(t)$：

$$S_i(t)=C_i(t)/A_i \tag{10—4}$$

标准化后，指标间具有可比性，再次求平均变化率 $R(t)$：

$$R(t)=\frac{\sum_{i=1}^{k}S_i(t)W_i}{\sum_{i=1}^{k}W_i} \tag{10—5}$$

式中，k 是领先、一致和滞后各指标组内序列数；W_i 是第 i 指标序列的权重。目前世界各国编制综合指数的方法大同小异，但是有的国家对指标加权（如美国），有的国家不加权（如日本），确定权数的方法需做专门研究，在此不予展开讨论，我们先假定这里 W_i 均取值为 1。最后，将各个 $R(t)$ 除以组间标准化因子 F，以求得标准化平均变化率 $V(t)$。

$$F=\frac{\sum_{t=2}^{N}|R(t)|/(N-1)}{\sum_{t=2}^{N}|P(t)|/(N-1)} \tag{10—6}$$

式中，P 是一致指标组中的 R。

$$V(t)=\frac{R(t)}{F} \tag{10—7}$$

因此，对于一致指标组，有 $F=1$，$V(t)=R(t)$。

第三步，把标准化平均变化率累积成为初始综合指数。对各组，将最开始时的初始综合指数定为 100，即 $I(1)=100$，初始综合指数的计算公式为：

$$I(t)=\frac{I(t-1)[200+V(t)]}{200-V(t)} \tag{10—8}$$

第四步，求趋势调整。首先对经济一致指标组中的每个指标序列分别求其各自的趋势，公式为：

$$T=\left(\sqrt[m]{\frac{C_L}{C_l}}-1\right)\times 100 \tag{10—9}$$

式中，C_L 和 C_l 分别是最先循环和最后循环的平均值；m 是基准指标中最先循环的中心到最后循环的中心之间的时间点数。最先与最后循环的平均值是基准循环日期第一轮循环的谷到谷或峰到峰的 $d_i(t)$ 的平均值与最后一轮循环的谷到谷或峰到峰的 $d_i(t)$ 的平均值。按照上述方法可以计算出一致指标组中各指标的趋势值的平均值，记为 G。最后，对领先、一致、滞后指标组的初始综合指数，分别用上述公式计算各自的趋势 T。

第五步，求综合指数 C_I。首先，令

$$V'(t)=V(t)-(G-T)$$

$$I'(t)=I'(t-1)[200+V'(t)]/[200-V'(t)] \tag{10—10}$$

将式（10—10）中的 $I'(t)$ 除以基年的平均值，再乘以 100，就得到所求的 CI。

根据综合指数进行景气统计分析在步骤上与用扩散指数基本相似，所不同的是转折点的判断原则。综合指数时间序列转折点的测定和预测是景气统计分析的一项重要内容。美国全国经济研究局的 Gerhard Bry 和 Charlotte Boschan 于 1971 年开发了一种测定经济时间序列转折点的方法（Bry－Boschan Method，B－B 法）。B－B 法的基本思路是将原序列适当平滑化，在平滑曲线上推测其峰与谷大致出现的时间，然后逐渐逼近基准循环的波峰和波谷的时间点。为了避免较短波动的干扰，准确确定主要的波峰和波谷，从经验出发得到使用 B－B 法的约束条件：

（1）峰与谷（或谷与峰）之间，即一个阶段持续期间在 6 个月以上；

（2）一个周期的持续期间，即两个相同转折点（峰—峰或谷—谷）之间的时间间隔大于 15 个月。

第 3 节 我国宏观经济景气统计分析实践

一、我国经济景气统计分析的发展历史

自改革开放以来，经济景气统计分析在我国经济运行的预警和监测领域发挥着巨大的作用。1987 年，国家信息中心经济信息部与吉林大学商学院系统工程与管理研究所合作研发了国家宏观经济监测预警系统。1988 年，国家信息中心申请了有关中国景气统计分析的国家社科基金课题，开始组织人力投入宏观经济景气统计分析的研究开发，国家宏观经济监测预警系统进入试运行阶段。1991 年，在对全国宏观水平研究经验的基础上，该监测预警体系在国家经济信息系统试点推广。1999 年，国家统计局成立了中国经济景气监测中心，其主要职能是为公众提供经济和社会景气监测研究报告及信息咨询服务。至此，中国经济景气指标体系的研究、景气监测和预警系统的改进和不断更新以及景气调查工作的开展进入了新的阶段。该中心的主要任务涵盖了宏观经济景气统计分析工作的各个方面：监测中国宏观经济景气的走向，为政府和社会各界提供宏观经济景气监测信息及分析报告；组织消费者信心专题调查以及国民经济主要行业的景气监测研究，处理、分析调查数据并向社会提供信息服务；组织经济景气监测领域的学术研讨会、报告会和国际学术交流活动，加强和促进国内外景气监测领域的交流合作；依托国家统计局有关宏观经济、区域经济、行业经济的丰富数据资源，建立中国统计咨询数据库，为工商界提供数据咨询服务和市场调查；定期出版《中国统计月报》、《中国经济景气月报》，每月提供反映中国国情国力的基本统计数据，包括宏观、地区和行业数据等。目前，国家统计局编制的经济景气指数包括中国宏观经济景气指数、行业企业景气指数、消费者信心指数等，景气监测中心同时也对重要行业的景气信息提供及时的报告。这些工作的开展为国民经济的健康运行和良好发展提供了监测与预警基础。

二、景气统计分析指数编制

（一）经济景气指数

1. 国民经济景气动向指数

我国对经济景气循环的研究是改革开放以后才逐步开展起来的，因此中国宏观经济景气指标体系的研究、景气循环监测和预警系统构建经过了 30 年的发展历程。自 1984 年以来，国内许多研究机构，如吉林大学商学院系统工程与管理研究所、中国经济体制改革研究所、国家统计局统计科学研究所、国家信息中心，以及一些地区和部门的研究机构，对于国民经济监测预警体系进行了全面、系统的研究。20 世纪 80 年代，吉林大学商学院系统工程与管理研究所通过对 1976—1986 年基准循环的研究，确立了 10 年期历次峰谷日期及相应的领先、一致、滞后指标体系。同时期国家统计局统计科学研究所也构建了由 35 项指标组成的监测指标体系。到 1999 年国家统计局中国经济景气监测中心成立时，我国已经在景气统计分析领域做了大量的工作，产生了一系列研究成果。① 步入新世纪以后，中国经济有了较大的发展，景气统计分析的研究也步入了新的阶段。2004 年 11 月，景气监测中心开始了与高盛（亚洲）公司的合作，宣布联合开发并出版经济指标数据，以便更全面透彻地监测中国经济的发展。中国宏观经济景气指标体系的研究和实践也因此进入了国际化阶段。对早期的一些指标进行了改进，部分指标的制作采用了发达国家通用的方法并以国际标准选择新指标体系。现行经济景气动向指标体系如表 10—8 所示。由此得到我国 2012 年 3 月—2013 年 2 月的宏观经济景气指数，如表 10—9 所示。

表 10—8　　中国经济景气监测中心指标体系

	权数	比重（%）
领先指标		
领先 6 指标合成指数	2.36	78.67
恒生内地流通股指数	0.6	10.00
产品销售率	1.15	19.17
货币供应量 M2	1.20	20.20
新开工项目	1.20	20.00
物流指数	1.05	17.50
其中：全社会货运量	1.00	50.00
沿海港口货物吞吐量	1.00	50.00
房地产开发投资领先指数	0.80	13.33
其中：房地产开发土地面积	1.00	50.00
商品房新开工面积	1.00	50.00
消费者预期指数	0.28	9.33

① 关于我国经济景气分析实践方面的奠基性研究成果的详细介绍可参见赵彦云主编：《宏观经济统计分析》，北京，中国人民大学出版社，1999。

续前表

	权数	比重（%）
国债利率差	0.36	12.00
一致指标		
工业生产指数	0.59	14.75
工业从业人员数	0.50	12.50
社会收入指数	1.28	32.00
其中：财政税收	0.80	26.67
工业企业利润	1.00	33.33
居民可支配收入	1.20	40.00
社会需求指数	1.63	40.75
其中：固定资产投资	1.00	33.33
全社会商品零售	1.20	40.00
海关进出口	0.80	26.67
滞后指标		
财政支出	0.68	13.60
工商业贷款	1.09	21.80
居民储蓄	0.67	13.40
居民消费价格指数	1.05	21.00
工业企业产成品资金	1.51	30.20

说明：表中，①国债利率差：7 年期以上国债市场加权平均收益率减去 1 年及以内国债市场加权平均收益率；②物流指数：是由社会货运量、沿海主要港口货物吞吐量编制的合成指数；③社会收入指数：是由各项税收收入、工业企业利润总额、城镇居民可支配收入编制的合成指数；④社会需求指数：是由固定资产投资、消费品零售、进出口总额编制的合成指数。⑤恒生内地流通指数：组成公司的营业收入主要来源于中国大陆。包括 H 股（内地注册，香港上市的公司，股票以港币发行交易，股票总数：37）；红筹股（香港上市的，由内地国有机构直接或间接持有 35% 以上股权公司，股票总数：30）；其他（包括私筹股和其他主要业务在内地的港资公司。私筹股是指在大陆以外（在此指香港）上市但由内地私营企业家控制的企业．股票总数：29）。

资料来源：中国经济景气监测中心网站，http：//www.cemac.org.cn/Ozsbz4.html。

表 10—9　　我国宏观经济景气指数（1996 年＝100）

日期	领先指数	一致指数	滞后指数	预警指数
2012.3	100.5	98.4	99.0	91.3
2012.4	99.9	98.1	98.1	87.3
2012.5	99.6	97.6	97.2	84.7
2012.6	99.2	97.4	96.7	88.0
2012.7	99.2	96.9	96.1	88.0
2012.8	99.8	96.9	95.9	90.7
2012.9	100.4	97.3	95.5	90.7
2012.10	100.4	97.9	95.6	90.7
2012.11	100.4	98.4	95.9	90.7
2012.12	100.6	99.3	96.1	90.7
2013.1	100.5	100.1	96.4	90.7
2013.2	100.2	100.4	96.5	93.3

资料来源：《中国经济景气月报》。

2. 企业景气指数

企业景气指数是根据企业家对当前企业经营状况好坏的判断和未来企业运行状况是否乐观的预期，综合反映经济运行状况和预期走向（即经济景气状态）的指标。前面我们已经提到过企业景气调查，企业景气指数就是通过对众多微观企业进行的一种定性调查（即收集的是诸如“好”，“坏”之类的定性的判断），并进行适当的数据处理获得的对宏观经济景气状态的一种定量化测度的指数。企业景气指数是经济周期波动的重要监测指标。

我国企业景气调查范围一般包括：(1) 工业（包括采矿业，制造业，电力、燃气及水的生产和供应业）；(2) 建筑业；(3) 交通运输、仓储和邮政业；(4) 批发和零售业；(5) 房地产业；(6) 社会服务业（包括租赁和商务服务业、环境和公共设施管理业、居民服务业和其他服务业）；(7) 信息传输、计算机服务和软件业；(8) 住宿和餐饮业。

调查对象为上述调查范围内的各法人企业及其负责人（如厂长、总经理等）以及依照法人单位进行统计的产业活动单位及其负责人。

调查内容包括：(1) 企业基本情况。包括单位详细名称、组织机构代码、法定代表人、联系电话、详细地址、企业规模、行业代码、上年主营业务收入等。(2) 企业家对本行业景气状况的判断。包括企业家对当前本行业总体运行状况的判断、对下期本行业总体运行状况的预计。(3) 企业家对企业生产经营状况的判断。包括企业家对企业综合生产经营状况、流动资金、固定资产投资、劳动力需求等方面本期景气状况的判断和下期景气状况的预计。(4) 企业家对企业生产经营问题的判断与建议。

中国企业景气指数的取值范围在 0～200 之间，以 100 为临界值，当指数大于 100 时，反映经济景气状态是良好的、乐观的，越接近 200 乐观程度越高；当指数小于 100 时，反映经济景气状态是不佳的、悲观的，越接近 0 悲观程度越严重。

企业景气指数与企业家信心指数相关性很强，企业家信心指数是通过企业景气调查中企业家对企业所处行业的运行状况和发展趋势的判断，综合反映企业家对宏观经济运行信心的指标。两者往往同向变动，但两者之间也存在差异。两者之间差异的大小，可以在一定程度上反映企业家信心变化过程中是否存在过于乐观或过于悲观的现象。

中国企业景气指数是通过企业景气调查收集数据进行编制的。编制过程包括单个行业的企业景气指数和全行业的景气指数。单个行业的企业景气指数的计算已经在前述例子中说明过，下面重点介绍全行业企业景气指数的编制。

(1) 各行业权重的确定。

由于企业景气调查涉及 8 个大的行业，而每个行业的样本量首先考虑的是对本行业的代表性，因此行业之间的样本结构与其在经济中的权重不一致，有些甚至相差很大。2013 年企业景气指数计算中 8 大行业的权重分别为：工业 40%，建筑业 11%，批发和零售业 15.4%，交通运输、仓储和邮政业 9.6%，住宿和餐饮业 3.9%，信息传输、软件和信息技术服务业 4.6%，房地产业 8.7%，社会服务业（包括租赁业、商务服务业、专业技术服务业、生态保护和环境治理业、公共设施管理业、居民服务业和其他服务业、广播、电视、电影和影视录音制作、文化艺术业和娱乐业）6.8%。

由于每个行业的企业抽选主要是按照 PPS 抽样原则进行的，对于规模较大的企业，在抽样环节已赋予较高的概率被抽中，因此在计算指数时，就不需要再根据规模对每个企业进行加权计算，也不需要对门类以下的大、中、小类按行业结构加权计算。

（2）具体计算方法。

上述 8 大行业的权重确定后，就可以加权计算全行业的企业景气指数。

$$B=\sum_{i=1}^{S} b_i \times W_i$$

式中，b_i 为第 i 行业的企业景气指数；W_i 为第 i 行业的权重。

值得注意的是，分组后的真实行业结构与全社会的行业结构可能存在差异，比如纺织服装行业在中型企业的比重可能会大于在大型企业中的比重，因此使用全社会的行业结构加权计算各分组指数，在保证分组指数与总指数逻辑上一致的同时，也可能造成某分组指数内部某些行业权重过大或过小的问题，这需要在进行分组分析时注意。

企业景气指数除了按行业门类分组外，一般还可以按工业企业大类、企业规模、企业注册登记类型、地区进行分组。

由于总指数是按行业门类在国民经济中的比重进行加权的，为了保持分组指数与总指数的一致性，除了行业分组外，由于其他分组均涉及各个行业，因此计算分组景气指数也需要按行业进行加权。比如按规模分组，则需要分别计算 8 大行业各自的大型、中型、小型和微型企业景气指数（即工业的大、中、小、微指数，建筑业的大、中、小、微指数，等等），再根据 8 大行业权重加权计算大型、中型、小型和微型企业的总指数。

（3）企业景气指数的局限性。

经验表明，企业景气指数具有下列几方面的局限性。① 第一是“情绪”特征。从国内外历史数据上看，企业景气指数与经济增长指标有显著的相关性，但是在精确反映经济波动幅度方面有较大的局限性。以 2003 年“非典”肆虐对企业家的影响为例，第二季度企业景气指数由第一季度的 128.6 迅速下降到 112.6，下降幅度达到了 16%，但同期 GDP 增长速度仅下降了 1.1 个百分点。第二是易受季节性因素影响。由于企业家对企业经营状况进行判断时会受到季节因素影响，因此企业景气指数尤其是预期企业景气指数具有一定程度的季节性。第三是企业景气指数变化与经济增长率变化不完全一致。利用企业景气指数可以较好地判断状态和方向，但统计分析表明，在具体变化幅度方面，在不同的时期，与反映经济增长的实际情况会有一定的差异。一方面，经济增长率只反映经济总量的数量增长，并不体现企业十分关心的效率和效

① 中华人民共和国国家统计局：《中国主要统计指标诠释》。

益，也不反映经济结构的变化；另一方面，企业景气指数反映的是综合信息，包括企业家对市场、盈利、前景的分析判断，并非简单的数量增长速度，在一定程度上还反映企业家的心态和信心，受主观情绪的影响较大，与经济增长趋势未必一致。

此外，在解读企业景气指数时需要考虑到中国实践中的一些问题。理论上说，企业景气指数大于100，表明经济运行处于景气区间。但由于中国尚处于工业化和城镇化较快发展时期，30多年来绝大多数时期经济增长速度都比较快，不仅从纵向看快于历史时期，横向比较也比同时期的绝大多数国家和地区的经济增长速度快。自1999年开展企业景气调查以来，企业景气指数并不曾落入国际通常意义上的不景气区间（即100以下）。相对来说，当企业景气指数低于120时（近10年来仅2008年第四季度至2009年第二季度金融危机冲击期间企业景气指数低于120），可以认为经济处于弱景气状态；当景气指数大于130时，可以认为经济景气处于强景气状态；当景气指数处于120～130之间时，可以认为经济处于适度景气状态。

三、国民经济预警指标信号图

预警信号系统就是根据宏观经济运行状态设计的类似于交通管制信号指示灯的系统。通过运用有关的数据处理方法，将多个敏感性指标合并为一个综合指标，然后以指示灯的形式对这组指标和综合指标的状况发出不同的信号，达到监测和预警的目的。

（一）指标选取

决定预警信号体系科学性强弱的第一个因素就是监测指标选择的好坏。指标选取的原则为：

（1）重要性。即指标变化对总体经济发展有重要作用。而对一致性的要求主要通过编制一致指数来完成。（在以一致指标为主的基础上）不一致的指标通过临界值的限定来消除由于不一致所带来的相互抵触。

（2）灵敏性。即对经济波动的反应比较灵敏。

（3）稳定性。即对所选指标变化幅度进行不同状态划分后，划分的标准能够保持相对稳定。

（4）可操作性。即选择现行核算制度中可以取得的指标，而不是单纯的理论探讨。

（二）预警指标状态区域划分和临界点确定

预警指标状态区域划分就是事先将宏观经济波动状况分为几个判断区间。临界点就是判断各监测指标和综合景气状态的数量标准。状态区域的划分和临界点的确定是决定预警系统科学性强弱的一个重要因素。

（1）区域划分：我国的预警界线是四个数值，称为“检查值”（check point），以这四个检查值为界线，确定“红灯”、“黄灯”、“绿灯”、“浅蓝灯”、“蓝灯”五种信号，分别代表经济处于“过热”、“偏热”、“正常”、“偏冷”、“过冷”的状态。这种划分方式是由改革开放以来我国的经济运行轨迹经验决定的。监测预警指示灯系统中各灯区之间的准确区分，以检查值为依据。一旦界线确定，那么根据景气监测监测指标的实际数值的综合打分所落入的灯区就可以判断宏观经济运行的状态。这四条界线的确定是在景气监测指标基础上做出的，包括两方面的内容：一是每个景气监测指标的四条检查值界线；二是体现全部景气监测指标或国民经济整体预警的四条检查值界线。

(2) 单个指标临界点的确定：单个指标临界点的确定在编制预警信号系统中起着关键的作用，而且是一项很复杂、很细致的工作。在确定单个指标临界点的时候，必须遵循以下两个原则：第一，要根据每个指标的历史数据的实际落点确定出指标波动的中心线，并以此作为该指标正常区域的中心；然后根据指标出现在不同区域的概率要求，求出基础临界点，即数学意义上的临界点。第二，在数据长度过短或经济长期处于不正常状态的时候，必须通过经济理论和经验判断对该指标剔除异常值，重新确定中心线并对基础临界点进行调整。

因此，第一步是根据状态区域的概率确定临界点。确定状态区域的概率主要出于以下考虑：首先，“绿灯”区居中原则。“绿灯”区属常态区域，其落点概率应在40%～60%之间，我们选定 50% 。其次，“红灯”区和“蓝灯”区属于极端区，经济含义为“过热”和“过冷”，概率一般定为10%左右，我们确定“红灯”区和“蓝灯”区的区域落点概率各为 10%。最后，“黄灯”区和“浅蓝灯”区为相对稳定区，即为可控区域，表示经济的“偏热”和“偏冷”，落点概率应比极端区大，我们确定这个区域的落点概率分别为 15%。

第二步必须根据对经济形势的判断，剔除异常值并调整该指标的中心线值和基础临界点，然后求出修改后临界点所划分的区域落点概率，确认符合经济运行的态势后，确定为最终临界点。在这里必须注意的是，在确定基准指标以外的其他指标临界点的时候，一定要与基准指标挂钩。如不变价类指标的临界点应大体与基准指标同步(至少变化幅度是同步的)，而现价类指标的临界点应在基准指标的基础上，加上通货膨胀的变化因素。此外，还必须要根据经济理论和实践来确定。

(3) 预警指数临界值的确定：当指标的数值超过某一检查值时就亮出相应的信号。同时，每一种信号给以不同的分数，通常情况下，红灯计 5 分，黄灯计 4 分，绿灯计 3 分，浅蓝灯计 2 分，蓝灯计为 1 分。假设选择了 N 个预警指标，每月将 N 个指标所示的信号分数合计得到综合指数。

以下是综合指数的临界值：绿灯区中心线为 $N\times 3$ (N 为指标个数)；绿灯、浅蓝灯的界限为 $N\times(3+2)/2$ (各有一半指标分别处于绿灯区和浅蓝灯区)；绿灯、黄灯的界限为 $N\times(3+4)/2$ (各有一半指标分别处于绿灯区和黄灯区)；浅蓝灯、蓝灯的界限为 $(N\times 2)-1$ (当任一指标落入蓝灯区时，所有指标处于浅蓝灯区)；黄灯、红灯的界限为 $(N\times 4)+1$ (当任一指标上至红灯区时，所有指标处于黄灯区)。具体如

表 10—10 所示。

表 10—10　　预警灯号系统各指标及预警指数临界值表（2013 年）

	过热≥		＞趋热＞		≥稳定≥		＞偏低＞		≥过冷	权重
工业生产指数	●	18.3	◎	16.5	☆	10.8	○	8.9	△	1.2
固定资产投资完成额	●	43	◎	30	☆	15.5	○	11	△	1.0
社会消费品零售总额	●	27.5	◎	17	☆	9.5	○	8.1	△	1.2
外贸进出口总额	●	34	◎	25	☆	12.5	○	4	△	0.8
财政收入	●	28	◎	24.5	☆	13.5	○	5.1	△	0.8
工业企业利润总额	●	206.5	◎	44.5	☆	2.7	○	−11.1	△	1.0
城镇居民可支配收入	●	17	◎	13.5	☆	8.8	○	4.8	△	1.2
金融机构各项贷款	●	24	◎	22.5	☆	13	○	11.2	△	0.8
货币供应 M2	●	30	◎	21.5	☆	15.2	○	14	△	0.8
居民消费价格指数	●	112.5	◎	106	☆	100.5	○	99.2	△	1.2
预警指数	●	136.66	◎	116.66	☆	83.33	○	63.33	△	10.0

说明：●红灯，◎黄灯，☆绿灯，○浅蓝灯，△蓝灯。
资料来源：国家统计局中国经济监测中心。

（三）检验预警信号科学合理性的标准

用一致指数与预警评分灯号的曲线走势及峰谷对应情况来检验。尽管一致指数的构成指标必须是一致指标，而预警灯号主要考虑各项指标所代表的经济意义以及综合评分对整体经济的代表性（可以且必须引用部分非一致指标），而且这两项指数的计算方法完全不一样，但它们都是反映经济运行现状的综合指数，只不过评分系统更直观地描述了经济现状，而不仅仅是趋势，由于时滞差别所带来的相互抵消，可以通过各指标的临界点的确定来消除，因此预警灯号综合评分与一致指数的走势必须完全一致。由于在实际中对景气预警指标体系构成有清晰的认识，因此信号图不但可以用于分析综合指数的预警信号，从中了解宏观经济形势的变动情况，还可以用于分析各指标的预警信号，从中分析引起经济波动的原因，为采取相应的调控措施及时提供参考意见。表 10—11 是具体的国民经济预警指标信号图，信号灯的含义与表 10—10 一致。

表 10—11 国民经济预警指标信号图

指标名称	2012										2013	
	3	4	5	6	7	8	9	10	11	12	1	2
工业生产指数	○	○	○	○	○	○	○	○	○	○	○	○
固定资产投资	☆	☆	☆	☆	☆	☆	☆	☆	☆	☆	☆	☆
社会消费品零售总额	☆	☆	☆	☆	☆	☆	☆	☆	☆	☆	☆	☆
海关进出口总额	○	○	○	○	○	○	○	○	○	○	○	☆
财政收入	☆	☆	○	○	○	○	☆	☆	☆	☆	○	○
企业利润	○	○	○	○	☆	☆	☆	☆	☆	☆	☆	☆
城镇居民可支配收入	◎	☆	☆	☆	☆	☆	☆	☆	☆	☆	☆	☆
金融机构各项贷款	☆	☆	☆	☆	☆	☆	☆	☆	☆	☆	☆	☆
广义货币（M2）	○	○	○	○	○	○	○	○	○	○	☆	☆
居民消费价格指数	☆	☆	☆	☆	☆	☆	☆	☆	☆	☆	☆	☆
预警指数	☆	☆	☆	☆	☆	☆	☆	☆	☆	☆	☆	☆

说明：○☆含义同表 10—10。

资料来源：《中国经济景气月报》，2013（4）。

四、景气统计调查实践

（一）采购经理指数

1. 制造业采购经理指数（PMI）的编制

前面介绍了我国制造业采购经理调查的抽样调查方案和调查问卷设计，以下将详细说明根据调查信息编制制造业 PMI 的方法。

（1）分类指数的计算方法。制造业采购经理指数涉及采购、生产和流通等环节的 12 个分类指数（调查问卷内容见第 2 节）。每一分类指数分别反映以下情况：

生产：本月主要产品的生产量；

新订单：本月来自客户的产品订货数量；

新出口订单：本月用于出口的产品订货数量；

在手订单：目前存有但尚未交付客户的产品订货数量；

产成品库存：目前主要产品的产成品库存数量；

采购量：本月主要原材料（含零部件）的采购数量；

进口：本月主要原材料（含零部件）的进口数量；

主要原材料购进价格：本月主要原材料（含零部件）的平均购进价格；

原材料库存：目前主要原材料（含零部件）的库存数量；

从业人员：目前主要生产经营人员的数量；

供应商配送时间：本月主要供应商的交货时间；

生产经营活动预期：未来三个月内生产经营活动整体水平预计。

每个分类指数均采用扩散指数方法计算，即正向回答的企业个数百分比加上回答不变的百分比的一半。计算公式如下：

DI＝"增加"选项的百分比×1＋"持平"选项的百分比×0.5

其中，供应商配送时间是逆指数。

所谓正向回答，指的是企业回答本月比上月增加（或增长、上升、加快）。所谓逆指数，指的是由于逆指标数值的扩张与经济增长的方向相反，计算时采用逆向运算方法（采购经理指数计算中逆向运算指的是减法）。如供应商配送时间指数是逆指数，通常供应商配送的时间加快时，经济增长速度放缓。

(2) 综合指数的计算方法。制造业 PMI 是一个综合指数，由 5 个分类指数加权计算而成。5 个分类指数及其权数是依据其对经济的先行影响程度确定的。具体情况如表 10—12 所示。

表 10—12　　我国制造业 PMI 分类指数权重

分类指数	权重（%）
新订单	30
生产	25
从业人员	20
供应商配送时间	15
原材料库存	10

其中，供应商配送时间为逆指数，在合成 PMI 综合指数时进行逆向运算。

计算公式如下：

PMI＝新订单×30%＋生产×25%＋从业人员×20%
＋(100－供应商配送时间)×15%＋主要原材料库存×10%

2. 非制造业采购经理指数的编制

非制造业采购经理指数的编制采用国际通行做法，即分类指数采用扩散指数方法计算。

非制造业采购经理指数包括商务活动、新订单（业务需求）、出口、在手订单、存货、中间投入价格、收费价格、从业人员、供应商配送时间、业务活动预期等 10 个分类指数。对每个分类指数分别采用扩散指数方法计算，即正向回答的企业个数百分比加上回答不变的百分比的一半。计算公式如下：

DI＝"增加"选项的百分比×1＋"持平"选项的百分比×0.5

其中，供应商配送时间是逆指数。

3. 采购经理调查与企业景气指数的优缺点比较①

企业景气指数和企业家信心指数的优点是行业覆盖面较广、综合性较强，缺点是不如采购经理指数灵敏，因为采购经理指数反映制造业当月变化，而企业景气指数和企业家信心指数是基于制度性季节调查——企业景气调查生成的，反映的是各大行业在三个月内的平均变化。

（二）银行家问卷调查

银行家问卷调查是从 2004 年起由中国人民银行和国家统计局共同合作完成的一项制度性季度统计调查。该调查采用全面调查与抽样调查相结合的调查方式，对我国境内地级市以上的各类银行机构采取全面调查，对农村信用合作社采用分层 PPS（与信用社规模成比例）抽样调查，全国共调查各类银行机构 2 900 家左右。调查对象为全国各类银行机构（含外资商业银行机构）的总部负责人及其一级分支机构、二级分支机构的行长或主管信贷业务的副行长。

银行家问卷调查的结果反映了调查当季相对于上季的变化情况。中国人民银行每季度发布报告，对问卷中涉及的四个指标进行量化描述并列示这些指标选项回答的占比情况和景气指数。其中，银行家信心指数为判断本季经济形势“正常”的银行家占比与预期“正常”占比的算术平均数；货币政策感受指数为判断货币政策“适度”的银行家占比；银行业景气指数和贷款需求景气指数均采用扩散指数法计算，即首先剔除对此问题选择“不确定”的银行机构个数，然后计算各选项占比，并分别赋予各选项不同的权重（“很好”为 1，“较好”为 0.75，“一般”为 0.5，“较差”为 0.25，“很差”为 0），在此基础上求和并计算出最终的景气指数。所有指数的取值范围在0～100%之间。指数在 50%以上，说明某一方面的经济活动扩张；在 50%以下，通常说明其经济活动衰退。银行家调查结果通常对 GDP 有明显的先行性。

第 4 节 国民经济重要行业景气统计分析应用

煤炭采选、石油采炼、钢铁生产、装备制造作为原材料和基础设备工业，其发展态势将直接影响国民经济的运行，同时这四个行业对经济周期波动的反应也相当灵敏，在经济扩张期，原材料和基础工业的开发、生产、价格和销售会迅速上升，而在经济转型和衰退阶段，这些活动均会随之下降。因此，对于基础原材料和设备制造工业的运行状态进行监测预测具有十分重要的现实意义。国际上，始创于 1969 年的国

① 国家统计局：企业景气和企业家信心指数编制说明，见 http：//www.stats.gov.cn/tjzs/t20100709_402656231.htm。

际钢铁联合会定期监测和公布世界各国钢铁工业的各种统计和预测指标。20 世纪 90 年代初期，美国地质调查网在哥伦比亚大学国际经济周期研究中心的帮助下定期监测美国金属市场的波动变化，并定期计算和发布“金属工业指数”。目前美国地质调查网分别构建了初级金属等矿产行业的领先指数，改进后的新领先指数的领先期约为一个月，这些改进后的领先指数可以为使用者提供一些关于宏观经济变动对金属活动影响的早期信号。在中国，国家统计局根据中国经济自身发展状况，目前已经形成了对这四大产业的完整监测和预警体系，中国经济景气监测中心按期发布这四大行业的景气监测和预警指数。

一、煤炭采选

煤炭采选行业景气指数体系包括利润总额、主营业务收入、税金总额、进口总额、从业人员数和固定资产投资总额一共 6 个指标。以 2003 年增长水平为 100，煤炭产业景气指数和预警指数分别如图 10—2、图 10—3 所示。

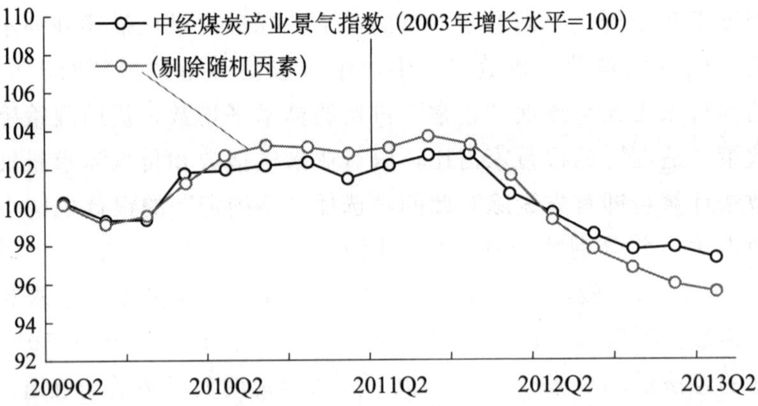

图 10—2　中经煤炭产业景气指数

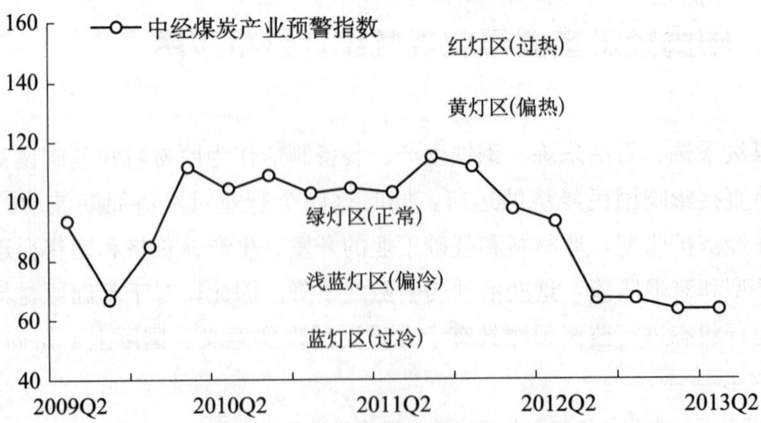

图 10—3　中经煤炭产业预警指数

二、石油采炼

石油采炼指标体系包括固定资产投资总额、从业人员数、主营业务收入、利润总额、税金总额和进出口总额等 6 个指标。以 2003 年增长水平为 100，石油产业景气指数和预警指数如图 10—4 和图 10—5 所示。

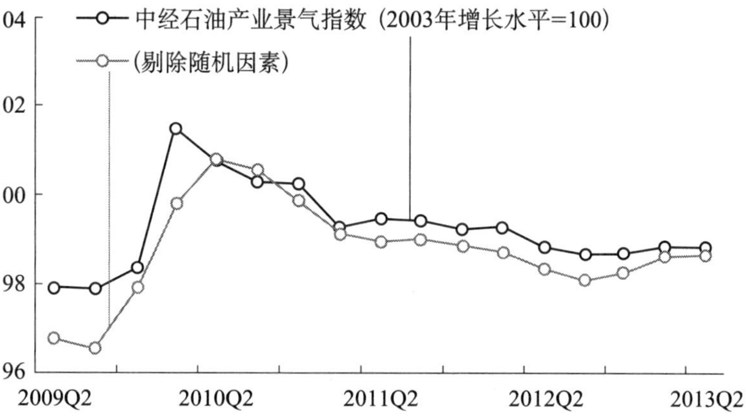

图 10—4　中经石油产业景气指数

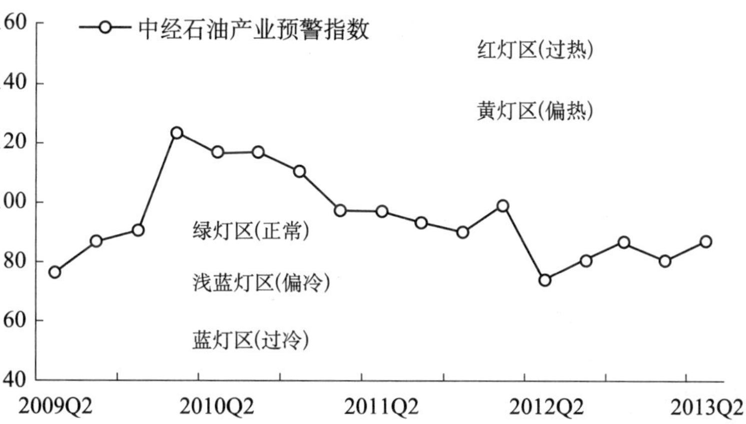

图 10—5　中经石油产业预警指数

三、钢铁生产

钢铁生产行业指标体系也包括 6 个指标，分别是固定资产投资总额、从业人员数、主营业务收入、出口额和利润总额。以 2003 年增长水平为 100，钢铁产业景气指数与预警指数分别如图 10—6 和图 10—7 所示。

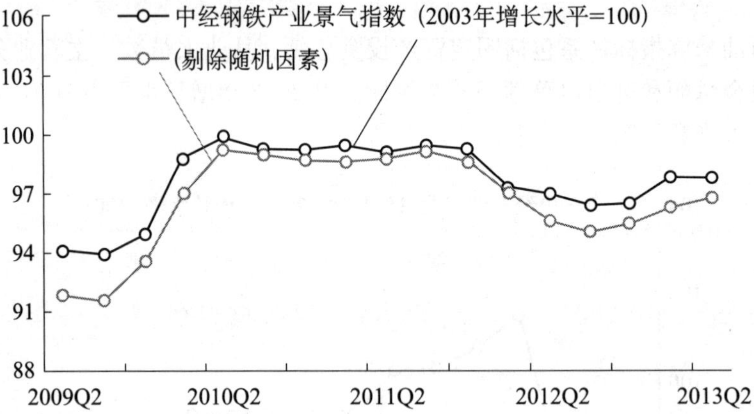

图 10—6　中经钢铁产业景气指数

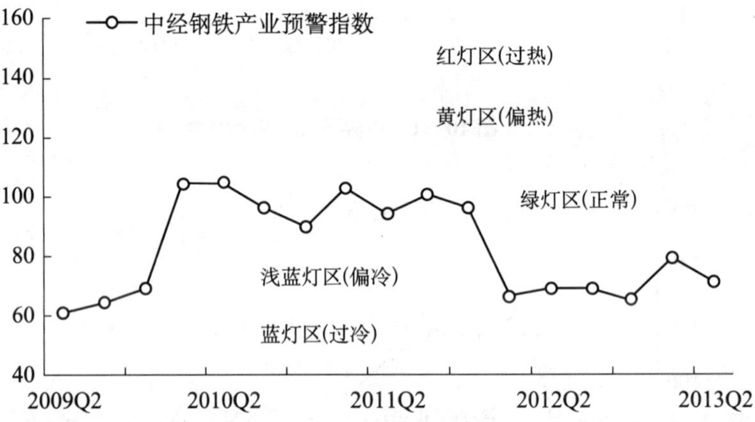

图 10—7　中经钢铁产业预警指数

四、装备制造

构成装备制造行业的指标体系主要包括企业利润、税金、用工数量、销售额、投资额和出口额 6 个指标。与煤炭采选、石油采炼和钢铁生产这三个工业原材料生产加工行业相似，中国经济景气监测中心同样采用监测和预警两个指数对该行业进行景气分析。以 2003 年增长水平为 100，近几年的装备制造业景气指数和预警指数分别如图 10—8 和图 10—9 所示。

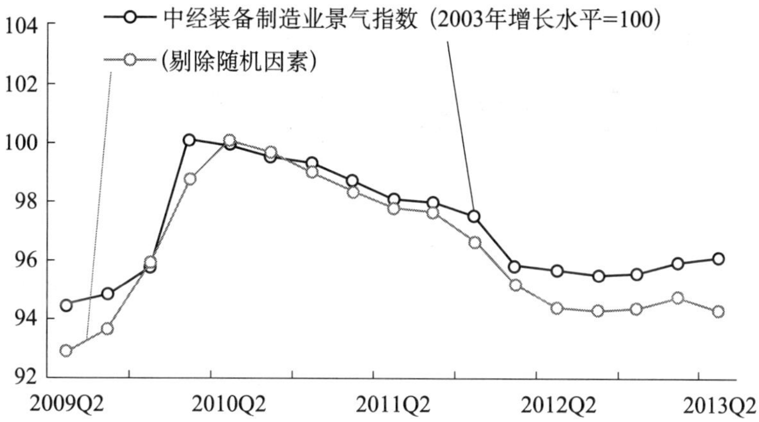

图 10—8　中经装备制造业景气指数

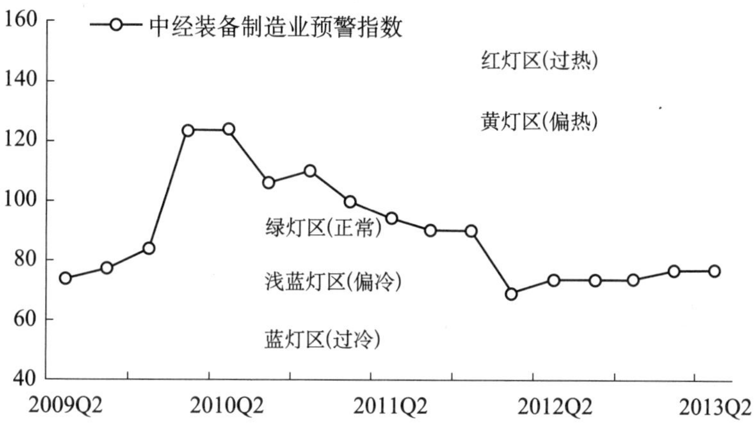

图 10—9　中经装备制造业预警指数

□ 复习思考题

1. 何谓景气？景气统计分析有什么意义？
2. 景气统计分析的工作步骤包括哪些？
3. 景气循环统计指标有哪几类？确定景气循环统计指标的依据是什么？
4. 为什么要进行景气统计调查？它在景气统计分析中有何意义？
5. 什么是扩散指数？如何运用扩散指数进行景气统计分析？
6. 什么是综合指数？如何运用综合指数进行景气统计分析？试比较扩散指数与综合指数。
7. 如何确定景气预警统计指标？中国经济景气监测中心的预警统计指标包括哪些？试分析确定这些指标的依据。
8. 景气监测预警界线值是如何确定的？你能否对这些方法提出改进意见？

第 11 章 Chapter 11 经济增长统计分析

第 1 节　经济增长的概念和理论

一、经济增长的概念

经济增长的概念涉及范围和内涵两方面的内容。在范围上，经济增长取决于生产范围的划分。在内涵上，经济增长有三种不同的理解：一是指国民财富的增加；二是指生产力和生产能力的增强；三是指国民经济生产总成果的增加。

从经济的周期性波动来看，运用经济活动总成果反映经济增长将出现不同的情况。在复苏和高涨阶段，也就是扩张阶段，产量是增加的；在衰退和萧条阶段，也就是收缩阶段，产量是减少的。因此，从扩张阶段可以看出经济增长，而从收缩阶段则看不出来。经济增长和生产周期中的扩张阶段终究不是一回事，因为扩张阶段开始时，产量的增加通常都是利用过剩的生产能力的结果。这时，在现有的生产能力范围内，增加产量仍旧有相当大的余地。但当全部过剩的生产能力完全用尽时，产量就无法再增加了。所以，应该认识到扩张阶段是经济周期的组成部分，是短期性的经济增长，而一般的经济增长则是指长期的活动，即实际生产能力的增强或国民财富的增加。因此，经济增长内涵的三种理解在实际中反映了对于经济增长概念不同层次的认识，这种不同层次的认识可以按短期或长期来划分，它们对于经济增长的分析是重要的。

在研究国民经济的长期发展过程中，经济增长和经济发展是两个联系密切的概念。经济发展综合反映一个经济社会的总体发展水平，关注经济增长、国民生活质量以及社会整体经济和制度结构的进步状况。如果说经济增长是经济活动的“量”，那么经济发展反映的就是经济活动的“质”。经济增长是经济发展的基础；经济发展为经济稳定增长提供条件，提高经济增长的质量。发展经济学主要研究经济发展问题，以发展中国家为研究对象，以国民经济现代化为目标；宏观经济学则着重研究经济增长，主要以发达资本主义国家为研究对象，以国内生产总值或国民总收入的长期稳定增长为目标，其理论称为经济增长理论。

二、经济增长率

经济增长率是指国内生产总值的年度变化率，反映经济活动生产产出总量的年度变化水平。衡量生产总量的指标有总产出、增加值，总产出实际上是包括产品和服务总量的生产总成果的全部价值即总产值，生产总成果的增加值定义为国内生产总值。利用两个指标的变化率来测度经济增长变化水平，国内生产总值的内涵在时间动态上更加符合，具有比较好的统计测度稳定性，因此，一般采用国内生产总值增长率来反映经济增长率。

按照经济统计方法，经济增长率实际上是通过综合指数计算的，因价格不同。采用线性市场价格计算的是现价经济增长率，也称为名义经济增长率，采用可比价格或固定价格计算的是实际经济增长率，二者通过国内生产总值价格指数相联系，即（100%＋名义经济增长率）＝（100%＋实际经济增长率）×国内生产总值价格指数。[①] 经济增长分析通常是运用实际增长率开展相关分析研究的。根据指数计算公式中的基期不同，可以计算环比经济增长率和定基经济增长率，前者是变化的基期，即每一个经济增长率的计算都以前一年为基期，定基经济增长率是以一个固定年份为基期计算的经济增长率。

在经济增长分析中，还需要计算年度平均经济增长率，通常是根据国内生产总值物量指数的几何平均计算指数的年度平均，然后将指数年度平均减去100%，便得到年度平均经济增长率。在实际分析中，年度平均的年份数，一般是根据经济周期长度选取的，因此，年度平均经济增长率不仅提高统计水平测度的稳定性，而且可以消除经济周期波动的影响，发挥统计平滑的作用。

三、经济增长理论

经济增长理论旨在解释一个国家或地区经济增长率的决定因素及其经济增长率和人均收入差异产生的原因。哈罗德-多马模型、新古典增长理论和内生增长理论是经

---

① 计算公式：$\dfrac{\sum_{i}^{n} p_{i1} q_{11}}{\sum_{i}^{n} p_{i0} q_{10}} = \dfrac{\sum_{i}^{n} p_{i0} q_{11}}{\sum_{i}^{n} p_{i1} q_{10}} \times \dfrac{\sum_{i}^{n} p_{i1} q_{11}}{\sum_{i}^{n} p_{i0} q_{11}}$。

济增长理论发展史上具有代表意义的增长理论。西方经济学界一般将英国经济学家哈罗德于1939年发表的《论动态理论》作为经济增长理论出现的标志。他和美国经济学家多马在凯恩斯储蓄—投资理论基础上先后提出了自己的经济增长模型。由于基本分析思路相同，被合称为哈罗德-多马模型，同时也是经济增长均衡分析的基本模型。新古典增长理论产生于20世纪50年代末和20世纪60年代，最著名的理论贡献是由罗伯特·索洛做出的。内生增长理论产生于20世纪80年代末和20世纪90年代，早期贡献者是罗伯特·卢卡斯和保罗·罗默。

（一）哈罗德-多马模型

基本假定为：社会生产的产品只有一种，该产品既可用于满足个人消费，也可作为生产要素投入生产，即投资；生产因素只包括劳动和资本两种。

假设储蓄总量为 S、资本总量为 K、国民收入为 Y①，则储蓄率 $s=S/Y$，资本—产出比率 $v=K/Y$。在较短的时期内，生产技术条件可视为相对不变，因而资本—产出比率 v 为既定，在此情况下，资本存量 K 的增长率 $\Delta K/K=I/K$（其中 I 代表投资，ΔK 代表由投资 I 所引起的资本存量的增加量，因此 I 就是 ΔK）必定等于产量（或收入）的增长率 $\Delta Y/Y$，即 $\Delta Y/Y=I/K=(I/Y)\cdot(Y/K)$。

根据经济增长的均衡条件，投资等于储蓄（即 $S=I$），因此 $I/Y=S/Y=s$。所以

$$\Delta Y/Y=(I/Y)\cdot(Y/K)=s\cdot Y/K=s/v \tag{11—1}$$

式（11—1）就是哈罗德-多马模型的基本公式，也是经济增长均衡分析的基本方程。其含义是：要实现均衡的经济增长，经济增长率就必须等于社会的边际储蓄倾向 s 与资本—产出比率 v 的比。

（二）新古典增长理论

我们用下列方程来展示新古典增长理论：

$$Y=Af(K^{\alpha},\ L^{\beta}) \tag{11—2}$$

式中，Y 为经济生产总产出，即GDP；K 为生产要素的资本总量；L 为生产要素的劳动总量；A 为技术进步；α 为资本边际产出弹性系数；β 为劳动边际产出弹性系数。为了简化分析，我们假定一个给定且不变的劳动力增长率，也没有任何技术进步。在这种情况下，方程（11—2）中剩下的唯一可变要素就是资本增长率。资本增长由储蓄决定，而储蓄又依赖于收入，收入又要视资本而定，这样我们就在几个变量之间建立了一个相互依赖的体系，在这个体系中，资本增长通过储蓄和收入实现，又依赖于资本存量。

新古典增长理论的主要结论是：（1）稳态中的产量增长率是外生的，它独立于储

① 在比较早的国民收入账户统计中，有五种国民收入的统计之说，其中包含生产总量即GDP，要素收入层面的原始国民收入，初次分配后的国民收入和国民净收入，再分配后的国民可支配收入。目前分析经济增长主要是基于生产要素和技术进步分析，那么，这里的国民收入变量比较准确的应该是GDP。

蓄率；(2) 尽管储蓄率的增加没有影响到稳态增长率，但通过增加资本产量比率，它确实提高了收入的稳态水平；(3) 当允许生产率提高时，在稳态条件下产量的稳态增长率保持外生，人均收入的稳态增长率取决于技术进步率，总产量的稳态增长率是技术进步率和人口增长率之和。

(三) 内生增长理论

在新古典增长理论中，稳态增长率是外生的，具有相同技术和人口增长率的国家最终会接近于相同的稳态增长率，尽管收入的稳态水平可能会各异。内生增长理论则认为，一般而言，政府政策和经济行为会在长期中影响到经济增长率的变化，因而经济增长率是内生的。内生化稳态增长率有两条基本的途径：第一，技术进步率可以被内生化；第二，如果可以被累积的生产要素有固定报酬，那么稳态增长率将被这些要素的积累率所影响。

第 2 节　经济增长核算

经济增长分析是建立在生产函数基础上的，复杂的生产过程及其影响决定因素使生产函数的模型分析比较复杂，但是，经济增长分析在实际应用中非常重要，因此，关于密切生产函数理论创新的实证模型分析成为计量经济学的研究之一。另外一种分析方式是基于经济统计核算思想的经济增长统计分析，它遵循生产函数的理论，包括生产要素和技术进步的决定因素，按照经济增长核算的方式，从实际出发进一步细化各种影响因素，并在总体上保持一个完整的统计核算关系的分析体系。[①] 其实，两种分析方式是可以相互结合互动发展的，经济增长核算体系的发展，可以发挥统计观察测度的优势，结合经济理论，不断扩大统计观察的因素，增加分析层次和系统关系的统计描述，切实解决实际工作中各种政策的设计与效应评估。在统计描述和探索性分析的基础上，可以引入计量经济模型，促进数理经济学和实证分析的深入研究，发展经济增长理论学说，为经济增长的创新发展服务。

一、经济增长因素及核算

在经济增长分析中，爱德华·丹尼森的经济增长因素核算一直备受关注。许多国家纷纷利用丹尼森的因素核算方法来分析本国的经济增长，以便寻求经济增长的最佳途径。

---

① 经济增长核算始于索洛在 1957 年发表的一篇论文《技术改变与总生产函数》。基于新古典生产函数，他在文章中通过一个简单的数学计算将产出的增长分解为资本投入增长、劳动投入增长和技术进步增长之间的增长率核算关系。之后，丹尼森、肯德里克和乔根森等也在这方面做出了突出贡献。

丹尼森利用美国 1929—1982 年间的数据，进行了经济增长的因素核算（见表 11—1）。

表 11—1　1929—1982 年间美国经济增长的因素核算

增长源泉	增长率（%）
总要素投入	1.90
劳动	1.34
资本	0.56
单位投入的产量	1.02
知识进展	0.66
资源再配置	0.23
规模经济	0.26
其他	−0.03
国民收入	2.92

丹尼森的研究结果表明，1929—1982 年间 2.92%的年实际经济增长率中的 1.90%应归功于要素投入的增长，1.02%应归功于技术进步。其中，资源的再配置对经济增长率的贡献为 0.23 个百分点；规模的节约对经济增长率的贡献为 0.26 个百分点；知识进展对经济增长率的贡献为 0.66 个百分点。

丹尼森从经济增长决定过程角度，对经济增长的决定因素进行了系统分类，主要包括劳动投入、资本投入和单位投入产出（即综合要素生产率）三大类，如图 11—1 所示。根据经济增长因素的系统分类，对各因素进行统计测算，采用了闭合系统的模式，即统计测算的各影响因素能够解释经济增长的全部，因此称为经济增长因素的核算。

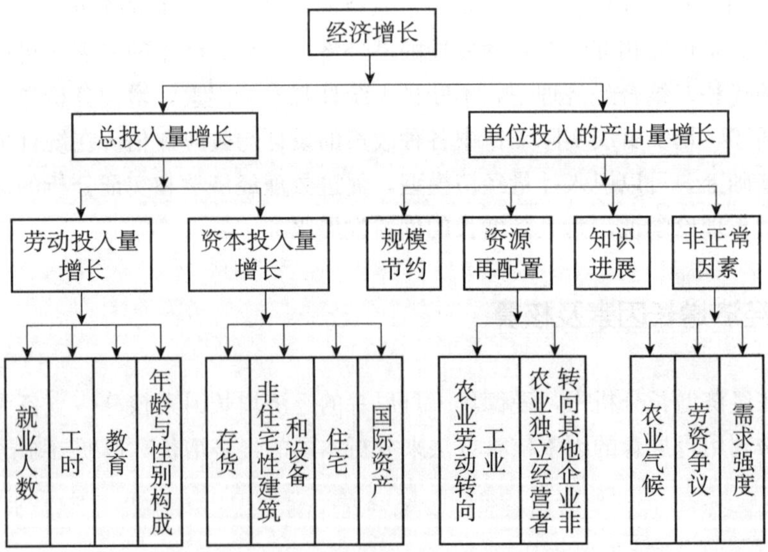

图 11—1　经济增长决定因素的系统分类

劳动投入量是在劳动强度和质量基本可比的条件下按时间单位进行度量的。劳动投入量可以从四个方面进行综合测算，即就业人数、工时、教育、年龄及性别构成。资本投入量分为存货、非住宅性建筑和设备、住宅、国际资产四种，并分别进行核算，因为它们对经济增长的作用不同。

单位投入是指劳动和资本的综合投入，单位综合投入的产出量即综合要素生产率。丹尼森认为影响单位投入产出量变动的主要因素是资源的再配置、规模经济和知识进展。所谓资源的再配置，丹尼森认为主要有两种人力资源配置的改善：一种是农业上的过多劳动力从农业转移到工业中；另一种是非农业的独立经营者和那些在本小利微的小企业中参加劳动但不领取报酬的业主家属向较大企业转移。所谓规模经济，又称规模节约，丹尼森认为，规模节约决定于市场范围的扩大（包括世界市场、国内市场、区域性市场和地方性市场），市场范围的扩大能带动经济的增长。所谓知识进展，包括技术知识、管理知识的进展等许多方面。丹尼森认为，单位投入的产出长期持续增长的最重要因素和最基本的原因是知识进展。但是，他无法直接核算知识进展的贡献，只能将其作为“剩余”来估算，即从经济增长率中减去其他增长因素的作用后，剩余部分就是知识进展对经济增长率的贡献。为了提高知识进展因素核算的准确性，应尽可能地估计知识进展以外的其他因素对经济增长率的影响，例如，天气、虫害等自然条件对农业生产的影响，劳资争议引起的罢工对劳动投入的影响，经济危机期间需求强度减弱对资源利用程度的影响等等，这些非正常因素都会对经济增长造成较大的影响。因此，非正常因素的核算也是经济增长因素核算的重要组成部分。

经济增长核算属于增长经济学，但是，它在转化成实证方法的时候，比较科学地运用了统计测度、统计系统描述、经济统计核算关系的思维方式和方法，事实上，它为经济统计发展提供了一个研究方向和一个发展模式。经济增长核算作为统计分析的统计知识主要体现在：（1）在统计测度上，将增长经济学知识如生产的投入、产出概念和理论与实际经济活动联系，并经过统计观察，确定了相应的统计指标，明确了应用上的统计调查或统计资料的收集整理细节，包括经济增长率、劳动投入及因素细分、资本投入及因素细分的统计指标和计算。在统计测度和统计调查与经济学概念和理论发展的相互推动上，劳动投入、资本投入的数量、质量、分类、结构的统计描述及经济理论研究具有重要的发展空间，也就是在这种研究思维上深刻体现交叉学科追求实际问题研究发展的一种方向和模式。（2）把生产率分析伸展到具体的市场竞争因素之中，实现了规模、资源配置，非正常因素的统计测度转化，这是可以继续深入的研究方向。这是一项非常复杂的系统分析，做好这项分析非常基础的是可统计量化，当然经济理论在商场竞争背后的深刻认识，为统计应用发展提供了思路和理论支持。规模怎样产生作用，资源配置的现实方式及其关系，非正常因素的需求强度，劳资争议，农业气候成为统计测度的重要研究内容，结合实际的发展是非常有学术价值和实际意义的。（3）将知识进展作为技术进步测度，运用了统计核算的思想，即明确统计总体，采取剩余的核算方法，实现了统计的科学测度。这种剩余法的经济增长核算，可以与生产函数理论方法及生产函数计量模型分析在数理逻辑上建立起来联系，因此，经济增长核算和生产函数计量模型两种分析方法，可以分别从两个方向推进经济增长的实证分析，经济增长核算可以在统计测度和统计描述与探索性分析上循着经济增长大系统的思想开拓发展，生产函数计量模型可以在严谨数理关系证明逻辑方向上，探索发展更加科学精确的因素、弹性、交互作用等的定量分析，二者互相作用，推动深入研究发展。

二、经济增长核算方程

设经济活动的生产函数为一新古典生产函数：

$$Y=Af(L,K)$$

式中，Y，L 和 K 依次为总产出、投入的劳动量和投入的资本量；A 为技术进步因子。

在增长理论文献中，A 的增长率通常称为全要素生产率（total factor productivity，TFP）。全要素生产率又称“索洛余值”，是衡量单位总投入的总产量的生产率指标。全要素生产率的增长率常常被视为科技进步的指标，来源包括技术进步、组织创新、专业化和生产创新等。

若劳动变动为 ΔL，资本变动为 ΔK，技术变动为 ΔA，则由微分学的知识以及微观经济学中边际产量的概念可知，产出的变动为：

$$\Delta Y=MP_L\times\Delta L+MP_K\times\Delta K+f(L,K)\times\Delta A$$

式中，MP_L，MP_K 分别为劳动和资本的边际产出。

将上述方程式两边同除以 $Y=Af(L,K)$，化简后可得

$$\frac{\Delta Y}{Y}=\frac{MP_L}{Y}\Delta L+\frac{MP_K}{Y}\Delta K+\frac{\Delta A}{\mathrm{A}}$$

上式进一步变形为：

$$\frac{\Delta Y}{Y}=\left(\frac{MP_L\times L}{Y}\right)\frac{\Delta L}{L}+\left(\frac{MP_K\times K}{Y}\right)\frac{\Delta K}{K}+\frac{\Delta A}{A}$$

式中，$MP_L\times L$ 和 $MP_K\times K$ 分别为劳动和资本的收益，从而表达式 $\frac{MP_L\times L}{Y}$ 就是劳动收益在产出中所占的份额，简称劳动份额，并记为 α；表达式 $\frac{MP_K\times K}{Y}$ 就是资本收益在产出中所占的份额，简称资本份额，并记为 β。

因此，上述方程可以改写为：

$$\frac{\Delta Y}{Y}=\alpha\times\frac{\Delta L}{L}+\beta\times\frac{\Delta K}{K}+\frac{\Delta A}{A}$$

即产出增长率＝（劳动份额×劳动增长率）＋（资本份额×资本增长率）＋技术进步增长率。可以直接写成增长率核算方程，为：

$$y=a+\alpha l+\beta k \tag{11—3}$$

当获得了经济增长率（y）、资本投入增长率（k）、劳动投入增长率（l）的统计数据时，根据增加值计算出劳动和资本占产出（增加值）中的份额，即 α，β 的数值

（假定规模报酬不变下 $\alpha+\beta=1$），然后可以利用式（11—3）求得经济增长中的技术进步增长率，具体计算公式为 $a=y-(\alpha l+\beta k)$。

三、美国经济增长核算

1950—1999 年美国经济增长核算分析如表 11—2 所示。

表 11—2　美国 1950—1999 年经济增长核算

时期	$\Delta Y/Y$ 产出增长	增长源泉		
		资本 $(1-\alpha)\ \Delta K/K$	劳动 $\alpha\Delta L/L$	全要素生产率 $\Delta A/A$
1950—1960	3.3	1.0	1.0	1.3
1960—1970	4.4	1.4	1.2	1.8
1970—1980	3.6	1.4	1.2	1.0
1980—1990	3.4	1.2	1.6	0.6
1990—1999	3.7	1.2	1.6	0.9
1950—1999	3.6	1.2	1.3	1.1

资料来源：［美］曼昆：《宏观经济学》（第五版），220 页，北京，中国人民大学出版社，2005。

表 11—2 中的数据显示，从 1950 年到 1999 年，美国实际增长平均为每年 3.6%，其中 1.2%来自于资本存量的增加，1.3%来自劳动投入的增加，1.1%来自全要素生产率的提高。

此外可以看出，在 20 世纪 70 年代，美国全要素生产率的增长明显放慢。有关的研究数据还表明，在同一时期，其他发达国家也都出现了这种生产率下降的现象。有学者认为是 1973 年和 1979 年的两次石油危机导致了发达国家生产率的持续下降，也有学者认为实际生产率并没有放慢，只是由于数据的缺陷，未能真实反映生产率的变化趋势。

第 3 节　我国经济增长因素分析

一、我国经济增长因素的统计数据估算

假定技术进步是非物化的希克斯中性的，并以一个固定的指数比率增长，则扩展的柯布-道格拉斯生产函数可以描述为：

$$Y_t = A_0 e^{\lambda t} L_t^{\alpha} K_t^{\beta} e^{u} \qquad (11—4)$$

式中，Y_t，L_t，K_t 分别表示 t 时期的 GDP、从业人数和资本存量；A_0 表示初始技术水平；λ 表示技术进步比率；α 和 β 分别表示劳动和资本的边际产出弹性系数；e^u 是误差项。对方程两边取对数，得

$$\ln Y = \ln A_0 + \lambda t + \alpha \ln L + \beta \ln K \qquad (11—5)$$

假设 $\alpha+\beta=1$，利用 1991—2012 年的数据进行测算。

用国内生产总值来衡量经济产出，我国的 GDP 数据取自各年的《中国统计年鉴》，且均根据 GDP 平减指数调整为以 1991 年为不变价的实际值。这里用全社会从业人数来表示劳动投入，数据同样取自于《中国统计年鉴》。由于目前官方并未对资本存量进行统计，这里与大多数学者一样采用永续盘存法对资本存量进行估算。在资本存量的估算中，在此采用与张军等（2004）相同的方法，资本存量数据同样调整为以 1991 年为不变价的实际值。永续盘存法计算资本存量的公式为：

$$K_t=K_{t-1}(1-\delta)+I_t$$

式中，K_t 表示第 t 年物质资本存量；δ 表示经济折旧率；I_t 表示当年资本投资额。

这里采用固定资本形成总额作为衡量当年投资 I 的指标，用固定资产投资价格指数对投资额进行平减，将其折算成以基年不变价格表示的实际值。固定资本形成总额的经济折旧率 δ 是 9.6%。基年物质资本存量采用贺菊煌（1992）研究结果中 1991 年的数据，计算结果如表 11—3 所示。

表 11—3　　1991—2012 年中国 GDP、资本存量、从业人数数据

年份	GDP（亿元）	K（亿元）	L（万人）
1991	21 826.20	12 293.08	58 360
1992	24 896.09	19 860.82	59 432
1993	28 298.82	28 727.11	60 220
1994	32 008.08	38 595.69	61 470
1995	34 995.66	49 820.22	62 388
1996	38 562.54	61 263.46	68 850
1997	42 275.08	71 994.15	69 600
1998	45 366.37	82 479.49	69 957
1999	48 970.56	92 939.31	70 586
2000	53 159.72	103 235.50	71 150
2001	57 441.88	115 176.20	73 025
2002	62 925.33	129 100.10	73 740
2003	69 618.81	146 729.50	74 432
2004	76 867.29	167 790.00	75 200
2005	85 106.05	190 630.10	75 825
2006	96 391.11	218 142.30	74 978
2007	110 511.00	249 830.30	75 321
2008	121 358.40	286 092.80	75 564
2009	132 216.90	332 016.20	75 828
2010	146 553.70	382 696.80	76 105
2011	157 847.08	440 132.95	76 420
2012	170 693.81	505 555.89	76 704

资料来源：中华人民共和国国家统计局：《中国统计年鉴》（1991—2012），北京，中国统计出版社。

为了克服残差异方差对估计结果的影响，我们采用广义最小二乘法（GLS）进行参数估计。利用 Eviews7.2 估计的结果如表 11—4 所示。

表 11—4　　生产函数模型回归结果

	Coefficient	Std. Error	t-Statistic	Prob.
C(1)	−0.383 647	0.029 134	−13.168 33	0.000 0
C(2)	0.572 554	0.028 533	20.066 04	0.000 0
R-squared	0.964 221	Mean dependent var	11.048 89	
Adjusted R-squared	0.962 432	S. D. dependent var	0.625 068	
S. E. of regression	0.121 153	Akaike info criterion	−1.297 012	
Sum squared resid	0.293 562	Schwarz criterion	−1.197 826	
Log likelihood	16.267 130	Hannan-Quinn criter.	−1.273 647	
F-statistic	538.988 600	Durbin-Watson stat	0.173 073	
Prob (F-statistic)	0.000 000			

即回归结果为：

$$\ln Y=-0.38+0.57\ln K+0.43\ln L+\varepsilon$$

$$R^2=0.964\,2$$

回归结果表明，α，β 都是显著的，且 F 检验统计量显著，说明整个拟合方程显著。

二、我国经济增长核算和分析

利用式（11—3）经济增长核算率方程 $y=a+\alpha l+\beta k$，我们可以做出我国经济增长核算的分析。根据实际统计数据，用 y，k 和 l 分别表示 GDP 增长率、资本投入增长率和劳动投入增长率，则资本投入增长和劳动投入增长对经济增长的贡献率可用以下公式计算：

$$E_K=\frac{\beta k}{y}\times 100\%;\ E_L=\frac{\alpha l}{y}\times 100\%$$

技术进步对经济增长的贡献率则可由 $E_T=1-\frac{\beta k}{y}-\frac{\alpha l}{y}$ 求得，从而得到我国经济增长的综合因素分析结果及各要素对经济增长的贡献率，测算结果如表 11—5 和图 11—2 所示。

表 11—5　　我国经济增长因素分析（%）

年份	GDP 增长率	资本投入增长率	资本投入贡献率	劳动投入增长率	劳动投入贡献率	技术进步贡献率
1992	14.24	61.56	246.42	1.84	5.55	−151.96
1993	13.96	44.64	182.28	1.33	4.08	−86.36
1994	13.08	34.35	149.70	2.08	6.82	−56.53
1995	10.92	29.08	151.80	1.49	5.88	−57.68
1996	10.01	22.97	130.79	10.36	44.49	−75.29
1997	9.3	17.52	107.35	1.09	5.04	−12.39
1998	7.83	14.56	106.02	0.51	2.82	−8.84
1999	7.62	12.68	94.86	0.90	5.07	0.06

续前表

年份	GDP 增长率	资本投入增长率	资本投入贡献率	劳动投入增长率	劳动投入贡献率	技术进步贡献率
2000	8.43	11.08	74.91	0.80	4.08	21.02
2001	8.3	11.57	79.43	2.64	13.65	6.91
2002	9.08	12.09	75.89	0.98	4.64	19.47
2003	10.03	13.66	77.60	0.94	4.02	18.37
2004	10.09	14.35	81.08	1.03	4.40	14.52
2005	11.31	13.61	68.60	0.83	3.16	28.24
2006	12.68	14.43	64.88	−1.12	−3.79	38.91
2007	14.16	14.53	58.47	0.46	1.39	40.14
2008	9.63	14.51	85.91	0.32	1.44	12.65
2009	9.21	16.05	99.34	0.35	1.63	−0.98
2010	10.45	15.26	83.26	0.37	1.50	15.24
2011	9.3	15.01	91.99	0.41	1.91	6.10
2012	7.65	14.86	110.75	0.37	2.09	−12.84

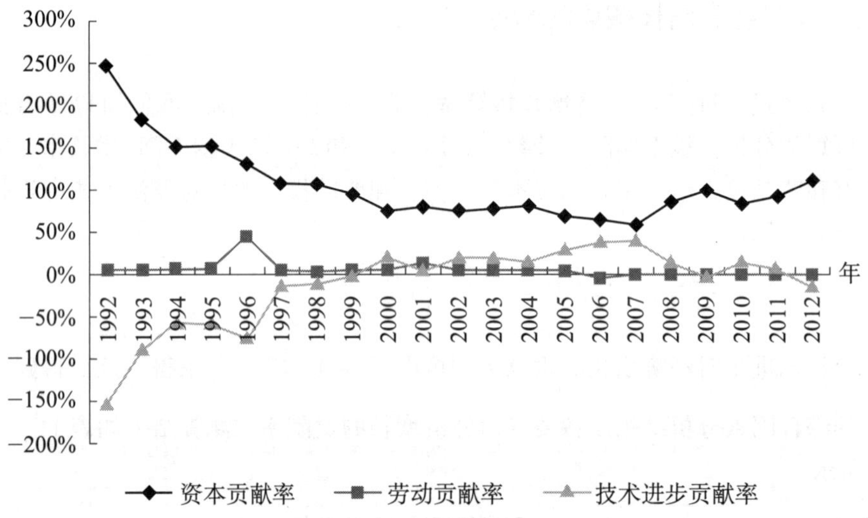

图 11—2　1992—2012 年我国经济增长的要素贡献率

从经济增长各要素的贡献率来看，中国经济增长中劳动投入的贡献率相对平稳，且是三要素中贡献率相对较小的要素，基本低于 10%。资本投入的贡献率则呈明显下降的趋势，在 1998 年之前资本的贡献率连续高于 100%，随后高于 50%，且是三要素中贡献率最高的。与资本投入的贡献率相反，技术进步的贡献率在 1999 年之前为负值，之后明显提高，最高达到 40%。这说明我国经济增长对资本的依赖有所减小，而对技术进步的依赖增加，表明我国的经济结构有所优化。我国应继续增强对技术的投入，不断优化产业结构，使经济增长更为良性。

第 4 节 我国经济增长分析研究

一些学者对我国经济增长问题进行了研究，由于采用不同的研究方法，因此所得出的研究结论存在一定的差异。下面介绍部分具有代表性的研究结果。翁媛媛列举了一些学者采用不同样本期数据测算的各投入要素对我国经济增长的贡献份额，如表 11—6 所示。可以看出，国内学者计算的 TFP 贡献率基本在 20%～30%之间，资本贡献率大多超过 50%。因此，可以认为，近 30 年我国经济增长主要由资本所驱动，其次是由 TFP 所推动，劳动的贡献份额最小。

表 11—6 我国经济增长源泉分解

时期	经济增长率（%）	TFP 增长率（%）	要素投入增长率（%）			TFP 贡献率（%）	要素投入贡献率（%）			资料来源	方法
			劳动份额	资本份额	人力资本		劳动贡献	资本贡献	人力贡献		
1979—1999	8.3	1.46	0.81	5.1	0.93	17.59	9.76	61.45	11.2	王小鲁	人力资本模型（强调内部效应）
1953—1997	7.7	1.8	1.45	4.45	—	23.4	18.8	57.8	—	沈坤荣	超越对数生产函数
1978—1995	9.4	3.1	2.8	8.8	2.7	32.98	—	—	—	世界银行	新古典增长模型
1978—1995	9.3	2.6	0.53	6.17	—	27.96	5.7	66.34	—	chow & Lin	C-D 生产函数
1978—1999	9.46	2.4	1.5	4.51	1.04	25.4	15.9	47.7	11	Wang & Yao	人力资本模型（强调外部效应）
1978—2002	9.4	3.42	2.2	9.68	2.2	36.38	—	—	—	林毅夫	新古典增长模型
1978—2003	9.4	2.4	2.5	9.9	—	26.2	—	—	—	李善同	C-D 生产函数
1980—2004	9.8	3.5	0.5	5.8	0.8	35.7	5.1	59.2	8.2	邱晓华 郑京平	引入结构变量的综合生产函数
1979—2004	9.42	0.891	—	8.529	—	9.46	—	90.54	—	郭庆旺 贾俊雪	潜在产出法
1979—2004	9.42	3.8	0.44	0.56	—	35.4	4.3	81.4	—	赵志耘 吕冰洋	非参数线性估计 C-D 生产函数

续前表

时期	经济增长率（%）	TFP增长率（%）	要素投入增长率（%）			TFP贡献率（%）	要素投入贡献率（%）			资料来源	方法
			劳动份额	资本份额	人力资本		劳动贡献	资本贡献	人力贡献		
1978—2004	9.7	4.7	1.9	9.5	2.1	48	6	40	7	胡鞍钢 郑京海	新古典增长模型
1989—1998 1999—2007	9.59 9.72	3.74 3.63	— —	10.29 13.49	3.57 2.64	22.4 28.2	— —	30.25 51.26	8.78 4.8	王小鲁 樊纲等	Lucas增长模型（兼顾内、外效应）

资料来源：翁媛媛：《中国经济增长的可持续性研究》[博士论文]，上海交通大学，2010。

朱晓冬①在柯布-道格拉斯生产函数中加入了平均人力资本，从人均GDP角度②分析了我国经济增长的源泉，得出了与表11—6不同的研究结果（见表11—7和表11—8），并给出了分部门的TFP增长率（见表11—9）和我国相对美国影响经济增长因素③的趋势变化（见图11—3）。

表11—7　　1952—2007年影响我国经济增长因素的年平均增长率（%）

年份	人均GDP	劳动参与率	资本—产出比	平均人力资本	TFP
1952—1978	2.97	0.11	3.45	1.55	−1.07
1978—2007	8.12	0.57	0.04	1.18	3.16

表11—8　　1952—2007年影响我国经济增长因素的贡献率（%）

年份	人均GDP	劳动参与率	资本—产出比	平均人力资本	TFP
1952—1978	100	3.63	116.15	52.25	−72.03
1978—2007	100	7.05	0.51	14.55	77.89

表11—7和表11—8显示，1952—1978年，我国经济增长主要来源于固定资本和人力资本投资。TFP年均降低1.07个百分点，平均人力资本年均增长1.55个百分点，劳动参与率年均增长0.11个百分点，最重要的增长源是物质资本—产出比，年均增长3.45个百分点，解释了116.15%的人均GDP增长。1978年后，资本积累和全要素生产率增长的角色进行了互换，物质资本—产出比和平均人力资本增长幅度均有所下降，两者对人均GDP的增长总共贡献了15.06%；劳动参与率增长的贡献率依然很小，约为7%；而TFP在各投入要素中年均增长最快，为3.16%，从而其对人均GDP的贡献率最高，达到78%。这与表11—6中所显示的我国近30年经济增长主要依靠资本驱动的研究结论差异较大。朱晓冬认为，1978年以后，在我国快速经济增长中，资本

① 朱晓冬：《理解中国经济增长：过去、现在和未来》，载《比较》，2013（4），106～112页，119～120页。

② 这里人均GDP增长率的计算公式为：人均GDP增长率＝劳动参与率增长率＋[α/（1−α）]×资本—产出比的增长率＋平均人力资本的增长率＋[1/（1−α）]×全要素生产率的增长率，α取值1/2。

③ 这里把中国人均GDP和美国人均GDP的相对值分解为四个成分：相对劳动参与率、相对平均人力资本、相对资本—产出比、相对全要素生产率。

投资并没起到引领作用，全要素生产率的增长是中国经济最重要的增长源。正如索洛（1956）所指出的那样——持续的经济增长只能来自全要素生产率的增长。

朱晓冬还测算了我国经济总体、农业部门、非农业部门的全要素生产率（TFP）的增长率，如表 11—9 所示。可见，1978—2007 年，我国经济总体 TFP 年平均增长率为 3.61%，其中农业部门和非农业非国有部门 TFP 年均增长较为迅速，分别为 4.01%和 3.91%；而非农业国有部门的 TFP 年均增长较为缓慢，仅为 1.68%。1998 年以前国有部门年平均 TFP 增长率很低，之后迅速增加，年均增长达到 5.5%。

表 11—9　　1978—2007 年分部门 TFP 年平均增长率（%）

年份	农业部门	非农业部门		总体
		国有	非国有	
1978—2007	4.01	1.68	3.91	3.61
1978—1988	2.79	−0.36	5.87	3.83
1988—1998	5.10	0.27	2.17	2.45
1998—2007	4.13	5.50	3.67	4.68

说明：表 11—9 与表 11—7 中 TFP 增长率数据不同是由于表 11—9 基于我国国民经济核算数据（使用国内价格），而表 11—7 基于 Penn World Table 数据（使用国际价格）。

朱晓冬还将中国人均 GDP 与美国人均 GDP 的比值分解为四个成分：相对劳动参与率、相对平均人力资本、相对资本—产出比、相对全要素生产率。图 11—3 反映了 1978—2007 年我国相对美国影响经济增长因素的变化情况，可见我国的劳动参与率和资本—产出比均高于美国水平，人力资本的相对水平也随着时间上升，我国相对人均 GDP 的增长主要源于相对 TFP 的增长。①

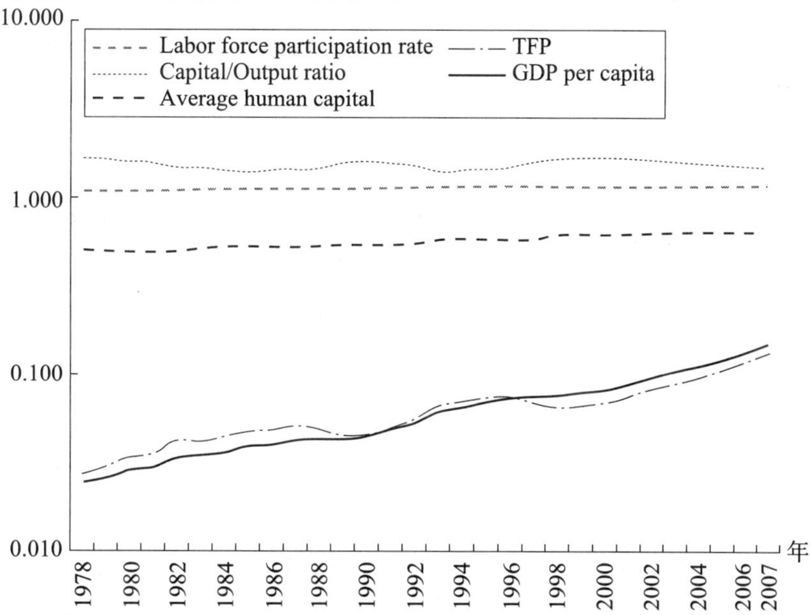

图 11—3　1978—2007 年我国相对美国影响经济增长因素趋势图

① 朱晓冬：《理解中国经济增长：过去、现在和未来》，106～112 页，119～120 页。

关于我国经济增长因素核算模式及其方法仍需进一步探索，这对于认识我国经济增长规律，探索最佳的经济增长途径，将具有重要的理论意义和实践价值。

第5节 经济增长的均衡分析

一、经济增长均衡的概念

经济增长均衡主要是指国民经济的长期均衡，具体包括以下几个方面的内容：

（1）总供给与总需求的均衡。从总供给角度，国民收入用于消费和储蓄；从总需求角度，国民收入最终形成消费需求和投资需求。总供给与总需求的平衡就是消费需求等于消费产品，投资需求等于储蓄。对于经济增长来说，根本的是储蓄全部转化为投资的均衡。

（2）投资形成的固定资产增长与劳动力增长的均衡。如果投资形成的固定资产不能装备全部新增劳动力，就会造成部分劳动力的闲置或失业，经济增长过程就不能保持均衡状态。因此，投资形成的固定资产增长与劳动力增长的均衡是经济增长均衡的重要条件。

（3）劳动力技术装备水平与生产技术条件变动的均衡。投资形成的固定资产增长与劳动力增长的均衡取决于劳动力技术装备水平，而这又依赖于生产技术条件的变动。如果劳动力技术装备水平不能反映科技进步的需求，劳动生产率也不能充分提高，实际经济增长率不可能等于自然经济增长率。

经济增长的均衡表现在实际经济增长率、有保证的经济增长率和自然经济增长率三者的统一上。在充分的市场经济条件下，经济增长的均衡是依靠价值规律的调节自动实现的。市场供求决定储蓄和投资的转化和平衡。生产技术条件（即科技进步）的变化，使劳动力技术装备水平和劳动生产率不断提高。企业家根据利润最大化原则追求投资与生产技术变化的平衡和投资与储蓄的平衡，从而促进经济增长的平衡。投资与劳动力增长的平衡与人口增长的正常与否直接相关。即使在正常的人口增长条件下，投资与劳动力增长的平衡因工资刚性也难以实现。因此，政府通过各种政策措施力争保证劳动力的充分就业，从而实现经济增长的均衡。

二、经济增长均衡目标的测算

经济增长均衡分析的主要任务是分析均衡的实现条件。

在第1节中，式（11—1）$\Delta Y/Y=s/v$ 为经济增长均衡分析的基本方程。

经济增长均衡目标的测算是利用实际经济增长率 G、有保证的经济增长率 G_w 和自然经济增长率 G_n 分两个层次进行的。

第一个层次是对实际经济增长率与有保证的经济增长率之间的均衡进行测算，依据是储蓄与投资和生产的技术条件之间的均衡。如果实际经济增长率等于有保证的经济增长率，那么第一个层次就实现了均衡。因为有保证的经济增长率的内涵就是储蓄全部转化为投资，投资又满足了新的生产技术条件变化的要求，并且投资形成的新增生产能力也可得到充分利用。这一分析可以用模型表示为：

$$G_w = s/v \tag{11—6}$$

式中，储蓄率 s 由各经济主体储蓄行为决定；资本—产出比率 v 由企业家决定；G_w 为均衡的目标值，只要 s/v 等于 G_w，即实现了储蓄与投资的平衡。在实证分析中，s 和 v 均可根据实际资料计算求得，问题是 G_w 如何确定。在西方经济增长与均衡分析中，对 G_w 的确定是把 s 作为既定因素，因为资本主义经济中的分配关系比较稳定，当储蓄倾向变动较小时，储蓄率 s 是相对稳定的。因此在储蓄转化为投资继而形成经济增长时，关键取决于资本—产出比率的变化。合理的资本—产出比率应该是充分利用现有科技进步成果。在西方学者看来，这一资本—产出比率就是资本家意愿的资本—产出比率 v_d，所以 G_w 就等于 s/v_d。因此，实际经济增长率与有保证的经济增长率的均衡就取决于资本家实际投资形成的资本—产出比率 v 是否等于资本家意愿的资本—产出比率 v_d。当 $v > v_d$ 时，$G < G_w$，经济增长便处于失衡状态。在资本家看来，这种情况表明资本存量超过了他意愿持有的数量，亦即资本设备过多和（或）存货过多，从而影响了投资转化为经济增长的能力。实际上，v 与 v_d 之间的协调和平衡过程，不仅与投资量有关，而且受市场供求影响，调整过程往往在经济收缩或经济扩张中产生累积效应，因而完全由资本家（企业家）根据市场调整实现的经济增长均衡是在较大波动过程中进行的。

第二个层次是在第一个层次的基础上对自然经济增长率进行测算，依据是储蓄和投资的增长与劳动力增长的平衡。为什么必须实现这一平衡呢？这是因为只要劳动与资本的配合比率确定下来，那么每单位产品（即产出）所需要的劳动力就是一定的，因此，产出的增长率显然不可能大于自然经济增长率 G_n。这样，在考虑到劳动力的增长这个因素时，要实现充分就业的均衡，就要求 $G = G_n$，以避免失业的存在。这样，实现充分就业的均衡增长的条件是 $G_n = s/v$。由于 G_n, s, v 都是由各不相同的因素决定的，因此充分就业的均衡增长更是难于实现。所以该测算目标主要分析实现均衡的途径和条件。在西方宏观经济分析中，有三种分析结论。

（1）哈罗德-多马的经济增长均衡分析是沿着凯恩斯的静态分析的动态化进行的，他们不仅采用了凯恩斯的储蓄投资的分析方法，而且采用了凯恩斯的分析结论，即有效需求不足。由于人们的消费习惯不容易改变，这使得消费需求在一段时期内变化不大，因此有效需求中对于就业量有决定意义的就是投资需求的大小和它的变动情况。在哈罗德和多马看来，由于有效需求不足，投资不能全部吸纳储蓄，从而成为均衡动向调整的关键。因此，实现均衡增长的决定性因素在需求方面，更重要的是投资需求的增加。

（2）新古典综合派对于经济增长的均衡分析采用了与哈罗德-多马不同的思路。他们认为在资本主义国家的宏观经济运行中，不存在凯恩斯和哈罗德所说的需求不足使得投资不能全部吸纳储蓄的问题，储蓄量总会全部转化为投资，而且生产的方法能够通过市场机制进行必要的调整变化。这就是说资本—劳动比率 K/L 和资本—产出比率 v 是可以变动的。充分就业的均衡增长就是通过调整 v 的数值来实现的。当 $G_w > G_n$ 时，意味着储蓄即资本的供给超过资本的需求，因而利息率会下降。这时采用资本集约化程度较高的生产方法，也就是提高 K/L，从而提高 v 将更为有利。这种调整生产技术的过程将不断进行下去，直到 G_w 和 G_n 相等为止。反之，当 $G_w < G_n$ 时，则会引起 v 和 K/L 下降，直到 G_w 和 G_n 相等为止。由此可见，根据新古典综合派的分析，实现均衡增长的关键决定因素在供给方面，即完全由劳动力的增长所决定。

(3) 新剑桥学派认为资本主义社会的症结在于收入分配失调。由于收入分配是在一部分人占有资本而另一部分人未占有资本这一历史的、制度的基础上进行的，因此现存的分配格局绝不是公平合理的。他们认为实现充分就业的均衡增长由国民收入分配因素决定。如果把一个社会的成员分为利润收入者和工资收入者两大阶级，并假定这两个阶级的储蓄都占各自收入的一个比率，但利润收入者的储蓄倾向大于工资收入者的储蓄倾向，则储蓄率的变动就取决于国民收入分配格局中的份额变动。对于任何既定的 G_n 来说，s 和 v 都是可以变动的，对应于任何一个就有一个相应的国民收入分配状况，以使因之产生的 s 能够满足 $G_n = s/v$ 的均衡要求。

三、我国经济增长的均衡分析

现根据哈罗德经济增长模型中的 $G_w = s/v$ 和我国 1990—2011 年的资本—产出比（见表 11—10）考察我国经济增长的均衡问题。

表 11—10　　1990—2011 年我国 GDP、资本形成及资本—产出比情况

年份	GDP（亿元）	固定资本存量 K（亿元）	GDP 增长率（%）	资本形成率（投资率）（%）	资本—产出比
1990	10 268.9	20 247	3.8	34.9	1.97
1991	11 211.5	21 712	9.2	34.8	1.94
1992	12 808.1	23 760	14.2	36.6	1.86
1993	14 596.7	26 611	14.0	42.6	1.82
1994	16 506.0	30 048	13.1	40.5	1.82
1995	18 309.3	33 794	10.9	40.3	1.85
1996	20 141.8	37 834	10.0	38.8	1.88
1997	22 014.4	42 005	9.3	36.7	1.91
1998	23 738.8	46 805	7.8	36.2	1.97
1999	25 547.7	51 647	7.6	36.2	2.02
2000	27 701.7	56 833	8.4	35.3	2.05
2001	30 001.0	62 713	8.3	36.5	2.09
2002	32 725.7	69 774	9.1	37.8	2.13
2003	36 006.6	79 182	10.0	41.0	2.20
2004	39 637.9	90 762	10.1	43.0	2.29

续前表

年份	GDP（亿元）	固定资本存量 K（亿元）	GDP 增长率（%）	资本形成率（投资率）（%）	资本—产出比
2005	44 121.0	105 597	11.3	41.5	2.39
2006	49 714.0	124 009	12.7	41.7	2.49
2007	56 754.6	146 214	14.2	41.6	2.58
2008	62 222.7	162 981	9.6	43.8	2.62
2009	67 956.0	185 617	9.2	47.2	2.73
2010	75 055.4	210 847	10.4	48.1	2.81
2011	82 031.4	237 918	9.3	48.3	2.90
平均	35 412.3	84 859	10.1	40.2	2.20

资料来源：GDP 数据、资本形成率来自《中国统计年鉴》；固定资本存量 K 的数据选自王小鲁、樊纲、刘鹏：《中国经济增长方式转换和增长可持续性》，载《经济研究》，2009（1），2007 年以后数据根据王小鲁数据外推得到，折旧率假设为 8%；资本—产出比计算公式为 K/GDP。GDP 数据和固定资本存量 K 数据按 1978 年价格计算。

表 11—10 显示，1990—2011 年我国经济总量（GDP）、固定资本存量（K）、资本形成率、资本—产出比均呈上升趋势。除极少数年份外，GDP 增长率各年基本都维持在 8%以上；资本形成率由 1990 年的 34.9%提高到 2011 年的 48.3%，提高了 13.4 个百分点；资本—产出比由 1990 年的 1.97 提高到 2011 年的 2.90。

在整个 20 世纪，美国的资本—产出比数值低于 3，二战以后则基本上稳定在 2.4[①] 左右。我国的资本—产出比，1990—2005 年均低于 2.4，但 2006 年以后则持续高于 2.4。以美国的水平为标准，2006 年以后我国资本—产出比偏高，并有增大趋势。若把 2.4 作为合理的资本—产出比，假定我国资本形成率保持 40.2%不变，则我国的均衡增长率（即有保证的增长率）应为：

$$G_w = s/v_d = 0.402/2.4 = 16.7\%$$

即使资本形成率降低到 30%（日本二战以后的平均水平），则均衡增长率为：

$$G_w = s/v_d = 0.3/2.4 = 12.5\%$$

仍高于 1990—2011 年实际经济增长率 $G=10.1\%$。

$G < G_w$ 以及偏高的资本—产出比，说明近年来我国的经济增长存在着劳动力和资本资源闲置以及资本产出效率较低等问题。因此，在宏观经济调控方面政府应注重提高资源利用效率，充分利用生产能力，减少存货，增加投资，降低资本—产出比，从而实现更高的经济增长率。

有不少学者对我国潜在经济增长率（即自然经济增长率 G_n）的大小进行过测算，得出了许多不尽相同的结论。从测算的方法来看，主要可分为三大类：

第一类是滤波法，例如卡尔曼滤波、HP 滤波等。中国社会科学院经济研究所（2005）用卡尔曼滤波得出我国的经济潜在增长率为 8%。[②] 中国社会科学院宏观经济

① ［美］萨缪尔森、诺德豪斯：《经济学》，427 页，北京，华夏出版社，1999。

② 赵志君：《向量自回归与卡尔曼滤波的应用》，中国社会科学院重大课题结题报告，2005。

增长与稳定课题组（2006）用 HP 滤波法得出，“十一五”期间，我国经济潜在增长率为 9%，适度经济增长率区间为 8%～10%，且认为当经济增长率超过 9%时，就会出现局部过热，引起煤电油运和重要原材料的供给紧张；当经济增长率超出 10%时，就会出现总体过热和严重的通货膨胀，导致经济的大幅起落；而当经济增长低于 8%时，就会出现通货紧缩，就业压力明显增大。① 杨旭、李隽、王哲昊（2007）用 HP 滤波法测算出我国 1986—2004 年的潜在经济增长率的 95%置信区间为 10.54%～11.56%，并认为潜在经济增长率对我国而言不是一个好的目标，应努力阻止实际增长率达到潜在水平，而且在控制经济增长速度的同时，注意转变经济增长方式。②

第二类是生产函数法。何新华（2004）利用此方法测算的我国潜在经济增长率为 10.4%。③

第三类是菲利普斯曲线法。中国社会科学院宏观经济增长与稳定课题组（2006）采用菲利普斯曲线法得出我国的潜在经济增长率为 8.9%。④

通过以上分析可见，我国经济的潜在增长率基本在 9%左右波动。

四、金融发展与经济增长的关联分析⑤

促进金融发展，有利于长期的经济增长。为了分析金融发展与经济增长的关联性，可以对经济增长的机制作如下因素分解：

$$g=\frac{\Delta Y_t}{Y_t}=\frac{\Delta Y_t}{\Delta K_t}\cdot\frac{\Delta K_t}{Y_t}=\frac{\Delta Y_t}{\Delta K_t}\cdot\frac{I_t}{Y_t}=\frac{\Delta Y_t}{\Delta K_t}\cdot\frac{\theta_t S_t}{Y_t}=E_t\theta_t s_t$$

式中，g 为经济增长率；Y_t 为 GDP；K_t 为资本存量；I_t 为实际投资量；S_t 为总储蓄；$E_t=\frac{\Delta Y_t}{\Delta K_t}$是资本的边际生产率（或投资效率）；$\theta_t$ 为储蓄转化为投资的比例（即 $I_t=\theta_t S_t$），代表了储蓄向投资的转化效率；$s_t\left(\text{即}\frac{S_t}{Y_t}\right)$为储蓄率。

公式表明，储蓄率 s_t、储蓄—投资的转化比率 θ_t 以及资本的边际生产率 E_t 构成了经济增长的决定因素，影响这三个变量的任何因素都将影响经济增长。

经济的增长与收入水平的提高提高了储蓄水平，而金融的发展提高了储蓄率与储蓄—投资转化比率，从而增加了投资，投资的增加则使产出增长，并通过金融的发展以及人力资本与研发资本水平的提高使生产效率得以提高，从而促进经济更快地增长。整个经济就处于这样一个循环过程中，因此金融发展与经济增长的关联机制可用图 11—4 描述。

---

①④ 中国社会科学院经济研究所发布十一五中国经济周期波动报告，见 http://finance.sina.com.cn/g/20060110/14592263576.shtml。

② 杨旭、李隽、王哲昊：《对我国潜在经济增长率的测算》，载《数量经济技术经济研究》，2007（10）：14～23页。

③ 何新华：《以生产函数法测算我国经济潜在发展速度》，载《世界经济统计研究》，2004（1）：6～11页。

⑤ 韩廷春：《金融发展与经济增长：基于中国的实证分析》，载《世界经济》，2001。

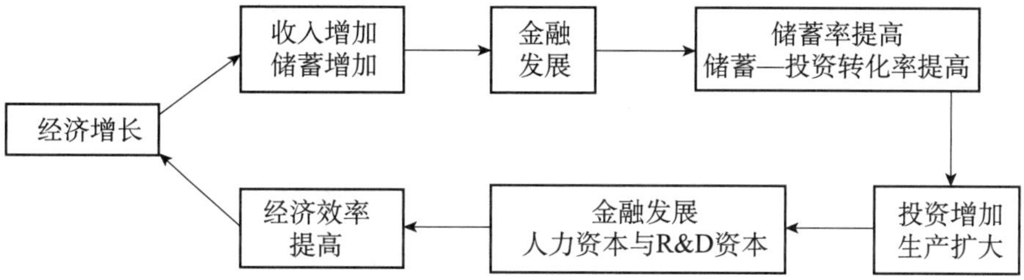

图 11—4　经济增长循环过程图

根据上面的分析，金融部门的发展以及无形资本的增加对储蓄率的提高、储蓄—投资转化率的提高以及资本边际生产率的提高起着关键作用，从而决定着经济增长的质量和速度。结合中国转轨时期经济运行的特点，对经济增长的影响因素选定相应指标，将影响经济增长率的重要因素选择为单位实物资本上的无形资本数量、非国有经济投资额占总投资额的比重、实际利率、金融市场发育程度等，从而建立如下计量经济模型：

$$g=\alpha_0+\alpha_1\frac{HR}{K}+\alpha_2\frac{I_2}{I}+\alpha_3 RR+\alpha_4\frac{MZ}{\text{GDP}}+\alpha_5\frac{FD}{FT}+u$$

式中，α_i（$i=0, 1, \cdots, 5$）为各解释变量的影响系数；u 为随机变量；$\frac{HR}{K}$为无形资本数量（人力资本与研发资本）与实物资本存量的比率；$\frac{I_2}{I}$为非国有经济投资额占总投资额的比重，这两个变量是资本边际生产率或投资效率的重要影响因素。$\frac{MZ}{\text{GDP}}$为金融发展指标；$\frac{FD}{FT}$为资本市场发育程度指标（即直接融资余额对社会金融总量余额的比率）；RR 是实际利率（即名义利率减去通货膨胀率），这三个指标度量了金融发展的水平与金融部门的效率，它们对储蓄率、储蓄—投资转化率以及投资效率皆产生影响。

综上所述，技术进步与制度创新是影响中国经济增长的最关键因素；金融深化理论与利率政策必须与经济发展过程相适应；不能单纯追求金融发展与资本市场的数量扩张，应更加重视金融体系的效率与质量。

复习思考题

1. 经济增长的概念，以及与经济发展概念的区别。

2. 经济增长率的统计计算和应用。

3. 为什么丹尼森经济增长因素核算方法会受到世界各国的关注？这种方法有什么优缺点？

4. 影响经济增长的因素有哪些？这些因素是怎样被引入柯布-道格拉斯生产函数从而实现对经济增长综合因素的定量分析的？

5. 说明经济增长各生产要素贡献率的测算。

6. 说明经济增长关联分析方法及应用。

7. 根据本章第 4 节内容，分析技术进步对我国经济增长的影响。

8. 什么是经济增长的均衡？如何进行经济增长的均衡分析？

9. 通过对近 20 年我国经济增长的均衡分析，得出了哪些主要结论？

第 12 章 Chapter 12 国际经济统计分析

第 1 节　国际贸易统计分析

一、国际贸易基本概念

（一）国际贸易的概念及分类

国际贸易（international trade）是指不同国家和地区之间商品、服务和生产要素交换的活动。国际贸易是在一定历史条件下产生和发展起来的，形成国际贸易需要具备两个基本条件：社会生产力的发展与国家的形成。前者产生出用于交换的剩余商品，后者则为这些商品在国与国之间进行交换提供可能，国际贸易也因此产生。国际贸易是各国之间分工的表现形式，反映了世界各国在经济上的相互共存。从一个国家的角度看，国际贸易就是对外贸易。

国际贸易可以按照不同的分类标准进行划分。

1. 按商品流向划分

（1）进口贸易（import trade）：指将外国市场的商品或服务输入本国市场销售。

（2）出口贸易（export trade）：指将本国的商品或服务输出到外国市场销售。

（3）过境贸易（transit trade）：若甲国的商品经过丙国境内运至乙国市场销售，则对丙国而言就是过境贸易。

2. 按商品形态划分

（1）有形贸易（visible trade）：指具有实物形态的商品的进出口，又称货物贸易。

（2）无形贸易（invisible trade）：指不具有实物形态的技术和服务的进出口。

3. 按贸易有无第三国参加划分

（1）直接贸易（direct trade）：指商品生产国与商品消费国不通过第三国进行买卖商品的行为。

（2）间接贸易（indirect trade）和转口贸易（transit trade）：指商品生产国与商品消费国通过第三国进行买卖商品的行为，其中生产国称为间接出口国，消费国称为间接进口国，而第三国则是转口贸易国，其所从事的就是转口贸易。

（二）国际贸易的作用

国际贸易对参与贸易的各国乃至世界经济的发展具有重要作用，具体表现在以下几个方面。

1. 调节各国市场的供求关系

世界各国由于受生产水平、科学技术和生产要素分布状况等因素的影响，生产能力和市场供求状况存在着一定程度的差异。各国国内既存在产品供不应求的状况，又存在各种形式产品过剩的状况。通过国际贸易不仅可以增加国内短缺产品的市场供给量，满足消费者的需求，还为各国国内市场的过剩产品提供了新的出路，在一定程度上缓解了市场供求矛盾，从而调节了各国市场的供求关系。

2. 促进生产要素的充分利用

劳动力、资本、土地、技术等生产要素在各个国家的分布往往是不平衡的，如果没有国际贸易，各国国内生产规模和生产力的发展，都会受到其短缺生产要素的制约，而同时还会有一部分生产要素将闲置或浪费，生产潜力得不到发挥。通过国际贸易，一国可以通过国际劳务贸易、资本转移、土地租赁、技术贸易等方式，用国内富余的生产要素与其他国家换取国内短缺的生产要素，从而使其短缺生产要素的制约得到缓解或消除，富余生产要素得以充分利用，扩大生产规模，加速经济发展。

3. 发挥比较优势，提高生产效率

利用比较优势进行国际分工和国际贸易，可以扩大优势商品的生产，缩小劣势商品的生产，并通过出口优势产品从国外换回本国居于劣势的商品，从而在社会生产力不变的前提下提高生产要素的效能，提高配置效率，获得更大的经济效益。

4. 提高生产技术水平，优化国内产业结构

在当前的国际环境中，各国普遍通过国际贸易引进先进的科学技术和设备，以提高国内的生产力水平，加速经济发展。同时，通过国际贸易，可以使国内的产业结构逐步协调、完善，促使整个国民经济协调发展。

5. 增加财政收入，提高国民福利水平

国际贸易中的关税和涉外税收是一些国家特别是发展中国家财政收入的重要来源。国际贸易还可以提高国民福利水平，一方面，它可以通过进口国内短缺而迫切需要的商品，或者进口比国内商品价格更低廉、质量更好、式样更新颖、特色更突出的商品来使国内消费者获得更多的福利；另一方面，国际贸易的扩大，特别是劳动密集型产品出口的增长，将为国内提供更多的就业机会，间接增加国民福利。

6. 加强各国经济联系，促进经济发展

如今，世界各国广泛开展国际贸易活动，发达国家与发展中国家都被卷入国际经济生活之中。而国际市场的竞争也促使世界总体生产力发展进一步加快，发达国家和不发达国家的经济均得到了进一步的发展。

二、国际贸易的统计指标

1. 贸易额和贸易量

贸易额（trade value）：是用货币表示的贸易金额，贸易量（quantum of trade）则是剔除了价格变动影响之后的贸易额，它的应用使得不同时期的贸易规模变得可比。

2. 贸易差额

贸易差额（balance of trade，BOT）：指一个国家在一定时期（通常为一年）内出口总额与进口总额之间的差额。

（1）贸易顺差（favorable balance of trade ）：在我国也称为出超（excess of export over import），表示一定时期的出口额大于进口额。

（2）贸易逆差（unfavorable balance of trade ）：在我国也称为入超（excess of import over export）、赤字，表示一定时期的出口额小于进口额。

（3）贸易平衡：指一定时期的出口额与进口额相等。

3. 国际贸易条件

国际贸易条件（terms of international trade）：是出口商品价格与进口商品价格的对比关系，又称进口比价或交换比价。它表示出口一单位商品能够换回多少单位进口商品。很显然，换回的进口商品越多越有利。贸易条件在不同时期的变化通常用贸易条件指数来表示，其计算公式为：

（出口价格指数÷进口价格指数）×100

假定基期的贸易条件指数为 100。若报告期的贸易条件指数大于 100，则说明贸易条件比基期有所改善；若报告期的贸易条件指数小于 100，则说明贸易条件比基期有所恶化。

4. 贸易的商品结构

贸易的商品结构（composition of trade）指各类商品在贸易总值中所占的比重。这里涉及商品分类问题，具体包括两种分类方法：

（1）联合国秘书处的《国际贸易标准分类》（SITC）把有形商品分为 10 大类，其中，0～4 类称为初级品，5～8 类称为制成品，9 类则为没有分类的其他商品。初级品、制成品在进出口商品中所占的比重就表明了贸易的商品结构。

（2）按生产某种商品所投入的生产要素进行分类，可分为劳动密集型商品、资本密集型商品等某种生产要素密集型商品。

5. 贸易的地理方向

（1）对外贸易地理方向（direction of foreign trade）。

对外贸易地理方向是指一国进口商品原产国和出口商品消费国的分布情况，它表示该国同世界各国（或地区）之间经济贸易联系的紧密程度。

（2）国际贸易地理方向（direction of international trade）。

国际贸易地理方向是指国际贸易的地区分布和商品流向，也就是各国（或地区）在国际贸易中所占的地位。通常用它们的出口额（或进口额）占世界出口贸易总额（或进口贸易总额）的比重来表示。

6. 对外贸易依存度

对外贸易依存度（foreign dependence degree）是衡量一个国家或地区国民经济外向程度的一个基本指标，指对外贸易额在该国国民收入或国内生产总值中所占的比重。

三、国际贸易差额分析

货物和服务国际贸易差额（以下简称国际贸易差额）指货物和服务出口减进口的差额，也等于货物贸易差额与服务贸易差额之和，该差额为正时说明国际贸易顺差，为负时说明国际贸易逆差，为零时说明国际贸易平衡。国际贸易差额（balance of international trade）是一个国家或地区收支差额的最大组成项目，是区域经济利益的重要方面，代表了一个国家或地区的自我创汇能力，反映了一国产业结构和产品在国际上的竞争力以及在国际分工中的地位。经验表明，在国际经济交往中，经常项目在较大程度上决定一国的国际收支状况，而国际货物和服务贸易又在很大程度上决定该国的经常项目状况，因而国际贸易差额通常作为整个国际收支的代表。运用我国统计数据，货物和服务国际贸易差额分析如下。

表 12—1 和图 12—1 给出了 1995—2012 年我国国际贸易差额情况，从中可以看出：1995—2012 年的 18 个年度中，我国国际贸易差额呈现出明显的波动性，其中货物贸易一直表现为顺差，服务贸易一直表现为逆差，且逆差呈进一步扩大趋势；我国国际贸易差额的变动趋势与货物贸易差额的变动趋势基本一致，说明我国国际贸易差额主要是由货物贸易差额决定的，而部分货物贸易顺差被服务贸易逆差所抵消。

表 12—1　　中国国际贸易差额　　单位：亿美元

年度	1995	1996	1997	1998	1999	2000	2001	2002	2003
贸易差额	119	175	428	438	307	289	281	374	359
货物差额	180	195	462	466	360	345	340	442	444
服务差额	−61	−20	−34	−28	−53	−56	−59	−68	−85
年度	2004	2005	2006	2007	2008	2009	2010	2011	2012
贸易差额	512	1 246	2 089	3 080	3 488	2 201	2 230	1 883	2 319
货物差额	590	1342	2 177	3 159	3 606	2 495	2 542	2 435	3 216
服务差额	−78	−96	−88	−79	−118	−294	−312	−552	−897

资料来源：根据国家外汇管理局公布的历年《国际收支平衡表》整理。

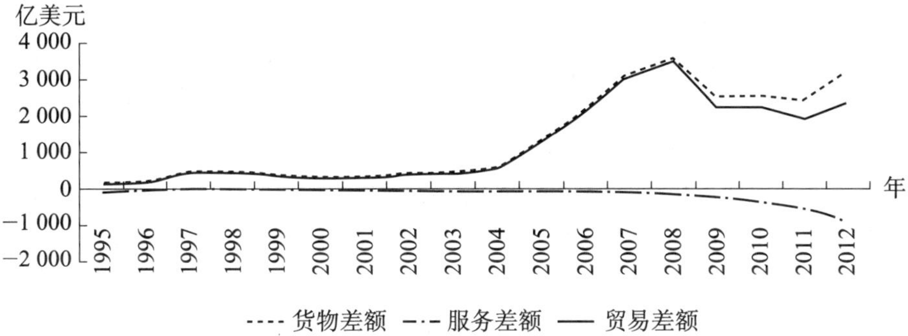

图 12—1　中国国际贸易差额

2005 年以来，我国国际贸易迅速发展的主要原因是货物出口的快速增长。但从 2007 年下半年以来，受美国次贷危机所引发的全球金融危机的影响，世界经济增速放缓，对我国的货物和服务出口需求减弱，进而对我国出口行业的生产和就业产生了不利影响。我国经济发展需要努力扩大内需，提高内需对经济增长的拉动作用，减少对外需的过度依赖；同时还要注意稳定外需，避免外需大幅度下降对我国经济增长和就业产生太大的影响。

四、国际贸易发展与结构分析

通过国际贸易差额分析虽然能够较为直观地对一国的国际贸易与国际收支状况进行概览，但仍具有一定的局限性，因为它无法反映贸易规模的大小，也无法反映数值的适宜水平，因为一些项目的数值并非越大越好。因此在国际贸易的分析中，不能仅仅满足于差额分析，还要与其他方法相结合进行更为全面的分析。在此背景下，结构分析应运而生，在一定程度上弥补了差额分析的局限。

国际贸易结构分析实际上就是对贸易模式（trade pattern）的分析，它是国际贸易理论和经验研究的一个核心领域。绝对优势、比较优势、要素禀赋和规模经济等都是用于描述贸易模式决定因素的关键词。① 结构分析有助于了解一国国际贸易的项目构成是否合理，明确各个项目之间的相互关系，找到国际贸易发展的主导因素，解释贸易失衡的成因等。

运用实际统计数据，对我国服务国际贸易发展与结构的统计分析如下。

2012 年，我国服务国际贸易进出口额居世界第四位。但是，根据世界银行的统计，世界主要经济体的服务业在其经济总量中占比超过或接近 70%，而中国仅为 43%。根据国际收支平衡表统计的 13 类服务国际贸易，我们可以分析哪些类别的影响比较大，即制约目前发展的主要方面，从中也可以分析出我国服务国际贸易发展的结构问题。

---

① 樊纲、关志雄、姚枝仲：《国际贸易结构分析：贸易品的技术分布》，载《经济研究》，2006（8）：70～80 页。

1. 服务国际贸易差额影响因素分析

国际收支平衡表中，服务国际贸易的子类包括运输，旅游，通信服务，建筑服务，保险服务，金融服务，计算机和信息服务，专有权利使用费和特许费，咨询，广告、宣传，电影、音像，其他商业服务和别处未提及的政府服务等共 13 个项目。根据表 12—1 中列示年份的国际收支平衡表数据，可以对服务国际贸易差额进行主成分分析，即使用 SPSS 软件对这些服务国际贸易项目的差额（记为 $X_1 \sim X_{13}$）进行主成分分析。表 12—2 为中国 1995—2012 年服务国际贸易差额主成分分析输出结果。

表 12—2（1） 变量的共同度

	初始	提取
运输差额	1.000	0.984
旅游差额	1.000	0.898
通信服务差额	1.000	0.579
建筑服务差额	1.000	0.898
保险服务差额	1.000	0.945
金融服务差额	1.000	0.693
计算机和信息服务差额	1.000	0.976
专有权利使用费和特许费差额	1.000	0.962
咨询差额	1.000	0.914
广告、宣传差额	1.000	0.915
电影、音像差额	1.000	0.793
其他商业服务差额	1.000	0.645
别处未提及的政府服务差额	1.000	0.925

提取方法：主成分分析。

表 12—2（2） 原有变量总方差的情况

成分	初始特征值			提取平方和载入		
	合计	方差的 %	累积 %	合计	方差的 %	累积 %
1	8.325	64.039	64.039	8.325	64.039	64.039
2	1.699	13.067	77.106	1.699	13.067	77.106
3	1.102	8.474	85.580	1.102	8.474	85.580
4	0.734	5.645	91.225			
5	0.514	3.952	95.176			
6	0.352	2.710	97.886			
7	0.182	1.398	99.284			

续前表

成分	初始特征值			提取平方和载入		
	合计	方差的 %	累积 %	合计	方差的 %	累积 %
8	0.039	0.299	99.584			
9	0.034	0.260	99.844			
10	0.011	0.083	99.927			
11	0.006	0.045	99.971			
12	0.003	0.022	99.993			
13	0.001	0.007	100.000			

提取方法：主成分分析。

表 12—2（3）　　载荷矩阵[a]

	成分		
	1	2	3
运输差额	0.988	−0.067	0.054
旅游差额	0.886	−0.322	0.098
通信服务差额	0.145	0.721	0.196
建筑服务差额	−0.935	−0.030	0.151
保险服务差额	0.942	0.231	−0.057
金融服务差额	−0.113	0.817	0.110
计算机和信息服务差额	−0.987	0.049	0.023
专有权利使用费和特许费差额	0.953	0.232	−0.001
咨询差额	−0.948	0.120	0.018
广告、宣传差额	−0.955	−0.045	−0.044
电影、音像差额	0.743	−0.372	0.320
其他商业服务差额	−0.708	−0.369	0.082
别处未提及的政府服务差额	0.151	0.036	−0.949

提取方法：主成分分析。

a. 已提取了 3 个成分。

变量的共同度表给出了该分析从每个原始变量中提取的信息，可以看到，除个别项目信息损失较大外，主成分几乎包含了各个原始变量至少 90%的信息。解释原有变量的总方差表则显示了各主成分解释原始变量总方差的情况，SPSS 默认保留特征根大于 1 的主成分，故在本例中保留 3 个主成分，这 3 个主成分集中了原始 13 个变量信息的 85.58%，可见效果是比较好的。由载荷矩阵还可以得到标准化后的原始变量用求得的各主成分线性表示的近似表达式，以运输差额为例，有

$$标准化的运输差额\approx 0.988\times prin1-0.067\times prin2+0.054\times prin3$$

由 SPSS 软件默认选项输出的结果，我们还不能得到用原始变量表示主成分的表达式，因为载荷矩阵表示的不是主成分系数矩阵，因此要对输出结果进行调整，将载荷矩阵中的第 i 列的每个元素分别除以第 i 个特征根的平方根 $\sqrt{\lambda_i}$ ，就得到主成分分析的第 i 个主成分的系数。主成分的系数矩阵结果如表 12—3 所示。

表 12—3　　主成分系数矩阵

	prin1	prin2	prin3
运输差额	0.342 424	−0.051 4	0.051 44
旅游差额	0.307 073	−0.247 04	0.093 355
通信服务差额	0.050 255	0.553 144	0.186 709
建筑服务差额	−0.324 06	−0.023 02	0.143 842
保险服务差额	0.326 482	0.177 221	−0.054 3
金融服务差额	−0.039 16	0.626 795	0.104 786
计算机和信息服务差额	−0.342 08	0.037 592	0.021 91
专有权利使用费和特许费差额	0.330 294	0.177 988	−0.000 95
咨询差额	−0.328 56	0.092 063	0.017 147
广告、宣传差额	−0.330 99	−0.034 52	−0.041 91
电影、音像差额	0.257 512	−0.285 39	0.304 831
其他商业服务差额	−0.245 38	−0.283 09	0.078 113
别处未提及的政府服务差额	0.052 334	0.027 619	−0.904 01

由表 12—3 可以得到提取的各主成分的表达式（注意在表达式中各变量已经不是原始变量，而是标准化后的变量 $X_1^* \sim X_{13}^*$）：

$$\begin{aligned}\text{prin1}=&0.342\,424X_1^*+0.307\,073X_2^*+0.050\,255X_3^*-0.324\,06X_4^*\\&+0.326\,482X_5^*-0.039\,16X_6^*-0.342\,08X_7^*+0.330\,294X_8^*\\&-0.328\,56X_9^*-0.330\,99X_{10}^*+0.257\,512X_{11}^*-0.245\,38X_{12}^*\\&+0.052\,334X_{13}^*\end{aligned}$$

$$\begin{aligned}\text{prin2}=&-0.051\,4X_1^*-0.247\,04X_2^*+0.553\,144X_3^*-0.023\,02X_4^*\\&+0.177\,221X_5^*+0.626\,795X_6^*+0.037\,592X_7^*+0.177\,988X_8^*\\&+0.092\,063X_9^*-0.034\,52X_{10}^*-0.285\,39X_{11}^*-0.283\,09X_{12}^*\\&+0.027\,619X_{13}^*\end{aligned}$$

$$\begin{aligned}\text{prin3}=&0.051\,44X_1^*+0.093\,355X_2^*+0.186\,709X_3^*+0.143\,842X_4^*\\&-0.054\,3X_5^*+0.104\,786X_6^*+0.021\,91X_7^*-0.000\,95X_8^*\\&+0.017\,147X_9^*-0.041\,91X_{10}^*+0.304\,831X_{11}^*+0.078\,113X_{12}^*\\&-0.904\,01X_{13}^*\end{aligned}$$

主成分的经济意义由各线性组合中权数较大的几个指标的综合意义来确定。第一主成分 prin1 中 X_1^*，X_2^*，X_4^*，X_5^*，X_7^*，X_8^*，X_9^*，X_{10}^*，X_{11}^*，X_{12}^* 的系数远大于其他变量的系数，所以 prin1 可以看成是反映国际贸易服务的综合指标。因为用 prin1 来评价服务国际贸易的状况已有 64.04%的把握，所以这 10 项指标是反映服务国际贸易发展情况的主要指标。同时可以看到这 10 个单项指标在综合因子 prin1 中所占的比重相当，但是其中 X_9^*，X_{10}^*（咨询，广告、宣传）为反向线性发展关系，需要进一步分析这两类主流发展的相背问题。第二主成分 prin2 中 X_3^*，X_6^* 的系数相对较大，主要是通信服务和金融服务的综合反映。第三主成分 prin3 中 X_{13}^* 的系数较大，主要反映别处未提及的政府服务。这三个综合因子从三个影响服务国际贸易发展水平的主要方面来刻画，用它们考察服务国际贸易的发展状况具有 85.58%的可靠性。

上述结果表明，我国服务国际贸易的发展主要受到服务贸易发展水平的制约，在服务国际贸易中最重要的又为运输差额及计算机和信息服务差额。因此我国若想加快服务贸易的发展，就必须采取措施大力推动商业服务贸易，尤其是运输贸易与计算机和信息服务贸易的发展进程。

2. 我国服务国际贸易内部结构分析

表 12—4 给出了我国服务贸易内部 13 个小项的差额序列，由于通信服务差额，金融服务差额，广告、宣传差额和电影、音像差额在 1995—2012 年间的变化幅度很小，故图 12—2 只给出了除以上 4 项之外的其他 9 项的时间序列图。

表 12—4　　**中国服务国际贸易内部结构**　　单位：亿美元

年份	运输差额	旅游差额	通信服务差额	建筑服务差额	保险服务差额	金融服务差额	计算机和信息服务差额
1995	−62	50	5	0	−24	0	0
1996	−72	57	2	−4	−1	0	0
1997	−70	39	0	−6	−9	−3	−1
1998	−45	34	6	−5	−14	−1	−2
1999	−55	32	4	−6	−17	−1	0
2000	−67	31	11	−4	−24	0	1
2001	−67	39	−1	0	−25	0	1
2002	−79	50	1	3	−30	0	−5
2003	−103	22	2	1	−42	−1	1
2004	−125	60	1	1	−57	0	4
2005	−130	75	−1	10	−67	0	2
2006	−134	96	0	7	−83	−7	12
2007	−120	74	1	25	−98	−3	21
2008	−119	47	1	60	−114	−3	31

续前表

年份	运输差额	旅游差额	通信服务差额	建筑服务差额	保险服务差额	金融服务差额	计算机和信息服务差额
2009	−230	−40	0	36	−97	−3	33
2010	−290	−91	1	94	−140	−1	63
2011	−449	−241	5	110	−167	1	83
2012	−469	−519	1	86	−173	0	106

年份	专有权利使用费和特许费差额	咨询差额	广告、宣传差额	电影、音像差额	其他商业服务差额	别处未提及的政府服务差额
1995	0	0	0	0	−32	1
1996	0	0	0	0	1	−2
1997	−5	−1	0	0	24	−2
1998	−4	−2	−1	0	8	−2
1999	−7	−2	0	0	3	−5
2000	−12	−3	0	0	10	1
2001	−18	−6	0	0	15	2
2002	−30	−13	0	−1	38	−1
2003	−34	−16	0	0	86	−1
2004	−43	−16	2	−1	98	−2
2005	−52	−9	4	0	73	−1
2006	−64	−6	5	0	84	1
2007	−78	7	6	2	87	−3
2008	−97	46	3	2	29	−3
2009	−106	52	4	−2	59	1
2010	−122	77	8	−2	94	−2
2011	−140	98	12	−3	140	−3
2012	−167	134	20	−4	89	−1

资料来源：根据国家外汇管理局公布的历年《国际收支平衡表》整理。

由图 12—2 及表 12—4 可知，我国服务国际贸易存在以下特点：第一，服务国际贸易中的逆差项目主要集中在运输、保险以及专有权利使用费和特许费三项上，并且运输逆差扩大的趋势最为明显；第二，旅游曾是我国服务出口创汇最多的项目，但在 2007 年左右达到峰值后呈现快速下降的趋势，2009 年开始，从顺差变为逆差，并且逆差不断扩大，加速了服务国际贸易逆差的增长；第三，建筑服务、计算机和信息服务以及咨询服务的顺差从 2006 年开始呈现不断增加的趋势，逐渐成为我国服务贸易出口创汇的新主力军，这主要得益于我国对外工程承包和劳务合作的快速发展、我国

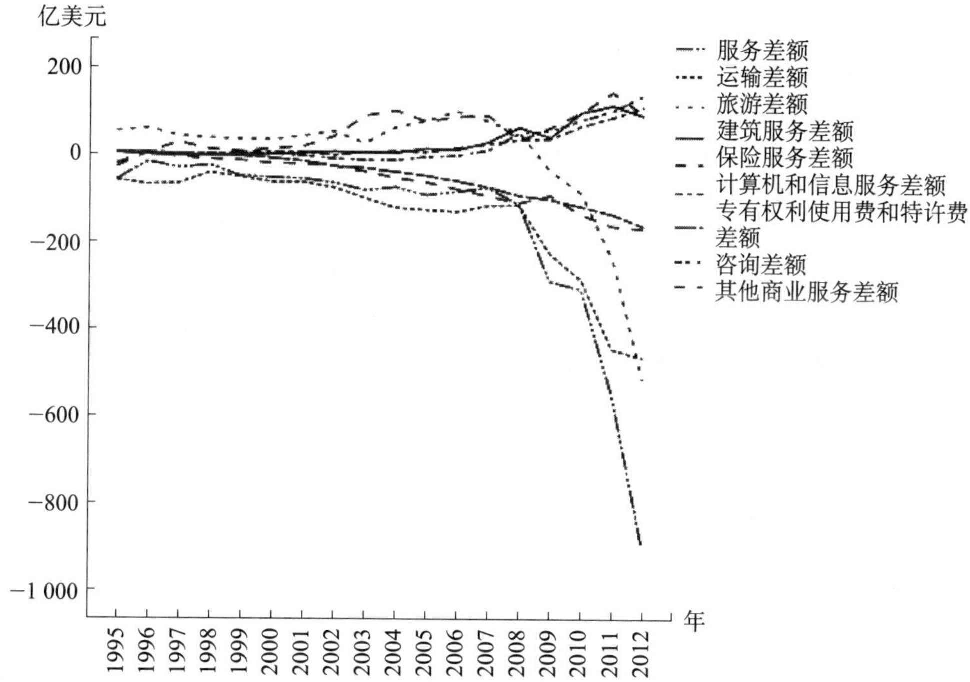

图 12—2　服务贸易内部结构

计算机信息技术的大幅进步，以及咨询领域专业技能的提高。

我国的服务国际贸易主要集中在劳动密集型部门和依托资源禀赋优势的传统行业上，而在全球贸易量最大的金融、咨询以及通信、计算机和信息服务等技术密集型和知识密集型行业，我国虽然已经取得了一定成就，但仍有很大的发展空间。我国虽然是一个贸易大国，但并不是贸易强国，尤其是服务国际贸易，内部结构并不合理。在新的经济形势与国际环境下，中国要想获得更多的贸易利润，就必须继续发挥资源优势，并加大环境保护力度，使旅游国际贸易收入重新成为我国出口创汇的主力军；同时积极参与国际合作，不断发展国际工程承包和劳务合作服务业；在加强服务国际贸易立法，规范服务国际贸易管理的基础上，促进我国服务国际贸易发展方向的转变，在激烈的竞争中争取主动地位。

第 2 节　利用外资统计分析

一、外资概念及方式

外资是一个较为模糊的经济学概念，一般在以下三种意义上使用：一是将外资理解为国外资本（foreign capital）、国外货币（foreign currency）或国外资金（foreign funds）；二是指外国投资，即国际投资行为的一种；三是指外国投资者，即从东道国的角度来看，通常将外国投资者称为外资。本书采取第二种意义，即认为外资是其他国家或地区（包括港澳台地区）在遵守中国法律法规的前提下，以经济社会活动为主要目的，本着互惠互利原则在中国大陆进行独资、合资、参股等活动时所流入的资金。

海外企业、个人或其他经济组织到中国进行投资，目前主要有以下几种方式。

1. 中外合资经营企业

指由外国公司、企业和其他经济组织或个人同中国的公司、企业或其他经济组织，在中国境内共同投资、共同经营、共享利润、共担风险的股权式有限责任公司，投资各方按注册资本投资比例（股权）分享利润，分担风险及亏损。

2. 中外合作经营企业

指由外国的企业、其他经济组织或个人同中国的企业或其他经济组织在中国境内举办的契约式企业。合作各方的合作条件、收益分配、风险和亏损分担、投资回收和经营管理方式及合作终止时剩余财产的分配等，可完全不按或不完全按其投资的股权状况决定，投资回收方式和经营管理方式也可与合资企业不同，具有更大的灵活性。

3. 外资企业

指由外国的企业、其他经济组织或个人在中国境内设立的全部资本由外国投资者投资的企业，也称外商独资企业。企业所获利润全部归外国投资者所有。

4. 外商投资股份有限公司

指全部资本由等额股份构成，股东以其所认购的股份对公司承担责任，公司以全部财产对公司债务承担责任，其中外国股东购买并持有的股份占公司注册资本25%以上的企业法人。公司可采取发起或募集方式设立。

5. 外商投资性公司

指外国投资者在中国以独资或与中国投资者合资的形式设立的从事直接投资的公司。公司形式为有限责任公司。

6. 外资金融机构

指外国金融机构在中国境内投资设立的从事金融业务的分支机构和具有中国法人地位的外商独资金融机构、中外合资金融机构。现已在中国设立的外资金融机构有外资银行、外资财务公司和外资保险公司。

7. BOT 方式

BOT 是 Build-Operate-Transfer 的简称，即“建设—经营—移交”。典型的 BOT 形式是政府同私营部门（在中国表现为外商投资）的项目公司签订合同，由项目公司筹资和建设基础设施项目。项目公司在协议期内拥有、运营和维护这项设施，并通过收取使用费或服务费用，回收投资并取得合理的利润。协议期满后，这项设施的所有权无偿移交给政府。

8. TOT 方式

TOT 是 Transfer-Operate-Transfer 的简称，即“移交—经营—移交”。TOT 模式就是根据合同安排，中方作为项目单位，把已投产运行的项目设施移交给外商经营。经营者凭借项目在未来若干年内的现金流量，一次性地支付给中方，同时在经营期内，对设施的使用者收取合理的使用费、服务费及其他费用。经营期满后，外商再将设施移交回中方。

9. 补偿贸易

指由外商提供设备及技术，同时承担购买中方一定数量的出口产品，设备与技术的价款可以分期偿还。

10. 对外加工装配

指由外方提供技术、设备、零部件以及原辅材料，产品由外方返销，中方收取工缴费。

11. 国际租赁

指通过支付租金取得国外先进设备的使用权，是一种特殊的筹资方式。租金按租赁合同的规定支付。租期满后，企业可把租赁的设备购买下来。

12. 购买股票

指外国投资者和中国香港、澳门、台湾地区的自然人、法人和其他组织，以及定居在国外的中国公民和国家规定的境内（外）上市外资股的其他投资人，通过国内或境外的证券交易所，认购由中方股份公司发行的、在境外上市的外资股票和向境外投资人募集而在境内上市的外资股票。

13. 企业产权转让

指依法有偿出让或受让国有企业产权的行为。凡是外国的法人、自然人或者其他组织按规定都可以受让中方国有企业产权，同时该企业成为外商投资企业，享受国家规定的优惠政策。

二、利用外资的原则及意义

利用外资是指借用外国的资金进行经济建设和从事对外经济活动，它是国际经济交流和合作的重要形式之一。

利用外资一般遵循以下原则。

（1）有利于国家和促进国民经济发展原则。这是利用外资的基本原则，它指有利于我国经济发展的项目就要鼓励引进，不利于我国经济发展的项目就要加以限制和禁止，避免外资控制我国的经济命脉。

（2）“以独立自主、自力更生为主，争取外援为辅”的原则。应充分利用本国资金、生产能力和市场，发挥本国优势，在实现经济独立的基础上充分利用外资，加快我国经济建设。

（3）平等互利原则。利用外资，不允许附有不平等的条件和带有政治色彩的苛刻要求，而应在自愿的基础上互通有无、取长补短、互助互利。

（4）量力而行原则。利用外资是以偿还为条件的，因此利用外资的规模必须以确有偿还能力为前提。

（5）经济效益原则。利用外资一定要按照国家政策和计划指导，将其用到最重要的关键性项目上去，以提高出口能力、增加外汇收入为目的。

利用外资的意义，一是弥补资金不足，促进我国经济建设；二是获得外国先进的技术、设备和管理经验；三是有利于吸收和培养人才；四是有利于促进出口创汇。因此，对我国利用外资的情况进行统计分析，有助于我们更加系统地把握我国利用外资的现状，明确我国在利用外资方面存在的优势与不足，并给出相应合理的建议与对策。

三、外国在华直接投资差额的统计分析

外商直接投资（foreign direct investment，FDI）是现代资本国际化的主要形式之一，国际货币基金组织将它定义为一国的投资者将资本用于它国的生产或经营，并掌握一定经营控制权的行为。

20 世纪 90 年代以来，发展中国家的资本流入越来越多地体现为外商直接投资的形式。截至 2012 年，我国吸引 FDI 的规模已经连续 20 年位居发展中国家之首，就总量而言也位居世界前列。长期以来，FDI 作为我国融资的主要形式，对我国宏观经济和国际收支发挥着重要的作用。一方面，FDI 通过资本形成、竞争效应和技术外溢等途径推动了就业，促进了产业结构升级，对实现我国内部结构均衡发挥了重要作用；另一方面，以追求资源和廉价劳动力为目的的外资虽然极大地带动了出口贸易，但是对环境的负面影响以及有限的技术外溢更多地造成了剩余价值由中方向外方的转移。而资本趋利的性质，又会促使成本导向型和政策导向型的 FDI 转移到更为有利的国家和地区。

表 12—5 给出了 1995—2012 年金融项目差额及外国在华直接投资差额的时间序列，其图示见图 12—3。可以看出：第一，FDI 在我国资本与金融项目顺差的构成中占据了重要地位，一直作为资本流入的主要渠道而对资本与金融项目乃至国际收支总体盈余发挥着重要的作用；第二，尽管 FDI 继续保持较高水平，其对我国来说是相对稳定的投资，但是近年来波动性也不断上扬；第三，2012 年我国金融项目出现从 1999 年以来的首次年度逆差，逆差额达 210 亿美元，我国总体面临资金流出的压力。

表 12—5 **中国国际收支平衡表中金融项目差额** 单位：亿美元

年度	1995	1996	1997	1998	1999	2000	2001	2002	2003
金融项目差额	387	400	210	−63	52	20	348	323	549
外国在华直接投资差额	358	402	442	438	388	384	442	493	495
年度	2004	2005	2006	2007	2008	2009	2010	2011	2012
金融项目差额	1 082	912	453	911	371	1 945	2 822	2 156	−210
外国在华直接投资差额	621	1 041	1 241	1 562	1 715	1 311	2 437	2 201	2 535

资料来源：根据国家外汇管理局公布的历年《国际收支平衡表》整理。

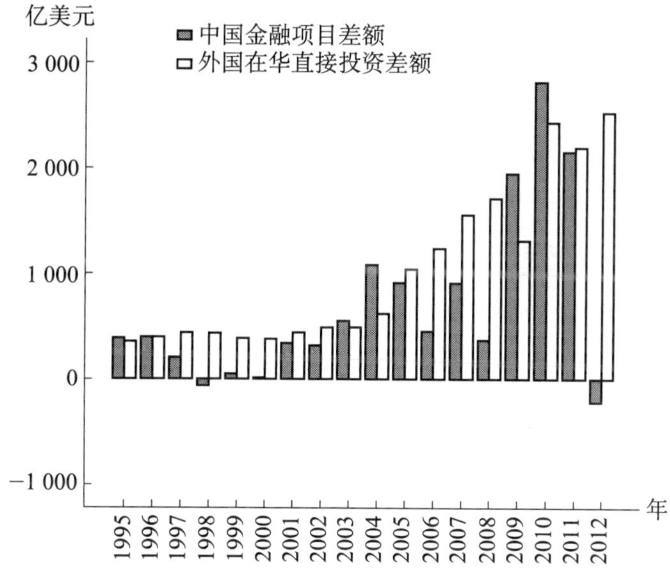

图 12—3　中国金融项目差额与外国在华直接投资差额比较

四、我国 FDI 增长的主要贡献及其变动趋势

（一）GDP 与 FDI

改革开放以来，我国经济一直保持高速增长，1978—2012 年间，实际年均增长率高达 9.8%。但从近几年数据考察，2008 年成为我国近十年经济增长的转折点，经济增长速度连续两年大幅下滑，FDI 流量与占我国 GDP 的比重也一直呈现下降的趋势（见图 12—4），尤其是 2005 年实施汇率制度改革以来，该比重下降明显，这在某种程度上是由于随着人民币的升值，FDI 的人民币价值下降所致。1995—2012 年中国国内生产总值如表 12—6 所示。

表 12—6　　**1995—2012 年中国国内生产总值**　　单位：亿美元

年份	1995	1996	1997	1998	1999	2000	2001	2002	2003
GDP	7 280	8 561	9 527	10 195	10 833	11 985	13 248	14 538	16 410
年份	2004	2005	2006	2007	2008	2009	2010	2011	2012
GDP	19 316	22 576	27 135	34 957	45 218	49 905	59 312	73 250	82 209

资料来源：中华人民共和国国家统计局：《中国统计年鉴》（1995—2012），北京，中国统计出版社。

（二）工资水平变动情况与 FDI

国内外许多学者都认为低廉的劳动力成本是 FDI 流入发展中国家的重要因素。随着人口红利的衰减，劳动力等要素成本的逐渐上升，我国低成本优势不断削弱。近几年，我国制造业的劳动力成本发生了明显增长，而我国以投放在劳动密集型产业为主

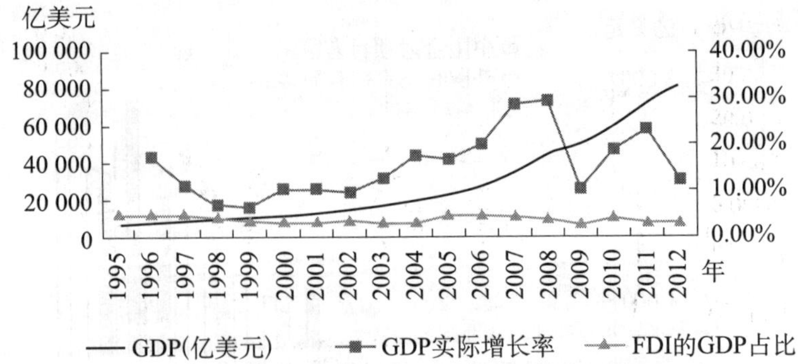

图 12—4　中国 GDP 及增长率与 FDI 占 GDP 比重变化

的 FDI 也面临对资源的重新配置。① 1997—2011 年，我国制造业平均工资高速增长，而同期制造业 FDI 增长不足，近年来更有增速放缓甚至下降的趋势（见表 12—7 和图 12—5），可见工资水平的增长很可能对 FDI 的增长产生了负面影响。

表 12—7　　　　中国制造业 FDI 和制造业工资变动

年份	1997	1998	1999	2000	2001	2002	2003	2004
制造业平均工资（元）	5 933	7 064	7 794	8 750	9 774	11 001	12 496	14 033
制造业 FDI（亿元）	2 331	2 118	1 872	2 140	2 559	3 047	3 058	3 562
年份	2005	2006	2007	2008	2009	2010	2011	2012
制造业平均工资（元）	15 757	17 966	20 884	24 192	26 599	30 700	36 494	—
制造业 FDI（亿元）	3 477	3 194	3 106	3 468	3 194	3 357	3 366	3 084

资料来源：国家统计局《中国劳动统计年鉴》。制造业 FDI 根据国家统计局《中国统计年鉴》计算得到。

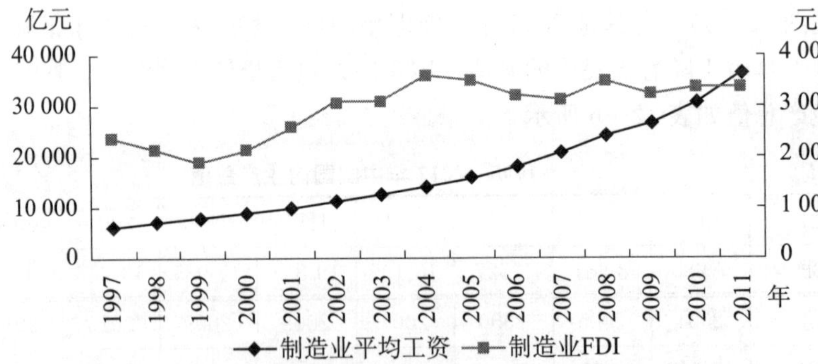

图 12—5　中国制造业 FDI 和制造业工资变动

（三）国际贸易发展与 FDI

如图 12—6 所示，主要国家和地区对我国的 FDI 数额与双边贸易额呈现高度一致

① 唐红：《FDI 对我国国际收支变动的影响分析》[博士论文]，南开大学，2012。

的走势，较高的双边贸易额对应着较高的 FDI。对我国 FDI 最多的前五个国家和地区依次为中国香港、日本、新加坡、韩国和美国；与我国双边贸易最多的五个国家和地区依次为美国、日本、中国香港、韩国和德国。二者基本吻合。

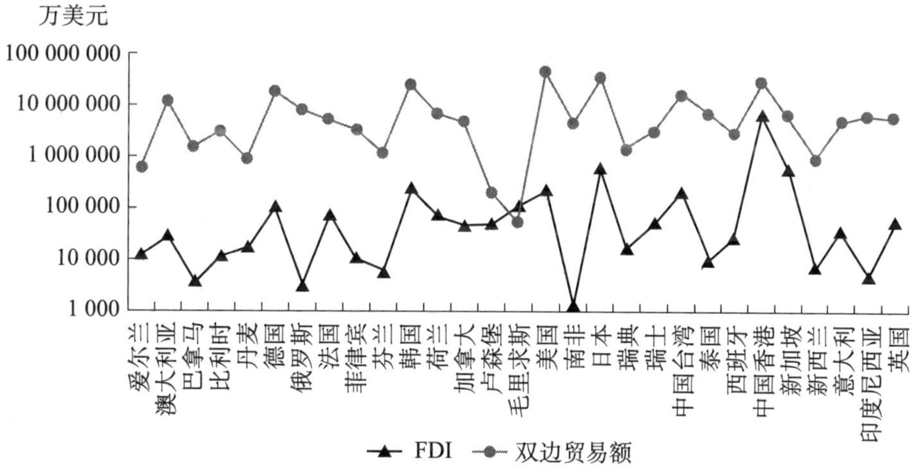

图 12—6　2011 年主要国家和地区对中国直接投资与双边贸易情况

资料来源：中华人民共和国国家统计局：《中国统计年鉴（2012）》。

如图 12—7 所示，1995—2012 年，我国进出口贸易增速总体保持一致，二者年均增速均为 17.6%。以 2005 年为分界点，进口与出口的增长都有所放缓，前者表现得更加明显；2005—2008 年，我国国际贸易顺差的规模不断增加，但增速持续降低；2009—2011 年国际贸易顺差规模开始减少，并逐渐显现出向逆差转变的趋势，而同期 FDI 的类型也发生了比较明显的变化。

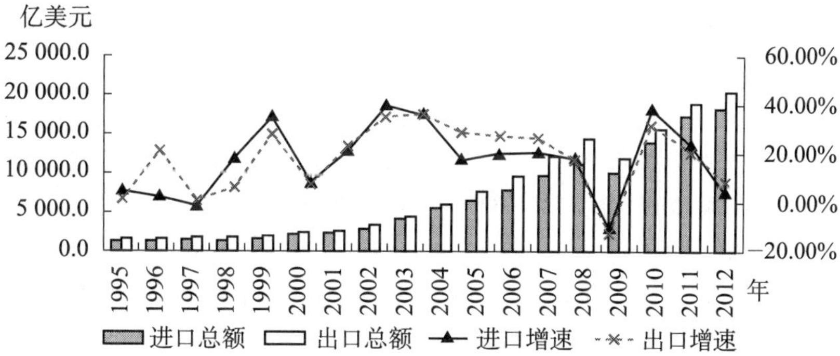

图 12—7　我国进出口贸易增长

资料来源：中华人民共和国国家统计局：《中国统计年鉴（2012）》。

早期进入中国的 FDI 多是垂直型 FDI。随着经济的发展和经济结构的改善，FDI 不论是从投资领域、投资来源国的分布还是投资方式来讲都发生了很大的变化，FDI

类型也随之转变。2005 年开始，以垂直导向型 FDI 为主体的外国投资逐渐转变成水平型 FDI 与垂直型 FDI 并存的情况。我们用外资企业出口额（根据人民币年平均汇率调整成人民币计价）除以外商及港澳台商投资工业企业主营业务收入，得到一个出口比例指标 α，并利用其对 FDI 的类型做一个大致的衡量。如图 12—8 所示，以 2005 年为分界点，我国 FDI 的类型发生了明显的改变：1995—2005 年，α 基本上是在 0.45 的水平附近作小幅振动；从 2005 年开始，伴随着人民币的不断升值，α 呈现持续降低的趋势，且降幅很大，这在一定程度上反映出外资企业出口增长慢于内销增长，市场主导型 FDI 开始增多。

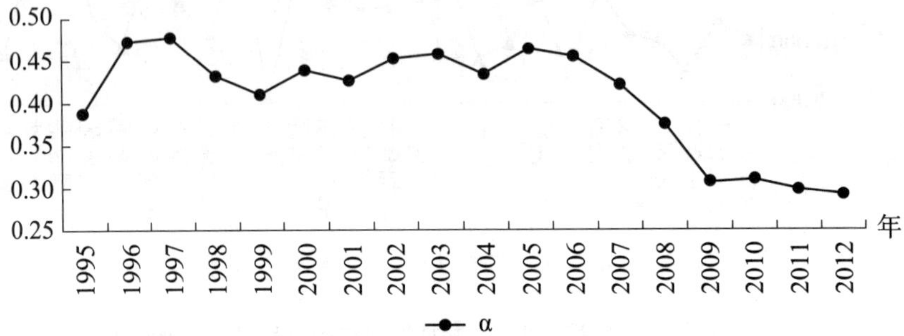

图 12—8 中国 FDI 类型变迁

五、我国 FDI 发展对我国经济增长的影响分析

全要素生产率（total factor productivity，TFP）又称“索洛余值”，最早由美国经济学家罗伯特·索洛提出，是指生产活动在一定时间内的效率，是衡量单位总投入的总产量的生产率指标，即总产量与全部要素投入量之比。全要素生产率是宏观经济学的重要概念，也是分析经济增长源泉的重要工具，尤其是政府制定长期可持续增长政策的重要依据。

为了揭示 FDI 对我国经济增长的作用机理，下面我们以内生经济增长理论为基础，从生产函数的基本模型出发，构建我国全要素生产率的测度模型，并运用协整检验和 Granger 因果检验方法，对 FDI 与全要素生产率的关系进行研究。

1. 模型设定

在研究经济增长时，总量生产函数一般被设定为柯布-道格拉斯生产函数[①]：

$$Y_t = A_t L_t^{\alpha} K_t^{\beta} \tag{12—1}$$

式中，Y 为现实生产力，用 GDP 表示；L 为劳动投入，用就业人数表示；K 为资本存量，用固定资产投资表示；常数项 A 用来表示技术进步，作为全要素生产率的度量；t 代表年份。将式（12—1）两边取对数并进行扩展，得到

① 王向阳、卢艳秋、赵英鑫、马思思：《FDI 影响我国经济增长的实证研究》，载《数理统计与管理》，2011 (4)：705～713 页。

$$\ln Y_t=\ln A_t+\alpha \ln L_t+\beta \ln K_t+\varepsilon_t \tag{12—2}$$

式中，$\ln A_t$为全要素生产率的对数形式 lnTFP；α 和β 分别为劳动和资本的产出弹性。为了实现对全要素生产率的测度，接下来的研究均假定规模报酬不变，即 $\alpha+\beta=1$。在此条件下，全要素生产率的计算公式进一步转化为：

$$\ln Y_t-\ln K_t=\ln \mathrm{TFP}+\alpha(\ln L_t-\ln K_t)+\varepsilon_t \tag{12—3}$$

2. 数据的选取与处理

我们选择 1995—2012 年的年度数据作为样本，具体如表 12—8 所示。其中固定资产投资额用当年的中间汇率折算成美元，FDI 差额与 GDP 数据已分别在表 12—5 及表 12—6 中给出。

表 12—8　　就业人数与固定资产投资额

年份	1995	1996	1997	1998	1999	2000	2001	2002	2003
L（亿人）	6.794 7	6.885 0	6.960 0	7.063 7	7.139 4	7.208 5	7.302 5	7.374 0	7.443 2
K（亿美元）	2 397.2	2 755.9	3 008.7	3 431.1	3 606.4	3 976.3	4 496.0	5 255.5	6 713.4
年份	2004	2005	2006	2007	2008	2009	2010	2011	2012
L（亿人）	7.520 0	7.582 5	7.640 0	7.699 0	7.748 0	7.799 5	7.610 5	7.642 0	7.670 4
K（亿美元）	8 515.1	10 837.0	13 798.4	18 059.4	24 884.9	32 879.3	4 1084.6	48 226.5	59 357.6

资料来源：中华人民共和国国家统计局：《中国统计年鉴》（1995—2012）。

3. 变量的平稳性检验

现实中大多数的经济变量都是非平稳的，直接进行回归分析可能导致伪回归现象，从而使得回归结果出现较大的偏差，甚至无效。因此在对变量进行协整分析之前，必须先对时间序列进行单位根检验，考察序列是否平稳。只有变量在一阶平稳的条件下，才能进行协整分析。常用的检验方法是 ADF 检验。

根据式（12—3），我们将 $\ln Y_t-\ln K_t$，$\ln L_t-\ln K_t$作为变量进行平稳性检验，结果如表 12—9 所示。

表 12—9　　ADF 检验结果

变量	ADF 检验统计量	10%临界值	5%临界值	1%临界值
$\ln Y_t-\ln K_t$	0.796 682	−2.666 593	−3.052 196	3.886 751
Δ（$\ln Y_t-\ln K_t$）	−3.483 294	−2.681 330	−3.081 002	−3.959 148
$\ln L_t-\ln K_t$	0.205 659	−2.673 459	−3.065 585	−3.920 350
Δ（$\ln L_t-\ln K_t$）	−3.326 276	−2.673 459	−3.065 585	−3.920 350

根据检验结果，在 5%的置信水平下，两个变量序列都是非平稳的，但它们的一阶差分序列都是平稳的，因此可以对这两个变量的长期关系进行协整检验。

4. 变量的协整性检验

当各变量是非平稳序列但又都是一阶差分平稳时，如果它们的线性组合是平稳的，那么这个线性组合就反映了变量之间长期稳定的比例关系，即它们之间存在协整关系。我们使用 Johansen 检验法，对变量 $\Delta(\ln Y_t-\ln K_t)$ 和 $\Delta(\ln L_t-\ln K_t)$ 进行有截距项但没有趋势项且滞后期为两期的协整检验，检验结果如表 12—10 所示。

表 12—10　Johansen 检验结果

Hypothesized		Trace	0.05	
No. of CE (s)	Eigenvalue	Statistic	Critical Value	Prob. **
None*	0.643 355	16.529 52	15.494 71	0.034 8
At most 1	0.002 078	0.033 284	3.841 466	0.855 2

Trace test indicates 1 cointegrating eqn (s) at the 0.05 level.

* denotes rejection of the hypothesis at the 0.05 level.

** MacKinnon-Haug-Michelis (1999) p-values.

根据表 12—10 可知，在 5%的置信水平下，第一个原假设被拒绝，而第二个原假设却不能被拒绝，因此认为变量之间存在协整关系。取标准化的协整向量，估计协整关系的长期方程为：

$$\ln Y_t-\ln K_t=0.233\,918+0.282\,888(\ln L_t-\ln K_t) \qquad (12\text{—}4)$$

当 $\alpha=0.282\,888$ 时，$\beta=0.717\,112$。由式（12—2）得到全要素生产率的计算公式为：

$$\ln TFP=\ln Y_t-0.282\,888\ln L_t-0.717\,112\ln K_t \qquad (12\text{—}5)$$

5. lnTFP 的推算

根据式（12—5），利用 1995—2012 年 GDP，L，K 的数据，计算出 1995—2012 年 lnTFP 的数值，结果如表 12—11 所示。

表 12—11　lnTFP 推算结果

年份	1995	1996	1997	1998	1999	2000	2001	2002	2003
lnTFP	2.77	2.83	2.87	2.84	2.86	2.89	2.90	2.88	2.82
年份	2004	2005	2006	2007	2008	2009	2010	2011	2012
lnTFP	2.82	2.79	2.80	2.86	2.88	2.78	2.80	2.89	2.86

lnTFP 的推算结果表明，变量 lnGDP－ln$K$ 与变量 ln$L$－ln$K$ 都具有一阶平稳性，并且变量之间存在一个协整方程，即长期的稳定关系。在 lnTFP 的测度模型中，ln$L$ 和 ln$K$ 的弹性系数分别为 0.282 888 和 0.717 112，即每增加对 ln$L$ 和 ln$K$ 一单位的投入，将会导致 lnTFP 分别减少 0.282 888 和 0.717 112 个单位。并且通过对比弹性系数可以看出，生产要素中固定资产的投入对我国全要素生产率的贡献较大。

6. lnTFP 和 lnFDI 的因果关系检验

与上面的分析类似，先对 lnTFP 和 lnFDI 进行平稳性检验，检验结果表明两个序列都是非平稳的，但它们的一阶差分在 5%的置信水平下都是平稳的，因此可以进行协整检验。接下来对 lnTFP 和 lnFDI 进行 Johansen 检验，结果显示

lnTFP和 lnFDI 之间存在协整关系。取标准化的协整向量，估计协整关系的长期方程为：

$$\ln TFP = 0.420\,416 \ln FDI \qquad (12—6)$$

式（12—6）表明，lnTFP 和 lnFDI 之间存在长期均衡关系，lnFDI 每增加一个单位，lnTFP 就增加 0.42 个单位，FDI 对我国全要素生产率的提高具有一定的促进作用。因此，FDI 不仅直接扩大了我国的资本存量，还通过技术外溢效应向我国扩散先进的技术水平，使人力资本、技术升级和经营管理都得到了一定程度的提高和改善。因此，FDI 确实对我国的经济增长产生了积极的促进作用。

协整检验结果表明，FDI 与我国全要素生产率之间存在长期均衡关系，但是这种关系是否构成因果关系，则需要进一步通过 Granger 因果检验来说明。Granger 曾指出，因果关系检验只有在两个变量之间存在协整关系的条件下才适用，如果变量之间存在协整，则变量之间至少存在一个方向上的 Granger 因果关系。在进行 Granger 因果关系分析时，滞后期的选择非常重要，滞后期不同，可能会得到不同的结论。结合 AIC，SC 的值综合考虑，我们进行滞后期为 2 和 4 的 Granger 因果检验，检验结果如表 12—12 所示。

表 12—12　　Granger 检验结果

原假设	滞后期	F 统计量	显著性水平	结论
lnFDI 不是 lnTFP 的 Granger 原因	2	0.508 20	0.615 0	接受
lnTFP 不是 lnFDI 的 Granger 原因	2	3.523 31	0.065 7	接受
lnFDI 不是 lnTFP 的 Granger 原因	4	0.589 07	0.685 9	接受
lnTFP 不是 lnFDI 的 Granger 原因	4	2.588 95	0.162 5	接受

根据表 12—12，在 5%的显著性水平下，滞后 2 期和滞后 4 期的检验结果都说明 lnFDI 和 lnTFP 之间并没有显著的直接因果关系，这可能是因为 FDI 对我国技术水平提高的促进作用存在一定的滞后性。FDI 作为跨国资源的综合体，不仅带来了先进的管理经验和技能，且还存在着技术扩散和技术溢出。我国企业依靠自身的吸收能力获得技术溢出，需要经历消化、吸收、整合、利用等阶段，这是导致 FDI 的技术扩散和溢出对全要素生产率的影响具有滞后性的主要原因。

7. FDI 与全要素生产率的关系

式（12—6）直接给出了 lnFDI 和 lnTFP 的关系，但却没有明确给出 FDI 和 TFP 的关系。将式（12—6）进一步变形，得到

$$TFP = FDI^{0.42} \qquad (12—7)$$

式（12—7）直接体现了 TFP 与 FDI 之间的关系，当 FDI 增加 1 倍时，TFP 将增加至 1.34 倍，因此，外商直接投资的大量进入，将会促使我国全要素生产率的显著提高，从而促进我国经济发展。

第3节　外汇储备的统计分析

一、外汇储备基本理论

（一）外汇储备的概念

外汇储备（foreign exchange reserves）又称外汇存底，是一个国家或地区的货币当局持有并可以随时兑换的外国货币资产，是官方储备的主要部分。并非所有国家的货币都能充当国际储备资产，只有那些在国际货币体系中占有重要地位，并且能自由兑换其他储备资产的货币才能充当国际储备资产。狭义的外汇储备指一个国家的外汇积累，广义的外汇储备则指一切以外汇计价的资产，包括现钞、黄金、国外有价证券等。

（二）外汇储备的经营原则

各国政府经营和管理外汇储备，一般都遵循以下三个原则：

1. 安全性

指外汇储备应存放在政治稳定、经济实力强的国家和信誉高的银行，选择风险小、币值相对稳定的币种，投资于比较安全的信用工具。

2. 流动性

指保证外汇储备能随时兑现和用于支付，并做到以最低成本实现兑付。一般来说，现金和国库券的流动性较强，其次是中期国库券、长期公债。

3. 盈利性

指在保证安全和流动的前提下，通过对市场走势的分析预测，确定科学的投资组合，抓住市场机会，进行资产投资和交易，使储备资产增值。

但是，安全性、流动性和盈利性三者不可兼得，一般盈利大的资产安全性必然差。因此，各国在经营外汇储备时，往往各有侧重。比如富国多重视流动性，小国和穷国则多重视价值增值和财富积累等。

（三）外汇储备的作用

外汇储备是一国进行经济调节、实现内外平衡的重要手段，是一个国家国际清偿能力的重要组成部分，同时也对平衡国际收支、稳定汇率有重要的影响。一般来说，外汇储备的增加不仅可以增强宏观调控的能力，而且有利于维护国家和企业在国际上的信誉，有助于拓展国际贸易、吸引外国投资、降低国内企业融资成本、防范和化解国际金融风险。但是，外汇储备并不是越多越好，持有外汇储备也是要付出一定代价的。

第一，外汇储备表现为持有一种以外币计价的金融债权，而并不投入国内生产使用。这就产生了机会成本的问题，即如果货币当局不持有储备，就可以把这些储备资产用来进口商品和劳务，增加生产的实际资源，从而增加就业和国民收入。

第二，外汇储备的增加需要相应扩大货币供应量，如果外汇储备过大，就会增加通货膨胀的压力，从而增加货币政策制定与实施的难度。此外，持有过多的外汇储备还会增加因外币贬值而遭受损失的风险。因此，外汇储备应保持在适度水平上。

二、我国外汇储备的形成与运用现状

如表 12—13 和图 12—9 所示，1994 年我国外汇管理体制改革以来，除个别年份以外，我国外汇储备的规模持续增大。

表 12—13 中国外汇储备规模变动 单位：亿美元

年份	1995	1996	1997	1998	1999	2000	2001	2002	2003
储备资产变动额	－225	－317	－357	－64	－85	－105	－473	－755	－1061
外汇储备	736	1 050	1 399	1 450	1 547	1 656	2 122	2 864	4 033
外汇储备差额	－220	－314	－349	－51	－97	－109	－466	－742	－1060
年份	2004	2005	2006	2007	2008	2009	2010	2011	2012
储备资产变动额	－1 901	－2 506	－2 848	－4 607	－4 795	－4 003	－4 717	－3 878	－966
外汇储备	6 099	8 189	10 663	15 282	19 460	23 992	28 473	31 811	393 079
外汇储备差额	－1 904	－2 526	－2 853	－4 609	－4 783	－3 821	－4 696	－3 848	－986

资料来源：根据国家外汇管理局网站数据整理。

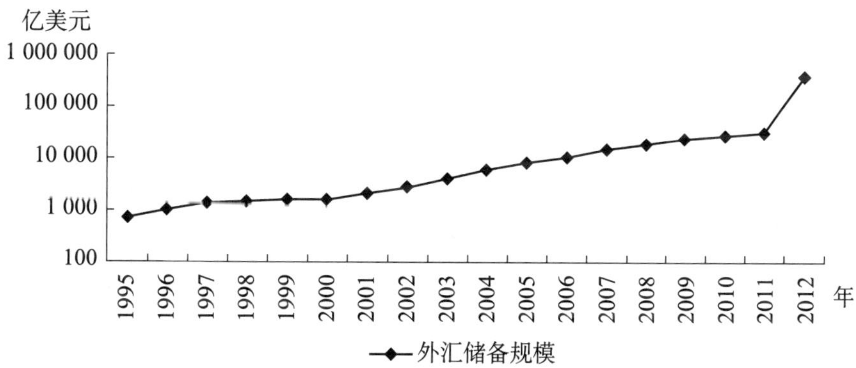

图 12—9 中国外汇储备规模

我国外汇储备的高速增长受到多种因素的共同影响，而国际收支双顺差是非常重要的一个部分。我国外汇储备一方面来源于经常项目顺差，另一方面来源于资本项目顺差，主要是 FDI 形式的资本流入。2011 年，我国经常项目顺差与 FDI 净流入对外汇储备的贡献率分别为 52.42%和 44.28%，合计贡献率达到 96.70%。从国际收支平衡表来看，一国的国际收支状况决定其外汇储备的增长，而外汇储备又是国际收支变化的反映。通过分析我国1995年以来的国际收支变化及其来源情况（见表12—14），可以大致了解资本流动对我国外汇储备增长的影响。

表12—14　　中国资本和金融账户变动　　单位：亿美元

年份	1995	1996	1997	1998	1999	2000	2001	2002	2003
资本和金融项目差额	387	400	210	−63	52	19	348	323	549
证券投资差额	8	17	69	−37	−112	−40	−194	−103	114
其他投资差额	40	2	−276	−437	−205	−315	169	−41	−60
年份	2004	2005	2006	2007	2008	2009	2010	2011	2012
资本和金融项目差额	1 082	953	493	942	401	1 985	2 869	2 211	−168
证券投资差额	197	−47	−684	164	349	271	240	196	478
其他投资差额	283	56	136	−644	−1 126	803	724	255	−2 600

资料来源：根据国家外汇管理局公布的历年《国际收支平衡表》整理。

根据表12—14的数据，资本和金融账户除在1998年受到东南亚金融危机的影响，以及在2012年由于我国国际收支初步呈现自我调节与自我平衡的势头而表现为资本净流出之外，其余年份均为净流入，成为我国外汇储备规模不断增大的源泉之一。

理论上，对一国外汇储备的基准规模进行界定需要考虑的条件有：约5～6个月的进口用汇、全部短期外债偿还用汇、中长期外债偿还用汇、外商在本国实现的但尚未汇出的利润、本国企业的境外直接投资、证券投资的规模以及本国外汇储备特性的预留安全规模。根据上述考虑，现阶段我国的外汇储备规模已经大大超出了外汇储备的适度规模。适度规模以外的部分如果不能加以有效利用，一方面会造成资源浪费，另一方面会对国内宏观经济和政策调控形成一定的压力。

我国外汇储备大致用于以下几个方面：第一，购买美国国债和美国财政部中长期债券。美国是我国最主要的贸易伙伴，并且美元还是世界最主要的国际结算货币，因此我国的外汇储备中有近70%的部分是以美元资产形式持有的。第二，帮助国内金融机构实施股份制改革。2003年末，我国成立中央汇金投资有限责任公司，由其代表政府运用外汇储备向国有金融机构注资。第三，参股和控股外国企业。2007年，中国投资有限责任公司成立，通过企业式的运营方式保证外汇储备的保值增值。第四，运用部分外汇储备进口战略性产品。

三、我国外汇储备运用存在的问题

通过对1995—2012年中国国际收支平衡表的分析发现，我国外汇储备的运用存在以下问题：

1. 对外间接投资渠道单一，外汇储备收益率低

对外间接投资分为证券投资和其他投资，是我国外汇储备现阶段的主要投资形式。证券投资主要有股票投资和债券投资两种形式，其他投资则包括发放贷款、发放贸易信贷以及货币和存款形式的储蓄等。我国外汇储备管理以安全性为原则，因此我国外汇储备证券投资的传统形式一直是以债券投资为主、适度投资于股票。从表 12—15 可以看出，股本证券一栏在 2006 年才开始有非零记录，说明我国外汇储备对股票投资的重视程度不足。相反，1995—2006 年，除个别年份外，中长期债券投资始终为正值，且总体上呈增加趋势；2006 年我国外汇储备购买外国中长期债券的数额超过 1 000 亿美元，达到证券投资的 98.6%；而 2007—2011 年，中长期债券投资都是负值。我国外汇储备的债券投资主要是购买美国国债，以美元形式持有，这种单一的投资形式会使投资债券的收益率低，造成国内资源和国民财富的浪费，同时还会增加外汇储备的汇率风险。

表 12—15　　我国外汇储备间接投资结构　　单位：亿美元

年份	1995	1996	1997	1998	1999	2000	2001	2002	2003
股本证券	0	0	0	0	0	0	0	0	0
中长期债券	0	0	9	38	105	113	56	33	−80
短期贸易信贷	0	0	0	0	133	182	−24	28	47
货币和存款	0	0	151	−6	−113	60	32	25	66
年份	2004	2005	2006	2007	2008	2009	2010	2011	2012
股本证券	0	0	15	152	22	406	84	−11	−19
中长期债券	−158	223	1 063	−84	−400	−347	−19	−50	50
短期贸易信贷	157	242	124	271	−177	298	460	374	415
货币和存款	−202	103	125	63	240	−20	580	987	1047

资料来源：根据国家外汇管理局公布的历年《国际收支平衡表》整理。

2. 对外直接投资严重不足

对外直接投资是一国外汇储备的重要运用形式。对外直接投资一方面可以使本国企业规避贸易壁垒，实现商品、要素的国际流动；另一方面则有助于提升企业的国际竞争力，实现规模经济。同时，对外直接投资也是在目前内需不足的形势下缓解国内企业产能过剩的有效方式。

图 12—10 反映的是 2004—2012 年我国对外直接投资和外国对华直接投资的变动情况。从图中可以看出，我国对外直接投资的数量远远低于同期引进 FDI 的数量。我国改革开放之初，引进外资的目的是为了缓解我国经济建设中的资金不足。20 世纪 90 年代，引进外资的目的是用市场换技术。而进入 21 世纪，我国居民储蓄持续增加，建设资金缺乏的问题已经大大缓解，同时以市场换技术的引资方式被实践证明效果有限，因此国家对我国的对外开放战略进行了适时调整，对外直接投资成为国家对外开

放的战略重心。截至2011年底，我国对外直接投资存量突破5 000亿美元，位居全球第13位。尽管如此，我国对外直接投资仍然严重不足，与发达国家存在较大差距。这导致企业用汇需求低，直接制约了我国巨额外汇储备的有效利用。

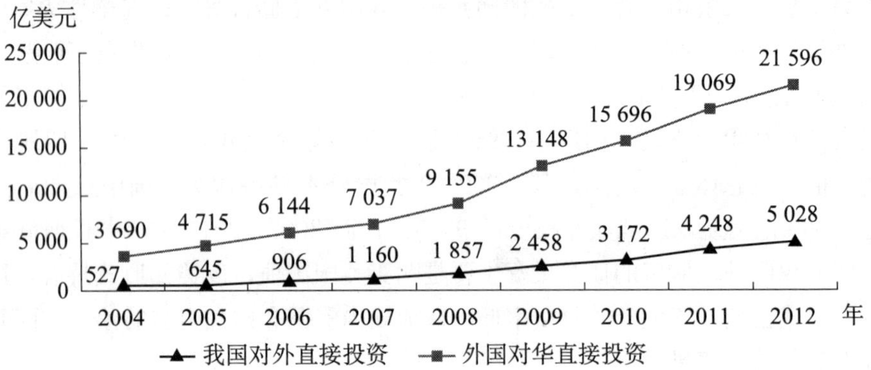

图 12—10　中国对外直接投资和 FDI 对比

3. 进口结构有待改善，外汇储备的消费作用有限

外汇储备除了用于直接和间接投资、实现保值增值外，还可以直接用于消费，从国外购买国内经济发展急需的原料、能源、设备、商品等。一国应根据本国经济发展的需要合理安排进口商品结构，尤其是对于外汇储备短缺的国家和地区而言，合理的进口商品结构有助于提高有限外汇储备的利用效率。从我国工业化发展的要求来看，我国对于技术含量高的高新技术产品的需求非常大，因为高新技术产品的引进具有很强的技术外溢效应，东道国可以通过对进口高新技术产品的引进、吸收、模仿、创新逐步实现本国的技术进步和产品出口。然而从表12—16可以看出，我国高新技术产品的进口增加是比较缓慢的，比重也不高，到目前为止仅占整个进口商品的1/3，在进口工业制成品中的比重也刚到40%，大大滞后于工业发展的需要。

表 12—16　　高技术产品进口情况（%）

年度	1995	1996	1997	1998	1999	2000	2001	2002	2003
占进口商品比重	16.5	16.2	16.8	20.8	22.7	23.3	26.3	28.1	28.9
占进口工业制成品比重	20.3	19.8	21.0	24.9	27.1	29.4	32.4	33.7	35.1
年度	2004	2005	2006	2007	2008	2009	2010	2011	2012
占进口商品比重	28.7	30.0	31.2	30.0	30.2	30.8	29.6	26.6	—
占进口工业制成品比重	36.3	38.6	40.9	40.3	44.4	43.3	42.9	40.7	—

资料来源：中国科技统计网站中国高技术产业数据，www.sts.org.cn/sjkl/gjscy/。

近年来，我国能源消费增长迅速，对进口能源的依存度不断增加，然而与此相比，我国战略性能源的储备明显不足，外汇储备的消费作用还有待发挥。以石油为例，从1993年开始，我国成为石油净进口国，我国的石油进口量每年递增1 500万吨左右，2012 年全年我国的石油净进口量已经达到了 2.84 亿吨，对外依存度高达 58%。外汇储备在战略能源的进口上还可以发挥更大的作用。

四、外汇储备的有效运用

适度的外汇储备规模有助于我国发展外向型经济和防范国际金融危机，其安全性和流动性是首要因素。但同时我们也应该立足于基本国情，借鉴发达国家对外汇储备的管理方法，积极有效运用巨额的外汇储备，发挥外汇储备对经济增长的促进作用。具体可以有以下对策：

1. 加强对外直接投资

为了更好地利用国外资源和市场，在引进外资的同时，我国政府也应该鼓励国内企业走出去，到国外去投资建厂；鼓励国内的产品、服务、技术、劳动力、管理走向国际市场，突破国外的贸易保护壁垒，提高企业的国际竞争力。

2. 建立和加强国家的战略储备

一国的战略储备主要体现在黄金储备和能源储备上。黄金储备指一国货币当局持有的，用以平衡国际收支、维持或影响汇率水平，作为金融资产持有的黄金。2012 年，主要国家黄金储备如表 12—17 所示。美国的黄金储备高达 8 133.5 吨，占其外汇储备总额的 75.7%，是世界黄金储备第一大国，而我国虽然黄金产量位居世界第一，但黄金储备仅为 1 054.1 吨，占外汇储备总额的 1.7%，黄金储备量约为美国的 1/8。我国的黄金储备从绝对量和相对量上都明显不足。因此，将部分外汇储备兑换成黄金储备，不仅可以缓解外汇储备过多的风险，同时也有利于增强我国的综合实力和抵抗金融风险的能力。此外，国家可以积极鼓励和支持企业在石油、煤炭、有色金属等战略能源储备上发挥作用，实现能源储备的商业化。

表 12—17　2012 年主要国家黄金储备

国别	美国	德国	意大利	法国	中国	瑞士	俄罗斯	日本	荷兰
数量（吨）	8 133.5	3 391.3	2 451.8	2 435.4	1 054.1	1 040.1	957.8	765.2	612.5
黄金/外汇储备（%）	75.7	72.8	72.1	70.5	1.7	10.4	9.5	3.2	59.7

资料来源：世界黄金协会（World Gold Council）。

3. 提高外汇储备的投资收益

我国应该在保证外汇储备安全性的前提下，积极提高外汇储备的收益率。具体可以从提高间接投资中股票投资的比重以及投资于我国具有比较优势的服务贸易行业两个方面来进行。近年来，我国服务贸易的快速发展对外汇储备的积累做出了重要贡献，我国可以将适量外汇储备投资于那些具有比较优势的服务贸易行业（参见本章第 1 节），这样一方面可以促进这些行业的快速发展，提高外汇储备资金的收益率，另一方面也可以缓解商品贸易量过大引起的贸易摩擦。

第4节 汇率统计分析

一、汇率基本理论

（一）汇率的概念、标价方法和种类

汇率（rate）也称“外汇行市”或“汇价”，指不同货币间兑换的比率或比价，是国际贸易中最重要的调节杠杆。

汇率一般采取两种标价方法：直接标价法和间接标价法。前者又称应付标价法，是以一定单位的外国货币为基准来计算其可以折合多少单位的本国货币；后者又称应收标价法，是以一定单位的本国货币为标准来计算折合多少单位的外国货币。包括中国在内的世界上绝大多数国家目前都采用直接标价法，如1美元＝6人民币。而欧元、英镑、澳元等均为间接标价法，如1欧元＝1.37美元。直接标价法和间接标价法所表示的汇率涨跌含义正好相反，所以在引用某种货币的汇率和说明其汇率高低涨跌时，必须明确采用的是哪种标价方法，以免混淆。

汇率按照不同的标准可以做出不同的划分：

（1）按汇率稳定性的不同，可分为固定汇率和浮动汇率。

固定汇率（fixed rate）指一国货币同另一国货币的汇率基本固定，波动幅度很小。

浮动汇率（floating rate）指一国货币当局不规定本币对其他货币的官方汇率，汇率完全由市场供求关系决定。但在实际中，各国货币当局都会在必要时对市场进行干预，实行有管理的浮动。

（2）按汇率制定方法的不同，可分为基础汇率和套算汇率。

基础汇率（basic rate）是一国所制定的本国货币与基准货币（关键货币）之间的汇率。由于美元是国际支付中使用较多的货币，因此各国都把美元当作制定汇率的主要货币，常把美元的汇率作为基础汇率。

套算汇率（cross rate）又称交叉汇率，是在基础汇率基础上套算出的本币与非关键货币之间的汇率。

（3）按对汇率管制程度的不同，可分为官方汇率和市场汇率。

官方汇率（official rate）是由国家机构（财政部、中央银行或外汇管理局）制定和公布的汇率。

市场汇率（market rate）是在外汇市场上买卖外汇的实际汇率。在外汇管制较为宽松的国家，官方汇率往往只起中心汇率的作用，实际外汇交易都按市场汇率进行。

（4）按银行买卖外汇的不同角度，可分为买入汇率、卖出汇率、中间汇率和现钞汇率。

买入汇率（buying rate）又称买入价，是银行向同业或客户买入外汇时所使用的汇率。

卖出汇率（selling rate）又称卖出价，是银行向同业或客户卖出外汇时所使用的汇率。

中间汇率（medial rate）是买入价与卖出价的平均数。

现钞汇率（cash rate）。一般国家都不允许外国货币在本国流通，只有将外币兑换成本币后才能购买本国的商品和劳务，因此产生了买卖外汇现钞的兑换率，即现钞汇率。

（5）按外汇交割期限的不同，可分为即期汇率和远期汇率。

即期汇率（spot rate）又称现汇汇率，是外汇买卖双方成交当天或两天以内进行交割时所使用的汇率。

远期汇率（forward rate）是事先由买卖双方签订合同、达成协议，而在未来一定时期进行交割的汇率。

（6）按银行付汇方式的不同，可分为电汇汇率、信汇汇率和票汇汇率。

电汇汇率（telegraphic transfer rate）是经营外汇业务的本国银行在卖出外汇后，即以电报委托其国外分支机构或代理行付款给收款人所使用的一种汇率。

信汇汇率（mail transfer rate）是用信函方式通知付款的外汇汇率。

票汇汇率（demand draft rate）是银行在卖出外汇时，开立一张由其国外分支机构或代理行付款的汇票交给汇款人，由其自带或寄往国外取款所使用的汇率。

（二）汇率变动的计算

1. 汇率变动的定义

汇率变动指货币对外价值的上下波动，包括货币贬值和货币升值。

（1）在直接标价法下：

本币汇率的变化＝（旧汇率/新汇率－1）×100％

外币汇率的变化＝（新汇率/旧汇率－1）×100％

（2）在间接标价法下：

本币汇率的变化＝（新汇率/旧汇率－1）×100％

外币汇率的变化＝（旧汇率/新汇率－1）×100％

一般地，正值表明升值，负值表明贬值。

2. 综合汇率变动率

指根据一国货币和其他各国货币汇率的变动幅度，以各国在该国对外贸易中所占的比重，或各国在世界贸易中所占的比重为权数，加权计算出的汇率变动率。

根据实际统计数据，计算人民币从基期到报告期的综合汇率变动率（见表12—18），具体计算过程如下。

（1）首先计算人民币对各外币的变动率。

对美元：(645.88/631.25－1）×100％＝2.32％

对日元：(8.105 0/7.903 7－1）×100％＝2.55％

对港币：(82.97/81.38－1）×100％＝1.95％

对欧元：(900.11/810.67－1）×100％＝11.03％

（2）将以上汇率变动按贸易比重进行加权，得到人民币汇率的综合变动率：

2.32%×12.397 8%+2.55%×8.966 6%+1.95%×8.304 9%
+11.03%×14.846 3%=2.316%

（3）结果表明，从总体上看，人民币升值了 2.316%。

表 12—18 综合汇率的计算

国家或地区	人民币汇率（年平均价）		双边贸易占中国外贸总值比重（平均值）
	报告期（2012）	基期（2011）	
美国	100 美元=631.25 人民币	100 美元=645.88 人民币	12.397 8%
日本	100 日元=7.903 7 人民币	100 日元=8.105 0 人民币	8.966 6%
中国香港	100 港元=81.38 人民币	100 港元=82.97 人民币	8.304 9%
欧盟	100 欧元=810.67 人民币	100 欧元=900.11 人民币	14.846 3%

资料来源：中华人民共和国国家统计局：《中国统计年鉴（2013）》。

二、汇率决定的统计分析

（一）实物决定模型

实物决定模型指汇率主要由商品市场的均衡状况决定，包括以下两个部分：

1. 购买力平价模型

购买力平价（purchasing power parity，PPP）理论是一种研究和比较各国不同的货币之间购买力关系的理论。购买力平价理论有两种形式，即绝对购买力平价和相对购买力平价。

（1）绝对购买力平价。说明在某一时点上汇率决定的基础，其观点是以本国货币交换外国货币，实质是以本国的购买力交换外国的购买力，而汇率则是两国货币在各国内所具有的购买力的对比。

模型：$e=\dfrac{P_a}{P_b}$

式中，e 为直接标价法表示的汇率；P_a 为 A 国的一般物价水平；P_b 为 B 国的一般物价水平。

按照 PPP 的基本原理，英国《经济学家》杂志每年都要计算“巨无霸汉堡指数”（Big Mac Index），用麦当劳的“巨无霸”汉堡包价格来推算各国的货币购买力。由于这款汉堡包在各国的制造工艺、原料都相同，因此其价格的比较有一定的代表性。如果一个“巨无霸”汉堡包在美国的售价为 4.07 美元，而在中国的售价为 16.5 元人民币，那么 1 美元在中国的购买力就相当于（16.5/4.07=）4.05 元人民币，按市场汇率（1 美元约合 6 人民币）计算，一个在中国销售的“巨无霸”价格要比在美国的便宜（（4.07−16.5/6）/4.07=）32%，也就是说，“巨无霸汉堡指数”显示人民币相对于美元被低估了 32%。

（2）相对购买力平价。解释在某一时段里汇率变动的原因，其观点是在纸币流通的条件下，由于各国经济状况的变化，各国货币的购买力也必然会经常发生变化，而汇率的变动正是要反映两个国家的物价水平在某一段时期所发生的相对变化情况。

模型：$\frac{e_1}{e_0}=\frac{P_{a1}/P_{a0}}{P_{b1}/P_{b0}}$

式中，e_1，e_0分别表示当期和基期的汇率；P_{a1}，P_{a0}分别表示A国当期和基期的物价水平；P_{b1}，P_{b0}分别表示B国当期和基期的物价水平。

2. 利率平价模型

利率平价理论（interest rate parity theory），又称远期汇率理论，最初由英国经济学家凯恩斯提出，其主要内容是：两国利率的差异，即两国投资收益的差异，影响着资本在国际间的流动。投资者为了获得较高的收益，愿意将其资本从利率较低的国家转移到利率较高的国家去投资。一直到两国收益率相等时，国际资本移动才会停止。

模型：$r-r^*=\Delta Ee=\frac{F-S}{S}$

式中，r表示以本币计价的资产收益率；r^*表示以外币计价的相似资产的收益率；ΔEe表示一段时间内本币贬值或外币升值的比率；F表示远期汇率；S表示即期汇率。

假设瑞郎（CHF）的年利率是3%，美元（USD）的年利率是5%，即期汇率为USD/CHF=1.6。根据利率平价理论，利率高的货币远期贬值，贬值率为利差。该例中美元利率较高，故远期美元贬值，一年后的贬值率（利差）为（3%－5%=）－2%，一年后的汇率为USD/CHF=1.6×（1－2%）=1.568。

（二）货币决定模型

货币决定模型（monetary model）指汇率决定要考虑到金融市场的均衡状况，主要表现为货币主义的汇率模型。

汇率决定的货币分析法强调货币市场在汇率决定过程中的作用，它把汇率看成是两种货币的相对价格，而不是两国商品的相对价格。换言之，它不是简单地根据国内外的通货膨胀率差异，而是根据国内外的货币供求情况来解释汇率；且在强调汇率运动是由货币市场上的货币存量变化决定的同时，还在一定程度上顾及到了实际经济因素对汇率的影响。

模型：$e=\frac{Ms}{Ms^*}\times\frac{f(Y^*,r^*+\pi^*)}{f(Y,r+\pi)}$

式中，Ms，Ms^*分别为国内、国外的名义货币存量；Y，Y^*分别为国内、国外实际收入；r，r^*分别为本国和外国的实际利率；π，π^*分别为本国和外国的通货膨胀率。

（三）人民币汇率决定模型

人民币汇率的走势一直是国际关注的焦点之一。西方国家的汇率模型建立在市场机制的基础上，自由贸易和资本市场开放是这些模型的隐含前提。而在我国，现代企业制度还未完全建立，市场对资源的配置作用也十分有限，因此西方的汇率决定理论不能直接应用于人民币汇率的决定，而应根据我国经济体制和市场运行的实际情况，吸取这些理论中符合人民币汇率决定的内容，把购买力、利率和国际收支的变动结合起来，构筑新的综合模型。

建立人民币汇率模型应该遵循以下几个原则①：

1. 宏观原则

汇率是一个宏观经济变量，因此应该将影响人民币汇率变动的因素限制在国民经济的宏观领域。

2. 客观原则

模型中的变量应该以经济运行中的客观存在为基础。

3. 简单原则

从宏观经济管理的角度考虑，汇率模型的变量不宜过多，而应以能大致反映宏观经济变量之间的相互关系为准。

4. 实用原则

建立汇率模型的目的是为了更准确地把握汇率的变动规律，为汇率政策的制定和调整提供实用的参考意见。因此，人民币汇率模型在变量、模型和技术上都应具有很强的可操作性。

依据以上原则我们可以提出各种不同的人民币汇率决定模型。作为示范，下面给出一个简单的模型形式：

$$e=\beta_0+\beta_1\cdot(EX-EM)+\beta_2\cdot(i-i^*)+\beta_3\cdot F+\varepsilon$$ ②

式中，e 用人民币的官方汇率来衡量（人民币/美元）；EX 表示贸易商品出口额；EM 表示贸易商品进口额；$EX-EM$ 即为经常项目下的净出口额（亿美元）；i 表示人民币利率（%）；i^* 表示美元利率（%）；F 表示资本项目差额（亿美元）。

假定 $\beta_0=5.496$，$\beta_1=0.006$，$\beta_2=-0.159$，$\beta_3=0.002$，代入 2002 年的数据，$EX-EM=441.67$ 亿美元，$i-i^*=0.32\%$，$F=322.91$ 亿美元，得到估计的 e 值为 8.611 3，与真实的 e 值 8.277 0 只相差一个很小的随机误差 ε。

三、汇率变动对经济的影响分析

（一）汇率变动对一国对外经济的影响

1. 对进出口贸易收支的影响

汇率变动会引起进出口商品相对价格的变化。一国货币的对外贬值会使以外币

① 涂永红、方华：《人民币汇率模型选择》，载《中国人民大学学报》，1996（6）：24～29页。

② 柳晓霞、尤文涛：《人民币汇率决定的简单模型及实证分析》，载《广东财经职业学院学报》，2007（5）：45～48页。

表示的出口商品的价格下降，增强本国商品在国际上的竞争力，同时以本币表示的进口商品的价格上升，不利于进口商品在本国的销售，同时刺激国内相关产业的发展，增加进口替代品的供应，从而有利于该国增加出口、抑制进口；反之，则相反。

贬值对贸易收支的改善并不是立即奏效的，而是存在“时滞”。由于进口合同在货币贬值之前就已经签订，因此贬值后外国对本国出口商品的需求不会立即增加，从而进出口规模也不会立即发生变化。所以在贬值初期，该国的贸易收支状况不仅不会立即改善，而且还有可能趋于恶化。只有经过一段时间之后，贬值国的贸易收支才会好转。这一过程表现在图上像字母“J”（见图 12—11），故称为“J 曲线效应”。

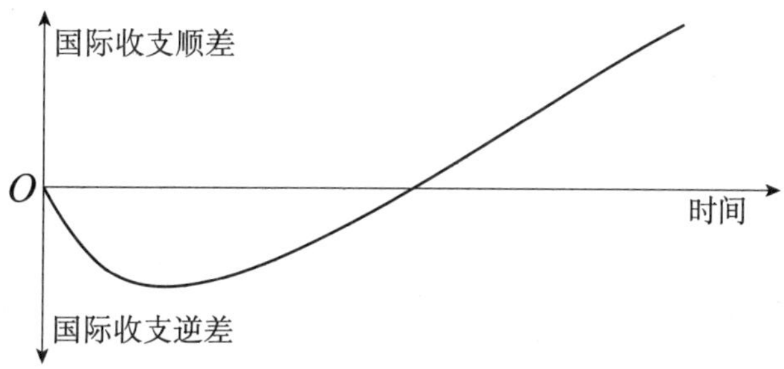

图 12—11 J 曲线效应

2. 对国际资本流动的影响

汇率变动对国际资本流动的影响表现在两个方面。首先，本币对外贬值意味着单位外币能折合更多的本币，从而促使外国资本流入增加，国内资本流出减少；其次，如果出现本币对外价值将贬未贬、外汇汇价将升未升的情况，则会通过影响人们对汇率的预期引起本国资本外逃。

（二）汇率变动对一国国内经济的影响

1. 对国内物价的影响

一是对贸易品价格的影响，二是对非贸易品价格的影响。一般来说，本币贬值会使国内物价上涨，外币购买力相对提高。在国内生产力已充分利用的情况下，由本币贬值造成的出口扩大会相应减少国内市场上的商品供应量，加剧国内供需矛盾。再加上出口增加，外汇收入增多，为收购外汇而投放的本币也会相应增加，从而使得流通中的货币量扩大，在国内商品可供量减少的情况下，将促使物价上涨。

2. 对国内就业、国民收入及资源配置的影响

本币汇率下降、外币汇率上升有利于促进该国出口而抑制进口，从而使得其出口工业和进口替代工业得到大力发展，进而使得整个国民经济发展速度加快，国内就业机会增加，国民收入也随之增加；反之，若本币汇率上升而外币汇率下降，将会使该国出口受阻而进口大量增加，造成该国出口工业和进口替代业萎缩，资源就会从出口

工业和进口替代部门转移到其他部门。

（三）人民币汇率变动对我国进出口额的影响分析

由表12—19和图12—12可以看出，人民币汇率自1995年起总体上一直呈现上升趋势，而我国的贸易差额也一直保持着顺差（见图12—1）。通过对比图12—1与图12—12可以发现，2005—2008年间，我国的国际贸易顺差额明显持续增加，而与此同时，人民币汇率也经历了一个快速上升的阶段，这在一定程度上说明了我国进出口贸易与人民币汇率变动有着密不可分的联系。

表12—19　　人民币汇率

年度	1995	1996	1997	1998	1999	2000	2001	2002	2003
年均汇率（人民币/1美元）	8.351	8.314	8.290	8.279	8.278	8.278	8.277	8.277	8.277
年度	2004	2005	2006	2007	2008	2009	2010	2011	2012
年均汇率（人民币/1美元）	8.277	8.192	7.972	7.604	6.945	6.831	6.769 5	6.459	6.313

资料来源：中华人民共和国国家统计局：《中国统计年鉴（2013）》。

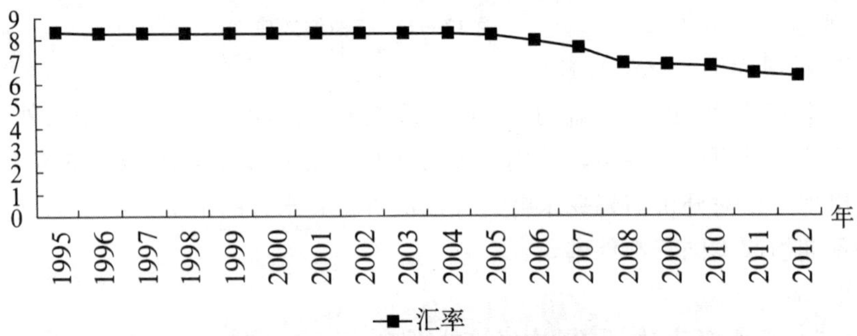

图12—12　人民币汇率变动曲线

为了进一步明确人民币汇率变动和我国进出口额变动之间的关系，下面我们就人民币汇率波动对我国进出口贸易的影响进行实证研究。

1. 数据选取及说明

我们选取1995—2012年的年度数据作为样本，数据来源于历年《中国统计年鉴》及国家外汇管理局网站，并定义变量R和N分别为汇率（直接标价法下）和进出口差额即净出口额（亿美元）。

2. 平稳性检验

由于所选用的数据为时间序列数据，因此为了避免伪回归，必须先对数据进行平稳性检验，使用Eviews软件得到的ADF检验结果如表12—20所示。

表 12—20　　　　　　ADF 检验结果

Null Hypothesis：Unit root (individual unit root process)

Series：R，N

Sample：1995 2012

Exogenous variables：Individual effects

Automatic selection of maximum lags

Automatic lag length selection based on SIC：0

Total (balanced) observations：34

Cross-sections included：2

Method	Statistic	Prob. **
ADF -Fisher Chi-square	0.416 76	0.981 1
ADF - Choi Z-stat	2.726 57	0.996 8

** Probabilities for Fisher tests are computed using an asymptotic Chi-square distribution. All other tests assume asymptotic normality.

Intermediate ADF test results GROUP01

Series	Prob.	Lag	Max Lag	Obs
R	0.998 5	0	3	17
N	0.813 1	0	3	17

由检验结果可以看出，在 5%的显著性水平下，自变量 R 和因变量 N 都是非平稳的，存在单位根。

对原时间序列数据进行一阶差分后再做 ADF 检验，结果如表 12—21 所示。

表 12—21　　　　　　差分后的 ADF 检验结果

Null Hypothesis：Unit root (individual unit root process)

Series：R，N

Sample：1995 2012

Exogenous variables：Individual effects

User-specified maximum lags

Automatic lag length selection based on SIC：0 to 2

Total number of observations：30

Cross-sections included：2

Method	Statistic	Prob. **
ADF - Fisher Chi-square	9.798 30	0.044 0
ADF - Choi Z-stat	−1.846 35	0.032 4

** Probabilities for Fisher tests are computed using an asymptotic Chi

-square distribution. All other tests assume asymptotic normality.

Intermediate ADF test results D (GROUP01)

Series	Prob.	Lag	Max Lag	Obs
D (R)	0.210 7	0	2	16
D (N)	0.035 4	2	2	14

表 12—21 中的结果显示，在 5%的显著性水平下，一阶差分后的序列变成了平稳序列，故 R 和 N 都是一阶单整序列，因此可以对它们进行协整分析。

3. 协整分析

为了分析汇率（R）和进出口差额（N）之间是否存在协整关系，需要先做两个变量之间的回归，然后再检查回归残差的平稳性。

以汇率（R）为解释变量，进出口差额（N）为被解释变量，采用普通最小二乘（OLS）回归方法估计回归模型，Eviews 输出的结果如表 12—22 所示。

表 12—22　　OLS 回归结果

Dependent Variable：N

Method：Least Squares

Sample：1995 2012

Included observations：18

Variable	Coefficient	Std. Error	t-Statistic	Prob.
C	9 232.710	1 525.619	6.051 780	0.000 0
R	−1 052.826	195.335 8	−5.389 827	0.000 1

R-squared	0.644 841	Mean dependent var	1 045.000
Adjusted R-squared	0.622 643	S. D. dependent var	972.679 3
S. E. of regression	597.510 6	Akaike info criterion	15.727 86
Sum squared resid	5 712 303	Schwarz criterion	15.826 79
Log likelihood	−139.550 7	Hannan-Quinn criter.	15.741 50
F-statistic	29.050 23	Durbin-Watson stat	0.556 093
Prob (F-statistic)	0.000 060		

由表 12—22 可得估计的回归模型为：

$$N=9\ 232.71-1\ 052.826R+e \qquad (12—8)$$

对回归残差进行单位根检验，表 12—23 中的输出结果显示，在 10%的置信水平下，残差序列平稳，不具有单位根，可以说明汇率（R）和进出口差额（N）之间协整，两者之间存在长期均衡关系，但从短期来看可能会出现失衡。

表 12—23　　残差的单位检验

Null Hypothesis：E has a unit root

Exogenous：Constant

Lag Length：1 (Automatic based on SIC，MAXLAG=3)

		t-Statistic	Prob. *
Augmented Dickey-Fuller test statistic		−2.686 435	0.0978
Test critical values：	1% level	−3.920 350	
	5% level	−3.065 585	
	10% level	−2.673 459	

* MacKinnon (1996) one-sided p-values.

Warning：Probabilities and critical values calculated for 20 observations

and may not be accurate for a sample size of 16

进一步，我们可以把式（12—8）中的误差项 e 看做均衡误差，通过建立误差修正模型（ECM）把短期变化与长期变化联系起来。最终得到误差修正模型的结果如下：

$$\Delta N_t = -88.183\,63 - 1846.211\Delta R_t - 0.450\,024 e_{t-1}$$

$$t = (-0.621\,308)\ (-2.219\,605)\ (-1.783\,565)$$

$$R^2 = 0.264\,379，DW = 1.252\,708$$

该结果表明，进出口额的变化主要取决于汇率的变化，ΔR_t增加 1%，ΔN_t则减少 1 846.211%，即表示人民币每贬值 1%，进出口差额的一阶差分（进出口的增长）就减少 1 846.211%。

另外，从回归结果可知，上一期的偏离对当期的影响并不大，为 0.45 个单位，且 t 值并不显著。

4. 结论及政策建议

通过上述分析可以得出结论：人民币汇率波动对我国进出口差额的影响十分显著，这也说明，我国货币当局一直以来对人民币汇率调整持谨慎态度是正确的。

从长期来看，随着中国经济的飞速发展，人民币升值是大势所趋，并且人民币长期被低估也不利于我国经济的持续、健康发展。但是，鉴于汇率调整对至少包括进出口额在内的许多经济发展方面存在重要的影响，人民币汇率调整的时机与幅度选择就显得尤为重要。

到目前为止，我国汇率形成机制的改革是比较成功的。未来汇率形成机制的改革，应继续根据国际收支和流动性供需形势，合理运用公开市场操作、存款准备金率、再贷款、再贴现、短期流动性调节等工具组合，管理和调节好银行体系流动性，加强与市场和公众的沟通，稳定预期，促进市场利率平稳运行。

□ 复习思考题

1. 什么是国际贸易？国际贸易可以进行怎样的划分？

2. 国际贸易的产生对经济的发展有哪些促进作用？

3. 国际贸易的统计指标有哪些？它们分别用来刻画国际贸易的哪些特征？

4. 除差额分析和结构分析外，对国际贸易进行统计分析时还可以采用哪些分析方法？

5. 什么是外资？外资流向中国的方式有哪些？

6. 除教材所列示的方面之外，FDI还能通过哪些渠道来影响我国经济的发展？选取你认为合理的一个或几个方面，利用最新数据，进行实证分析。

7. 什么是外汇储备？外汇储备对一国经济的发展有怎样的意义？

8. 针对我国现阶段在外汇储备运用上存在的问题，选择你感兴趣的一个或几个方面，进行更加深入的统计分析。

9. 什么是汇率？汇率可以进行怎样的分类？

10. 建立人民币汇率模型的原则有哪些？依据这些原则并查阅相关资料，重新设计人民币汇率决定模型，并给出简要的证明。

11. 汇率变动对一国的内外经济分别会产生哪些影响？

第 13 章 产业竞争力统计分析

Chapter 13

第 1 节　产业竞争力的统计测度

一、产业竞争力概念

竞争力是通过参与者双方或多方的角逐或比较而体现出来的综合能力，根据研究对象的范围，可分为国际竞争力、区域竞争力、产业竞争力和企业竞争力等。其中，产业竞争力是指一个产业在国际和国内环境下，依据市场条件，建立最有利于保障竞争资源、互动发展的创新机制，向消费者提供其所需要的更多商品和服务，不断获利、产业自身不断发展强大的一种综合的可持续发展能力。研究产业竞争力的目的是对竞争对手之间进行竞争力测度和比较分析，发现竞争优势和竞争劣势，据此制定积极的竞争力提升战略和管理措施，全面提升自身的竞争力。

掌握产业竞争力概念，需要注意产业竞争力与国家竞争力和企业竞争力的区别和联系、产业竞争优势与比较优势的区别和联系。

(1) 产业竞争力测度的是产业发展水平的高低和实力的强弱，不同于国家竞争力和企业竞争力。但就经济社会发展的主体管理任务而言，它们之间存在着包容与互动的影响关系。其中，包容性是指国家竞争力最终取决于一国或地区的产业竞争力和企业竞争力，国家竞争力实现的竞争力目标包括企业竞争力和产业竞争力提升中实现的目标。彼此之间的互动性是指国家竞争力、产业竞争力和企业竞争力之间具有互相支持、互相推动、共同实现的性质。

(2) 产业竞争力研究包括比较优势研究和产业竞争优势研究。其中，比较优势主要研究各国不同产业间的关系，指出一国某个产业发展相比其他国的潜在优势，研究不同产业间的国际合理分工问题，其最终依据是该国的资源禀赋或产业发展的有利条件；竞争优势则侧重于各国同类产业间或可替代产品间的关系，强调的是不同国家发展同一产业时某国家相对其他国家所存在的现实优势，研究不同国家间的产业冲突和替代的因果关系，其依据是企业的策略行为和创新能力。但是，比较优势是形成竞争优势的重要基础，且需要通过形成竞争优势才能得到充分体现。

二、产业竞争力核心目标、要素和阶段

研究产业竞争力要以经济学和管理学等学科理论为基础，运用统计理论方法，并结合实际部门工作。这项研究带动了财政金融统计、农业统计等部门统计的发展。产业竞争力研究概况如图 13—1 所示。

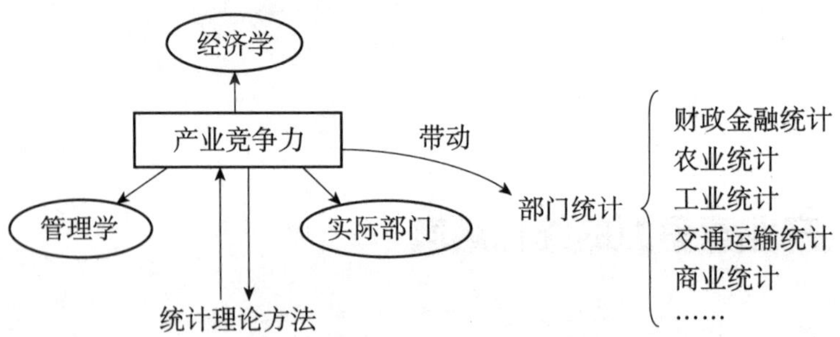

图 13—1 产业竞争力研究概况

提高产业竞争力的核心目标是获得更高的性价比。在这一核心目标指导下，科学解析竞争力要素对推动产业竞争力水平的提高有重要意义，这些要素不仅来自于生产过程，还涉及产业生产的环境、制度，以及生产惯性等方面（见图 13—2）。具体来说，不仅要比较产业内企业的规模、成本的高低、创新和管理竞争能力的强弱，而且要重视比较产业的持续发展能力，包括企业组织的优缺点（例如治理结构和经济类型）。对产业竞争力的研究只有核心没有边界，即影响竞争力目标的因素可以无限多，

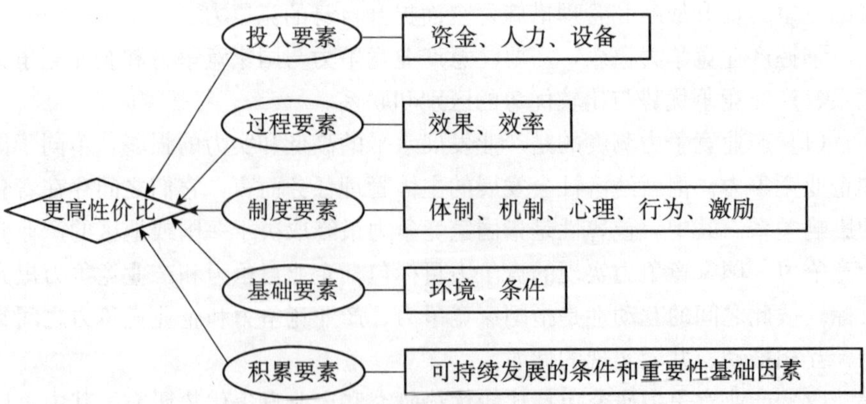

图 13—2 产业竞争力要素

把握规律、提高对竞争力优势控制和劣势改进的有效精度，主要取决于分析能力。

在产业发展不同阶段，竞争力优势要素不断演变。从竞争力发展的一般规律来看，在产业的初级阶段，廉价的土地、原材料、劳动力资源和资金支持是产业具有竞争力的必要条件；随着产业发展水平的不断提高，在创新的带动下产业内生产系统效率和管理水平的不断提高对保障产业竞争力具有重要作用；在产业发展水平较高阶段，产业竞争整体系统的完善性和可持续性起到了不断巩固竞争力优势的作用。

三、产业竞争力基本理论

研究产业竞争力首先要根据产业组织理论对产业竞争力要素进行剖析，选取对竞争力要素有较强代表性和说服力的指标进行度量。由于不同理论的剖析角度不同，因此产生了不同的度量模型。

（1）迈克尔·波特（Michael E. Porter）的产业国际竞争力阶段理论（钻石理论），即生产竞争力主要由生产要素，需求条件，相关和支持性产业，企业战略、结构和同业竞争，机遇和政府 6 个要素共同决定，其中前 4 个是关键要素，其余的是辅助要素。一国产业参与国际竞争的过程大致可以分为 4 个依次递进（也可能发生折返）的阶段，分别是要素驱动阶段、投资驱动阶段、创新驱动阶段和财富驱动阶段。其中，前三个阶段是产业竞争力上升时期，第四个阶段则是产业国际竞争力衰落时期。

（2）彼得·诺兰（Peter Nolan）模型。其根据十几年对于世界“领头羊”跨国公司的深入访谈和调研，提炼出大型国际竞争型企业 6 个方面的竞争力结构，即品牌与营销能力、研发的创新能力、人力资源聚集与利用能力、供应链采购系统能力、筹集资金与运用能力、系统整合与适应变化的能力。

（3）联合国工业发展组织的“工业国际竞争力指数”。该指数包括 8 个指标：人均制造业增加值、人均制造业出口额、总制造业增加值中高科技活动比重、中高科技产品占制成品出口比重、制造业增加值占 GDP 比重、制成品出口额占总出口额比重、该国制造业增加值占世界制造业增加值的比重以及该国的制成品出口额占世界制成品出口额比重。

（4）英国产业竞争力的结构主要考虑产业投资和信息通信技术竞争力、产业研究开发与创新竞争力、产业人力资源竞争力、企业竞争力、市场竞争力。在产业竞争力之上建立国家竞争力。这作为产业竞争力的基础和背景与环境分析，主要竞争力结构包括宏观经济稳定性、竞争力环境、劳动力市场、制度组织与政治环境、生活质量。

（5）洛桑国际管理发展学院（IMD）的国际竞争力评价。按照 IMD 的设计，国际竞争力评价体系包括八大要素，即国家经济实力、国际化、政府管理、金融体系、基础设施、企业管理、科学技术和国民素质。IMD 更强调不要把国家竞争力理解为财富的存量，国家竞争力不仅是一国经济实力的表现，更是一国与他国比较所表现出的提高经济效率和持续发展的综合能力。

（6）中国人民大学赵彦云教授提出用核心竞争力、基础竞争力、环境竞争力来测度我国的国家竞争力，这更适合发展中国家的环境和条件，更有利于分析中国与国际竞争对手的优势和劣势；同时，提出中国产业竞争力钻石模型，它是运用竞争力理论方法对我国现实发展阶段竞争力关系与竞争力提升关键因素的基本判断（见图 13—3）。

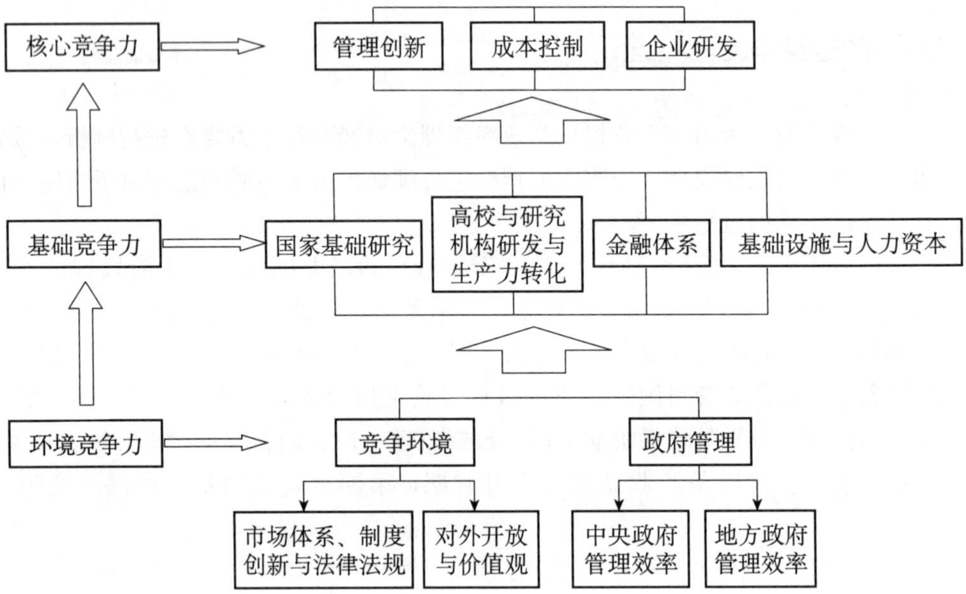

图 13—3 中国产业竞争力钻石模型

四、产业竞争力的统计测度

在产业竞争力理论基础上，对产业竞争力水平进行测度需要引入统计思想和统计方法。综合指数法是研究产业竞争力最常用的方法之一，它在拥有大量数据的基础上，强调对基础数据信息、综合指数的综合分析和统计信息的开发，目的是直观展示多维度信息，从中整合出变量间的主要关系，并找出规律。运用综合指数法研究产业竞争力的基本步骤如下。

（1）选取统计指标，建立指标体系。

根据产业竞争力理论，从发展目标、产业投入、影响因素和效率等多个层次选取测度指标。具体来说，从发展目标角度对产业竞争力进行测量要涵盖产品销售情况、盈利水平以及资本累积程度等方面，对应的指标包括市场占有率、销售利润率和资本额增长率等；产业投入包括生产要素、投资水平、管理和技术创新等方面，主要有劳动力成本、投资回报率、行政费用和研发投入等指标；产业竞争力影响因素包括国家政策、市场化程度、产业集聚水平等；效率则体现在管理创新和科技创新上。在实际研究问题中，要考虑指标的全面性、有序性、简约性和数据的可得性。

（2）数据搜集和预处理。

搜集数据应注意数据的准确性和时效性，即要尽量从权威数据库提取数据，如世界银行数据库和瑞士洛桑国际管理学院年鉴数据库等；尽量使用最新的数据，如果对较长时间的情况进行分析则要注意数据的充足性。如果需要实地调查获得数据，还会涉及抽样调查技术。数据的预处理主要是指对统计数据的缺失值和极端值的处理，以及数据标准化，其中大小值标准化法和 z 得分标准化法是数据标准化的常用方法。

（3）计算产业竞争力评价指数。

在产业竞争力评价指标体系和统计数据基础上，计算评价得分需要选择适当的加权方法，即如何将标准化后的统计数据合成为一个综合指数。现有的加权方法包括等权汇总计算方法和非等权汇总计算方法，其中等权汇总计算方法能够避免人为定权产生的主观偏差以及极端值和特殊的数据分布对客观赋权方法的影响，强调多维对称设计下各指标独立存在的重要性和与主题的关联性，在一些权威报告中得到了广泛应用。具体方法是在每个指标标准化数值的基础上，将要素内的指标进行等权平均来得到上一级的要素竞争力水平，再逐级汇总得到最终的整体竞争力水平。非等权汇总计算方法是在竞争力指标体系的非对称性上确定具体权重的方法，可以采用专家调查法、层次分析法、主成分等统计方法。权数的适用性由所使用方法的科学性和指标体系对竞争力测度的完备性和数据质量等基础工作条件来决定。

（4）分析计算结果。

对产业竞争力评价指数进行分析分为不同的层次，一是对所选取的产业竞争力重要统计指标进行统计描述分析；二是评价分析产业竞争力综合水平或各要素的发展水平，得到对评价产业对象竞争力水平的总体认识；三是用主成分法、Panel Data 方法、结构方程、分位回归、分层回归，以及其他统计方法分析影响产业竞争力水平的主要维度及重要因素；四是利用时间序列数据，找出重要指标或产业竞争力评价结果的演化趋势，对未来产业发展做出预测并提出有利于提高产业竞争力的政策建议。应用研究基本上在产业国际竞争力和国内区域产业竞争力两个层面展开。

五、产业竞争力研究实例

1. 制造业国际竞争力评价①

我国经济总量和制造业增加值总量已进入世界前列，但从产出、效率、市场、制度、创新等全方位衡量我国制造业的国际竞争力却为我们展示了一番不尽如人意的景

① 甄峰、赵彦云：《中国制造业产业国际竞争力：2007年国际比较研究》，载《中国软科学》，2008（7）：47～54页。

象。国际比较有助于全面理解我国制造业所处的国际竞争地位，为我国制造业产业国际竞争力的提升指明方向。

制造业国际竞争力评价指标体系如表 13—1 所示。从指标选择的内涵来看，生产效率以增加值反映规模，以综合生产率、劳动生产率、工业生产率和服务业生产率等多个效率指标的密集测度反映效率，以制造业为主评价工业和综合生产效率，同时考量支持制造业的服务业生产率。劳动成本考量制造业工人、工程师、经理和企业高级主管的报酬，评价制造业不同层次劳动力的报酬水平和竞争成本。产品市场从最终消费、工业进出口等方面考量制造业产品的国内外市场。员工动力从工人的动力、培训、雇佣关系等软评价方面研究生产者的工作动力和对竞争力的促进。企业制度从公司董事会、会计和审计制度、企业家精神等方面评价决策层的运转效率和管理竞争力。自主创新和创新网络强调创新在制造业竞争中的关键作用，自主创新从企业自主研发的资金和人员投入、高新技术产品产出和专利产出的总量与人均水平来衡量制造业的自主创新能力。创新网络从企业技术人员的获得、技术合作、技术标准、法律环境等方面评价产业发展在创新交流和网络组织方面的竞争力。

基础数据来自于瑞士洛桑国际管理发展学院的《世界竞争力年鉴（2007）》。选取其中的 22 个硬指标和 16 个软指标，比较对象选取了 40 个国家和地区。首先将数据进行可比化处理，求出原始数据标准化后的正态分布函数值。其次在对称性设计的支持下，通过两级等权汇总计算要素评价指数和综合评价指数。

表 13—1　　制造业国际竞争力评价指标体系

要素	指标
生产效率	第二产业增加值、工业生产率、综合生产率、每个就业者年均 GDP、劳动生产率、服务业生产率
劳动成本	制造业工人每小时全部报酬*、制造业部门单位劳动成本年增长率*、高级主管年总收入*、工程师年总收入*、制造部经理年总收入*
产品市场	居民最终消费支出、政府最终消费支出、工业品出口额、工业品进口额、贸易收支差额
员工动力	员工的动力与公司目标是否一致，雇员培训是否受到公司重视，雇员的健康、安全与环境是否受到管理者重视，雇佣关系是否有效率，公司价值是否充分考虑雇员利益
企业制度	大型企业对照国际标准是否有效率、中小型企业对照国际标准是否有效率、会计和审计制度是否得到充分执行、管理者是否重视对社会的责任、道德惯例是否被公司采取
自主创新	企业开发支出额总额占 GDP 比例、人均企业研发人数、劳动力人均高新技术产品出口额、高新技术产品出口占制造业出口的比例、批准授予的国民专利件数（年平均数）、人均国民专利数、国民在国外获取的专利数
创新网络	合格工程师在市场上是否充足、合格的信息技术雇员在市场上是否容易获得、企业技术合作是否普遍、院校与企业间的合作研究是否充分、技术标准支持还是限制企业发展、知识产权是否得到很好的保护

* 为逆指标，即该指标数值越小标准得分越高。

根据所建立的指标体系和计算方法，得到 40 个经济体的制造业产业国际竞争综合指数和要素指数得分，具体如表 13—2 所示。

表 13—2　　世界主要国家和地区制造业产业国际竞争力评价得分（部分）

国家	产业竞争力	生产效率	劳动成本	产品市场	员工动力	企业制度	自主创新	创新网络
中国	46	26	74	81	38	37	43	23
美国	70	92	19	80	68	74	74	83
新加坡	70	47	65	46	85	82	67	95
丹麦	68	71	33	37	97	95	57	86
日本	67	72	45	86	83	40	82	64
荷兰	67	71	30	58	86	87	58	76
瑞典	66	71	31	41	86	86	64	84
奥地利	66	72	29	39	93	89	52	88
瑞士	66	66	18	40	91	87	63	90
德国	65	70	26	90	65	68	66	68
挪威	64	81	43	40	89	83	45	67
加拿大	63	71	34	60	76	75	46	78
芬兰	62	68	47	36	59	72	66	83

我国产业竞争力评价综合得分为 46 分，未能进入 40 个国家和地区的高水平梯队，表现为硬实力较强，但软实力不足，劳动成本和产品市场有绝对的优势，员工动力和自主创新处于中等水平，生产效率、企业制度和创新网络水平较低。从要素竞争水平来看，我国制造业生产效率落后，除增加值总量较高外，各项生产率指标都排在后三位。劳动成本竞争优势明显，制造业工人报酬低，但增长最快，管理层和工程师成本处于世界最低水平。产品市场竞争力呈现大市场、高增长、高进口的特点。员工动力竞争力不足，制造业产业发展、促进经济发展和劳动力发展的和谐问题有待强调和提升。企业制度竞争力排名第 26 位，企业社会责任感处于中等水平，大型企业效率和财务制度执行较差。我国自主创新投入和产出的总量很高，但按照产值和劳动力的平均水平很低，自主创新效率有待提高；高新技术产品出口比例较高，但与菲律宾、马来西亚、泰国等发展中国家相比还有一定差距。创新网络竞争力差，不仅远逊于发达国家，与处于中等水平的印度、智利等发展中国家也有不小差距。

2. 中国文化产业竞争力评价①

文化产业兼顾市场和公共服务的双重导向，具有广阔的发展前景。全面了解我国

① 赵彦云、余毅、马文涛：《中国文化产业竞争力评价和分析》，载《中国人民大学学报》，2006（4）：72～82 页。

各地区文化产业的发展现状和发展趋势，对我国文化产业竞争力的总体水平进行准确而客观的评价与分析是十分有益且必要的。对中国文化产业竞争力进行评价，首先要界定文化产业的分类标准。在我国，目前纳入政府统计口径并有较为详实的统计数据支持的文化产业包括：艺术表演业（表演团体和表演场所）、新闻出版业、文化娱乐业、广播影视业、音像业、图书馆业、群众文化业、文化遗产和古迹的保护和展览。延伸产业层诸如广告、旅游、设计及工艺品制造等，与其他产业有所交叉和重叠，目前还没有明确的统计口径将其纳入政府统计的范畴。

其次，对影响文化产业竞争力的重要因素进行归纳，要准确把握文化产业的特点和产业组织规律。文化产业在发展内涵、发展脉络和产出的社会效应上都有特殊的产业个性。国际上一般把文化产业分为两类：一类是具有强烈大众需求的通俗性娱乐。对这类文化产业一般强调其营利目的而不过分强调其艺术价值，需要完全市场机制的商业运作。另一类是文化艺术附加值较高的行业，包括音乐、戏剧、诗词欣赏、古典与现代舞蹈、文学出版、美术、艺术电影、高雅艺术等，该类文化产品更强调其艺术价值，同时对人的精神影响也更大。对这类产业组织来说，在文化消费市场没有形成一定的消费规模时，组织自身在市场环境下生存和发展的处境也很艰难，考虑到产业发展的未来收益，政府应给予扶持。根据对文化产业的准确定位和特点把握，可以得到我国文化产业竞争力结构关系图（见图 13—4）。

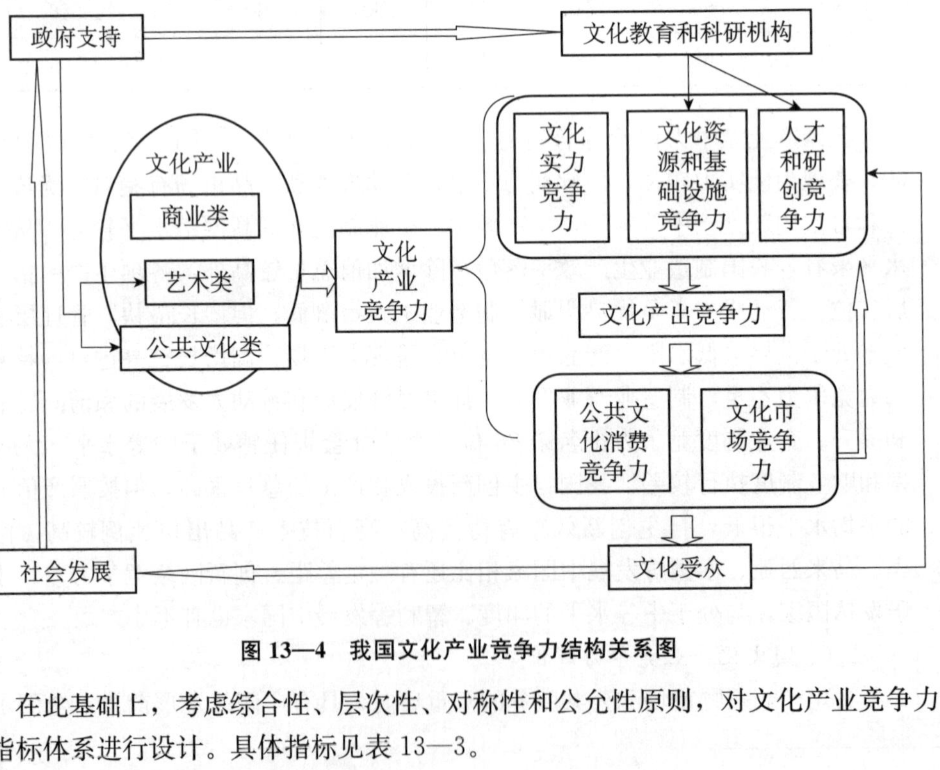

图 13—4　我国文化产业竞争力结构关系图

在此基础上，考虑综合性、层次性、对称性和公允性原则，对文化产业竞争力评价指标体系进行设计。具体指标见表 13—3。

表 13—3　文化产业竞争力评价指标体系

主准则层	次准则层	指标
文化实力竞争力	总体水平	文化产业增加值、文化产业总产出、文化产业增加值占 GDP 的比重、人均文化产业增加值、文化产业总产出占 GDP 的比重、人均文化产业总产出
	发展潜力	文化事业单位固定资产累计完成投资占 GDP 的比重、文化事业单位固定资产当年完成投资占 GDP 的比重、人均文化事业单位固定资产累计完成投资、人均文化事业单位固定资产当年完成投资、文化事业单位固定资产累计完成投资、文化事业单位固定资产当年完成投资
	就业规模	文化产业从业人数占就业人口比重、文化产业从业人数占第三产业人口比重、单位文化产业组织从业人数、文化产业从业人数
	文化消费需求	人均消费支出、人均文化娱乐用品和服务支出、人均文化娱乐用品和服务支出占总支出的比重、小学及以上文化程度人口所占比重
市场收益竞争力	文化出版市场	图书纯销售收入、定点印刷企业产品销售收入、图书纯销售收入占 GDP 的比重、定点印刷企业产品销售收入占 GDP 的比重、人均图书纯销售收入占 GDP 的比重、人均定点印刷企业产品销售收入占 GDP 的比重
	文物市场	文物业经营收入占 GDP 的比重、文物业经营收入、文物商店销售收入、文物商店销售收入占 GDP 的比重、人均文物业经营收入、人均文物商店销售收入
	艺术演出市场	艺术表演团体演出收入、艺术表演场所业务收入、艺术表演团体演出收入占 GDP 的比重、人均艺术表演团体演出收入、艺术表演场所业务收入占 GDP 的比重、人均艺术表演场所业务收入
	音像传播市场	音像制品销售收入、音像制品销售收入占 GDP 的比重、人均音像制品销售收入
	娱乐经营市场	文化娱乐业营业收入、文化娱乐业营业收入占 GDP 的比重、人均文化娱乐业营业收入
文化产出竞争力	艺术演出市场	艺术表演团体演出场次、艺术表演场所演出场次、人均艺术表演团体观众人次、人均艺术表演团体演出场次、人均艺术表演场所观众人次、人均艺术表演场所演出场次
	文物业市场	文物机构业务活动数（陈列和展览）、文物机构总参观人次、人均文物机构业务活动数（陈列和展览）、人均文物机构总参观人次
	音像发行市场	录像制品出版数量、录音制品出版数量、人均录像制品出版数量、人均录音制品出版数量
	出版市场	图书总印数、杂志总印数、报纸总印数、人均图书总印数、人均杂志总印数、人均报纸总印数
公共文化消费竞争力	图书馆服务	图书馆平均解答咨询人次、图书馆平均代检索课题人次、图书馆平均总流通人次、图书馆平均为读者举办活动人次
	公共文艺服务	文化馆平均举办展览次数、文化馆平均组织文艺活动次数、文化馆平均举办训练班结业人次
	公共文化活动	人均文化俱乐部个数、人均群众业余演出团队个数、人均农村集镇文化中心个数

续前表

主准则层	次准则层	指标
人才和研创竞争力	人力资本	文物业机构平均拥有高级职称人数、文化文物科研单位平均拥有高级职称人数、文化部门教育机构平均拥有高级职称人数
	文化科研	文化文物科研单位平均完成科研项目、文化文物科研单位平均获国家和省部级奖的科研项目、文化文物科研单位平均创办刊物种数
	文化装备	文化文物科研单位平均设备购置费、文物单位平均保护专项经费、文化部门教育机构平均设备购置费
	文化教育	文化部门教育机构平均在校生数、文化部门教育机构平均毕业生数
政府文化竞争力	文化艺术	艺术表演团体平均财政与上级补助、艺术表演场所平均财政与上级补助
	群众文化	图书馆平均财政与上级补助收入、群众文化艺术馆平均财政与上级补助
	科研教育	文化文物科研单位平均财政与上级补助、文化部门教育机构平均财政与上级补助
文化资源和基础设施竞争力	文化资源	人均文物藏品数量、人均图书总藏量、人均文化馆藏书
	图书馆设施	图书馆平均书库和阅览室面积、图书馆平均阅览室坐席、公共文化艺术馆平均固定资产、公共图书馆平均固定资产
	文物与文化教育设施	文物业机构平均展览服务用房、文物业机构平均固定资产、文化部门教育机构平均教学用房、文化部门教育机构平均固定资产
	娱乐表演设施	艺术表演场所平均坐席数、文化娱乐业机构平均固定资产、艺术表演业固定资产、艺术表演团体平均操练和练功用房

在分析文化产业竞争力内涵和诸多要素各项特质的基础上，结合《中国文化文物统计年鉴（2004）》和《中国统计年鉴（2004）》及部分省市的2004年年鉴，收集到36个省市（31个省及直辖市，加上青岛、大连、深圳、宁波、厦门5个副省级城市）文化产业相关竞争力指标及数据。对36个省市的各竞争力指标数据进行统计正态标准化处理并采用等权法加总，所得结果如图13—5所示。数值在80及以上的具有非常优秀的竞争力，数值在20以下的具有非常差的竞争力，数值50反映了一般的竞争力水平。

由评价结果可以看到：各省市文化产业竞争力发展水平总体分四个梯队：以上海、广东、浙江、深圳和北京为代表的第一梯队，以天津、厦门和江苏为代表的第二梯队，以宁波、山东和湖南为代表的第三梯队，以重庆、广西、内蒙古和西藏为首的第四梯队。从结果来看，首次纳入评价体系的5个副省级城市都有良好的表现。深圳以较高的数值位于第三位，可见近年来深圳的文化产业伴随着经济的发展得以不断壮大。厦门和大连凭借强度和人均指标的良好表现，克服了总量上的不足，分别跻身于所在省份的前列。从各省和直辖市的表现来看，经济较发达和人民生活水平较高的省份在文化产业的发展上同样有一定的优势。上海、广东、浙江、北京和天津位于最前列，江苏、山东和湖南紧随其后。竞争力的综合评价反映了总体综合实力的强弱，但

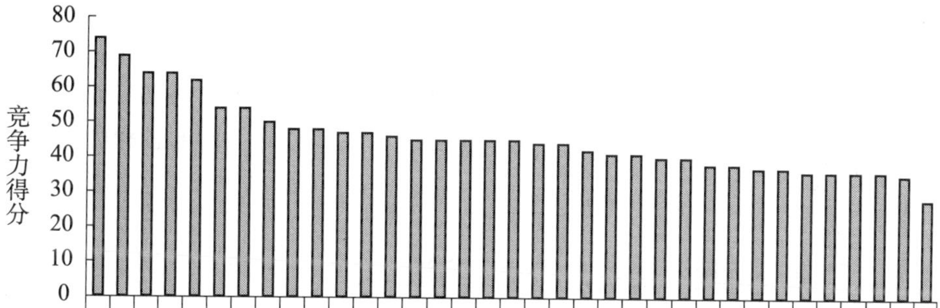

	上海	广东	深圳	浙江	北京	天津	厦门	江苏	宁波	山东	湖南	大连	陕西	福建	辽宁	甘肃	山西	湖北	河北	新疆	宁夏	青岛	河南	云南	吉林	重庆	广西	内蒙古	西藏	海南	黑龙江	江西	青海	安徽	贵州
■总体竞争力	74	69	64	64	62	54	54	50	48	48	47	47	46	45	45	45	45	45	44	44	42	41	41	40	40	38	38	37	37	36	36	36	36	35	28

图 13—5　中国文化产业综合竞争力评价结果

总值高并不代表各要素的水平一致。对短板要素的分析更有利于找出各地区文化产业发展的劣势，此处不再详细讨论。

第 2 节　产业国际贸易竞争力分析

一、产业国际贸易竞争力的概念

随着全球化进程不断加快，各国参与世界市场竞争的程度不断加深。从世界层面来看，国际贸易是为了实现稀缺资源在国际范围内的最优配置，而以一国产业的角度来看，进行国际贸易的核心目标是获得更多的利润和发展。作为产业国际竞争力的重要组成部分，产业国际贸易竞争力更强调通过争夺国际贸易市场份额，扩大生产和销售规模，不断获利并使自身强大的能力。

二、产业国际贸易竞争力的理论基础

一般认为，贸易理论的发展分为绝对优势理论和比较优势理论两条线路。亚当·斯密（Adam Smith，1776）提出的绝对优势理论，也称为内生比较利益说，认为一国应该出口具有绝对生产优势的产品。大卫·李嘉图（David Ricardo，1817）提出的比较优势理论认为在只有劳动一种生产要素和规模报酬不变的假设前提下，只要两个国家两种产品的劳动生产率不同，就存在贸易的可能性，应该各自出口具有相对比较优势的商品，进口不具有比较优势的商品。瑞典经济学家伊·菲·赫克歇尔（Eli F Heckscher）和贝蒂·俄林（Bertil Ohlin）在比较优势理论基础上提出了要素禀赋理论（H-O 定理），认为在有两种生产要素和规模报酬不变的假设下，各国家不同生产要素的比例不同，因此要素相对价格不同；假定技术水平恒定、规模收益不变、消费

者偏好相同，则一国应当出口密集使用具有优势的要素生产出的商品，进口密集使用稀缺要素生产出的商品。还有理论对产业国际贸易竞争力的演进过程进行归纳，著名的“雁阵范式”理论提出东南亚各国产业发展普遍要经历“进口—进口替代—出口成长—成熟—逆进口”5个阶段，揭示了后进国在追赶先进国的过程中产业国际贸易竞争力发展的一般规律。

三、产业国际贸易竞争力的测度方法

产业国际贸易竞争力研究方法以总体、均值、方差、概率和分布等统计学理论为基础，从国际贸易交易规模、贸易结构、贸易变量之间的关系、贸易增长和交易效率等方面进行全面测度，以准确把握一国国际贸易的发展水平、所处的发展阶段和竞争优劣势。

1. 产业界定

在进行产业国际贸易竞争力分析之前，首先要把所研究产业的定义和范围界定清楚，这也有益于后续分析更合理、更精细化。参照标准主要来自国际权威组织和我国政府部门，如联合国的《联合国国际贸易标准分类》（*standard international trade classification*，SITC）和我国国家统计局的《国民经济行业分类》。

2. 数据来源

产业国际贸易竞争力的国外数据来源主要包括WTO的《世界贸易发展年度报告》、国际贸易统计库、世界银行的世界发展指标数据库以及《国际贸易统计年鉴》（*international trade statistics*），国内数据来源主要包括《中国统计年鉴》、《中国国际收支平衡表》、《中华人民共和国海关统计年鉴》、《中国对外经济贸易年鉴》以及商务部网站和农业部网站等。

3. 产业国际竞争力统计指标

在国际贸易理论和贸易数据基础上，衡量产业国际贸易竞争力的评价指标分为两类：一类是显示性指标，用以说明贸易竞争力的结果；另一类是分析性指标，用以解释贸易竞争力高低的原因。其中，采用显示性指标有两条思路，一是通过对产业出口贸易表现进行统计描述和比较分析；二是通过计算产业进出口相对数量关系看进出口结构。在显示性指标中，对产业出口贸易表现进行测度主要是从出口贸易的分布特征入手，抓住数据的统计特征，全面反映产业出口贸易情况，常用指标包括：

（1）出口额（出口数量）。在一段时间内，某产业出口贸易金额（数量）总和体现贸易规模。实际研究中由于产业内不同商品单位不同，出口数量加总前需要进行可比性处理。

（2）出口结构。通过某产业出口额占总体产业的比重考查该产业的出口贸易贡献度。考查产业内特定商品的出口结构可以反映出口质量，比如高新技术商品出口比重、战略性新兴产业商品出口比重。

（3）出口贸易稳定性。在国际市场上拥有稳定的市场需求量是具有较强国际贸易竞争力的重要表现，可以用产业出口贸易额离散系数来衡量。考查出口贸易稳定性时要注意去除出口贸易季节性变化的影响。在国际经济危机等特殊时期，一国产业贸易受到相对他国较小的损害也是具有竞争力的表现。

(4) 出口额增长率。用研究期出口额除以基期出口额再减去1求得，反映出口规模的增长趋势。对于出口贸易存在季节性变化的商品，计算出口额增长率应采用同比增长率公式。

(5) 国际市场占有率，一段时间内一国某产业出口额占世界相同产业贸易总额的比重，展示该国产业在国际市场上的竞争结果和重要程度。

通过进出口结构对产业国际贸易竞争力进行衡量是国际贸易研究领域最常用的方法，包括考查一国进出口之间的相对水平或者与国际上同种商品的贸易结构进行对比，主要包括如下指标：

(1) TC指数 (trade comparative index)，即竞争优势指数，又称贸易竞争力指数，是指一国进出口贸易差额占其进出口贸易总额的比重。TC指数的计算公式为：

$$TC=\frac{X_c^i-M_c^i}{X_c^i+M_c^i} \tag{13—1}$$

式中，X_c^i 代表一国出口贸易额；M_c^i 代表同期一国进口贸易额；i 表示产业；c 表示国家。如果TC指数大于零，则表明该类商品具有较强的国际竞争力，越接近于1，竞争力越强；TC指数小于零，则表明该类商品不具有国际竞争力；TC指数为零，表明此类商品为产业内贸易。

(2) RCA指数 (revealed comparative advantage index) 是用来衡量一个国家某种商品出口额占其出口总额的份额与世界出口总额中该类商品出口额所占份额的比率，旨在判断一国哪些产业更具出口竞争力，解释一国在国际贸易中的比较优势。RCA指数大于1则代表商品的国际竞争力强，反之则弱。具体计算公式为：

$$RCA_c^i=\frac{X_c^i/X_c}{X_w^i/X_w} \tag{13—2}$$

式中，i 表示产业；c 表示国家；w 表示世界；X 表示出口额。

(3) MI指数，又称Michaely指数，主要功能在于衡量一个产业的出口和进口分别占出口总额和进口总额的比重，进而考查该产业是否具有出口的比较优势。MI指数的计算公式为：

$$MI=\frac{X_i}{\sum X_i}-\frac{M_i}{\sum M_i} \tag{13—3}$$

式中，X_i 指该国 i 产业出口额，M_i 为 i 产业进口额。MI指数的取值区间为 $[-1, 1]$，正数表示具有比较优势，负数代表具有比较劣势。

分析性指标反映的是对竞争力水平的解释或未实现的竞争潜力，可分为直接原因指标和间接原因指标。

直接原因指标包括三大类，第一类是与生产率有关的各项指标，如劳动生产率、成本、价格、产业规模等；第二类是与市场营销有关的各项指标，如品牌商标、广告费用、分销渠道等；第三类是与产业的组织管理有关的各项指标，如售后服务网点和全球质量保证体系等。

间接原因指标主要是指波特的“国家竞争优势四要素”模型，包括生产要素、需求因素、相关产业因素以及企业组织战略和竞争状态因素等维度。具体来说，生产要素类指标包括申请专利技术项目及其估价、研发费用占生产总成本的比重、从事技术发明和技术创新的人员数量及其在专业人才中的比重等；需求因素指标包括需求规模和需求增长速度指标、产品系列化指标等；相关产业因素包括供货商、下游产业等；企业组织战略和竞争状态因素包括行业平均工资水平、在工业生产部门中的状态、企业债务率、企业资本结构、行业的市场结构指标等。

四、研究实例：中国战略性新兴产业国际贸易竞争力研究

加快培育战略性新兴产业是立足应对金融危机，着眼长远抢占世界经济技术竞争制高点的重大部署，对我国战略性新兴产业国际贸易竞争力进行研究有利于掌握其发展现状，找出发展障碍，并促进其健康发展。

对我国战略性新兴产业国际贸易竞争力分析的精度依赖于可获得数据的细分程度，以海关 HS 四位码为标准的商品出口贸易额数据为监测更为精细的商品贸易竞争力水平提供了必要条件，按照海关 HS 编码将四位码产品进行逐级加总亦可监测到更大类商品，乃至各产业出口贸易竞争力情况。考查节能环保产品的出口额所占行业比重、出口额年平均增长率、TC 指数、出口额离散系数四种因素来判断该产品出口国外市场的表现情况，使评价结果更为全面、准确。四个方面又分别考察 1998—2012 年的年均水平，以及 2010—2012 年的平均水平，兼顾长期发展趋势和近期情况。由此得到 8 个指标来共同衡量节能环保产品的国际贸易竞争力。运用原始数据标准化后的正态分布函数值作为标准化方法，并对出口额离散系数这个逆向指标进行逆向处理，采用的加权方法为等权法。

表 13—4 给出了国际贸易竞争力得分在 60 分以上的节能环保四位码商品目录，得分越高代表该商品的国际贸易竞争力越强。

表 13—4　　节能环保产品国际贸易竞争力评价结果

评价得分	节能环保产业小类	商品目录	商品个数
70	高效节能产业	8415，8504	3
	先进环保产业	8505	
	资源循环利用产业	—	
60	高效节能产业	8415，8504，8501，8481，8418，8539，8414	11
	先进环保产业	8505	
	资源循环利用产业	2620，4012，5003	

得分在 70 分以上的节能环保产业商品有 3 种，包括了 8415 商品（空气调节器，装有电扇及调温、调湿装置，包括不能单独调湿的空调器）、8504 商品（变压器、静止式变流器及电感器）和 8505 商品（电磁铁，永磁铁及磁化后准备制永磁铁的物品，电磁铁或永磁铁卡盘、夹具及类似的工件夹具，电磁联轴节、离合器及制动器，电磁起重吸盘）。这 3 种商品具有相对更高的国际贸易竞争力，在出口规模及变化趋势、出口结构等方面排在所有节能环保商品前列，是我国节能环保产业的重要贸易商品。除了这 3 种商品外，8501 商品（电动机及发电机）、8481 商品（用于管道、锅炉、罐、桶或类似品的龙头、旋塞、阀门及类似装置，包括减压阀及恒温控制阀）等 8 种商品的国际贸易竞争力得分在 60 分以上，也表现出较强的国际贸易竞争力。

第 3 节　产业创新竞争力分析

一、产业创新竞争力的概念

产业创新是用新的产品和新的技术满足需求，在生产销售过程中提出并实践新的管理制度和企业文化，产业在这些方面的争胜能力即是产业创新竞争力。从狭义上讲，产业创新指的是以技术创新为核心，创新主体之间通过协同作用，实现技术的创造发明和产业化应用，从而实现产业突破性的进步、企业竞争力的大幅提升；从广义上来看，产业创新指的是产业创新主体（政府、企业等）通过技术创新和非技术创新，包括产品创新、过程创新、合作创新、组织创新、管理创新和市场营销创新，充分利用社会资源和能力，培育新兴产业，使原有产业在一定区域内处于领先地位或使其获得突破性发展。

创新竞争力与传统产业竞争力的相同之处在于：首先，两者本质上都是一种比较生产力，是与竞争对手相比的生产力，检验标准是生产产品能否在市场上带来令人满意的经济效益。其次，二者的目标都是市场利润。再次，竞争力空间范围相同。都是在国内外市场，分为产品市场和要素市场。不同之处在于：首先，竞争对象不同。传统产业竞争力是围绕商品或劳务的价格进行竞争，价格优势是赢得竞争的关键；创新竞争力是围绕创新行为进行的竞争，创新优势是赢得竞争的关键。其次，竞争力来源不同。传统产业竞争力源自低廉的生产要素价格，以及规模经济所带来的要素投入节约；创新竞争力源自企业的创新能力，以新技术、新制度、新指数、新管理方式带来的优势赢得竞争。再次，竞争力结构不同。传统竞争力包括资本竞争力、生产竞争力、技术竞争力和市场竞争力；创新竞争力包括产品创新竞争力、过程创新竞争力、合作创新竞争力、组织创新竞争力、管理创新竞争力和市场营销创新竞争力等。最后，竞争力的外部性不同。一个产业的创新可以给其他产业带来启发，具有正外部性；传统产业竞争力中产业对要素的过度投入和掠夺会带来负的外部性。

二、产业创新竞争力的理论基础

“创新”的概念最初由约瑟夫·熊彼特（J. A. Schumpeter，1912）在《经济发展理论》一书中提出，他认为经济增长的主要源泉不是资本和劳动，而是创新。创新是自发的、间断的、本质的、革命性的而非数量性的现象，是一种新的生产函数，它把一种从来没有的生产要素和生产条件的新组合引入生产体系。创新主要包括五个方面：生产一种新产品、引入一种新的工艺和技术、开拓新的市场、发现新的原料供给来源、新的组织形式。

英国经济学家克利斯·弗里曼（Chris Freeman，1974）是第一位系统提出产业创新理论的人。在产业创新理论的基础上，他又首次提出了国家创新理论，并指出国家创新的核心是产业创新。弗里曼认为产业创新包括技术和技能创新、产品创新、流程创新、管理创新（含组织创新）和市场创新。他认为不同的产业，产业创新的内容是不一致的，并指出产业创新是一个系统的概念，系统因素是产业创新成功的决定因素。

20世纪中叶兴起的新制度学派将创新的研究深入到制度层面。道格拉斯·诺斯（Douglass C. North，1999）运用熊彼特的创新理论来考察制度变迁现象，首次提出了制度创新的概念，并基于此建立了制度创新理论。制度创新是使创新者获得更大利益的对现有制度的变革，制度创新的动力来源于创新的预期净收益大于预期成本，由于这种预期收益在现有制度下无法实现，因而只有通过主观地改造现有制度中的阻碍因素才能够实现预期收益。

三、产业创新竞争力的测度方法

1. 产业创新竞争力结构

产业创新隐藏在产业生产、经营、管理、发展的每个环节，产业创新竞争力的结构对应于产业创新的结构，具体如图13—6所示。

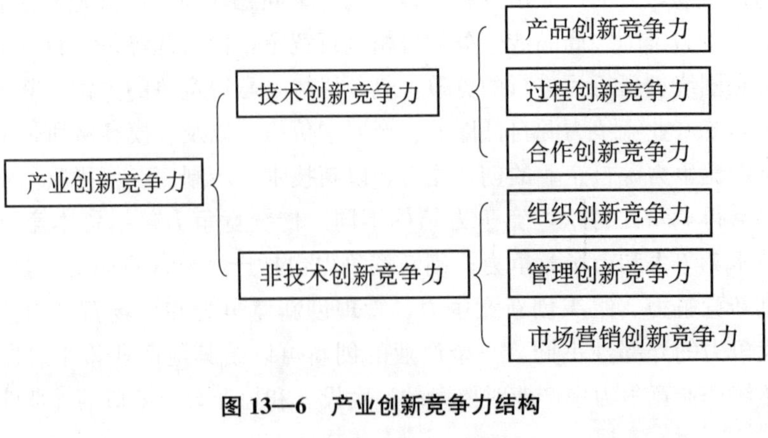

图13—6 产业创新竞争力结构

2. 产业创新竞争力的评价指标

从产业创新竞争力结构角度进行的研究由于指标数据不容易得到，因此多数停留在定性分析上，而从统计角度选择产业创新竞争力评价指标一般是从创新投入和产出效应两个方面进行考虑，主要指标如表 13—5 所示。

表 13—5　产业创新竞争力评价指标

目标层 A	目标层 B	指标
创新投入	资金投入	研发总支出、研发支出增长率、研发支出与销售额之比
	人员投入	直接研发人员总数、直接研发人员数占员工总数比重、员工受教育程度
创新产出	专利	专利数、企业申请专利数年均增长速度
	产品	新产品的半衰期
	管理	劳动生产率、企业创新文化模式实现程度
	市场竞争力	新产品销售所占比重、国际领先水平产品数、市场份额低于本企业的同行业企业数量比重

创新投入主要包括研发资金投入和研发人员投入。其中，研发资金投入主要是采用研发投入指标，考察研发投入的规模、发展变化趋势，以及与销售额等指标的比较情况。研发人员投入主要考虑从事研发工作人员的数量、占总职工人数的比重以及研发工作人员的工作素质。

衡量创新工作的产出可以从获得的专利情况，新产品性能，产业的市场竞争力变化情况，以及管理、知识和文化创新的实现程度，提高劳动效率等方面进行衡量。其中，对市场竞争力的衡量主要包括新产品销售所占比重、国际领先水平产品数量、市场份额低于本企业的同行业企业数量比重。

四、研究实例：知识生产函数及在高技术产业的应用[①]

技术创新投入对创新绩效具有直接影响。研究我国高技术产业技术创新投入与创新绩效之间的关系，对进一步改善和提升高技术产业技术创新绩效，促进我国经济发展模式的有效转变具有十分重要的现实意义。

现有文献对技术创新投入转化为创新绩效的研究多借助于知识生产函数。最早为测度研发和知识溢出对生产率的影响，格里利克斯（Griliches）提出知识生产函数的概念，其基本假设是将创新过程的产出作为研发投入的函数，用柯布-道格拉斯生产函数表示为：

① 曹勇、苏凤娇：《高技术产业技术创新投入对创新绩效影响的实证研究——基于全产业及其下属五大行业面板数据的比较分析》，载《科研管理》，2012，22（9）：22～31 页。

$$R\&D_{output} = \alpha\ (R\&D_{input})^{\beta} \tag{13—4}$$

式中，α 代表常数；β 为研发产出相对于创新过程投入变化的弹性系数。

后来，贾菲（Jaffe）认为投入要素应包含研发经费投入和人力资源投入两方面。因此，贾菲对知识生产函数做了如下改进：

$$Q_i = A K_i^{\alpha} L_i^{\beta} \varepsilon \tag{13—5}$$

式中，Q 表示研发活动强度；K 表示研发经费投入；L 表示科技人力资源投入；α 和 β 分别为研发经费投入和科技人力资源投入的产出弹性系数；ε 为随机误差项；i 为观测单元。

为更好地研究高技术产业技术创新投入与创新绩效之间的关系，采用改进的 Griliches-Jaffe 知识生产函数的柯布-道格拉斯函数模型，即

$$Q_i = A\ (R\&D)_i^{\alpha} (NonR\&D)_i^{\beta} \varepsilon \tag{13—6}$$

式中，Q 为创新绩效指标；R&D 代表一系列影响创新绩效的研发投入变量；NonR&D 代表一系列影响创新绩效的非研发投入变量；ε 为随机误差项；i 为观测产业。由此，可进一步改写为：

$$Q_i = A L_i^{\alpha_1} K_i^{\alpha_2} (NonR\&D)_i^{\alpha_3} \varepsilon \tag{13—7}$$

式中，L 和 K 分别代表研发人员投入和研发经费投入。将知识生产函数运用到高技术产业创新投入对创新绩效影响这一具体问题中，将式（13—7）进一步改写为：

$$NPS_{it} = A L_{1it}^{\alpha_1} L_{2it}^{\alpha_2} K_{1it}^{\alpha_3} K_{2it}^{\alpha_4} N_{1it}^{\alpha_5} N_{2it}^{\alpha_6} N_{3it}^{\alpha_7} N_{4it}^{\alpha_8} \varepsilon_{it} \tag{13—8}$$

式中，NPS 是新产品销售率；A 是常数项；L_1 代表研发活动人员折合全时当量；L_2 代表科学家与工程师占科技活动人员的比例；K_1 代表研发经费内部支出；K_2 代表新产品开发经费支出；N_1 代表技术改造经费支出；N_2 代表技术引进经费支出；N_3 代表消化吸收费用支出；N_4 代表购买国内技术经费支出；α_i（i=1，2，…，8）为弹性系数；ε 为随机误差项；i 为观测产业；t 为时间（1995—2008）。对式（13—8）两边取对数，可得

$$\begin{aligned} \ln NPS_{it} = {} & c + \alpha_1 \ln L_{1it} + \alpha_2 \ln L_{2it} + \alpha_3 \ln K_{1it} + \alpha_4 \ln K_{2it} + \alpha_5 \ln N_{1it} \\ & + \alpha_6 \ln N_{2it} + \alpha_7 \ln N_{3it} + \alpha_8 \ln N_{4it} + \varepsilon_{it} \end{aligned} \tag{13—9}$$

根据《中国高技术产业统计年鉴》的分类，我国高技术产业主要包括五大典型行业：医药制造业、航空航天制造业、电子通信设备制造业、电子计算机及设备制造业和医疗器械及仪器仪表制造业。我们以此分类为依据，基于 1995—2008 年的面板数据，对整个高技术产业以及这五个典型下属行业的技术创新投入与创新绩效之间的关系进行研究，并对整个高技术产业与其下属各行业之间的差异进行比较分析。为避免回归过程中变量之间存在共线性影响回归结果的准确性，在用 SPSS16.0 进行回归分析时选取逐步回归分析方法，得到的回归结果如表 13—6 所示。

从逐步回归分析结果可得出以下结论：

第一，在技术创新投入对新产品销售率的影响效果上，航空航天制造业、医疗器械及仪器仪表制造业与整个高技术产业保持一致，仅有研发经费内部支出对最终创新绩效有显著影响。这说明在提高最终创新绩效方面，航空航天制造业、医疗器械及仪

表 13—6　　逐步回归结果

回归变量	医药制造业	航空航天制造业	电子通信设备制造业	电子计算机及设备制造业	医疗器械及仪器仪表制造业	整个高技术产业
L_1	−0.413* (t=−3.908)	No	No	No	No	No
L_2	No	No	0.726** (t=2.854)	No	No	No
K_1	0.397* (t=8.339)	0.579* (t=6.270)	No	No	0.109** (t=2.680)	0.230* (t=3.488)
K_1	No	No	No	No	No	No
N_1	No	No	No	No	No	No
N_2	No	No	No	No	No	No
N_3	No	No	No	0.268* (t=3.927)	No	No
N_4	No	No	No	−0.170** (t=−2.463)	No	No
F	95.535*	39.317*	8.145**	7.726*	7.182	12.165*
R^2	0.946	0.766	0.404	0.584	0.374	0.503
调整 R^2	0.936	0.747	0.355	0.509	0.322	0.462
标准误差	0.058	0.228	0.155	0.237	0.158	0.139
DW 检验	1.927	1.227	1.045	1.763	2.074	0.751

注：表中“No”表示在逐步回归中该变量没有被选入解释变量中；“**”表示在 0.01 水平上显著（双尾）；“*”表示在 0.05 水平上显著（双尾）。

器仪表制造业可采取与整个高技术产业一致的技术创新投入战略，优化各种资源配置，引导技术创新投入更多投向于研发经费内部投入，有效遏制盲目投入。

第二，对医药制造业而言，研发经费内部支出每增加 1%，新产品销售率增加 0.397%，但研发活动人员折合全时当量每增加 1%，新产品销售率却降低 0.413%。这表明医药制造业应注重研发资源投入的合理配置，优化研发资源的投入结构，保持研发经费内部支出的合理增长，避免研发活动人员的盲目增加，以提高整个行业技术创新投入的合理性和最终创新绩效。

第三，电子通信设备制造业中，仅科学家与工程师占科技活动人员的比例对新产品销售率有显著影响，其每增加 1%，产品销售份额将增加 0.726%。这说明电子通信设备制造业应注重人才尤其是科学家与工程师的储备，充分发挥人才资源优势，增强自主创新能力，以提高该行业的最终创新绩效。

第四，对电子计算机及设备制造业而言，消化吸收费用支出每增加 1%，其新产品销售率增加 0.268%，而购买国内技术经费支出每增加 1%，其新产品销售率将降低 0. 170%。这说明电子计算机及设备制造业购买国内技术经费支出过大，不仅没有提升行业绩效，反而由于投入过多，导致最终创新绩效降低；而消化吸收费用支出相对较少，这有可能导致购买或引进的新技术没有彻底消化，没有使其发挥最大价值。因此，该行业应该调整消化吸收费用与购买国内技术经费支出之间的投资结构，合理提高消化吸收费用的支出，适量降低购买国内技术经费支出。

第 4 节 工业国际竞争力评价

工业是世界各国经济生产的重要部门，工业竞争力也是产业竞争力的重要方面。联合国工业发展组织的工业国际竞争力指数（CIP 指数）是最具代表性的工业竞争力研究成果之一。从 2002 年 3 月起，联合国工业发展组织每年都发布工业国际竞争力报告，这份报告依靠相对较少的硬输出指标，每个指标的基础量级和变化趋势被用作对工业国际竞争力指数排名的补充。工业国际竞争力指数为发展中国家政府了解工业系统的发展规律、评价产业政策和效率提供了有利的分析框架和诊断方法。

一、工业国际竞争力指数的评价方法

（1）子指标的选择。工业国际竞争力由最初包括 4 个指标增加到最近一期报告中的 8 个指标（详见表 13—7）。具体来说，人均制造业增加值和人均制造业出口额能够反映国家生产和出口的能力；中高科技活动占制造业增加值的比重以及中高技术产品占制成品出口额的比重反映制造业和出口的技术复杂性；制造业增加值占 GDP 的比重以及制成品出口额占出口总额的比重分别作为衡量制造业在整个经济和出口的相对重要性的指标；国家的制造业增加值占世界制造业增加值的比重和国家的制成品出口额占世界制成品出口额的比重衡量一个国家制造业和出口部门对整个世界的影响。

表 13—7 CIP 指数选取指标及其权重

指标	CIP. 4 权重	CIP. 6 权重	CIP. 8 权重
人均制造业增加值 MVApc	1/4	1/4	1/6
人均制造业出口额 MXpc	1/4	1/4	1/6
中高科技活动占制造业增加值的比重 MHVAsh	1/4	1/8	1/12
中高技术产品占制成品出口额的比重 MHXsh	1/4	1/8	1/12
制造业增加值占 GDP 的比重 MVAsh	—	1/8	1/12
制成品出口额占出口总额的比重 MXsh	—	1/8	1/12
国家的制造业增加值占世界制造业增加值的比重 ImWMVA	—	—	1/6
国家制成品出口额占世界制成品出口额的比重 ImWMT	—	—	1/6

（2）部门的技术分类。为了计算中高科技活动占制造业价值的比重，工业国际竞

争力报告使用 OECD 的国际标准产业分类（ISIC）。中高技术产品部门对应的“国际标准产业分类”代码是 24，29，30，31，32，33，34 和 35（不包括 351）。另一种是桑加亚·拉尔（Sanjaya Lall）提出的基于 ISIC-3 位码的分类，中高技术产品部门对应的是 233，241，242，243，252，271，291，292，293，300，311，312，313，314，315，319，321，322，323，331，332，333，341 ，342，343，351，352，353 和 359。

（3）缺失问题。对缺失值的处理有两种方法，一种是用它之前最近的可得观测来替代，另一种是利用缺失观测之前的可得观测进行线性插值。估计缺失值在正态化和加总之前进行。

（4）离群值清理。CIP 指数单变量离群值清理方法为：观测中偏离中位数超过 3（或者小于 3）倍的异常值用超过中位数（或者小于）3 倍绝对偏差的数来代替。考虑到数据的位置和规模会随时间变化，采用 5 个观测值的本地窗宽来计算中位数。分别采用清除双边离群点或单边离群点两种不同的方法。

（5）标准化方法。CIP 指数采用最小—最大方法，通过减去最小值并除以指标值的全距来使指标正态化到相同的取值范围 [0，1] 内。样本中表现最好的国家得到的值为 1，而表现最差的国家得到的值为 0。由于采用最小—最大标准化方法时，极端值或异常值可能使转换后的指标有偏，因此报告采用 z 得分变换方法作为标准化的对比方法。

（6）加权方法。构建 CIP 时曾使用过 4 个、6 个或 8 个指标（见表 13—7），加权方法为线性均权法，其中在使用 6 个（或 8 个）指标时，中高科技活动占制造业增加值比重和中高技术产品占制成品出口额比重共同承担 1/4（或 1/6）的权重，制造业增加值占 GDP 比重和制成品出口额占出口总额比重共同承担 1/4（或 1/6）的权重。

（7）汇总方法。CIP 指数采取代数汇总和几何汇总两种方法。根据代数汇总方法，CIP 指数构造为 8 个子指标的线性加权平均。但是，正向的汇总意味着变量之间的补偿，而几何汇总改变了这种补偿性，但反馈给国家更高的分数。

二、工业国际竞争力评价的主要特点

工业国际竞争力评价的主要特点以及与其他主要竞争力评价体系的区别有如下几点：

（1）CIP 指数研究的是制造业竞争力，所以那些农业国家，或者重点发展资源密集型制造业的国家，或者服务业较为发达的国家，其在世界经济论坛（WEF）和 IMD 报告的排名要好于 CIP 指数结果。相比之下，新兴工业化国家由于经历了行业转型和产业深化的过程，因此在 CIP 指数下排名更好。

（2）CIP 指数仅使用可测度的定量指标，以 4 位码数据库为基础，且已经有研究利用该指数进行定性的判断，如用于构建技术分类或汇总方法。WEF 和 IMD 同时使用定量和定性指标，这些判断可能会由于调查者背景和认知能力的差异而受到影响。

（3）CIP 指数是一种绩效（或“结果”）指标，仅由输出指标构成，而不像 WEF

和 IMD 分别集中于决定国家竞争力的“关键驱动”和“关键因素”上。因此，CIP 指数是对实际工业业绩的直接测量。

（4）工业国际竞争力报告注重对敏感度的设计，注意比较不同方法对综合指数数值和排名的影响，用几种方法来比较研究在定义 CIP 指数时改变一个或多个假设所带来的影响。

三、工业国际竞争力评价结果

用 8 个指标构建 CIP 指标，采用缺失数据用上年数据插补、不清除数据、最小—最大标准化法和代数汇总方法。2011 年 CIP 指标取值最高和最低的 5 个国家如表 13—8 所示。

表 13—8　　2011 年 CIP 指数评价结果

CIP 排名	CIP 指数	国家	MVApc	MXpc	MHVAsh	MVAsh	MHXsh	MXsh	ImWMVA	ImWMT
1	0.653 7	新加坡	8 485.76	78 927.95	66.90	24.30	63.71	97.03	0.529	3.153
2	0.619 2	美国	5 496.27	3 623.23	51.52	14.69	63.99	84.73	23.476	9.907
3	0.598 9	日本	7 743.13	5 916.52	53.70	19.82	78.88	96.31	13.288	6.500
4	0.572 8	中国	902.12	1 343.29	40.70	34.52	58.96	96.29	16.488	15.717
5	0.548 4	德国	4 835.73	15 879.87	57.11	18.71	72.04	92.52	5.350	11.247
123	0.046 5	加蓬	212.91	712.75	5.39	4.52	10.09	18.23	0.004	0.010
124	0.043 7	埃塞俄比亚	9.65	3.44	9.41	4.58	12.86	12.06	0.012	0.003
125	0.042 9	苏丹	36.79	7.61	8.21	6.67	15.57	3.38	0.021	0.003
126	0.036 6	阿塞拜疆	66.22	297.83	6.34	2.72	13.88	9.83	0.008	0.022
127	0.035 9	伊拉克	5.48	3.71	24.68	0.67	5.23	0.27	0.002	0.001

2011 年，工业竞争力排名前 5 位的国家是新加坡、美国、日本、中国和德国。前五名国家的产值总和约占世界工业增加值总和的 60%，世界工业贸易的 46%。总体排名前 20%（排除前 5 名）的国家（地区）中，排除台湾、韩国和香港，包含了瑞士及 11 个欧盟成员国家。如果我们将欧洲这 11 个极具竞争力的经济体与德国一起统计，它们将占到世界总工业增加值的 16%，世界工业贸易的 35%。2011 年 CIP 指数排名中的国家包括东亚和南亚的新兴经济体，如马来西亚（24 名）、菲律宾（33 名）、印度（40 名）、印度尼西亚（45 名）、越南（54 名）以及 3 个主要的拉美国家：墨西哥（27 名）、巴西（46 名）、阿根廷（48 名）。其他新兴和转型经济国家有加拿大（29 名）、澳大利亚（51 名）、南非（59 名）、俄罗斯（67 名）。排名后 20%的是 17 个非洲国家，其中只有 5 个国家显示出了工业化的特征。

报告考虑不同 CIP 构造方式引起的各国家（地区）排名的变化情况，改变默认选项之一，其他保持不变。表 13—9 展示了采用不同方法构造 CIP 指标导致的排名的绝对差异的年平均值以及其相关性。不同情况下，排名序列的相关系数相当高（高于 87%），说明对大部分国家（或地区）而言，如果其在某种 CIP 构造方式下取值比较高，那么在其他 CIP 构造方式下取值也会比较高。但是 CIP 取值排名前三和最后三个的国家（或地区）对 CIP 的构造方式的改变比较敏感。

表 13—9　　改变假设对各国 CIP 排名的影响

变化	新方法和默认方法得到的排名的绝对差值的年平均值	新方法和默认方法的相关系数的年平均值
用 6 指标构造（默认为 8 指标构造）	14.64	0.928 3
用 4 指标构造（默认为 8 指标构造）	16.84	0.892 8
用几何加权法（默认为用代数加权法）	12.62	0.883 4
用 z 得分来正态化（默认为用最大—最小值方式）	13.26	0.930 4
用稳健 z 得分来正态化（默认为用最大—最小值方式）	13.26	0.877 2
用线性插补方式（默认为用前一项数据插补）	13.65	0.936 0
清除双边离群点（默认为不清除）	13.67	0.936 6
清除单边离群点（默认为不清除）	13.67	0.936 6
用 Lall 的技术分类标准（默认为用 OECD 的分类标准）	9.38	0.931 0

□ 复习思考题

1. 阐述产业竞争力的概念与体系。
2. 阐述制造业竞争力与文化产业竞争力统计体系的区别与共性。
3. 联系实际，对我国国际贸易竞争力指数作出分析。
4. 联系实际，对我国产业创新竞争力作出分析。
5. 阐述工业竞争力的体系和方法特点。

图书在版编目（CIP）数据

宏观经济统计分析/赵彦云主编．—2版．—北京：中国人民大学出版社，2014.10
21世纪统计学系列教材
ISBN 978-7-300-19954-2

Ⅰ.①宏… Ⅱ.①赵… Ⅲ.①宏观经济—经济统计—统计分析—高等学校—教材 Ⅳ.①F222.33

中国版本图书馆CIP数据核字（2014）第208157号

21世纪统计学系列教材
宏观经济统计分析（第二版）
赵彦云　主编
Hongguan Jingji Tongji Fenxi

出版发行	中国人民大学出版社		
社　　址	北京中关村大街31号	**邮政编码**	100080
电　　话	010－62511242（总编室）		010－62511770（质管部）
	010－82501766（邮购部）		010－62514148（门市部）
	010－62515195（发行公司）		010－62515275（盗版举报）
网　　址	http：//www.crup.com.cn		
	http：//www.ttrnet.com（人大教研网）		
经　　销	新华书店		
印　　刷	北京鑫丰华彩印有限公司	**版　　次**	1999年9月第1版
规　　格	185 mm×260 mm　16开本		2014年11月第2版
印　　张	22.25 插页1	**印　　次**	2021年5月第6次印刷
字　　数	480 000	**定　　价**	42.00元

教师教学服务说明

中国人民大学出版社工商管理分社以出版经典、高品质的工商管理、财务会计、统计、市场营销、人力资源管理、运营管理、物流管理、旅游管理等领域的各层次教材为宗旨。

为了更好地为一线教师服务，近年来工商管理分社着力建设了一批数字化、立体化的网络教学资源。教师可以通过以下方式获得免费下载教学资源的权限：

在中国人民大学出版社网站 www.crup.com.cn 进行注册，注册后进入“会员中心”，在左侧点击“我的教师认证”，填写相关信息，提交后等待审核。我们将在一个工作日内为您开通相关资源的下载权限。

如您急需教学资源或需要其他帮助，请在工作时间与我们联络：

中国人民大学出版社　工商管理分社

联系电话：010-62515735，82501048，62515782，62515987

电子邮箱：rdcbsjg@crup.com.cn

通讯地址：北京市海淀区中关村大街甲 59 号文化大厦 1501 室（100872）